보육학개론

고정곤 · 김중기 · 박연희 · 양은경 · 이영희 · 이우언 · 장지현 공저

양성원

머리말

우리나라 보육의 역사는 1952년 후생시설 요강에 의거 시행된 탁아로부터 출발하여 1991년 영유아보육법이 제정·시행되면서 60여 년간의 긴 역사성 속에서 장족의 발전을 거듭하여 왔다.

가정에서 부모 중심의 보육에서, 시설 중심의 보육으로 전환되면서 보육에 대한 공공성이 강조되고 가정의 책임으로부터 국가의 책임으로 전환되어 가고 있다.

사회의 급속한 변화는 여성의 사회적 진출을 적극적으로 유도함은 물론, 여성의 자아실현욕구 증대, 여성의 출산기피현상 등은 여성의 자녀에 대한 보육의 부담을 절감시키기 위하여 시설보육으로의 전환은 불가피한 현상이었다. 또한 보육의 질적 향상은 보육의 직접적인 수혜자인 유아와 학부모의 요구와 기대를 충족시키고 미래 국가의 동력으로서의 인재양성을 위해서는 유아기에 질 좋은 보육경험에 달려 있다는 보편적인 사회적 인식 속에서 국가가 보육의 공익성과 공교육화를 위하여 많은 노력을 경주하고 있다.

그 단면의 하나가 수십 년 동안 부처 이기주의에 빠져 있던 교육부와 보건복지부가 헌정사상 처음으로 손을 맞붙잡고 교육과 보육을 통합시킨 누리과정을 제정 공포한 일이고 또한 보건복지부에서는 제3차 어린이집표준보육과정을 제정하고 평가인증제를 도입하여 보육의 질 향상을 위해 국가적인 차원에서 다양한 정책이 입안되고 있다는 점이다.

이러한 상황에서 보육학개론은 보육학의 다양한 분야에 관련된 다양한 이론과 학문을 공부하는데 필수적이며 기초가 되는 학문영역으로 본 서를 집필하기에 앞서 저자들은 다음의 두 가지 관점에서 고민하였다.

첫째, 보육학개론의 특성인 보육에 관한 개념적이며 기초적인 영역에 담을 내용은 무엇인가?

둘째, 보육에 관한 개념적이며 기초적인 영역으로 자칫 범하기 쉬운 다른 관련 보육교과와의 중복을 피하는 길이 무엇인가에 대하여 깊이 생각하고 위에 2가지 관점을 충분히 고려하였다.

따라서 본 서는 5개부로 편성되어 있는데

제Ⅰ부 보육의 기초에서는 보육에 관한 기초적인 내용으로 보육에 관한 일반적인 내용, 보육경험이 유아발달에 미치는 영향, 우리나라 보육제도와 주요 보육정책 그리고 외국 4개국의 보육제도와 주요 보육정책에 대하여 알아보았다.

제Ⅱ부 보육교직원에서는 원장과 보육교사의 자격과 양성과정, 보육교직원으로서 원장과 보육교사의 역할과 자질, 보육교직원의 보육윤리, 보육교사의 전문화방안, 현직교육의 방안 그리고 보육공동체들 간의 협력방안에 대하여 알아보았다.

제Ⅲ부 보육과정에서는 보육과정의 편성과 운영, 0~2세 어린이집 표준보육과정과 3~5세 누리과정의 내용을, 그리고 4개 유형의 보육프로그램에 대하여 알아보았다.

제Ⅳ부 보육환경구성과 운영관리에서는 영아반(0~2세) 실내·외 흥미영역 설치, 유아반(3~5세) 실내·외 흥미영역 설치, 활동실내 공간구성방법을 알아보고 어린이집 운영관리 내용으로 건강·식생활(영양)·안전, 시설·설비, 사무·문서관리방안에 대하여 알아보았다.

제Ⅴ부 보육평가에서는 보육과정평가, 어린이집평가인증방법과 절차에 대하여 알아보았다.

본 서는 보육학을 공부하려는 예비교사나 보육에 대한 개략적인 이해를 필요로 하는 일반 독자들을 위해 보육에 관한 전반적이며 기초적인 내용으로 꾸미는데 노력하였으나 탈고를 하고 나니 많은 아쉬움이 남는다. 부족한 부분은 다음 개정판에 보완하기로 미루고 본 서를 출판하는데 노력해주신 양성원 강철원 사장님께 감사드린다.

2019. 1.
대표저자

목차

제Ⅰ부 보육의 기초

제Ⅱ부 보육교직원

제Ⅲ부 보육과정

제Ⅳ부 보육환경구성 및 운영관리

제Ⅴ부 보육평가

제 I 부

보육의 기초

1991년 영유아보육법이 시행되면서부터 영유아보육이 활성화되고 보육에 대한 사회적 인식이 보편화되면서 보육의 질적 수준 제고를 위한 다양한 정책과 시책들이 강구되고 있다.
따라서 훌륭한 보육을 실현하기 위해서는 우선적으로 보육 전반에 대한 바른 이해가 있어야 하며 그 중 보육의 기초로서 이해하여야 할 내용들이 많다. 따라서 제 I 부에서는 이에 관한 내용으로 보육에 대한 이해, 보육경험과 유아발달, 보육행정과 정책, 우리나라 보육의 발전과정에 대한 이해가 있어야 한다.

제 1 장 보육에 대한 이해

보육과정의 개념에 대하여 이해하기 위해서는 먼저 보육의 개념에 대한 이해가 전제되어야 한다. 따라서 보육의 개념을 밝히기 위하여 탁아(보호)와 보육의 관계, 보육에 대한 인식의 변화, 그리고 보육의 개념 순으로 알아보기로 한다.

1. 탁아(보호)와 보육

1) 탁아(보호) 위주의 소극적, 전통적 복지

보육의 개념은 시대와 사회의 변화에 따라 다소 달리 정의되어 왔으나 보육은 탁아의 개념으로부터 시작되었고 또한 탁아는 보호와 같은 개념으로 이해된다. 따라서 오늘날의 보육이란 과거의 탁아(보호)를 말하는 것으로 1991년 영유아보육법이 제정되기까지 상용된 보육의 전통적인 개념이다.

즉, 탁아(보호)란 가정에서 정상적인 양육을 받기 어려운 경우에 하루 중의 일정한 시간 동안, 타인에 의해 보호 또는 저소득층 가정이나 결손, 파손 가정의 어머니들이 직장에 나가 있는 동안 어머니가 아닌 다른 대상에게 '돌봄'을 위임시키는 것으로 아동을 위탁받아 보호하는 보충적이고 개별적인 서비스의 의미로서 대부분이 특별히 맞벌이를 해야 하는 어려운 환경에 처해 있는 부모들이었다. 탁아(보호)에 관련된 법규적인 측면에서의 발달사를 보면 1952년에 제정된 '후생시설요강', 1961년에 제정된 '아동복리법', 1981년에 개정된 '아동복지법'에 이르기까지 한결같이 '탁아시설'이라는 이름으로 운영되다가 1982년 12월 '유아교육진흥법'이 제정되어 종전 법에 의해 제정된 '탁아시설'이 잠시 '새마을유아원'으로 불리다가 1989년 9월 '아동복지법'의 개정으로 '새마을유아원'이 대부분은 '어린이집'으로 극히 일부는 '유치원'으로 변경되었다.

2) 보육 위주의 적극적 · 현대적 복지

현대사회의 발전과 변화는 어머니들에게 단순 탁아나 보호만의 서비스에 만족할 수 없게 만들었다. 즉, 취업모 증가, 가족구조 변화, 핵가족화, 편부모가족 증가, 여성의 경제활동 증가뿐만 아니라 취업모의 근무조건이 2~3교대, 전일근무 등으로 변화함에 따라 야간 및 24시간 탁아와 함께 저학년 아동을 대상으로 한 방과 후 프로그램 등 또 다른 형태의 서비스를 필요로 했고, 이에 따라 탁아(보호)의 소극적인 서비스에서 교육을 포함한 보육의 적극적인 서비스를 갈망하게 된다. 다시 말하면 저소득층 가정이나 결손·파손가정 어머니들의 자녀들에게 탁아와 교육을 분리하여 교육을 제외한 탁아적 · 보호적 서비스만 제공한다는 것은 해당 유아의 교육권을 무시하여 합리적이지 못하므로 탁아와 교육을 병행한 보육의 필요성이 절실하게 대두된 것이다. 다시 말하면 보육은 단순히 자녀를 보호하는 데 그치지 않고 해당 유아가 지닌 발달적 특성을 고려한, 즉 넓은 의미에서의 교육적 활동을 포함한 교육보호(educare)의 개념이 그 핵심인 것이며, 따라서 영유아 보육은 아동의 보호와 양육 및 교육적 서비스가 통합된 개념으로서 하나의 복지서비스체제로 발전시킬 필요가 있는 것이다(이영석, 1994; 김영모, 1995).

보육에 관련된 법규적인 측면에서도 1961년 '아동복리법'이 1981년 '아동복지법'으로 개정되고 1982년 12월 '유아교육진흥법'이 개정되면서 아동복지는 요보호 상태의 아동에 대한 탁아(보호)의 소극적인 복지에서 벗어나 모든 아동의 성장과 발달을 촉진시키고 전인적 발달을 위해 아동의 전 영역에 걸쳐 아동의 환경에 대한 개입과 이에 대한 프로그램을 개발하는 등 적극적 · 현대적인 복지로서의 보육으로 전환되는 것이다.

3) 탁아(보호)와 보육의 상호작용성

전 항에서 보육이란 영유아를 보호(care)하는 것과 교육(education)하는 것을 동시에 통합한 개념으로 탁아(보호)는 영유아에게 영양, 건강, 안전 등을 고려한, 양질의 균형적인 영양을 공급하여 신체적 · 심리적 · 정서적으로 발달시켜 이들이 건강하고 안전하게 성장할 수 있도록 지원하고 보육에서는 앞에 기술한 탁아(보호)적 기능은 물론 교육적 기능을 병합하여 지적 · 언어적 발달은 물론 인간의 사고와 행동의 변화를 통한 전인적 성장 · 발달을 도모함으로써 탁아(보호)와 보육은 서로 분리되지 않고 상호작용적 관계 속에서 서로의 발달을 도모한다. 탁아(보호)를 통한 보육활동 내에서도 교육적 활동이 일어나는데, 예를 들면 영유아에게 '사과'를 먹이는 탁아(보호)과정을 통하여 '사과'라는 용어의 개념, 그리고 '사과는 시고 달다'라는 '사과'의 속성을 학습하게 되며 이렇게 학습을 한 영유아에게는 지금까지의 탁아(보호)의 형태가 아닌 다른 형태의 탁아(보호)를 기대하는 등 탁아(보호)와 보육은 동전의 앞과 뒤의 양면성과 같이 상호작용적인 관계를 맺으면서 상호 간의 발달을 도모한다.

4) 탁아(보호)와 보육의 공통적 개념

이소희(2005)는 탁아(보호)와 보육에 함축된 공통적 개념을 다음과 같이 제시하였다.

첫째, 사회적 서비스로서의 탁아와 보육의 기본 관점은 일정 시간 동안 발생하는 '부모의 부적절한 양육 기능'에 대한 보충적 기능을 수행한다(Kadushin, 1984; 주정일, 이소희, 1993).

둘째, 탁아(보호)와 보육은 복지보장뿐 아니라 특히 기혼여성의 복지와 이를 통한 가정의 복지 및 나아가 사회복지와 강한 연관성을 지니고 있다(유가효, 이소희 외, 1997).

이 외에도 탁아(보호)와 보육에 함축된 공통적인 개념은 두 개념이 본래 속성을 유지한 채 마찰 없이 상호작용적 관계를 유지하면서 보다 발전된 서비스 형태로 발전시키고 있는데 대표적인 것이 누리과정(제도)으로 이것은 어린이집과 유치원으로 이원화되어 있는 보육 · 교육과정을 통합하여 유아기 단계에서부터 교육의 질을 제고시키고, 생애 초기 출발점 평등을 보장한 제도를 출현시킨 것이다(고정곤, 2014).

5) 탁아(보호)와 보육의 인식의 차이

이러한 공통점이 있으면서도 탁아(보호)와 보육의 차이점을 김지현 등(2008)은 다음과 같이 정리하고 있다.

〈표 Ⅰ-1〉 탁아(보호)와 보육의 인식의 차이

구분 \ 유형	탁아(보호)	보육
특징	• 사회복지 프로그램 • 저소득층 자녀를 위해 설립 • 결손가정을 위한 서비스 • 자선단체 또는 사회복지재단에서 운영	• 교육적 서비스 • 중상류층 자녀를 위해 설립 • 학교법인 또는 연구단체에서 운영 • 사교육비 부담 • 반일제
방향	• 아동의 보호·양육 • 정한 가치규범을 준수 • 가족 및 가정기능의 대행 • 집단주의 또는 사회주의 행동의 규범화	• 아동의 성장·발달을 위한 교육 • 가치의 선택 및 의사결정의 장려 • 가족 및 가정기능의 지원 • 개성과 자율을 중시하는 민주주의 행동의 규범화

2. 보육에 대한 인식의 변화

가정에서 부모로부터 정상적인 양육을 받기 어려운 영유아들이 부모 대신 다른 사람에 의해 일정 기간 동안 탁아(보호)·양육되는 보호적·탁아적·전통적·소극적 서비스인 탁아(보호)·양육 위주의 복지는 사회적 변화와 사회적 기대 속에서 단순히 부모가 아닌 다른 사람에게 맡겨져 '돌봄'에 국한되지 않고 해당 영유아들이 보호를 받음은 물론 교육을 동시에 받을 권리와 부모가 마음 놓고 사회에 봉사하고 자기실현의 기회가 부여되는 보호(탁아)와 교육이 병합된 적극적·현대적 개념의 포괄적인 복지프로그램인 보육으로 발전시킨 데에는 이에 관련된 법규의 제정과 국가와 사회의 다양한 정책들의 공헌이 크다. 이와 같은 보육에 대한 인식의 변화를 윌슨(Wilson, 1986)은 다음과 같이 말하고 있다.

〈표 Ⅰ-2〉 보육에 대한 인식의 변화

과거의 보육	오늘날의 보육
• 보육은 사회적 서비스다. • 보육은 국가의 책임이다. • 보육은 저소득층 가정을 대상으로 한다. • 보육시설을 이용하는 사람은 수령자이거나 수혜자이다. • 보육시설은 공공기금으로 이루어진다.	• 대중사회의 공익사업이다. • 부모와 공적·사적 지원체계의 공동 책임이다. • 필요로 하는 모든 계층의 자녀를 대상으로 한다. • 소비자인 동시에 후원자이다. • 공공기금으로 이루어지는 서비스만은 아니다. • 부모들이 보다 나은 보육시설을 선택하는 데

과거의 보육	오늘날의 보육
• 보육시설 허가제도는 아동을 위한 국가의 법적 규제 장치이다. • 보육프로그램을 통하여 빈곤가정에서 요구하는 모든 서비스를 전담한다. • 가족의 문제와 무능은 보육시설을 이용하는 사람들의 주요 특성이다. • 보육시설은 가정의 문제가 있을 때 요구되는 필요악이다. 보육시설보다는 하루 종일 일하지 않는 부모가 아동을 돌보는 것이 이상적이다. • 보육시설은 학교나 사회적 체계 안에 있어야 한다.	도움을 주기 위해 만들어진 소비자보호제도이다. • 빈곤가정의 요구뿐만 아니라 사회계층과 무관하게 모든 부모의 요구에 서비스를 제공한다. • 기본적인 가정기능의 원활한 수행에 도움이 될 뿐 아니라 치료적 역할을 하기도 한다. • 부모의 취업 유무와 상관없이 아이들에게 유익하기 때문에 보육시설을 이용한다. • 모든 가정이 이용할 수 있는 보육시스템은 공영 또는 사립기관에 의하여 운영되는 가정보육시설, 유아원 종일반 등 다양한 종류의 보호 형태를 포함한다.

출처 : Willson(1986), 서영숙, 김경애(1996) 재인용.

3. 보육의 개념

전 항의 탁아(보호)와 보육에 관한 인식의 변화에 대하여 학습하면서 보육의 개념이 어느 정도 밝혀졌으니 다음에서 여러 학자들이 정의한 보육의 개념을 종합적으로 정리해 본다.

〈표 I-3〉 보육의 개념

학자명	개념
1. 사전적 의미	• 아동을 보살피다 • 아동의 정상적인 발달을 목적으로 유치원, 탁아소, 보육원 등에서 베푸는 교육
2. 유아교육사전	• 어린 생명을 보호·육성하는 것의 의미와 유아를 보호, 교육하는 두 가지 의미를 가지고 있다.
3. 영유아보육법	• 영유아를 건강하고 안전하게 보호·양육하고 영유아의 발달 특성에 적합한 교육을 제공하는 사회복지서비스
4. 권대도 외 (2008)	• 유아가 건전한 사회구성원으로 성장할 수 있도록 심신의 보호와 건전한 교육을 제공하는 것일 뿐 아니라 경제발전에 필요한 여성 위주의 사회적 참여를 지원하고자 하는 사회적·국가적 사업이며, 부모-가정-사회-국가가 함께 참여하는 종합적이고 계획적인 복지서비스
5. 유근종 외 (2007)	• 모든 영유아가 차별 없는 평등한 조건에서 보호와 교육받을 권리를 가지며 영유아의 부모가 편안하게 일함으로써 영유아와 부모가 함께 행복해지도록 사회와 국가가 함께 지원하는 복지서비스

학자명	개념
6. 이경우 (1990)	• 아동의 성장과 발달을 최종목적으로 하며, 그 내용은 보호와 교육으로 규정하고 포괄적인 서비스를 제공하는 것
7. 임미혜 외 (2008)	• 출생에서 6세 미만의 모든 계층의 영유아를 대상으로 다양한 교육활동과 서비스를 포함한 포괄적인 프로그램이다. 즉 영유아의 전인적인 성장과 발달, 영유아의 부모를 지원하고 가족발달을 통해 지역사회 발전을 돕는 기능
8. 조성연 외 (2004)	• 아동이 속한 계층이나 장애 여부와 관계없이 모든 아동이 보호와 교육을 받아 최적의 발달에 도달할 수 있는 권리와 자녀를 가진 기혼여성들이 자유롭게 일할 수 있는 권리를 보장해 주며 또한 아동발달을 위해 아동을 둘러싸고 있는 가족이나 더 나아가 지역사회 발전을 지원해 주는 사업

이상에서 여러 학자들이 밝힌 보육의 개념을 종합적으로 분석해 보면

첫째, 영유아를 보호·양육하고 교육을 제공하는 복지서비스

둘째, 부모가 마음 놓고 편안하게 일함으로써 자아실현 기회 제공

셋째, 여성인구의 경제발전에 기여

넷째, 모든 영유아의 차별성 없는 평등성 보장

다섯째, 영유아, 부모, 가족의 행복 추구

여섯째, 지역사회 발전 지원

일곱째, 국가, 사회가 지원하는 복지서비스의 성격을 지니고 있다.

따라서 보육이란 '영유아가 전인적 성장·발달을 도모할 수 있도록 차별성 없는 평등한 조건하에서 심신의 보호와 건전한 교육을 병합한 서비스를 제공하고 경제발전에 필요한 여성인구의 원활한 사회적 참여를 조장해서 영유아와 부모, 가족이 함께 행복해지고 지역사회 발전을 도모하기 위해 사회와 국가가 함께 제공하는 통합사회복지서비스'라고 정의할 수 있다.

4. 보육의 필요성

보육은 사회, 경제, 정치의 영향을 직접적으로 받으면서 발전하여 온 한 시대의 산물로서 보육에 직접적인 영향을 주는 사회·문화적 요인이 바로 보육을 해야 하는 필요성이 된다.

그렇다면 보육에 영향을 주는 사회·문화적인 요인이 무엇인가? 그리고 보육경험이 영유아의 발달에 미치는 영향이 무엇인가에 대해 생각해 볼 때 이루 말할 수 없이 많은 내용이 있으나 우선적으로 다음과 같은 요인을 생각할 수 있다.

첫째, 가족의 구조나 형태가 핵가족화 되고, 위기가정의 출현, 저출산, 아버지의 역할 변화, 가정의 교육적 기능의 약화 등이 이루어지고 있다.

둘째, 여성들의 자아욕구실현을 위한 취업모의 증가, 사회적 활동 참여로 인해 파생되는 문제점이 많다.

셋째, 오늘날 세계 각국이 국가경쟁력 제고, 복지사회 구현을 지향하는데 노력하고 있다.

넷째, 부모의 가치관 및 양육관의 변화, 어머니의 사회적 활동 참여기회의 확대, 보육·교육전문기관의 대량 출현 등 사회가 급속하게 변화함에 따라 보육에 기대하는 바가 크다.

다섯째, 영유아기의 보육경험이 영유아발달에 미치는 영향이 아주 지대하다 등을 들 수 있다.

다음에서 이상의 5가지 관점에 걸쳐 보육의 필요성에 대하여 기술하기로 한다.

1) 국가경쟁력 강화

세계 각국이 국가경쟁력 강화를 위하여 영유아 보육에 치중하고 있다. 최근에 어린이집의 보육과 유치원의 교육을 통합한 누리과정의 출현도 국가경쟁력 강화의 차원에서 출발한 시책이다. 특히, 누리과정이 출현된 배경에는 여성 저출산율의 고착화, 영유아기 보육투자 효율성의 극대화에서 찾아볼 수 있다.

(1) 여성 저출산율의 고착화

인구 증가는 한 국가의 최고의 자본이다. 우리나라 최근 출산율이 1.22명(2010년 통계청)으로 떨어지는 등 세계 최저 수준의 저출산이 고착화되는 현상을 보이고 있다.

저출산으로 인구 규모가 감소되고 인구의 구조도 변화하게 되면서 노동력 감소, 노인인구의 증가, 이에 따른 사회적 비용의 증가 등 심각한 사회적 문제를 초래할 것이라는 우려가 확산되고 있다. 이러한 상황에서 영유아의 보육·교육비 부담은 출산을 기피하는 요인이 된다(3~5세 연령별 누리과정 해설서, 2013). 이러한 여성의 저출산의 문제를 해결하기 위해서 여성의 보육문제 해결이 급선무이다.

(2) 영유아기 보육투자는 효율성의 극대화

영유아기에 투자하는 예산의 효과는 다른 연령층의 아동에게 투자하는 예산에 비하여 가장 효율적이다. 생애단계별로 투자비용을 동일하게 산정할 경우, 영유아기의 인적자원 투자대비 회수비율이 가장 크게 나타나는 Heckman(2006)의 연구가 발표되면서 영유아기 발달의 중요성이 더욱 주목받게 되었다. 미국 페리프리스쿨 프로젝트(Perry Preschool project, 2003)는 유아교육 1달러 투자 시 16.14달러의 이익이 발생한다고 보고 1만 명의 유아가 유아교육기관에 다니도록 약 2,500파운드를 지원하는 것은 가난한 부모의 수입을 약 17,000파운드를 직접 지원하는 것과 동일한 효과가 나타난다는 영국의 EPPE 프로젝트(2007) 결과도 보고된 바 있다(3~5세 연령별 누리과정해설서, 2013). 따라서 국가차원에서 영유아기 보육투자는 최우선적으로 이루어져야 한다.

2) 복지사회 구현

세계 각국은 복지사회를 지향하고 있다. 자유민주주의 경제체제는 일반적으로 빈부격차를 양산하여 저소득층에 대한 사회적 문제가 심각하게 대두되었다. 여기에 복지사회 구현이 절실하게 요청되는바 특히, 소외된 계층, 즉 저소득층 가정, 결손가정, 장애아가정에 대한 각종 혜택과 서비스가 제공되어 국민 모두가 행복하게 잘사는 복지사회 구현은 국가의 역할이다. 복지의 유형도 다양하여 노인복지, 장애복지, 유아복지 등이 있으나 보육은 유아복지와 관련된다. 우리나라 정부에서도 유아복지에 치중하고 있음은 국가 장래를 위하여 다행한 일이다.

종전 만 3~4세 유아에 대하여 어린이집과 유치원에 자녀를 보내는 소득층 하위 70% 이하 가정에 일정 금액을 지원하고 있었으나 2013년부터는 소득에 관계없이 유아학비와 보육료를 지원받게 된다. 지원액도 만 5세 유아와 동일하게 매년 인상하여 2012년에는 3세 19.7만원, 4세 17.7만원을 지원하던 것을 2013년에는 22만원, 2014년에는 24만원, 2015년에는 27만원, 2016년에는 30만원을 지원하는 등 복지사회 구현에 주력하고 있다. 따라서 우리가 지향하는 복지사회를 구현하기 위해서는 유아복지가 더욱 강화되어야 한다.

3) 가족 구조의 변화

현대사회가 농경사회, 산업사회를 거쳐 지식기반사회를 거치면서 우리 사회에 많은 변화를 가져왔지만 그 중 가족의 구조와 형태를 변화시키면서 또한 이에 따른 많은 문제점을 가져왔다.

가족의 구조와 형태의 변화 중 가장 대표적인 것이 가족의 핵가족화와 위기가정의 출현을 들 수 있다.

이러한 핵가족화와 위기가정에서 파생하는 문제가 바로 유아의 교육과 보육의 문제이다.

(1) 핵가족화 현상

오늘날 현대사회의 변화 특히, 대(확대)가족에서 핵가족, 직계가족에서 부부가족, 부자중심가족에서 부부중심가족으로 변화시켰는데 그 중에서 대(확대)가족에서 핵가족화 현상이 가장 두드러졌다. 이와 같이 가족의 형태가 변화함에 따라 야기되는 문제점은 다음과 같다.

첫째, 대가족제도에서 조부모가 자녀를 양육하고 돌보던 기능이 제한되고 있다.

둘째, 조부모 외에 가까운 친척들과의 교류가 단절되어 친척들 간의 연대의식의 부족은 물론 자녀의 양육, 보호기능이 제한되고 있다.

셋째, 양부모의 직장 출근으로 인하여 자녀의 보육, 교육에 애로가 많다.

위와 같이 핵가족화에 따른 영향은 새로운 형태의 보육을 기대하고 있다.

(2) 위기가정의 출현

현재 가정의 특징 중 하나가 가정의 해체로서 다양한 형태의 위기가정을 출현시켰다. 그 중 대표적인 위기가정은 편부모가정, 혼합(재구성)가정, 공동가정, 맞벌이가정 등 다양하다.

① **편부모가정** : 편부모가정은 부모의 어느 한쪽과 같이 사는 경우를 말한다. 즉, 편부와 자녀 혹은 편모와 자녀가 이루는 가정이다.

② **혼합(재구성)가정** : 부모의 이혼으로 인하여 새롭게 형성된 가정의 형태로서 한쪽이나 양쪽 부모 모두가 이전의 배우자와의 관계에서 출생한 자녀를 동반하여 결

혼생활이 시작되는 가정을 말한다.

③ **공동가정** : 전통적인 가정 형태의 결연관계인 결혼이나 혈연관계로 이루어진 가정형태가 아닌 하나 이상의 가족이 모여 공동체 생활을 하는 가정을 말한다.

④ **맞벌이가정** : 맞벌이가정은 부부가 같이 직업을 가진 가정을 말하며 위기가정으로 볼 수는 없으나 보육·교육상 어려움을 느낀다.

앞에서 열거한 위기가정들은 다양한 문제를 안고 있는데 그 중 영유아들의 교육과 보육의 문제로서 최우선적으로 유아의 교육과 보육의 문제가 해결되어야 한다.

4) 여성의 자아실현욕구의 증대

오늘날 여성의 학력수준 향상, 경제활동참여율 제고, 여성취업인구 증가 등은 여성해방운동을 촉발시켰고 또한 남성들과 똑같은 평등한 권리를 주장함은 물론, 직장에서의 여성에 대한 차별대우를 타파하는 등 남녀 간에 차별 없는 평등사회를 실현하였다. 또한 가정이나 사회에서도 여성의 역할, 남성의 역할로 구분되지 않고 남녀 구분 없이 누구나 모든 역할을 수행할 수 있는 양성성의 역할로 전환되었으며 이와 같은 변화 속에서 여성의 자아실현욕구는 더욱 강화되었다. 이러한 욕구는 인간이 지니고 있는 본능으로서 당연한 권리요, 주장이다. 이와 같은 추세는 어머니의 취업 유무에 관계없이 전업주부도 자녀들이 두세 살만 되면 보육시설에 맡기고 자기실현활동에 참여함으로써 시설 보육의 기능이 날로 강화되고 있다.

5) 전문화된 유아기 보육·교육기회 제공

사회의 급진적인 변화 속에서 자녀들의 양육권이 변화되고 있다. 과거 전통사회에서는 가정에서 자녀의 보육과 교육은 어머니의 몫으로 인식되었고 또한 그러한 역할을 수행하는 데 별 무리가 없었다. 그러나 이제 자녀의 보육과 교육을 어머니의 전담영역으로 맡기기에는 어머니의 능력과 자질이 너무나 부족하다. 또한 오늘날 우리 사회는 모든 직종에서 고도의 전문적인 지식과 기술을 겸비하고 업무를 수행하기 때문에 어머니의 뒤떨어진 보육·교육기술로는 자녀지도의 효율성을 기대할 수 없다. 어머니의 무릎학교(mother's knee school)는 지금은 영아기에 어머니의 한정된 역할을 수행할 뿐 더 이상은 기대할 수 없는 시대가 되었다. 애당초 탁아소나 어린이집이 저소득층의 취업모 자녀를 위한 보호시설로 출발하였으나 지금은 취업모뿐만 아니라 전업주부들의 자녀보호시설로 전환된 것도 어린이집이나 놀이방이 영유아보육을 위한 전문적인 시설과 전문적인 교사로 하여금 전문적인 보육을 제공받기 위함이다.

6) 영유아 존중사상

영유아는 당장은 성인들의 보호와 배려를 받아야 하는 소극적이며 피동적인 존재이지만 머지않아 미래사회를 이끌어갈 나라의 동력으로 성장할 수 있는 무한한 가능성이 있는 존재로서 현재 성인들에 의해 그들에게 주어지는 보육은 그들의 권리인 동시에 성인들의 의무이다.

1920년대부터 진보주의 교육사조는 아동성장과정의 존중, 인격체로서의 아동의 성장발달, 유아중심의 아동관, 목적으로서의 아동관, 인간복지적 아동관 등 아동존중사상과 아동권리선언은 아동의 인격을 중시하고 독자적이며 의미 있고 가치로운 삶이 될 수 있도록 우리 성인들이 지원하고 보살피는 일은 세계 각국이 미래사회의 능력으로서 인재 육성의 차원에서 경쟁적으로 시행하는 국가의 지상과제로 인식되고 있다. 특히 지식기반사회에서 인재 양성 시책은 더욱 강화되어 가고 있다.

따라서 영유아들이 인격이 존중되고 안전한 환경 속에서 몸과 마음이 튼튼하게 자랄 수 있도록 충분한 영양을 제공받고 적절한 지적 자극을 받으며 주체적으로 성장·발달을 도모하여 그들의 잠재능력을 최대한 발휘할 수 있는 교육적 환경과 조건을 제공해 주어야 한다.

이와 같은 교육적 환경과 자원은 모든 영유아에게 공평하게 이루어져야 하며 가정과 국가가 해결해 주어야 할 영유아의 권리이다.

7) 영유아기 보육경험의 중요성

영유아기는 신체·언어·인지·정서·사회성 등 모든 영역발달의 기본이 되는 틀이 형성되는 결정적 시기로서 이 시기에 영유아들에게 적절한 안전과 영양, 지적 자극 등을 포함한 보육적 환경을 적절하게 제공해주지 않는다면 영유아기에 발달적 결함을 가져오고 이 시기의 발달적 결함은 이후의 정상적인 발달을 저해한다. 영유아기의 보육경험이 영유아의 발달에 주는 영향이 지대하다는 것이 많은 연구에서 지지되고 있다.

특히, 인간의 지능은 0~8세까지의 유아기에 지능의 80%가 형성되며 언어발달과 인지발달이 급속히 발달하며 사회·정서적 발달이 이루어진다는 사실이 많은 연구에서 지지되고 있다.

그리고 유아기에 시설보육을 받는 유아는 가정에서 보육된 유아에 비하여 지능, 사회성, 언어, 인지면에서 탁월한 발달을 가져왔으며 이는 중상류층 유아들에 비하여 저소득층의 유아들에게 더 효과적이라고 보고한 연구결과가 많다.

이와 같이 영유아기의 적절한 보육경험의 제공이 영유아발달에 지대한 영향을 준다고 많은 연구에서 지지되고 있다. 따라서 영유기에 제공되는 질 좋은 보육경험은 다른 어떤 시기에 제공하는 것보다 더욱 효율적이다.

5. 유아교육기관의 유형 및 현황

유아교육기관의 유형은 당해 국가에서 유아교육을 관리하는 체제에 따라 달라진다. 세계 각 국가에서 유아교육을 관리하는 체제 모형은 일반적으로 일원화체제 모형과 이원화체제 모형의 두 종류이다.

일원화체제 모형은 유아의 교육과 보육을 통합하여 하나의 부처에서 관장하는 체제로서 여기에는 영국, 스웨덴, 독일, 러시아, 북한 등이 있다. 또한 우리나라와 같이 이원화체제 모형은 유아들의 교육기능을 관장하는 부처와 보육기능을 관장하는 부처 등의 2개 부처에서 각각 관장하는 체제를 말한다. 일원화체제 모형에 의해 관장되는 국가에서는 0~3세 유아학교, 4~5세 유아학교로 나누어 운영하는 하나의 유아교육기관이 있으나 이원화체제 모형에서는 2개의 유아교육기관으로 나누어 운영하는 것이다. 우리나라에서도 이원화체제 모형의 관리체제에 의하여 교육기능을 관장하는 교육부와 보육기능을 관장하는 보건복지부가 있다. 따라서 교육기능을 관장하는 유치원 운영에 기본이 되는 유아교육법과 보육기능을 관장하는 어린이집운영에 기본이 되는 영유아보육법에 각각 기관의 유형을 명시하고 있다.

1) 유치원의 유형 및 현황

유아교육법 제2장 유치원의 설립 등

제7조(유치원의 구분) 유치원은 다음의 각 호와 같이 구분한다(개정 2010.3.24.).
1. 국립유치원: 국가가 설립 경영하는 유치원
2. 공립유치원: 지방자치단체가 설립·경영하는 유치원(설립주체에 따라 사립 유치원과 단설 유치원으로 구분할 수 있다.)
3. 사립유치원은: 법인 또는 사인(私人)이 설립·경영하는 유치원

위와 같이 유아교육법에 유치원의 유형을 제시하고 있으나 본 서에서는 다음과 같이 분류하여 기술하기로 한다.

① **국립유치원**

② **공립유치원**

ㄱ. 초등학교병설유치원

ㄴ. 단설유치원

③ **사립유치원**

ㄱ. 사인(私人)이 설립한 유치원

ㄴ. 법인(法人)이 설립한 유치원

가. 학교법인

나. 종교법인 등으로 구분할 수 있는데 다음에서 이들 유치원의 성격에 대하여 약술하기로 한다.

(1) 유치원의 유형

① 국립유치원

국가가 설립·경영하는 유치원으로 국립유치원에 종사하는 모든 직원은 공무원의 신분을 유지한다. 국립유치원에 소요되는 모든 운영경비는 국가가 부담한다. 또한 국립유치원은 연구기관의 성격을 갖는다.

② 공립유치원

공립유치원은 지방자치단체가 설립한 유치원으로 공립유치원에 종사하는 모든 직원

은 공무원의 신분을 유지하고 공립유치원에 소요되는 모든 운영경비는 국가가 부담한다. 공립유치원에는 초등학교병설유치원과 단설유치원의 2종류가 있다.

ㄱ. 초등학교병설유치원

초등학교병설유치원은 대개의 경우, 초등학교 기존건물을 활용하며 초등학교 교장이 유치원원장의 역할을 겸직 수행하도록 되어있다. 그런데 초등학교병설유치원 원장은 당해 학교교장이 자동적으로 원장을 겸직하고 있는데 대부분의 원장이 유아교육을 전공하지 않았기 때문에 병설유치원 운영에서 예산집행만을 제외하고 모든 운영을 유치원교사에게 전적으로 위임하는 실정이다. 병설유치원의 학급이 3학급 이상일 때는 원감을 별도로 임용하기도 하는데 이때에는 유치원교사 중에서 유치원원감자격증을 소지한 자를 임용한다.

ㄴ. 단설유치원

단설유치원은 별도의 공간에 유치원을 독립적으로 건립하여 운영하는 유치원이다. 단설유치원은 다수학급으로 편성되고 단설유치원에서는 원장, 원감을 배치하여 운영하고 있다. 단설유치원은 하나의 학교 형태를 취한다.

③ 사립유치원

사립유치원에는 개인이 설립한 사립유치원과 법인이 설립한 사립유치원의 2가지 유형이 있는데 법인이 설립한 유치원에는 교회나 절에서 설립한 종교법인유치원이 있고 학교법인유치원으로는 대학에 부설되어 있는 대학부속유치원 등을 들 수 있다.

(2) 유치원현황

① 연도별 유치원취원율

〈표 Ⅰ-4〉 연도별 유치원 취원율

연도	취원율(%)	연도	취원율(%)
1965	1.0	2006	33.9
1975	1.7	2007	36.2
1985	18.9	2008	38.0
1990	31.6	2009	39.5

연도	취원율(%)	연도	취원율(%)
1995	26.0	2010	39.9
2000	26.2	2011	40.9
2002	28.4	2012	44
2003	29.1	2013	47.4
2004	29.6	2014	47.3
2005	31.4	2015	49.4

주: 1990년 이전은 만 4~5세, 1995년 이후는 3~5세 대상임.
출처: 교육인적자원부 · 한국교육개발원 교육통계연보, 교육부 교육통계자료(2015).

② 지역별 · 설립별 유치원 수

〈표 I -5〉 지역별 · 설립별 유치원 수(2015년)

구분 / 지역	계		국립		공립		사립	
	유치원수	원아수	유치원수	원아수	유치원수	원아수	유치원수	원아수
서울	888	91,394	-	-	197	15,107	691	76,287
부산	403	45,175	-	-	80	5,272	323	39,903
대구	392	36,951	-	-	126	4,897	266	32,054
인천	418	42,389	-	-	156	8,879	262	33,510
광주	315	23,741	-	-	126	4,484	189	19,257
대전	268	25,660	-	-	95	4,829	194	20,831
울산	194	19,177	-	-	78	3,420	116	15,757
세종	43	4,108	-	-	40	1,923	3	96
경기	2,188	191,293	-	-	1,117	42,447	1,071	148,846
강원	386	17,387	1	60	274	6,533	111	10,789
충북	343	18,305	1	83	250	8,682	92	9,540
충남	503	27,141	1	108	367	9,591	135	17,442
전북	530	25,059	-	-	361	8,128	169	16,931
전남	552	19,983	-	-	435	9,869	117	10,114
경남	679	50,580	-	-	415	11,646	264	38,934
경북	711	38,663	-	-	463	10,889	248	27,774
제주	117	5,547	-	-	95	2,516	22	3,031
계	8,930	677,006	3	215	4,675	156,596	4,252	518,065

출처: e-나라지표(2015).

③ 유치원 원아 수 추이

〈표 Ⅰ-6〉 유치원 원아 수 추이

연도	전체	국립	공립	사립
1990	414,532	88	127,056	287,388
1995	529,265	80	114,300	414,885
2000	545,263	272	121,936	423,055
2005	541,603	253	124,030	417,320
2010	538,587	236	126,341	412,010
2012	613,749	226	127,121	486,402
2014	652,546	258	148,011	504,277
2015	682,553	256	161,083	521,214

출처: e-나라지표(2015). 교육통계연보, 교육통계서비스(http://std.kedi.re.kr)

④ 유치원·어린이집 교원추이

〈표 Ⅰ-7〉 연도별 유치원, 어린이집 교원 현황

구분 연도	유치원			어린이집					
	계	국·공립	사립	계	국·공립	민간/법인	직장	가정	부모 협동
1990	18,511	4,736	13,775	-	-	-	-	-	미분류
1995	25,576	5,564	20,012	-	-	-	-	-	미분류
2000	28,012	6,145	21,867	62,495	-	-	-	-	미분류
2005	31,033	6,946	24,087	109,205	10,340	72,793	1,517	24,451	104
2010	36,461	8,847	27,634	206,912	19,397	120,698	3,606	62,863	348
2015	50,998	12,619	38,379	311,817	28,977	169,771	9,266	102,947	856

출처: 교육과학기술부·한국교육개발원(2008). 교육정책분야별 통계자료집, 2008, 2009, 2010, 2015보육통계, 교육통계서비스(http://std.kedi.re.kr).

⑤ 교사 대 원아 수 및 학급당 원아 수

〈표 Ⅰ-8〉 교사 1인당 원아수와 학급당 원아 수

구분 연도	학급당 원아 수	교사 1인당 원아 수			
		계	국립	공립	사립
1980	38.4	-	-	-	-
1885	34.5	-	-	-	-
1990	28.6	22.4	22.0	26.9	20.9
1995	28.5	20.7	20.0	20.6	20.7
2000	26.3	19.5	18.1	19.9	19.3
2005	24.2	17.5	14.9	17.9	17.3
2011	20.9	14.6	13.3	13.6	14.9
2015	20.0	13.4	12.2	12.8	13.6

(3) 유아교육예산 현황

① 연도별 교육예산 대비 유아교육예산

〈표 I-9〉 연도별 교육예산 대비 유아교육 예산 (단위: 억 원)

연도	교육예산	유아교육예산	비율(%)
2004	264,000	345	0.13
2005	279,820	891	0.32
2006	291,273	2,056	0.71
2007	310,417	2,171	0.70

② OECD 국가의 유아교육 현황

〈표 I-10〉 OECD 국가의 유아교육 현황 비교

국가별 \ 구분	4세 이하 취원율 (2005년)	교사 대 유아 비율 (2005년)	유아 일인당 교육비 (단위: 미국 달러의 구매력지수)(2004년)	GDP대비 유아교육에 대한 지출 (2004년)	공적비용투입기관 비율(%) (2004년)
한국	22.5	20.2	2,500	0.1	37.9
덴마크	92.3	6.9	5,325	0.9	81.1
스웨덴	86.5	13.5	4,417	0.5	100
프랑스	112.9	19.3	4,938	0.7	95.8
독일	78.8	13.9	5,489	0.5	71.8
일본	82.0	17.4	3,945	0.2	50.0
미국	50.0	14.5	7,896	0.4	75.4
영국	90.6	16.3	7,924	0.4	94.9
OECD 평균	68.5	15.3	4,741	0.5	80.0

③ 연도별 누리과정예산

〈표 I-11〉 연도별 누리과정예산

연도 \ 구분	연령별 지원율(%)				예산(단위: 억원)			
	만 3세	만 4세	만 5세	전체	전체	복지부	지자체	지방 교육재정 교부금
2013	86.4	89.6	90.7	89.4	34,239	3,872	3,920	26,492
2014	88.4	94.9	94.1	92.4	38,676	2,948	1,562	34,166
2015	93.3	91.4	95.0	93.2	39,407	0	0	39,407

2) 어린이집의 유형 및 현황

(1) 어린이집의 유형

어린이집의 유형은 운영주체에 따른 유형, 보육장소에 따른 유형, 보육시간에 따른 유형, 보육대상에 따른 유형 등 다양한데 본 서에서는 운영주체에 따른 유형으로 분류하기로 한다. 운영주체에 따른 분류는 영유아보육법 제10조에 명시되어 있다.

영유아보육법 제10조(어린이집의 종류)

어린이집의 종류는 다음 각 호와 같다.
1. 국·공립어린이집
2. 사회복지법인어린이집
3. 법인·단체 등 어린이집
4. 직장어린이집
5. 가정어린이집
6. 부모협동어린이집
7. 민간어린이집

위와 같이 영유아보육법에 어린이집의 유형을 운영주체에 따라 분류제시하고 있으며 이외에도 특수 어린이집이 있는데 이들 어린이집에 대하여 간단히 설명하기로 한다.

① 국·공립어린이집

영유아보육법 제10조 제1호에 국·공립어린이집은 '국가나 지방자치단체가 설립 운영하는 어린이집'을 말한다.

ㄱ. 설립

가. 국·공립어린이집에서는 국가가 설립주체가 되는 국립어린이집과 지방자치단체가 설립주체가 되는 공립어린이집의 두 종류가 있다.

나. 국·공립어린이집은 보육운영에 관한 연구를 위해 설립하거나 취약지역(농어촌지역, 저소득계층밀집 지역)에 설립하여 저소득층가정의 유아를 보육하기 위해 설립되기도 한다.

ㄴ. **운영**

가. 국·공립어린이집에는 지역주변의 자녀 가운데 정원의 50% 이상을 확보해야 하며 또한 일반적으로 보육료가 저렴하고 보육의 질적 수준이 높아 학부모의 선호도가 높고 경쟁률이 높아 일반적으로 추첨을 통해 선발한다.

나. 국·공립어린이집의 직원은 공무원으로 보임하여 직접운영하거나 또는 법인·단체 또는 개인에게 위탁하여 운영하기도 한다.

다. 위탁운영 시에는 비영리법인, 비영리단체 또는 개인에게 위탁하며 신규위탁은 공개경쟁의 방법으로 선정·위탁한다.

라. 신규위탁 시에는 어린이집운영 평가결과를 참고하고 보육의 전문성, 정치·종교적 중립성을 유지하도록 한다.

② 사회복지법인어린이집

영유아보육법 제10조 제2호에 사회복지법인어린이집은 '사회복지사업법'에 따른 사회복지법(이하 '사회복지법인'이라 한다)이 설치·운영하는 어린이집이다.

ㄱ. **설립**

가. 관할시장·군수 또는 구청장에게 사전에 인가 신청해야 한다.

나. 관할시장·군수 또는 구청장은 관할 지역보육수요와 어린이집의 공급현황을 감안하여 지역별로 균형에 맞게 설립한다.

다. 상시 21인 이상을 보육할 수 있는 시설이어야 한다.

ㄴ. **운영**

가. 설립을 주도한 비영리기관의 예산지원을 받아 운영하는 형태로 복지기관이나 대학, 종교단체 등이 주체가 되어 운영된다.

나. 운영예산은 설립법인으로부터 지원을 받아 운영하므로 설립법인의 기본철학에 의해 운영되는 경우가 많다.

다. 법인어린이집은 적용되는 프로그램에 따라 비싼 보육료를 부담하는 중·상류층 가정의 자녀를 대상으로 하는 어린이집과 저소득층 가정의 자녀를 대상으로 하여 저렴한 보육료를 부담케 하는 어린이집 등 운영형태가 다양하다.

③ 법인 · 단체 등 어린이집

법인 · 단체 등 어린이집은 영유아보육법 제10조 제3호에 '각종법인(사회복지법인을 제외한 비영리법인)이나 단체 등이 설치 · 운영하는 어린이집'으로 대통령령으로 정하는 어린이집이다.

ㄱ. 설립

법인 · 단체 등 어린이집에는

가. '유아교육법', '초 · 중등교육법' 및 '고등교육법'에 따른 법인 또는 학교법인이 설치 · 운영하는 어린이집

나. 종교단체가 설치 · 운영하는 어린이집

다. '산업재해보상보험법'에 따른 근로복지공단이 설치 · 운영하는 어린이집

라. 교육훈련시설이 설치 · 운영하는 어린이집

마. 제1호부터 제4호까지에서 규정한 어린이집에 준하는 어린이집으로서 보건복지부장관이 정하는 어린이집 등이 있다(이인원 외, 2016).

ㄴ. 운영

운영소요예산은 수익자부담원칙으로 유아부모로부터 유아보육비를 징수하거나 어린이집을 설립한 법인이나 단체에서 일부운영예산을 지원받기도 한다.

④ 직장어린이집

직장어린이집은 영유아보육법 제10조 제4호에 '사업주가 사업장의 근로자를 위하여 설치 · 운영하는 어린이집(국가나 지방자치단체의장이 소속 공무원을 위하여 설치 · 운영하는 어린이집을 포함한다)'이다.

ㄱ. 설립

가. 상시여성근로자 300인 이상 또는 근로자 500인 이상을 고용하고 있는 사업주는 시장 · 군수의 승인을 받아 직장어린이집을 설립해야 한다.

나. 설치장소는 사업장내 또는 그에 준하는 인근지역이나 사원주택 등 사업장의 근로자가 밀집주거지역에 설치한다.

다. 회사, 공장, 병원, 노동조합 등에서 근로자의 복지정책의 하나로 설립 · 운영한다.

ㄴ. **운영**

가. 사업장의 사업주가 직장보육시설을 불가피한 사유로 설치 못하는 경우에는 법령이 정하는 바에 따라서 지역의 어린이집에 위탁보육을 의뢰하고 대신에 근로자에게 보육수당을 지급하도록 하는 정책적 대안을 제시하기도 한다.

나. 직장어린이집에는 보육정원의 1/3 이상을 동일한 사업장 근로자의 자녀를 입원시키어야 한다.

다. 직장어린이집은 근로자의 작업능률 향상과 복지의 차원에서 운영에 소요되는 경비 일체를 어린이집을 설립한 기업체나 기관이 부담하는 것을 원칙으로 한다.

라. 근로자는 직장어린이집에 자녀보육을 위탁함으로써 유아의 보호와 교육에 대한 심리적 안정감을 갖고 근무 중 휴식시간에 자녀의 활동모습을 관찰할 수 있으며 교사와의 상담을 수시로 가질 수 있다. 특히, 부모와 등 · 하원을 같이 할 수 있어 유아의 안전사고를 예방할 수 있다.

마. 규모는 상시 5명 이상을 보육해야 한다.

바. 사업주는 직장어린이집 운영 및 수탁보호중인 영유아의 보육에 필요한 비용의 1/2 이상 보조하여야 한다.

⑤ 가정어린이집

가정어린이집은 영유아보육법 제10조 제5호에 '개인이 가정이나 그에 준하는 곳에 설치 · 운영하는 어린이집'이다.

ㄱ. **설치**

가. 가정어린이집은 가정이나 그에 준하는 장소에 해당지역 시장, 군수의 허가를 받아 설치해야 한다.

ㄴ. **운영**

가. 영유아 5인 이상 20인 이하를 보육할 수 있다.

나. 어린이집 가운데 가장 작은 규모를 가지고 운영함으로써 대부분 어린이집의 재정상태가 아주 열악하다. 가정적 분위기가 조성되어 유아에게는 심리적으로 안정적이다.

⑥ 부모협동어린이집

부모협동어린이집은 영유아보육법 제10조 제6호에 '보호자들이 조합을 결성하여 설치·운영하는 어린이집'이다.

ㄱ. 설치

가. 보호자들이 자녀들의 보육문제를 해결하기 위하여 15인 이상의 학부모가 공동 출자하여 어린이집을 설립한다.

나. 부모협동어린이집은 가정어린이집을 설치한 곳에도 설치할 수 있다.

ㄴ. 운영

가. 상시 11인 이상 유아를 보육할 수 있다.

나. 부모협동어린이집에는 조합원 2/3 이상의 찬성으로 업무진행자를 선임, 시설장을 겸직하도록 하여 어린이집을 운영·관리해 나간다.

다. 조합원인 학부모들이 교사채용, 교육과정계획수립 및 운영에 참여하기도 하고 학부모들이 교사나 보조교사로 직접 참여하므로 어린이집 운영에 직접적으로 관여하기도 한다.

라. 부모협동어린이집에서는 학부모들의 철학과 보육이념에 기초하여 특색 있는 유아중심교육프로그램 예를 들면, 자연친화교육, 생활체험교육, 전통문화교육 등 독자적이며 차별성 있는 교육과정을 다양하게 운영한다.

마. 자녀들의 책임보육을 위해 참여 학부모들의 공동출자에 의해 이루어지기 때문에 비영리적이다.

⑦ 민간어린이집

민간어린이집은 영유아보육법 제10조 제7항 '제1호부터 제6호까지의 규정에 해당하지 아니하는 어린이집'을 말한다.

ㄱ. 설립

가. 민간어린이집은 사회법인이 아닌 법인, 단체 또는 개인이 설립할 수 있다.

나. 민간어린이집은 직장어린이집, 가정어린이집이 아닌 시설로서 명칭은 '○○어린이집'으로 명명한다.

ㄴ. 운영

민간어린이집은 영유아 21인 이상을 보육할 수 있다.

⑧ 맞춤형어린이집

교육이나 보육에서 천편일률적으로 적용할 수 있는 교육이나 보육방법을 찾기란 그리 쉽지 않다.

보편적인 교육과 특수적인 교육, 집단교육과 개별교육이 상호적이며 보완적으로 이루어져야 한다.

다시 말하면, 보편적인 교육이나 집단적이며 일반적인 방법으로 지도할 수 없는 특별한 유아에 대한 교육이 필요한데 이것이 특수교육 또는 맞춤형 교육이다. 유아보육 또한 예외가 아니다.

ㄱ. 맞춤형 보육의 필요성

가. 유아들은 신체, 정서, 언어, 지능면에서 개인차가 있기 마련이다. 그 중 일부 영역에 한해 지나치게 보통유아에 비하여 질적 수준이 떨어져서 보편적인 보육적 개입으로는 지도할 수 없는 경우, 해당 유아의 특수성에 적합한 개별적인 보육적 처방을 통하여 특수 유아의 바람직한 성장·발달을 도모하기 위함이다.

나. 학부모의 사회·경제적 활동이나 자아실현의 방법, 가정적 여건이 아주 다양하여 일반 어린이집의 프로그램으로는 학부모의 보육적 요구나 기대를 충족시켜 줄 수 없기 때문에 이에 적절한 유아보육프로그램을 적용하여 학부모의 보육적 어려움을 해결해 주기 위함이다.

ㄴ. 맞춤형 보육의 유형

맞춤형 보육에는 크게 '유아의 특성을 고려한 맞춤형 보육'과 '학부모의 특성을 고려한 맞춤형 보육'의 두 종류가 있다.

가. 유아의 특성을 고려한 맞춤형 보육

장애의 정도에 따라 보육방법이 달라져야 하지만 가장 합리적이며 효율적인 방법은 장애아를 일반학급 내에서 일반유아와 같이 보육하는 방법이고, 그 다음이 통합보육으로 일반학급과 특수학급을 오가며 이루어지는 통합보육방법이며 장애 정도가 심각한 유아는 장애아전담어린이집에서 맞춤형 보육을 받아야 한다.

㉠ 장애아 통합어린이집

㉮ 설치

일반 어린이집 가운데 장애아 통합어린이집으로 지정받기 위해서는 시·군·구청에 관련 구비서류를 구비하여 특수 어린이집 지정신청서를 제출하면 해당 시·군·구청장은 관련서류와 현지 운영여건을 검토하여 지정한다. 국·공립보육시설 및 법인 시설을 우선적으로 지정한다.

㉯ 운영

일정기간 동안 장애 유형, 장애 정도에 따른 다양한 프로그램과 적절한 서비스를 제공하여 지도한 후 다시 일반학급에서 일반유아와 같은 보육프로그램과 보육서비스를 제공받는다.

따라서 장애아 통합어린이집에는 장애아 통합 보육을 위한 환경, 자료, 교재, 교구, 프로그램 등을 정비해 두어야 한다.

㉡ 장애아 전담어린이집

㉮ 설치

장애아 전담어린이집은 미취학 장애아를 보육하는 시설로서 시·도지사 또는 시장·군수·구청장으로부터 장애아 전담어린이집으로 지정받아야 하며 영유아보육법 시행규칙에 따른 시설·설비 및 교재·교구를 구비해야 한다.

㉯ 운영

상시 18명 이상의 미취학장애아를 보육한다.

나. 부모의 특성을 고려한 맞춤형 보육

부모는 부모가 처한 입장에 따라 보육에 대한 기대와 요구가 다양함에 따라 이를 해결해 주기 위한 어린이집 유형 또한 다양하다. 다음에서 이에 대하여 기술하기로 한다.

㉠ 시간 연장 및 24시간 어린이집

㉮ 설치

• 시간 연장 어린이집의 지정은 인가된 모든 어린이집에서 설치할 수 있고 24시간 어린이집은 2008년부터 국·공립어린이집을 대상으로 신규지정하

고 있다.

- 시간 연장 및 24시간 어린이집 지정을 받고자 하는 원장은 구비서류를 갖추어 관할 시장·군수·구청장에 제출하면 관계서류와 현장시설현황 및 운영 여건을 고려하여 지정한다.

㉯ 운영

- 기준보육시간 내 귀가할 수 없는 아동을 위한 시설로서 보육시간을 야간까지 연장 또는 24시간 보육을 실시한다.
- 어린이집에는 맞벌이가정 및 저소득층 아동을 우선 입소시키며 시간 연장 보육아동은 24시 이전까지 보육하는 것을 원칙으로 하며 24시간 보육은 야간에 경제활동에 종사하는 가정, 한 부모 또는 조손가정으로 야간 보육이 불가피한 경우의 아동에 한한다.
- 시간 연장 및 24시간 어린이집에서는 급·간식을 제공하고 다양한 야간보육프로그램을 개발하여 활용한다.
- 24시간 보육의 경우, 아동이 방치되지 않도록 부모와의 연락체제를 강구하며 보호자가 적당한 사유 없이 1개월 이상 어린이집에 방치하는 경우, 어린이집 원장은 시장·군수·구청장에게 통보하여 아동보호대책을 강구하도록 한다.

㉡ 시간제 어린이집

㉮ 설치

시간제 어린이집을 신청한 어린이집 가운데 시장·군수·구청장이 자치구별로 2개소 이내로 선정한다. 시간제 어린이집으로 신청하기 위해서는 별도의 보육실과 운영에 필요한 교재, 교구, 프로그램을 구비해야 한다.

㉯ 운영

- 근로시간의 다양화에 따라 일정한 시간동안 보육을 필요로 하는 재가아동의 보육을 실시한다.
- 학부모의 근로시간에 맞추어 일정시간에 한해 보육함으로써 대상유아 개인의 특성에 맞는 주체적이며 자발적인 프로그램을 운영한다.

㉢ 방과 후 어린이집

㉮ 설비

- 방과 후 어린이집 운영을 신청하는 일반 어린이집 가운데서 초등학교 저

학년(1~3학년) 아동들의 초등학교 학과 수업 종료 후 부모가 아동을 지도할 수 없는 시간에 가정에서 이루어지는 보육서비스 활동으로 별도의 보육실과 보육활동에 따른 교재 · 교구 · 학습도서, 특기신장교육기재 등을 준비해야 한다.

- 복지관, 종교시설, 공공기관 등에 설치한 부설 방과 후 어린이집에는 영유아보육법에 근거한 원장을 별도로 채용하여 어린이집을 운영하도록 한다.

㉯ 운영

- 초등학교 1~3학년 아동들이 보육대상이 되고 있으나 지역의 시설여건에 따라 4~6학년 아동들도 보육대상이 될 수 있다.
- 보육내용은 학습지도, 인성교육, 특기교육을 중점적으로 지도하나 아동들의 실정에 따라 아동 자신이 필요로 하는 아동자율학습시간으로 활용할 수도 있다.
- 운영시간은 6시간을 원칙으로 하되 보육서비스 제공은 4시간 이상이어야 한다.
- 어린이집에 입원하는 시간과 아동들의 요구나 기대, 입장들이 서로 다르기 때문에 개별적이며 주도적으로 참여하는 아동 중심 프로그램으로 운영해야 한다.

㉣ 영아전담어린이집

㉮ 설치

- 영아전담어린이집은 만 2세 이하의 영아만을 보육하는 시설로서 전담어린이 보육시설요건을 갖추고 관계서류를 첨부하여 시 · 군 · 구청에 제출하면 시장 · 군수 · 구청장이 관계서류와 시설 · 설비상황을 검토하여 설립인가한다.
- 영아전담어린이집에는 원장을 두며 원장은 일반기준에서 정한 요건을 갖추었거나 간호사자격증을 취득한 후 5년 이상의 아동간호업무경력이 있는 자를 임용하여야 한다.

㉯ 운영

- 영아전담어린이집에서는 만 2세 이하의 영아 20명 이상 보육할 수 있다.
- 영아전담어린이집 원장 및 보육교사 인건비 월지급액의 80%를 지원한다.
- 취사부 1명에 대하여 월지급액의 100%를 지원하며 농어촌시설인 경우, 차

량운영비를 월 20만원씩 지원한다.

• 영아전담어린이집에서는 어린이집 표준보육과정에 의해 지도한다.

(2) 어린이집 현황

다음에서 어린이집 현황을 어린이집 유형별 기관, 아동 수, 어린이집 유형별 보육아동 수, 연령별 어린이집 보육아동 수, 영유아 수 변화와 보육수요율 추이, 연도별 보육예산 현황 등에 대하여 알아보기로 한다.

① 어린이집 유형별 기관·아동 수

어린이집 유형별 기관·아동 수는 다음 표와 같다.

〈표 I-12〉 어린이집 유형별 기관 및 아동 수(2014)

구분			계	국·공립 어린이집	사회복지법인 어린이집	법인·단체등 어린이집	민간 어린이집	가정 어린이집	부모협동 어린이집	직장 어린이집
어린이집 수	개소(A)		43,742	2,489	1,420	852	14,822	23,318	149	692
	(비중)		100.0	5.7	3.2	1.9	33.9	53.3	0.3	1.6
아동 수	정원(B)		1,800,659	179,939	137,017	61,483	946,519	419,352	4,682	51,667
	(비중)		100.0	10.0	7.6	3.4	52.6	23.3	0.3	2.9
	현원		1,496,671	159,241	104,552	49,175	775,414	365,250	3,774	39,265
아동 수	현원(C)	남	773,987	82,306	55,049	25,478	400,579	188,152	2,012	20,411
		녀	722,684	76,935	49,503	23,697	374,835	177,098	1,762	18,854
	(비중)		100.0	10.6	7.0	3.3	51.8	24.4	0.3	2.6
	이용률		83.1	88.5	76.3	80.0	81.9	87.1	80.6	76.0
보육교직원수	인원(D)	계	311,817	28,977	19,045	8,749	14,977	102,947	856	9,266
		남	14,270	884	1,878	729	9,117	1,527	25	110
		녀	297,547	28,093	17,167	8,020	132,869	101,420	831	9,156
	(비중)		100.0	9.3	6.1	2.8	45.5	33.0	0.3	3.0
어린이집1개당 아동수(C/A)			34.2	64.0	73.6	57.7	52.3	15.7	25.3	56.7
보육교직원1인당 아동수(C/D)			4.8	5.5	5.5	5.6	5.5	3.5	4.4	4.2

출처: 2015년 보육통계.

이상의 표를 근거로 어린이집 유형별 기관·아동수를 분석해보면 다음과 같은 경향이다.

ㄱ. 어린이집 유형별 설립기관수

가. 현황

㉠ 어린이집 기관 수는 43,742개, 유치원 8,930개(표 I-5)로서 어린이집 기관 수가 4.9배가 많아 우리나라 영유아의 대부분이 어린이집에서 보육을 받고 있다.

㉡ 어린이집 기관 수는 총 43,742개이며, 그 중 가정어린이집 23,318개, 민간어린이집 14,822개로서 89.2%가 민간·가정어린이집으로 운영 재원의 영세성이 예상된다.

나. 대책

㉠ 학부모들이 선호하는 국·공립유치원은 2,489개소로 5.7%에 불과하므로 국·공립어린이집 설립을 확대할 필요성이 절실하다.

㉡ 직장어린이집은 692개소로서 1.6%에 불과하므로 직장어린이집 증설을 확대하여 부모가 직장 내에서 유아의 보육상황을 수시로 관찰하고 등·하원을 같이 함으로써 유아의 안전지도에 만전을 기할 수 있도록 해야 한다.

㉢ 사회복지법인, 법인 단체가 운영하는 어린이집은 2,272개로서 5.1%밖에 되지 않은 실정으로 사회복지법인이나 법인단체의 보육사업 참여를 유도하기 위한 국가차원의 다양한 시책이 강구되어야 한다.

ㄴ. 아동 수

가. 현황

㉠ 원아 수는 유치원이 677,006명(표 I-5), 어린이집이 1,496,671명으로 2.2배이나 어린이집이 유치원보다 기관 수가 4.9배임을 감안하면 어린이집의 시설 규모가 유치원시설 규모보다 훨씬 적어 어린이집 운영을 위한 인력부족이 예상된다.

㉡ 민간어린이집이 14,822개로 유아 수는 775,414명, 가정어린이집이 23,318개로 유아 수는 365,250명으로 가정어린이집이 민간어린이집의 1.6배 많음에도 원아 수는 민간어린이집이 많은 경향을 보인다.

ⓒ 전국 어린이집의 정원이 1,800,659명임에 반해 현원이 1,496,671명으로 이용률(정원확보율)이 83.1%로 정원을 확보하지 못하는 경향이며 학부모 부담으로 운영되는 민간어린이집과 가정어린이집의 경우에는 정원을 확보하지 못해 재정상 운영난을 초래할 수 있다.

나. 대책

㉠ 민간어린이집, 가정어린이집의 정원 확보방안이 강구되어야 하며 정원을 확보하지 못한데 따른 부족 운영재원을 국가 또는 지방자치단체가 지원하는 방안이 강구되어야 한다.

㉡ 대부분의 어린이집들이 정원을 확보하지 못함을 볼 때 각 어린이집들 간에 취원 유도경쟁이 심화될 것으로 보아 과다 취원 경쟁을 유도하는 사례에 대한 대책이 강구되어야 할 것이다.

ㄷ. **보육교원 수**

가. 현황

㉠ 민간어린이집은 총 유아 수 775,414명에 보육교육직원 141,977명으로 교사1인당 유아 수는 4.8명, 가정어린이집 3.5명, 민간 어린이집은 5.5명, 국·공립어린이집은 5.5명으로 학급당 원아 수는 별 무리가 없어 보인다.

㉡ 여교사가 311,817명에 비해 남교사는 1,427명으로 1/22에 밖에 안 되는 실정이다. 이는 유아들의 성역할학습이나 기관 내에서 여교사로서 감당하기 어려운 힘든 일을 처리하는데 어려움이 있어 보인다.

나. 대책

어린이집에 단체체육활동, 각종 비품의 이동 등 남교사 역할이 필요한 바 이에 따른 남교사 또는 대체인력의 확보책이 절실하다.

② 연도별 어린이집 보육아동 수

연도별 어린이집 보육아동 수 추이는 다음 표와 같다.

〈표 Ⅰ-13〉 연도별 어린이집 보육아동 수

연도	계	국·공립	법인	법인단체	민간	직장	가정	부모협동
1990	48,000	25,000	미분류	미분류	미분류	1,500	20,000	미분류
1995	293,747	78,831	77,187	92,634	591	2,386	42,116	미분류
2000	686,000	99,666	157,993	336,625	15,949	7,807	67,960	미분류
2005	989,390	111,911	125,820	552,360	56,374	12,985	129,007	미분류
2008	1,091,691	122,919	114,629	53,282	597,992	16,479	184,598	1,389
2009	1,175,049	129,656	112,338	52,718	622,996	18,794	236,892	1,655
2010	1,279,910	137,604	114,054	51,126	671,891	21,901	281,436	1,898
2011	1,348,729	143,035	112,688	50,676	706,647	24,987	24,987	2,286
2014	1,496,671	159,241	104,552	49,175	775,414	39,265	365,250	3,774

출처: 2015년 보육통계.

ㄱ. 현황

가. 1990년 48,000명에서 2014년 1,296,671명으로 24년만에 31배로 급증하였다.

나. 법인, 단체가 운영하는 어린이집의 원아 수가 감소하는 한편, 민간어린이집과 가정어린이집의 원아 수가 급증하는 현상으로 민간어린이집과 가정어린이집 중심의 보육사업이 전개되는 추세이다.

ㄴ. 대책

민간어린이집과 가정어린이집은 운영재원이 열악한 실정으로 영유아보육의 질 향상을 위해 국가차원의 운영예산지원이 절실하다.

③ 연령별 어린이집 보육아동 추이(2014)

〈표 Ⅰ-14〉 연령별 어린이집 보육아동(2014년)

연령	계	국·공립	사회복지법인	법인단체	민간	가정	부모협동	직장
0세	138,563	3,871	2,784	1,023	35,084	94,175	163	1,463
1세	342,056	21,053	14,922	6,081	137,708	154,388	618	7,286
2세	409,954	34,632	25,533	10,604	216,513	112,432	916	9,314
3세	265,338	36,354	24,270	11,588	180,139	3,072	814	9,101

4세	177,014	32,198	17,948	9,447	109,420	640	660	6,701
5세	155,510	29,640	17,060	8,667	93,817	476	576	5,274
6세	8,236	1,483	2,035	1,765	2,733	67	27	126
계	1,496,671	159,241	104,552	49,175	775,414	365,250	3,774	39,265

출처: 2015년 보육통계.

ㄱ. 현황

가. 0~2세 영아보육이 급증하였으며 0세 영아보육이 이루어지고 있음은 어머니들의 경제활동 참여가 활발해졌기 때문이다.

나. 3세 유아 수가 줄고 4~5세 유아 수가 급증한 것은 3세 이후에 유치원에 취원하는 경향으로 나타난 현상이다.

ㄴ. 대책

가. 0~2세 보육은 어머니 역할을 대행함으로써 영아의 애착형성과 사랑이 깃든 돌봄 위주의 보육으로 이루어지는 바 이에 따른 시설설비와 지도교사의 전문직적 자질 함양을 위한 대책이 강구되어야 한다.

나. 어린이집에서도 유치원과 같이 교육·보육이 통합된 누리과정을 운영하는 바이에 필요한 시설·설비, 교재·교구를 확보하여 전문화된 지도로 3세 이후에도 유아들을 어린이집에서 계속 지도하는 유아 유인책이 강구되어야 한다.

④ 연도별 보육예산 추이

연도별 보육예산 추이는 다음 표와 같다.

〈표 I-15〉 연도별 보육예산 (단위: 억원)

연도	2010	2011	2012	2013	2014	2015
보육 예산	2,127,510	2,478,380	3,028,567	4,146,625	5,273,819	4,943,994

출처: 2015년 보육통계.

ㄱ. 현황

보육예산이 2010년에 2조천억원이었던 것이 2015년에는 4조9천억원으로 5년만에 약 2배 증가하였다.

ㄴ. **전망**

점차적으로 국가예산이 증액되어 무상보육이 실현되리라 기대한다.

⑤ 영유아 수 변화와 보육수요율 추이

영유아 수 변화와 보육수요율 추이를 그림으로 표시하면 다음과 같다.

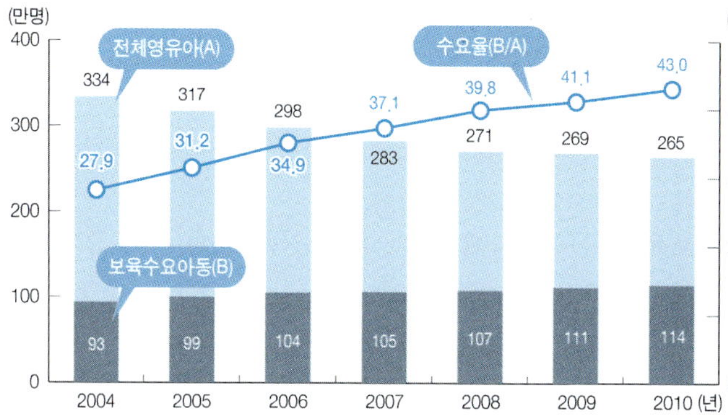

출처: 보건복지가족부 홈페이지(http ://www.mw.go.kr), 2009.

[그림 Ⅰ-1] 영유아의 수 변화와 보육수요율 추이

ㄱ. **현황**

가. 2004년에 영유아 수가 334만 명에서 2010년에 265만 명으로 20% 줄었으나 보육수요율은 15% 증가함으로써 보육의 보편화현상이 이루어지고 있다.

나. 영유아 수가 2004년을 기준으로 2010년까지 7년에 걸쳐 20%가 준 것은 육아부담으로 인한 출산기피현상으로 보여진다.

ㄴ. **대책**

영유아는 물론 영유아 가정에 대한 다양한 복지정책을 실현하여 출산기피현상을 예방해야 한다.

제 2 장

보육경험과 유아발달

1991년 영유아보육법이 시행됨에 따라 유아보육기관이 기하급수적으로 증대되고 아울러 보육대상유아 수가 급증하며 유아보육이 보편화됨에 따라 유아보육의 질을 향상시키기 위한 다양한 정책과 시책이 강구되어 왔다.

가정에서 조부모나 부모에 의해 이루어지는 가정보육이 아무리 효과적이라 할지라도 부모들의 사회적 진출과 자아실현을 위한 욕구의 증대에 따라 불가피하게 유아보육을 유아보육기관에 위탁해야 되는 상황에서 유아보육기관에서 이루어지는 보육의 질을 향상시키기 위해서는 보육경험과 유아발달에 대한 이해가 전제되어야 한다.

1. 보육경험의 개념

전통적인 과거의 보육은 가정에서 무릎학교(Mother's Knee School)나 모친학교(Mother School)라는 가정교육기관에서 부모에 의해 이루어졌다.

무릎학교나 모친학교는 공히, 유아교육기관에서 유아보육이 형식적인 제도권의 보육으로 이루어지기 전까지 가정에서 부모에 의해 비형식적 보육으로 이루어져 오다가 형식적인 제도권의 보육인 유아교육기관의 보육으로 전환되었다. 가정에서 이루어지는 보육이든 유아교육기관에서 이루어지는 보육이든 간에 보육의 효율성을 제고시키기 위해서는 다양한 보육활동을 유아들에게 제공하게 되는데 이러한 '보육활동이나 보육내용의 총체'를 보육경험이라 한다. 다시 말하면 보육경험이란 '유아보육에 영향을 주는 인적, 물리적, 심리적 보육관련 요인의 총체'를 말한다.

2. 보육경험관련요인

보육경험관련 핵심요인은 유아교육기관에서 이루어지는 모든 유아보육활동, 즉 보육과정이다. 보육과정은 '당해 유아교육기관에서 설정한 보육목표를 구현하기 위해 유아들에게 제공하는 모든 유아교육활동이나 경험의 총체'이기 때문이다. 다만 이 보육과정에는 유아들의 보육에 직접적으로 영향을 주는 영역과 직접적인 보육활동을 지원하는 영역으로 대별할 수 있다. 그 영역과 내용은 유아교육기관의 운영영역이나 내용과 무관하지 않다. 그 운영영역과 내용을 개략적으로 제시하면 다음과 같다.

1) 보육과정운영영역

① 보육과정편성 및 운영　② 교수-학습지도
③ 생활지도　④ 교육행사지도
⑤ 교원연수　⑥ 기관 및 학급경영평가

2) 보육과정운영지원영역

① 교직원관리　② 유아관리
③ 원·학급 사무 및 문서관리　④ 시설·설비, 교재·교구관리
⑤ 환경관리　⑥ 재정관리
⑦ 대지역사회협력관리 등을 들 수 있다.

이들 영역에 대하여 구체적으로 내용을 열거할 수는 없으나 이들 영역 중에서 유아보육에 지대한 영향을 주는 관련요인에 대한 연구결과를 정리해 보면 다음과 같다.

(1) 외국의 연구에서 나타난 아동발달과 보육관련요인

외국에서 보고된 연구물을 보면, 아동발달에 영향을 주는 관련요인은 보육유형, 보육경험유무, 보육경험기간, 보육기관에 들어간 연령, 보육기관 안에서의 친구관계, 놀잇감의 수와 질, 교사와 유아 간의 비율, 보육형태 등으로 보고되었다(이소희, 2005).

(2) 국내연구에서 나타난 아동발달과 보육관련요인

우리나라에서 수행된 아동발달에 영향을 주는 보육관련요인에 관한 연구에 의하면 보육관, 보육시설유형, 집단크기, 교사 대 아동비율, 물리적 환경, 교육과정계획 및 실제운영(보육시설교육계획), 교사의 수, 교사근무환경 및 복지 측면, 교사연령, 교사의 학력, 교사자격증 소지유무, 교사의 결혼여부, 근속연수, 교사전공분야, 보육교사급여, 보육교사 재교육참여 상황, 교사-유아 간의 상호작용, 교사행동, 보육교사 경험유무, 보육시작시기, 보육이용시간, 보육경험기간(보육경험의 양), 보육의 안정성 등이 아동발달에 영향을 주는 보육관련요인으로 나타났다(이민경, 2002; 이소희, 2005의 재인용).

3. 보육경험의 발달적 효과

보육경험이 영유아의 발달에 대한 단기적 효과나 이후의 발달에 미치는 장기적 효과에 대한 연구가 꾸준히 이루어져 왔다.

이것은 이제는 자녀의 보육의 문제는 개인의 문제가 아니라 국가적인 차원에서 해결해야 하는 주요 정책과제로서 보육의 보편성과 공공성이 더욱 강화되어 가고 있다. 이는 어린 자녀의 기본적 양육에 일차적인 책임을 지고 있는 어머니의 개인적 욕구나 가정의 유지발전을 위하여 사회적 참여의 기회가 확대되기 때문이다. 따라서 보육경험이 아동발달에 미치는 효과를 부단히 연구하여 부정적 요인은 제거함은 물론, 새로운 방안을 연구·적용하여 유아보육의 질을 향상시키어 가고 있다. 과거에는 보육에 부정적 영향을 주었던 다양한 요인들이 이제는 긍정적 영향을 주는 요인으로 변화하기도 한다. 다시 말하면 과거의 유아교육기관의 보육에서 부정적인 면이 점차 해소되고 긍정적인 면으로 변화하는 것이다.

유아의 보육경험 관련요인 중에서 유아교육기관의 요인 중에는 물리적 환경, 유아교육경험, 유아교육 프로그램, 교사의 태도, 또래의 영향 등 아주 다양하다.

특히, 유아교육기관은 유아가 가정을 떠나 최초로 경험하는 사회적 공간이다. 사회화의 첫 단계에서 성공적인 경험은 자신감과 정서적 안정감, 나아가서 사회적 유능감의 기초를 제공한다는 점에서 의의가 크다. 따라서 유아교육기관에서 유아의 행동에 미치는 주요요인인 물리적 환경, 유아교육경험, 유아교육 프로그램이 유아행동에 미치는 영향에 대해 생각해 보기로 한다.

1) 물리적 환경

(1) 원의 크기

많은 유아들을 수용하고 있는 큰 학급의 교사는 자신의 교육방식을 공식화 또는 형식화하며 유아교육기관의 생활규칙을 강조하면서 통제적, 구속적 그리고 직접적인 교수방법을 사용하는 한편 유아수가 적은 유아교육기관의 학급교사는

첫째, 유아들이 교육프로그램에 능동적이며 적극적으로 참여한다.

둘째, 교육활동에서 소외되는 유아가 적다.

셋째, 유아들이 유아교육기관 생활에 만족한다.

넷째, 유아들이 자신감과 만족감을 갖고 다른 유아와 친절히 지낼 수 있다.

(2) 교실의 공간배치

전통적인 네모난 교실에 있는 유아에 대하여 몬테소리(1948)는 '핀에 꽂힌 나비처럼 책상에 각기 고정된 채로 의미 없는 지식이 쓸모없는 날개를 펴고 있는 것 같다'라고 기술한 적이 있다.

교실에서 유아들의 좌석의 위치에 따른 수업 참여도에 관한 연구(Summer, 1969)를 보면 교사와 정면으로 앉은 유아가 가장 수업에 적극적으로 참여했고 옆쪽에 앉은 유아들이 말을 적게 하였다. 줄로는 첫째 줄의 유아가 뒷줄의 유아들보다 더 열심히 수업에 참여했고 가운데 앉은 유아가 주변에 앉은 유아보다 더 열심히 수업에 참여했다. 이와 같이 학습활동이 잘 이루어지는 지역을 활동작용영역(action zone)이라고 부른다. 이것은 거리가 멀수록 심리적 거리감이 크기 때문이다. 이러한 관점에서 보면, 교실공간배치를 융통성 있게 하려는 경향이 고무적이다. 움직일 수 있는 가구나 벽을 만들어 소위 '벽이 없는 학급'이라던가 여러 반을 한꺼번에 팀티칭하기 위한 개방식 건축방식 등이 점차 인기를 받고 있다. 유아교육기관에서는 유아들의 자리배치가 고정되어 있지는 않다. 그러나 여러 가지 활동을 전개할 때 유아들이 교사와 어떠한 거리, 어떠한 방향에 있느냐에 따라 학습의 참여도가 다름을 알 수 있다. 따라서 각 활동에서 유아들의 좌석을 어떻게 배치해야 하는가를 교사는 늘 궁리해야 한다.

(3) 학급의 크기

학급의 크기가 증가함에 따라 활동적인 유아수가 줄어들었을 뿐 아니라 참여유아 수도 줄었다. 이와 같이 학급의 크기가 증가하면 증가할수록 토론의 양이 감소했을 뿐 아니라 토론에 참여하는 유아의 비율도 감소했다. 학급의 크기를 늘리는 것은 점차 유아들의 참여를 막아버리는 결과를 가져오게 되는 것이다. 만일 유아들이 학급활동에 많이 참여하면 할수록 더 많이 배우게 된다면 작은 학급이 더 낫다는 것을 알 수 있다. 예를 들면, 얼굴을 맞대면 이른바 언어적 의사소통을 더 많이 하게 되고 가깝게 앉아 있으면 더 많이 참여하게 되는 것이다.

학급의 크기가 유아와 교사에게 미치는 영향을 보면 학급의 크기가 큰 활동실에서 유아들은 원만한 대인관계 유지가 어렵고 방임적, 공격적 행동이 많으며 갈등적 상호작용이 더 많았다(Wein Stein, 1979). 그리고 교사와 유아 간의 개별접촉이 줄어들었다. 이에 대하여 Hymes(1981)는 3세 유아에게 적절한 학급크기는 유아 12명에 교사 2명, 4세의 경우, 유아 16명에 교사 2명, 5세의 경우, 유아 20명에 교사 2명, 그리고 미국유아교사협회(NACYC, 1984)는 3세의 경우, 유아 10~16명에 교사 2명, 5세의 경우, 유아 16~20명에 교사 2명을 제시하고 있다.

(4) 놀이자료 및 설비

놀이자료 및 설비가 유아행동에 미치는 영향을 정리하면 다음과 같다.

① 놀이터에 놀이기구가 배치되었을 때에는 참여가 많아지고 서로 빼앗고 싸우고 울며 때리는 행동도 함께 나타났으나 놀이기구를 없애니까 게임이 증가되고 사회적 접촉도 증가하였다(Johnson, 1895).

② 놀잇감의 수가 적을 때 더 많은 공격적 행동이 나타났다(Body, 1931).

③ 놀잇감과 교구의 감소는 유아의 공격적 행동을 증가시켰다(Connolly, 1981).

④ 퍼즐과 같은 고립적 놀잇감을 가지고 놀이한 유아들은 혼자서 놀이를 하였으며 놀이 지속시간이 짧은 데 비하여 테이블게임과 같은 사회적 놀잇감을 가지고 노는 유아들은 다른 유아들과 어울려 놀았으며 놀이시간도 증가되었다(Builich & Risley, 1942).

⑤ 놀이자료를 정리할 수 있는 교구장이 있을 때 놀잇감을 정리하는 시간이 감소되고 놀이시간이 길어졌다(Montes & Todd, 1951).

2) 유아교육 경험

유아교육기관에 다니면서 갖게 된 교육경험이 유아행동에 미치는 영향을 정리하면 다음과 같다.

(1) 단기적 효과

① 약 6개월 간 유아교육기관에서 교육받은 유아들은 교육을 받지 않은 유아들에 비하여 자발성, 독립성, 자기주장, 자신감, 호기심, 환경에 관한 관심 등의 행동 특성에서 유의하게 높은 발달을 보였다(Walsh, 1931).

② 정규적 프로그램 속에서 교사-유아 간의 상호작용, 유아-유아 간의 상호작용을 경험한 유아들이 그렇지 않은 유아들에 비해 사회적 협동놀이에 더 많이 참여했으며 또래에 대해 언어적 발화가 많고 사교성이 발달되었다(Aurell & Procace, 1992).

③ DOYLE(1975)은 5~30개월 된 유아를 대상으로 7개월간의 보육경험이 있는 유아와 가정에서 양육된 유아 간의 지적 발달, 어머니와의 애착, 또래와의 상호작용, 신체적 건강 등을 비교하였다. 그 결과 보육경험이 있는 유아는 가정에서 양육된 유아에 비해 평균 IQ가 더 높았으며, 또한 긍정적이든 부정적이든 간에 사회적 상호작용을 더 많이 주도하였다(이소희, 2005).

④ Belsky와 Steinberg(1978)는 저소득가정 유아들에게는 양질의 보육프로그램에 의한 경험이 인지적 발달뿐만 아니라 사회 정서적 발달 및 부모와의 결속관계에 나쁘지 않은 영향을 미치었다(이소희, 2005).

(2) 장기적 효과

① 5세 이전에 집단경험을 한 남아가 청소년기에 가서 사회생활에 더 큰 관심을 보였으며 동료에 대해서도 사교적이며 인기가 높았다(Moore, 1975).

② 유아교육기관에서 유아교육을 받은 경험이 있는 유아들은 초등학교 1학년 때 유아교육을 받지 않았던 유아들보다 사회적 적응도가 유의하게 높게 나타났다.

③ Anderson(1989)는 스웨덴의 아동 119명을 대상으로 보육의 유형과 보육시설에 다니기 시작한 시기에 따라 8세 때 학교에서의 수행과 사회성을 측정한 결과,

영아기부터 보육경험을 한 영유아가 인지과제에서 더 높은 수행을 나타냈고 끈기가 더 있었으며 불안이 적었다(곽주영, 1996 재인용).

그러나 보육경험이 아동발달에 부정적 영향을 준 연구도 있다(이소희, 2005).

① 생후 1년 내의 보육경험은 불안정한 애착을 형성시켜 불안, 회피, 위축, 주의력 결핍 등과 같은 수동적 및 적극적 행동과 함께 역으로 공격, 불순종 등의 행동이 나타났다(Rubenstein, 1981; Haskin, 1985; Schwarz, 1988).

② 김미자(1995)는 영유아기 보육경험이 사회·정서적 행동에 미치는 영향에서 탁아경험이 있는 유아들이 없는 유아들보다 불안, 두려움, 과민성, 주의산만 등에서 정서적 문제를 가지고 있다고 평가하였다. 즉 5세 이전의 종일제 탁아경험이 있는 유아의 정서적 행동에 부정적인 영향을 미칠 수 있다고 보고했다(이소희, 2005).

3) 유아교육 프로그램

유아교육 프로그램의 유형에 따라 유아의 행동에 미치는 영향이 다르게 나타났다. 이에 대한 연구결과를 종합하면 다음과 같다.

(1) 프로그램의 구조화가 높은 학급의 유아들은 그렇지 않은 학급의 유아들에 비하여 또래들에게 친사회적 행동이 덜했지만 상호작용은 우호적이었다. 구조화가 높은 학급의 유아들은 집단 활동시간에 더 참여하였으며 자유놀이가 끝난 후 정리·정돈을 하는 데 협조적이었다(stein et al., 1977).

(2) 교사중심의 교수·학습방법으로 교육을 받은 집단보다 유아중심의 교수·학습방법으로 교육받은 집단이 사회·정서 발달에 더 효과적이었다(반운경, 1980).

(3) 책상이 흩어져 있고 어떤 유아는 엎드리거나 안락의자에 앉고 작은 집단을 형성하여 활동하는 개방학급에서 학습한 유아들이 비개방적인 교실에서 학습한 유아들보다 감정표현이 자유롭고, 독립심이 강하고, 학급 활동에 적극적이며 모든 활동이 자발적이었다(이경옥, 2001).

4) 교사의 영향

유아들은 교사를 존경하고 따르며 강한 정서적 애착을 보인다. 교사가 온정적이며 융통성이 있고 긍정적인 태도로 유아들을 대할 때 유아들은 자신의 감정을 솔직하게 표현하며 모든 활동에 자율적으로 참여한다. 그리고 교사의 관심과 칭찬을 얻기 위해 교사의 행동을 모방하거나 자신의 행동을 수정한다. 유아의 행동에 영향을 미치는 교사의 특성이 많겠으나 그 중 교사의 성격, 성, 기대 등에 한해 알아보기로 한다.

(1) 교사의 성격

교사가 유아의 활동을 이해하고 관심을 가지고 있기는 하지만 다소 냉담하여 활동 계획도 유아들 스스로 세우게 하고 요청할 때만 도와주는 방법과 분위기로 교육을 받은 ㉮집단과 동일한 교사지만 따뜻하고 친절하고 협동적이며 자발적으로 유아활동을 지도하고 유아와 개인적 접촉을 많이 하는 방법으로 교육받은 ㉯집단이 각각 8주씩 교육을 받은 결과 ㉯집단 유아들이 보다 적극적으로 또래들과 사회적 관계를 맺었고, 덜 파괴적이며 덜 공격적이고, 실패에 대한 저항력도 강하고 신경증적 습성이 적게 나타났다(Thompson, 1971).

(2) 교사유형별 영향

Lewin이 분류한 교사유형, 즉 독재형, 민주형, 자유방임형에 따른 유아에 대한 영향은 다음과 같다.

① 독재형의 교사

ㄱ. 지도형태

교실 내의 행동규칙과 기준을 결정하고 교실 내에서 유아의 역할을 정해주며, 그들의 활동이나 행동을 칭찬하거나 비평하고 학급조직을 다룬다. 또한 독재형 교사는 시범을 보이는 것을 제외하고는 집단활동에 참여하지 않으며 교사는 친절하나 비인격적이다.

ㄴ. 영향

서로 경쟁적이며 적대감이 있고 교사에 대한 의타심이 높다.

② 민주형 교사

ㄱ. **지도형태**

모든 유아들이 교실 내의 문제에 대한 토의나 결정에 같이 참여하도록 하며 일단 결정에 대한 동의가 이루어지면 모든 유아들이 자신들이 설정한 목표달성에 참여하도록 한다. 민주적인 교사는 교사-유아 간의 의사소통이 많고 유아들을 비교적 공정하게 칭찬하고 격려한다.

ㄴ. **영향**

유아들은 자발성이 높고 자기 주장적이며 솔직하다.

③ 자유방임형 교사

ㄱ. **지도형태**

부진한 유아의 활동에 대한 언급이나 간섭도 없으며 지도자의 역할을 수행하지 않으나 유아들에게 자신이 원하는 대로 완전히 자유가 주어진다. 유아가 요구하면 충고를 해주나 유아들이 토의에 참여하지 않으며, 그들의 목표달성을 위한 어떠한 도움도 주지 않는다.

ㄴ. **영향**

자발적이나 규칙과 질서가 없다(이영자 외, 2001).

(3) 교사의 성

교직이 여성화되어 감에 따라 이에 따른 영향도 만만치 않다.

① 긍정적인 영향

여교사는 온화하고 부드러운 어머니와 같은 심성과 평온함을 지니고 봉사와 희생정신 등 교사로서의 바람직한 조건을 갖고 있다. 즉, 여성은 모성적 특성을 보이고 자연스러운 양육과 인내를 제공하고 남성보다 더 잘 유아를 이해한다고 생각하고 있으며 유아와 연관된 일은 남교사보다 더 잘한다.

② 부정적인 영향

가정과 학교의 이중역할에 따른 역할갈등이 많고 교직의 여성화가 유아의 성역할의

사회화에 미치는 부정적 영향이 많은데 특히, 남자 유아를 여성화시킨다. 또한 많은 사람들이 여성이 교직에 알맞다고 하면서도 여교사의 능력이 남교사보다 부족하고 기관운영 및 관리능력이 부족하다는 점을 들고 있다.

(4) 교사의 기대

교사는 유아 개개인에 대한 기대를 가지며 또한 유아들은 교사의 기대에 따라 성장한다.

유아의 잠재능력에 대한 적절한 기대는 유아의 잠재능력을 최대한 신장시켜 줄 수 있으나 지나친 과잉기대는 오히려 유아들에게 좌절감을 안겨주어 나쁜 인성을 형성시킬 우려가 있다. 전예숙 등(2003)은

① 어떤 유아가 학업을 잘 수행할 것이라고 믿고 있는 교사는 그 유아를 위하여 따뜻한 사회적·정서적 분위기를 만들어 준다.

② 유아의 수행상황에 대한 교사의 보상과 피드백이 다르다. 즉, 교사가 유아의 올바른 답에 보상을 해주며 틀린 것을 고쳐주는 정도가 능력이 있다고 기대하는 유아와 그렇지 않은 유아 간에 차이가 있다.

③ 투입으로서 교사가 받은 가르침의 양에 차이가 있다. 평균 이하의 유아는 학업을 잘 수행하지 못할 것으로 기대되며 똑똑한 유아는 학업을 잘 수행할 것이라고 교사가 기대하게 했다. 그 결과 교사는 똑똑한 유아에게 더 많이 가르친 것으로 나타났다.

④ 교사는 자신이 기대한 유아들에게 더 자주 접근하고 더 많은 질문을 하여 문제해결에 더 많은 시간을 주고 바른 답을 할 수 있도록 유도하였다.

4. 발달단계에 따른 보육경험의 효과

전 항에서 보육경험이 유아발달에 긍정적 또는 부정적 영향을 주고 또한 보육관련 요인에 따른 유아발달에 미치는 효과에 대하여 검토한바 있으나 본 절에서는 보육경험이 유아의 발달단계에 따라 어떠한 영향을 주는지에 대하여 알아봄으로써 유아의 발달단계에 따른 보육계획을 세우는데 도움을 줄 것이다.

1) 영아기의 보육경험과 발달

어머니들이 직장에 나가 일을 하고 자기실현의 욕구를 충족시키는데는 각 가정의 다양한 상황이나 요구들을 충족시켜 주기 위해 다양한 형태의 유아보육기관을 출현시켜 지금은 24시간 보육프로그램이 개발되어 부모의 보육책임을 거의 전적으로 유아보육기관에 위탁해야 하는 상황까지 연출된다.

특히, 영아기 보육은 유아기 보육에 비해 돌봄 위주의 균형적인 통합보육으로 영아에 대한 사랑, 세심한 보살핌과 배려를 필요로 하며 반면에, 인생초기의 발달에 직접적으로 영향을 받는다.

그러나 영아기 보육의 중요성에 비해 영아기의 보육경험에 따른 유아발달에 관한 연구는 유아기에 비해 저조한 편이다.

다음에서 영아기의 보육경험이 애착의 안정성, 신체운동발달, 인지발달, 교우관계 형성에 미치는 영향을 중심으로 기술하기로 한다.

(1) 애착의 안정성

영아기에 시설보육이 영아의 애착형성에 미치는 영향은 상반적이다.

① 영아기의 보육경험이 영아기 동안의 불안정애착을 형성시켜 주고 유치원이나 초등학교 저학년시기 동안 공격성과 비순응성을 높여주는 등 보육경험이 유아발달에 위험성이 있다(Belsky, 1990).

② 가정보육이나 시설보육에서의 애착형성의 결정적인 중요한 요인은 영아에 대한 양육자의 민감성과 반응성에 달려있다(Howes, 1989).

③ 시설보육에서 보육교사와 영아 간에 애착이 부모와 영아 간의 애착보다 더 강한 경우가 있다(Van I Jzendoorn, 1990).

위 연구결과에서 보는 바와 같이 시설보육이 영아의 애착형성에 긍정적인 부분도 있다. 그러나 일부 연구는 부정적 또는 경고수준으로 이에 대처하는 방안의 연구가 필요하다.

(2) 신체운동발달

영아기의 시설 보육경험이 신체운동발달에 주는 영향에 관한 연구결과는 다음과 같다.

① 저소득계층의 영아는 보육시설에서 지냄으로써 운동발달 및 활동성이 증진되며 신장과 체중도 더 많이 증가하였으며, 여러 가지 질병도 감소하였다(Robinson & Robinson, 1971).

② 중류층 가정의 영아들은 신체의 성장 정도나 운동기능의 발달이 보육의 경험 유무에 따라 별 차이가 없다(Stith & Davis, 1984).

③ 보육시설에 다니는 영아들은 가정에 있는 영아들보다 콧물, 감기, 발진 등이 더 자주 발생하였다. 그것은 집단생활에 대한 아동 개인의 생리적인 저항력 약화와 함께 감기와 같은 전염병 질환에 쉽게 노출되기 때문이다. 그렇지만 보육시설들이 적절한 건강관리 방안을 세우고 실천한다면 발병률을 대폭 줄일 수 있다(김광웅, 1997).

이상의 연구들에서 보는 바와 같이 저소득계층의 영아는 시설에서의 보육경험이 유아의 신체운동발달에 긍정적 영향을 준다.

(3) 인지발달

영아기의 시설보육경험이 인지발달에 미치는 영향에 관한 연구결과를 정리하면 다음과 같다.

① 영아기 때부터 높은 질의 보육프로그램에 다닌 낮은 사회·경제적 수준 가정의 흑인아동들이 보통수준의 지역사회어린이집에 다닌 유사한 아동들과 비교하여 인지발달면에서 유의하게 발달하였다. 이것은 영아기에도 보육경험이 유아발달을 촉진시킨다는 증거이다(Burchinat, 1989).

② 만 2세에서 만 4세 이하의 영유아들 중 보육기관에 다닌 영유아와 가정에서 양육된 영유아를 비교했을 때 보육경험이 있는 영유아들이 가정에서 양육된 영유아들과 같은 수준의 지적 발달을 보이거나 가정에서 양육된 영아의 지적 능력보다 더 높은 발달을 보였다(Fowler, 1978).

③ 일반적으로 하류계층의 영아들은 중류계층의 영아들에 비해 생의 초기부터 지적 능력이 낮으며(Schweinhart & Koshel, 1986), 유아기를 지나면서 이러한 경향은 더욱 심해진다고 하였다(Belsky & Steinberg, 1978; Etaugh, 1980). 그 이유는 출산 전 태내환경에 영향을 미치는 낮은 생활수준의 영향을 받은 것이라 할 수 있다. 그렇지만, 보육시설에서의 경험은 이러한 영향을 대폭 감소시킨다고 하였다(Burchinat et al., 1989).

이상의 연구결과를 종합하면 시설보육이 영아들의 인지발달에 효과적임을 시사해 주고 있다. 특히 저소득계층의 영아들에게 더욱 효과적이다.

(4) 교우관계

영아기의 시설보육경험이 교우관계에 미치는 영향은 다음과 같다.

① 영아기에 집단경험을 가진 1~2세 아동은 낯선 또래아동에게 더 가까이 가거나 낯선 아이가 있어도 자기놀이를 하는 경향이 있었으며 보육경험이 있는 2~3세 아동도 낯선 또래와 놀이를 할 때 더 사교적이며 협동적이고 타인의 관점을 잘 이해하였다(Clarke-Stewart, 1982).

② 보육을 시작한 시기, 보육경험의 총 기간, 보육환경, 보육의 질, 가족변인 등이 아동의 사회성 발달에 미치는 영향을 연구한 결과 보육을 시작한 시기와 보육경험의 기간 등은 영유아의 사회성 발달을 잘 예언하였다(Haskins, 1985).

③ 시설보육경험이 있는 영아와 일반가정보육 영아의 정서반응 및 사회성 발달을 비교한 결과 두 집단 간에 별 다른 차이가 없다(김광웅, 1997 재인용).

이상의 연구결과를 종합하면 시설보육경험이 가정보육경험보다 유아들 상호 간에 좋은 상호적 관계를 형성시켜 주는데 도움을 준다.

2) 유아기의 보육경험과 발달

일반적으로 전형적인 보육은 유아기부터 이루어지는 것으로 인식되었다.

오늘날과 같이 어머니들이 직업을 선택해야 하는 절실성과 필연성이 강조되지 않은 과거에는 영아기에는 어머니를 비롯한 가족에 의한 보육이 이루어져야 하고 유아기에 가서 시설보육으로 전환되는 것이 이상적인 것으로 인식되었다.

따라서 보육경험의 발달적 연구는 유아기에 집중적으로 이루어졌는데 이렇게 된 또 하나의 이유는 유아의 언어, 인지, 신체, 친교기술 등이 발달하여 연구결과를 검증하기가 용이했기 때문이다. 다음에서 애착의 안정성, 또래성인과 관계, 신체운동발달, 인지 및 언어발달이 유아발달에 미치는 영향에 대하여 기술한다.

(1) 애착의 안정성

유아기의 보육경험이 애착형성에 미치는 영향을 보면 부정적인 영향을 준다는 견해가 지배적이나 영향을 주지 않는다는 견해도 있다. 괄목할 만한 결과는 애착의 형성이 유아의 독립심과 사회적 유능감에 좋은 영향을 준다는 점이다. 다음에서 이에 대한 연구결과를 제시한다.

① 유아기 어머니로부터 매일 격리되고, 어머니와의 지속적인 접촉이 제한되는 경험을 하는 것이 어머니와의 강한 애착관계 형성을 방해하여 아동의 정서적 안정성을 해친다(Sroute, 1979).

② 종일제 보육, 양육을 받은 유아는 회피-불안정한 애착이 형성되는데 이것은 어머니가 유아의 욕구를 충족시켜 주기 위해 항상 옆에 있을 것이라는 것에 대한 유아의 의심 또는 기본적 불안감을 반영한 것이며 그러한 불신감이 어머니와 불안정한 관계 형성에 영향을 준 것이다(Belsky, 1988).

③ 6~15개월 사이에 보육시설에 다니기 시작하여 30개월이 경과된 18명의 아동과 집에서 양육된 23명의 아동을 비교하였는데 그 결과 아동과 어머니와의 관계나 양육행동, 정의감, 행복, 정서적인 면에서 유의한 차를 발견할 수 없다(Caldwel et al., 1970).

④ 종단적 연구결과를 볼 때 보육경험이 어머니와 유아 간의 정서적인 유대를 약화시키지 않으며 오히려, 보육시설에서 생활하는 시간 이외인 가정에서 겪는 경험의 질이 어머니와 유아의 애착발달에 더 영향을 미친다(Kogan et al., 1975).

이 외에도 보육시설에 다니는 유아도 어머니에게 애착되어 있으며, 이런 애착의 감정은 대리양육자와의 관계로 대치되지 않는다는 것이다. 유아가 자기를 돌봐주는 양육자와도 애착관계를 형성할 수는 있으나 어머니를 월등하게 좋아한다. 따라서 보육시설에 다니는 유아와 가정에서 자라는 유아 간에는 애착에 있어 차이가 없다.

이상의 연구결과를 종합하면 보육경험이 유아의 정서발달에 미치는 영향에 있어서도 유아가 심각한 위기상황의 환경에서 자랐거나 또는 1세 이전에 불안정한 보육경험을 가진 경우를 제외하면, 질적으로 높은 수준의 보육프로그램이 제공된다면 부모-자녀관계의 결속에 해로운 영향을 주지 않는다.

(2) 또래 · 성인과의 관계

보육경험이 교우관계, 성인들과의 관계에서는 긍정적인 영향이 많음을 밝힌 연구들이 많다. 이에 대하여 다음에서 기술하기로 한다.

① 종단적 연구로서 5세 이전에 집단경험을 한 남아가 청소년이 되어 사회활동에 더 관심을 보였으며 동료에 대해서도 보다 사교적이고 인기가 많았다(Moore, 1975).

② 성인들과의 관계에 대한 연구결과는 보육시설에 다니는 아동이 성인에게 덜 협조적이며 더 공격적이며 불만에 대한 참을성이 다소 부족하였다(Schwarz & Teet, 1974).

③ 유아의 사회성 발달은 보육경험의 유무 및 가정환경변인과 높은 상관을 보였으며, 특히 저소득층의 유아에게 의미 있는 영향을 보였다(양안나, 1990).

④ 출생 후 1년 이내에 양질의 보육시설에서 보낸 유아가 긍정적인 사회적 행동을 더 많이 보였다(Field, 1987).

⑤ 유아교육의 경험유무에 따른 단기 및 장기적 효과를 검토한 결과 유아의 사회·정서적 발달과 자아개념은 유아교육경험 유무에 따른 차이가 없다(이은혜, 이기숙, 1992 재인용).

⑥ 교사의 평정에서도 보육경험이 있는 남아들이 가정에서 양육된 유아보다 또래아동을 존중하지 않고 싸움이 잦고 성인보다 또래와의 상호작용이 더 많았다고 보았다.

이상의 연구결과를 종합하면 유아기의 보육경험이 또래와 성인들과의 관계에서 부정적인 영향을 주는 것으로 보고되고 있으나 이것은 아동이 영유아기에 심각한 위기상황의 환경에서 자랐거나 또는 1세 이전에 불안정한 보육경험의 영향으로 보며(이소희, 2005) 오히려 질적으로 높은 수준의 보육프로그램이 제공된다면 부모-자녀관계의 결속에 해로운 영향을 미치지 않으며 사회성발달 면에서도 문제가 없다고 보고 있다.

(3) 신체 · 운동발달

보육경험이 신체·운동발달에 미치는 영향을 보면 저소득층 아동들에게 괄목한 만한 효과가 있음을 보고하고 있다. 관련 연구결과를 정리하면 시설에 다니는 아동과

가정에서 자라는 아동을 비교한 연구결과 저소득층아동은 보육시설에서 지냄으로써 운동발달 및 활동성이 증진되고 신장과 체중이 더 많이 증가하고 여러 가지 질병도 감소하는 것으로 나타났다(Robinson & Robinson, 1971).

반면 가정에서도 이런 기회를 가지는 아동들에게는 이러한 유리한 점을 발견할 수 없었다. 오히려 건강에 있어서는 오히려 부정적인 영향이 나타났다. 이는 저소득층 아동은 가정보다 더 나는 영양과 건강서비스가 제공되고 다양한 놀이기구를 활용한 운동과 놀이기회가 주어졌기 때문으로 본다.

(4) 인지 및 언어발달

보육경험이 인지발달에 미치는 영향은 대부분 긍정적인 것으로 나타났으며 최소한도 부정적인 영향은 없는 것으로 나타났다. 관련 연구결과를 정리하면 다음과 같다.

① 중·상류계층 아동에서는 보육경험의 유무에 따른 인지발달의 영향을 적게 받거나 별상관이 없지만 하류계층의 아동들에게는 긍정적이다(Belsky et al., 1982).

② 보육시설에서의 질 높은 자극이 인지갈등을 일으켜서 인지발달을 촉진시키며, 결과적으로 성취감을 고취시키고 더 높은 학습 동기를 유발하며 계속적인 인지발달을 돕는다.

③ 전반적으로 중·상류계층보다는 하류계층 아동들에게 더 효과적이다. 또한 어머니들이 시설 보육경험에 대해 갖는 불만은 아동이 시설에서 나쁜 말을 배워 온다는 것이다(Clark-Stewart, 1982).

④ 종일제 보육시설에서의 경험이든 시간제 학령전프로그램이든 이러한 보육경험을 갖는 아동은 그렇지 못한 아동에 비해 지적 발달에 있어 단기적으로라도 수혜를 받는다. 특히, 비교적 저소득층 가정의 아동이 이러한 보육시설로부터 더 큰 이득을 보며, 초등학교에 들어가기 전 학습 준비도 면에서 기여하는 바가 크다(이영 외, 1990).

이상의 연구결과를 종합하면 시설보육이 가정보육보다 인지발달에 효과적이며 중·상류계층의 아동보다 하류계층 아동들의 인지·언어발달에 더욱 효과적이다.

제 3 장 보육제도와 보육정책

1. 보육정책의 이해

한 국가의 보육이 활성화되기 위해서는 보육정책이 합리적이어야 한다.

또한 한 국가의 보육정책은 법률적 지지와 지원이 뒷받침되어야 활성화될 수 있다. 다시 말하면, 훌륭한 보육정책을 구축하기 위해서는 이에 필요한 관계 법률의 제정이나 개정을 전제로 한다.

우리나라의 보육정책은 상위법으로 헌법이며 현실적으로 근간이 되는 기본법은 영유아보육법이다. 영유아보육법 제4조에서 모든 국민은 영유아를 건전하게 보육할 책임을 지며 국가와 지방자치단체는 보호자와 더불어 영유아를 보육할 책임을 지고 이에 필요한 재원을 안정적으로 확보하도록 하고 있다. 따라서 이 영유아보육법에는 보육정책 수립에 근간이 되는 다양한 조항들이 포함되어 있다. 다시 말하면 한 나라의 보육을 합리적으로 운영하기 위해서는 합리적인 보육정책이 수립되어야 하고 또한 합리적인 보육정책을 수립하기 위해서는 이를 지지해 주는 관계 법령이 합리적으로 제정되어야 한다.

1) 개념

이상에서 밝힌 일련의 과정을 종합해 보면 보육정책이란 '정부가 보육 욕구를 지닌 아동과 그 가족의 복지를 위해 설정한 방침'이라고 볼 수 있다. 즉, '한 나라의 보육에 관한 국가의 방침'이다.

2) 복지이념과 보육정책

복지이념은 복지정책에서 기본이 되는, 곧 복지국가를 보는 시각이다. 즉, 한 국가의 복지이념을 어디에 두느냐에 따라 한 국가의 복지정책이 결정되기 마련이다. 따라서 복지이념에 따라 정책적으로 복지를 실현하고자 하는 기본원리가 결정되고 이 기본원리에 의해 보육정책이 실현하고자 하는 기본원리가 결정되고 이 기본원리에 의해 보육정책이 수립되며 이를 지지하고 지원해 주기 위한 관계 법률이 제정 또는 개정되기 마련이다. 우리나라는 헌법전문에 자유민주주의 이념을 지향하고 있다. 자유민주주의 이념을 지향하는 나라에서의 복지정책은 제반 보육사업에서 수익자부담원칙을 지향하고 있기 때문에 소득재원이 있는 일반 소득계층은 수익자부담의 유료서비스를 받음에 반하여 보육능력이 없는 빈곤계층과 같은 사회적 취약계층이나 저소득계층에 대해서는 국가나 지방자치단체가 무료로 제공하는 보육서비스를 받음으로써 결과적으로는 계층에 상관없이 모든 국민이 똑같은 복지 혜택을 받는 보육정책이 이루어지고 있다.

3) 보육정책 결정

보육정책의 결정은 흔히 직접적으로는 보육행정을 담당하는 행정부서의 공무원들에 의해 만들어지고 입법부에서 결의의 과정을 밟는 것으로 인식되어 일반 국민은 보육정책 결정에 참여하지 못하고 결과적으로는 호악간에 보육정책을 일반적으로 받아들이는 것으로만 알고 있다. 그러나 최근에는 보육정책 결정에 모든 국민의 요구가 분출되고 이러한 요구를 관철하려는 세력들 간에 갈등으로 주요 보육정책결정과정에서 어려운 난맥상을 자아낸다. 이렇게 되는 이유는

첫째, 보육정책은 공공성과 사회성을 유지해야 되기 때문이다.

보육은 돈, 지위, 권력을 가진 일부 세력자들의 점유물이 아니고 국민 대다수의 요구와 기대를 충족시켜 주어야 하는 공공성과 사회성을 지니어야 하기 때문에 모든 국민의 관심사로서 그들의 요구와 기대가 보육정책에 반영되기 때문이다.

둘째, 보육이 수익자 부담원칙에 의해 이루어진다.

자유민주주의 체제의 국가에서는 모든 보육의 재원이 극히 일부의 취약계층이나 빈곤계층을 제외하고는 수익자부담원칙으로 이루어지므로 보육수익자로서의 사회적 권

리를 갖고 이를 행사하려 한다.

셋째, 보육관련단체 및 전문가들이 증가하고 있다.

보육에 관련된 단체나 전문가들이 증가하고 이들은 또한 많은 지지세력을 규합하여 자기들의 주장과 이익추구를 위하여 보육정책결정에 참여하게 된다.

넷째, 정치적 활동이 분쟁을 유도한다.

인간은 정치적 동물로서 크든 작든 또는 직·간접적으로 정치적 활동에 참여한다.

또한, 각 정치인들은 이러한 국민의 성향을 이용하여 각 정당별로 보육정책에 대한 공약을 가지고 국민을 규합하여 세력을 만들고 자기들의 공약을 관철하려는 입법과정에서 많은 갈등이 일어난다.

2. 주요보육정책

다음에서 현행 운영되는 주요보육정책을 보육사업안내서(보건복지부, 2016)를 참고하여 어린이집 특별활동 운영, 어린이집운영위원회, 부모 모니터링단 운영, 보육사업홍보 및 지방보육정책위원회 운영, 교재·교구비 지원, 농촌 보육교사 특별근무수당 지원, 육아종합지원센터 등에 국한하여 개략적으로 기술하기로 한다(보건복지부, 2016).

(1) 어린이집 특별활동 운영

① 정의

보육과정 외에 진행되는 활동프로그램으로 어린이집 원장·보육교사 등 보육교직원이 아닌 외부 강사에 의해 어린이집 내·외에서 이루어지는 프로그램이다.

② 특별활동 운영규정(영유아보육법 제29조 및 시행규칙 제30조의2)

ㄱ. (운영계획) 어린이집은 매년 초 특별활동과목, 비용, 횟수, 시간 등을 포함한 특별활동계획을 마련하여 공개하고 어린이집운영위원회심의 또는 보호자와의 협의를 거쳐 실시한다.

ㄴ. (정보공개) 어린이집은 특별활동과목, 대상연령, 비용, 시간, 업체 등을 보육통

합정보시스템에 공개하여야 한다(월 1회).

ㄷ. (보호자 동의) 특별활동 실시를 위해서는 사전에 부모로부터 동의(요청)서를 받아야 한다(영유아보육법 시행규칙 별지 제17호의3 서식).

ㄹ. (대상연령) 24개월 이상 영유아

ㅁ. (운영시간) 낮 12시부터 오후 6시까지

ㅂ. (대체프로그램 운영) 특별활동에 참여하지 않는 영유아를 위하여 특별활동을 대체할 수 있는 프로그램을 함께 마련해야 함

ㅅ. (시설의 관리 강화) 보육교사는 특별활동 과정에 대해 모니터링 실시

ㅇ. (비용 구분 계리) 특별활동으로 수납하는 비용은 다른 비용과 구분하여 관리하여야 함

ㅈ. (지도·감독) 시장·군수·구청장은 어린이집의 특별활동 적정 관리방안 준수 여부에 대해 적극적인 관리·감독 실시(법 제41조)

(2) 어린이집운영위원회(법 제25조, 시행령 제21조의2, 시행규칙 제26조)

① 설치 및 운영

ㄱ. 어린이집의 장은 어린이집운영의 자율성과 투명성을 높이고 지역사회와의 연계를 강화하여 지역실정과 특성에 맞는 보육을 실시할 수 있도록 하기 위하여 부모협동어린이집을 제외한 모든 어린이집에서는 어린이집운영위원회를 설치·운영하여야 한다.

ㄴ. 어린이집 운영위원회는 당해 어린이집의 장, 보육교사 대표, 학부모 대표 및 지역사회 인사(직장어린이집의 경우에는 당해 직장의 어린이집 업무담당자)를 포함한 5인 이상 10인 이내로 구성하되, 학부모 대표가 2분의 1 이상이 되어야 한다.

ㄷ. 운영위원회의 위원장은 보육교직원이 아닌 위원 중에서 호선으로 결정한다.

ㄹ. 운영위원회의 회의는 분기별 1회 이상 개최하고 전체 학부모를 대상으로 공개원칙으로 하며, 회의록을 작성·보관한다.

② 기능

어린이집운영위원회는 다음 각 호의 사항을 심의한다.

ㄱ. 어린이집 운영 제·개정에 관한 사항

ㄴ. 어린이집 예산 및 결산 보고에 관한 사항
ㄷ. 영유아의 건강·영양·안전 및 학대예방에 관한 사항
ㄹ. 보육시간·보육과정의 운영방법 등 어린이집의 운영에 관한 사항
ㅁ. 보육교직원의 근무환경 개선에 관한 사항
ㅂ. 영유아의 보육환경 개선에 관한 사항
ㅅ. 어린이집과 지역사회의 협력에 관한 사항
ㅇ. 보육료 외의 필요경비를 받는 경우, 영유아보육법 제38조에 따른 범위에서 그 수납액 결정에 관한 사항
ㅈ. 그 밖에 부모 모니터링단의 모니터링 결과 등 어린이집 운영에 대한 제안 및 건의사항

(3) 부모 모니터링단 운영

① 운영목적 및 기능

부모와 보육·보건 전문가가 직접 어린이집의 급식, 위생, 건강 및 안전관리 등 운영상황을 모니터링하여 수요자인 부모의 어린이집 운영 참여를 도모하고, 어린이집에 대해서는 컨설팅을 제공하여 보육서비스의 질을 향상함으로써 부모가 믿고 맡길 수 있는 보육환경을 조성한다.

② 구성 및 운영

ㄱ. 운영 주체: 시·도지사 또는 시장·군수·구청장(전국 230개 시·군·구)
- 육아종합지원센터 등에 교육 및 운영 위탁 가능

ㄴ. 구성: 시·군·구별 10명(부모 및 보육·보건전문가 1:1로 구성) 이내로 하되, 어린이집 수 등 지역실정에 따라 조정 가능하며 선정기준은 다음과 같다.

〈표 I-16〉 부모 모니터링단 선정기준

사업구분	선정요건
보육전문가	• 보육교사 1급 자격 소지자로서 보육현장 근무경력 3년 이상인 자 • 전직 육아종합지원센터 전문요원 또는 컨설턴트로서 경력 1년 이상인 자 ※현직 어린이집 및 육아종합지원센터 근무자 제외 • 영유아보육 관련학과 대학(교) 전임강사 이상 등

사업구분	선정요건
보건전문가	• 근무경력 3년 이상인 영양사(임상영양사 포함), 간호사, 의사(한의사, 치과의사 포함) • 보건 관련학과 대학(교) 전임강사 이상 등
부모	• 다음의 요건 중 한 가지 이상을 충족하고 있는 자 -현재 어린이집을 이용하는 영유아를 둔 부모 -어린이집 운영위원회에 참여하고 있는 부모
컨설턴트	• 전·현직 육아종합센터장 및 평가인증 담당 보육전문요원 • 전직 육아종합지원센터 영양사, 컨설턴트 • 전직 보육교사·원장으로 평가인증 1회 이상 수행자로 인증점수 90점 이상인 자(보육교사 1급, 보육업무경력 5년 이상인 자)

ㄷ. 모니터링 대상: 관할지역 내 모든 어린이집
지역 내 어린이집 중 모니터링을 신청한 어린이집에 대한 우선 실시

ㄹ. 모니터링단 활동기간: 3월~12월(10개월간)

ㅁ. 모니터링단 교육: 시·도지사는 관할 시·군·구 모니터링단을 대상으로 모니터링 및 컨설팅에 필요한 현장 및 이론교육을 반드시 1회 이상 실시 후 사업시행하고, 하반기에 1회 이상 보수교육을 실시(연 2회 이상 교육)

ㅂ. 모니터링 방법: 모니터링단은 대상 어린이집 원장과 방문 일정을 사전 협의하고, 방문 시 모니터링 승인서와 신분증을 어린이집 원장에게 제시

가. 급·간식, 위생·안전 및 건강관리 등 어린이집 운영 및 사후관리 적정 여부 모니터링

나. 모니터링 결과 현장에서 컨설팅이 가능한 경우에는 보육·보건전문가가 바로 컨설팅 실시 및 어린이집의 요청이 있거나 심도있는 컨설팅이 필요한 경우 컨설턴트에 의한 컨설팅 실시

ㅅ. 모니터링 결과 활용: 모니터링 결과를 해당 어린이집 운영위원회 심의사항에 포함, 아동학대 등 법 위반 행위가 의심될 경우 즉시 지자체 및 경찰에 통보, 그 외의 경우 컨설팅을 위한 기초자료로 활용

ㅇ. 모니터링 결과 활용: 시·도지사 또는 시·군·구청장은 모니터링 사업 완료 후 모니터링단을 대상으로 평가 실시, 다음연도 모니터링단 선정에 반영

(4) 보육사업 홍보 및 지방보육정책위원회의 운영

① 보육사업 홍보

시·도지사 및 시장·군수·구청장은 방송, 신문, 반상회 등을 통하여 보육사업의 내용 및 정부지원의 내용을 적극 홍보함으로써 주민의 보육시설 이용제고와 보육사업의 효율적인 추진을 도모한다.

② 지방보육정책위원회의 운영

ㄱ. 지방보육정책위원회의 위원은 다음의 사람 중에서 시·도지사 및 시장·군수·구청장이 위촉·임명하되, 각 항목의 사람이 1인 이상 포함되어야 하며, 위원의 구성 비율은 다음과 같다.

가. 보호자 대표 및 공익을 대표하는 자: 전체위원의 100분의 45 이상

나. 보육전문가: 전체 위원의 100분의 20 이하

다. 관계공무원: 전체 위원의 100분의 15 이하

라. 어린이집 원장: 전체 위원의 100분의 10 이하

마. 보육교사 대표: 전체 위원의 100분의 10 이하

ㄴ. 시·도지사, 시장·군수·구청장은 동 위원회를 수시로 개최하여 영유아 보육에 관한 각계각층의 의견을 폭넓게 수렴하여 보육정책 수행에 반영하는 등 지방보육정책위원회를 실질적이고 효율적으로 운영한다.

(5) 교재·교구비 지원

① 대상시설

2015년 12월말 현재 설치·운영 중인 어린이집 중 평가인증을 유지하고 있는 어린이집

- 직장어린이집 중에서 공공기관 및 고용보험기금에서 운영비를 지원받는 어린이집은 제외

② 지원기준

개소당 평균 100만원/년

- 지자체는 예산범위, 지원시점의 어린이집 현원 및 평가인증 시기 등을 감안하여

지원기준을 조정하여 지원 가능

③ 구입대상품목

영유아 보육(쌓기놀이활동, 소꿉놀이활동, 미술활동, 언어활동, 수·과학 활동, 음률활동 등)에 필요한 교재·교구를 구입

④ 지원절차

ㄱ. 각 시설에서는 보육통합정보시스템을 통하여 시장·군수·구청장에게 교재·교구비 지원을 신청하여야 하며, 교재·교구 구입영수증 등 교재·교구 구입을 증빙할 수 있는 서류를 별도 보관하여 시장·군수·구청장의 제출 요구 시 제출하여야 한다.

- 시장·군수·구청장은 지도점검 시 교재·교구비 지원이 적정하게 집행되었는지를 확인하고 지원기준을 위반하였거나 허위로 보조금을 신청한 경우에는 교재·교구비 지원액을 전액 환수한다.

ㄴ. 시·군·구에서는 어린이집으로부터 교재·교구비를 연중 지원 신청을 받아 지원할 수 있다(12월에 일괄신청 및 일괄지원 지양).

(6) 농촌 보육교사 특별근무수당 지원

① 목적

농촌지역 어린이집 보육교사 처우개선으로 보육서비스를 제고한다.

② 지원내용

농촌 등에 소재하는 어린이집의 보육교사에게 개인별 월 11만원의 특별근무수당을 지원한다.

③ 지원대상

ㄱ. 농촌지역에 소재하는 어린이집에 근무하는 것으로 임명 보고된 보육교사(특수교사, 치료사 포함)

가. 어린이집에서 반을 맡고 있는 담임교사로서 월 15일(실 근무일수) 이상 근무한 자에게 지급(주당 근로시간 30시간 이상)

나. 원장이 매일 보건복지부 보육통합정보시스템(CIS)을 통하여 신청한 보육교사

ㄴ. 육아종합지원센터에 채용된 대체교사는 농촌지역 어린이집에서 월 15일 이상 실근무한 경우 지원 가능

ㄷ. 지원 제외 : 보육교사를 겸직하고 있는 원장 및 대표자, 보육교사 보조

④ 지급 방식

원장이 매일 보육통합정보시스템으로 신청하면 시·군·구에서 매월 7일까지 보육교사 개인별 통장으로 직접 지급

ㄱ. 원장은 보육교사가 15일 이상 근무한 것을 확인한 후 신청

ㄴ. 시·군·구에서는 익월 7일까지 집행하되, 12월분은 23일까지 신청하고 12월 말까지 집행

ㄷ. 해당 월에 신청하지 못한 자에 대해서는 2개월 이내 소급 신청(신청월 포함 3개월)

ㄹ. 보조금을 부당하게 수령(집행)한 경우에는 보조금 회수 및 지원대상에서 제외

⑤ 지원상태

지원기준 : 지방재정 자립도에 따라 차등지원

- 국고 40~60%, 지방비 40~60%

(7) 육아종합지원센터

① 정의

보육 및 양육에 관한 정보의 수집·제공 및 보육교직원·부모상담 등을 제공하기 위하여 보건복지부장관과 지방자치단체의 장이 설치·운영 하는 육아지원 기관(법 제7조)

② 사업목적

지역사회 내 육아지원을 위한 거점기관으로서 어린이집 지원·관리 및 가정양육 보호자에 대한 맞춤형 지원

- 보육컨설팅, 교직원 상담 및 교육 등 어린이집 지원 기능과 부모에 대한 상담 및 교육, 일시보육서비스 제공 등 가정양육 지원 기능의 지역 내 One-stop 육아지원 서비스 제공

	종전	영유아보육법 개정('13.12.5~)
명칭	보육정보센터	육아종합지원센터
기능	(어린이집 지원) 보육 관련 정보수집·제공, 교재·교구대여, 보육교직원 상담 등	(어린이집 지원) 종전과 같음 보육컨설팅, 보육관련 정보수집·제공, 교재·교구대여, 보육교직원 상담 등 (가정양육 지원) 부모교육·상담, 영유아의 체험·놀이공간 제공, 일시보육서비스 등

③ 명칭

ㄱ. (국문) 중앙육아종합지원센터

가. 중앙육아종합지원센터장

나. (영문) Central Support Center for Childcare

ㄴ. (국문) 시·도명 시·군·구명 육아종합지원센터

가. 시·도명 시·군·구명 육아종합지원센터장

나. (영문) 시·도명 시·군·구명 Support Center for Childcare

④ 설치근거

ㄱ. 영유아보육법 제7조 및 시행령 제12조

ㄴ. 지방자치단체 조례

⑤ 설치자

ㄱ. 중앙육아종합지원센터는 보건복지부장관이 설치·운영

ㄴ. 지방육아종합지원센터는 특별시장·광역시장·특별자치시장·도지사·특별 자치도지사(이하 "시·도지사"라 한다) 및 시장·군수·구청장이 설치·운영

가. 보건복지부장관 및 시·도지사와 시장·군수·구청장은 필요한 경우, 영아·장애아보육 등에 관한 육아종합지원센터를 별도로 설치·운영할 수 있음

나. 시·도지사와 시장·군수·구청장은 시·도 육아종합지원센터와 시·군·구 육아종합지원센터를 통합하여 설치·운영할 수 있으며, 비용은 상호합의에 따라 정함

ㄷ. 시·도지사는 관할 시장·군수·구청장이 육아종합지원센터를 활성화 할 수 있도록 필요한 조치를 강구하여야 함

가. 재정 여건 등으로 자체 육아종합지원센터 설치가 어려운 시·군·구의 경우, 인근 5개 이내 시·군·구가 공동으로 이용할 수 있는 거점형 육아종합지원센터를 설치·운영할 수 있음

나. 이 경우 센터의 위치, 운영비용 분담비율 및 기타 운영세부기준 등은 시·군·구 간의 합의에 따라 정하되 합의가 어려울 경우, 시·도지사가 교통 여건 등 접근성, 보육수요자수 등을 감안하여 조정에 의해 결정

⑥ 시설 설치기준

ㄱ. 입지조건

가. 이용수요·보건·위생·급수·안전 등을 충분히 고려하고, 대중교통수단으로 접근이 용이한 부지에 설치하여야 함

나. 영유아의 신체적·사회적 안전에 위험하다고 판단되는 시설(폐기물처리 시설, 유흥업소, 전염병원 등) 인근에 입지하지 않도록 하여야 함

다. 어린이집, 사회복지시설, 공공시설과 복합하여 설치할 수 있으며 별도의 사무실을 확보하여야 함. 단, 설치비 국고보조 선정 육아종합지원센터는 타목적으로 운영 중인 시설 등과 별도로 설치함

ㄴ. 구조 및 설비기준

육아종합지원센터의 기능을 효율적으로 수행할 수 있도록 자료실, 상담실 및 교육실 등 필요한 시설을 설치(시행령 제12조)

3. 외국의 보육제도와 정책

세계 각국의 보육의 발전과정이나 보육정책은 그 나라의 사회·문화적 배경에 따라 다소 다르겠지만 공통점을 찾는다면

첫째, 부모 중심의 전통적인 가정보육에서 기관 중심의 현대적인 시설보육으로 전환되어 시설보육이 안고 있는 과제나 문제를 해결하여 시설보육의 공공성을 강화해 나가고 있다.

둘째, 서구의 시설보육은 산업혁명 이후 급속도로 성장·발전한 것으로 어머니의 사회적 진출기회 확대를 이유로 어머니의 보육부담을 기관 중심의 시설보육으로 이관되었다.

위와 같이 세계 각국의 보육출현의 배경은 동일하지만 세계 각국은 현재 처해있는 사회적 상황, 요구나 기대, 국가의 재정상황에 따라 보육정책이 달리 운영되고 있다. 따라서 본 절에서는 미국, 일본, 프랑스, 영국의 보육제도와 보육정책에 대하여 알아보기로 한다.

1) 미국

미국의 보육이념이나 정책은 유럽의 전통이나 영향에 의해 출발하였으며 지금은 주와 지역에 따라 특색있게 운영되고 있다.

(1) 보육의 발전과정

미국보육의 발전과정을 보육의 사상적 측면에서 생각해 보기로 한다.

① 청교도와 보육

최초 미국의 보육이념이나 정책은 유럽의 전통이나 영향을 많이 받았으며 그 중 영국으로부터 건너온 청교도의 영향이 가장 크다. 청교도정신은 가족의 중요성을 인정하고 특히, 자녀교육을 강조하였다. 이들은 각 가정에서 가사조력에 종사하는 노예를 통하여 자녀의 보육을 전담하는 등 가정보육을 강조하였다.

② 프뢰벨사상과 유치원

1800년대 중반에 독일로부터 전파된 프뢰벨사상에 근거하여 자선유치원이 설립되면서 어머니들로 하여금 유아기 보육의 중요성에 대한 인식이 강화되었다. 특히 1800년대 후반부터 경제공항을 맞고 도시빈곤문제를 해결하고 어린이들의 경제적 어려움을 극복하기 위해 프뢰벨주의자들은 자선유치원을 계속적으로 설립하여 유아보육을 확대하였다.

③ 듀이의 진보주의 교육사상과 유치원

듀이의 진보주의 교육사상은 미국의 교육 전반에 영향을 미치어 전통적인 교사중심 교육에서 아동중심 교육으로 전환하면서 유아교육에서도 유치원의 확장과 함께 1924년 미시간주에 공립유아원을 시작으로 1937년까지 공립학교 안에 1,900여개의 탁아소가 국고부담으로 설립되었다.

1900년대 초의 주요정책으로는 노동성 내에 아동국신설, 모자법제정, 연방정부에 WPA(Works Progress Administration) 설치를 통한 유치원에 대한 재정지원이 이루어지고 1935년에 사회보장법(Social Security Act)이 제정되어 보육에 대한 사회적 요구를 수용하였다.

④ 보울비와 유아보육

1950년대 보울비(John Bowlby)의 모성박탈에 대한 연구는 지금까지 급성장해오던 시설보육에서 부모중심의 가정보육을 강조하게 된다. 시설보육이 유아성장의 기초가 되는 애착결핍을 가져온다는 생각에서이다. 이 때문에 보육시설의 증설이 잠시 주춤하다가 제2차 세계대전을 맞으면서 시설보육에 관심을 갖게 된다.

⑤ Headstart Program과 유아교육

1960년대 이후 다양한 유아교육프로그램이 개발되는데 그 중 대표적인 것이 Headstart Program이다.

Headstart는 연방정부 주도하에 저소득층 유아를 위한 보상교육프로그램으로 유아의 학습, 건강, 영양, 부모양육 등 종합적인 보육을 실시하였으며 연속적인 프로그램으로 1967년에 프로젝트 팔로우스루(Project Follow Through)가 개발되어 Headstart를 끝낸 유아에게 유치원부터 초등학교 3학년까지 교육을 받는다.

⑥ 최근보육정책과 유아보육

최근 미국에서는 유아보육을 위한 다양한 정책이 입안된다.

1975년에 사회보호법, 1987년 ABC(ACT for Better Child care) 법안통과, 1990년 부시대통령의 교육 개혁, 1992년 클린턴대통령의 소외계층 자녀에 대한 유아교육강화방안, 1994년 클린턴대통령의 '목표 2000, 미국교육법' 등이 제정된다.

(2) 보육서비스 유형

미국은 주와 지방에 따라 보육과 교육서비스가 서로 다르게 이루어지는데 일반적으로 보육서비스의 유형은 다음과 같다(천은영 외, 2014).

① 유치원(kindergarten) : 의무교육이 시작되기 전 주정부 관할하에 시간제 또는 전일제 보육프로그램으로 운영된다.

② Headstart : 건강 서비스국(DHHS)의 관할하에 아동개발, 가정개발, 지역사회 건설 및 보육교사 개발을 목표로 하는 빈곤계층대상 복지프로그램으로 일반 보육서비스와 달리 빈곤계층아동에게 종합교육, 보건서비스를 제공하기 위해 지방복지기관에서 재정지원을 담당하고 있다.

③ 서비스구매시스템(Purchase of service system) : 1990년을 기준으로 서비스 구매시스템의 90%가 민간운영으로 이루어지고 있다. 이 중 1/3은 영리단체이고, 대규모 체인시설로부터 교사 개인복지서비스 공급까지 다양하다.

④ 유치원학년(Kgrade) : 초등학교 입학 이전 1년을 담당하는 주립 유치원의 형태로 연령기준에 맞는 모든 유아에게 서비스제공이 가능하다. 부모의 결정에 따라 사립유치원 선택도 가능하다.

⑤ 가족보조프로그램 : 10대 부모나 이민가족과 같은 보육대상가족을 대상으로 가정방문, 부모교육, 정보제공과 같은 서비스를 제공하고 있다. 공공단체와 민간단체의 재정적 후원으로 운영되며 수혜자에게 무료로 서비스를 제공한다.

(3) 보육정책의 특징

최근 미국보육의 특징은

첫째, 유아보육기관에 취원 중인 유아 6세 이하의 자녀 중 취업중인 부모가 50% 이상을 차지하므로 시설보육이 유아발달에 미치는 영향에 관련 없이 시설보육에 위탁해야 하는 실정으로 국가에서 시설보육의 질적 수준 향상에 주력하고 있다.

둘째, 노령인구의 증가, 저출산 추세를 극복하기 위해 저소득층 및 장애아 보육·교육을 위한 다양한 교육·보육정책 강화, 교육·보육시설의 확대, 다양한 종일제 프로그램을 개발·운영하고 있다.

셋째, 영유아보육을 국·공립보육시설보다 사립보육시설에 더욱 의존하는 실정으로 사립보육시설에 대한 교육과 보육의 질적 수준 제고를 위하여 유아교육·보육서비스에 대한 조세 감면, 시설의 인가규정을 통한 권리강화, 프로그램과 교원에 대한 인증강화, 학급이나 집단규모에 대한 규정을 두고 있다.

2) 일본

일반적으로 일본사회는 유아들은 전통적인 유아관에 근거하여 각기 자기가정에서 부모의 사랑과 돌봄 위주의 가정보육을 가장 합리적인 방법으로 생각해 오다가 1960년대 이후부터 취업모의 증가, 핵가족화, 출생률의 감소 등으로 시설보육으로 전환한다.

(1) 보육의 발전과정

① 1904년 노일전쟁 중 군수사업에 여성노동력을 확보하기 위하여 그리고 대정시대(1912~1926)에는 도시 근로자의 생활불안해소를 위하여 탁아소와 농촌탁아소가 설립된다.

② 소화시대(1926~1939)에는 세계경제공황으로 민생법의 일환으로 시민관에 탁아소와 공립탁아소가 증설되어 무료로 점심을 제공하며 1938년에 복지부에서 복지사업을 관장하였다.

③ 1947년에 아동복지법이 제정되어 보육사업이 복지시설로 인정받기 시작하여 보육시설과 유치원으로 구분되며 보육시설에 공적자금이 투입된다.

④ 1950~1960대에는 오늘날과 같은 보육체제와 기틀이 마련된다.
1965년에 4세와 5세아를 위한 보육지침이 마련되어 저소득층 근로여성자녀를 위한 보육소와 초등학교 준비과정으로서의 유치원으로 이원화 체계가 구축된다.

⑤ 최근의 보육정책으로는 1964년, 1971년, 1991년 세 차례에 걸쳐 유아교육진흥책이 이루어졌는데, 특히 1972년에는 '유아교육진흥 10개년 계획'이 수립되어 10년간 재정지원을 하고 공립유치원 확충을 통하여 보육의 질 향상에 주력하였다. 그리고 1974년에 장애아 보육, 1981년에 연장보육과 야간보육사업을 위한 제도가 마련되었다. 특히 일본 보육사업은 1970년대 이후부터 보육이 국가나 지방자치단체의 책임으로 명실공히 유아보육의 공교육체제를 갖춘다.

⑥ 1994년에 '향후 유아교육지원시책의 기본방향에 대하여'라는 '엔젤플랜(Angel Plan)'이, 1999년에 '신 엔젤플랜'을 발표하였는데 여기에는 보육서비스 분야뿐 아니라 모자보건, 교육, 주택 등 종합적인 시책을 계획하였다. 그리고 지금은 신신엔젤

계획을 구상하고 있다. 그리고 2007년 일본 전역에 94개의 인정어린이원을 설립하여 취학 전 영유아를 위한 교육과 보육을 담당한다(이기숙 외, 2007).

(2) 보육서비스의 유형

일본의 지금과 같은 보육서비스는 1950년대부터 구축되었는데 보육서비스는 보육소와 유치원으로 구분된다(천은영 외, 2014).

① 보육소: 후생노동성에서 주관하고 있으며 낮에 보호자를 대신하여 유아를 돌봐주는 아동복지시설이다. 이 시설을 이용할 수 있는 조건은 부모가 모두 직업을 갖고 있거나 출산 또는 병으로 인해 아이를 충분히 돌봐 줄 수 없는 가정에 한정된다. 보육시간은 원칙적으로 오전 8시 30분부터 오후 4시 30분까지지만 가정사정에 따라 보육시간의 연장이 일부 인정되고 있다.

② 유치원: 소학교(초등학교) 입학전 3세부터 5세의 유아를 대상으로 하는 교육시설로써 문부과학성에서 주관하고 있으며 교육시간은 39주, 주당 4시간으로 표준화되어 있으며 공립과 사립이 있다.

이상의 보육소와 유치원은 정부가 인가하며 일부 미인가로 운영되는 인가 외 시설들이 있고 또한 다양한 보육목적에 따라 운영되는 특수보육이 있다.

(3) 보육정책의 특징

① 재정지원

인가보육시설인 경우, 공립·민간 구분없이 국가에서 재정을 동일하게 지원한다. 보육료를 부모의 소득에 따라 차등지원하며 정부 1/2, 지방자치단체 1/4, 도도부현이 1/4을 지원한다. 그러나 이는 국가가 정한 보육료지원기준이고, 그 외에 소요되는 추가보육비용은 지방자치단체에서 지원하고 있다.

향후 보육재정지원방안으로 기업 및 지방자치단체의 참여를 확대하고 국·공립시설을 민영화 개념으로 도입하여 국가 재정 부담을 줄이려고 노력하고 있다(천은영 외, 2014).

② 엔젤플랜

영유아양육지원 기본정책으로 엔젤플랜(2000~2004), 신 엔젤플랜(2000~2014)이 있는데 엔젤플랜은 기본적으로 출산을 원하는 어머니는 누구나 안심하고 출산·양육할 수 있는 환경의 정비, 가정에서의 육아지원을 위한 협력시스템 구축 등 육아지원시책을 기본방침으로 하고 있다. 또한 1999년에 발표한 '신 엔젤플랜'은 보육서비스 외에 모자보건, 교육, 주택 등 종합적인 시책을 담고 있다. 또한 일본 정부에서는 신신 엔젤플랜(New New Angel plan)을 준비 중에 있다.

③ 특수보육

특수보육에는 일시보육, 휴일보육, 병아보육, 방과 후 보육(활동보육) 등이 있다.

일시보육은 1990년에 시작되었으며 보호자의 취업지원을 위한 주 3일 정도의 보육, 보호자의 질병, 입원, 간호 등으로 인한 긴급보육에서 시작되었으며 1996년부터는 보호자의 육아피로의 해소 등과 같은 개인적인 사유에도 일시보육을 이용할 수 있다.

휴일보육은 보호자의 일요일, 공휴일 등의 근무로 인해 보육을 하지 못할 때 실시하는 것으로 대체로 7시반에서 18시반까지 운영한다.

병아보육은 아기가 질병에 걸렸거나 질병회복기에 있는 아동을 보육하는 것으로 1995년부터 영유아 건강지원일시예탁사업으로 제도화되어 현재에 이르고 있다.

방과 후 보육(활동보육)은 초등학교에 재학 중인 아동이 방과 후, 토요일, 여름·겨울방학 동안에 부모의 취업으로 가정보육이 어려울 경우, 초등학교 교실에서 이루어지고 있다(유구종 외, 2007).

3) 프랑스

프랑스는 12세기부터 가정보육제도가 발달하여 시골 출신의 유모에 의하여 도시 유아들의 보육을 담당하였으며 오늘날에도 세계적으로 사회보장제도가 잘 이루어진 나라 중 하나이다.

(1) 보육의 발전과정

① 가정탁아제도 출현

12세기부터 가정보육제도를 실시하여 유모의 자격과 활동을 합법적 기준에 따라 체계화하면서 가정탁아제도로 출현하여 1700년 초반까지 이루어졌다.

② 집단보육기관 출현

집단보육기관으로는 1770년 오벨린(OJ. Oberlin)에 의해 편물학교가 설립되어 벌목일을 하는 여성의 자녀를 돌보는 것으로부터 시작되었다.

③ 탁아소 설립

1825년에 아동보호소가 설립되어 16개월~6세 미만 유아를 보육하였고, 1844년 샤이오탁아소가 설립되어 저소득층 취업모 자녀들의 보육을 담당하였다. 이어 공립탁아소도 설립되고 1848년에는 파리에 20여개의 탁아소가 설립된다.

④ 집단탁아에 대한 부정적 시각

1875년경에 집단탁아에 대한 거부감이 생기어 보육시설의 증가 추세가 잠시 멈추게 된다. 그 이유는 집단탁아가 부모-자녀 간의 유대를 약화시키고 부모가 자녀양육에 소홀하여 영아사망률이 높아졌다는 이유에서이나 이에 대한 정확한 통계는 없었다.

⑤ 아동보호법 공포로 공공보육의 활성화

1974년에 러셀(Roussel) 왕조에서 최초로 아동보호법을 제정하여 내무부에서 보육기관운영에 직접 관여하고 보육기관이 시영화로 전환된다.

⑥ 근대보육의 기틀 구축

20세기 중반부터 사회와 가족구조의 변화, 여성사회참여율의 증가 등으로 보육이 보편화되고 중앙정부와 지방정부에서 보육사업의 확충 및 운영 업무를 분담하였다. 따라서 무상교육, 중립교육, 공교육체제를 구축하게 된다.

(2) 보육서비스 유형

영유아가 다니는 보육기관으로는 다음과 같이 3유형의 기관으로 구분된다.

① 유아원(Creche)

3세 미만 영아들을 위한 보육시설로 여러 종류가 있으며 모두 국가에서 인가를 받아 운영하고 정부에서 운영비를 보조하나 운영비의 일부는 학부모의 수입이나 자녀수, 보육시설 유형에 따라 일반적으로 25% 정도 부담한다.

유아원에는 집단유아원, 가정유아원, 부모협동유아원, 시간제 보육시설, 소규모 유아원, 아동기의 집 등이 있다.

② 유치원

유치원에는 공립유치원과 사립유치원의 두 유형이 있는데 3세부터 초등학교 취학 전 유아들이 취원하며 무료로 보육을 받는다.

③ 방과 후 아동보육기관

유아원과 유치원 외에 방과 후 아동보육기관을 운영한다.

(3) 보육정책의 특징

① 프랑스의 보육제도는 12세기부터 시골 출신의 유모에 의한 가정보육으로부터 시작되어 초기보육시설은 1800년대에 아동보호소가 설립되어 저소득층 자녀의 영양, 위생, 보건에 치중한 보호적 성격이었으나 아동보호소가 유아학교로 전환되면서 19세기 이후부터 모든 계층의 영유아들에게 보편적인 무상보육, 중립교육을 실시하여 모름지기 공교육체제가 구축되어 대중교육으로 전환되었다.

② 프랑스는 전체 교육예산 중 유아교육에 11.5%를 투입하는 등 다른 나라에 비해 유아교육에 대해 많은 투자를 하고 있어 OECD 가입국 중 상위권에 속한다. 3~6세 유아의 경우, 정규프로그램에 의한 유치원교육은 무상으로 이루어지며 그 외 프로그램의 비용은 지방자치단체가 지원한다.

③ 3세 미만의 영아들의 보육은 크레쉬(creche)라는 유아원에서 이루어지며 운영비의 25%는 부모가 수입이나 자녀수에 따라 부담한다. 보육시설에서는 6유형이 있으나 어느 시설을 선택하든 간에 부담액에는 차이가 없다.

④ 사회보장제도로서 사회부 산하에 지역가족수당국이 있다. 지역가족수당국에서는 국립가족수당국에서 하달된 정책을 수행하는 동시에 가족과 영유아에게 경제적 혜택을 주며 1970년부터는 보육시설의 자본금과 운영비를 지원하고 있다.

⑤ 보육교사는 2006년부터 자격증제도가 신설되어 국가보육교사자격증 DEEJE (Diplome d'Etat d'educateur de jeunes enfants)를 취득해야 한다(이화도, 2007). 또한 원장은 의사이거나 국가 학위를 소지한 육아전문가로서 그 직종에 5년 이상 종사한 경력이 있어야 하고 육아전문가 양성과정은 3년이다. 또한 40명 이상의 영유아가

있는 보육시설에는 가정보육모를 고용하는데 이는 고등학교를 졸업한 후 보건성에 등록된 학교에서 2년 과정을 이수한 후 자격증을 얻을 수 있다(천은영 외, 2014).

4) 영국

영국은 전통적으로 중앙정부가 1689년에 발표한 권리선언에 따라 교육의 이념을 민주시민양성에 두고 국가가 교육에 최소한으로 개입하는 특징이 있다. 또한 아동을 위한 보육은 각 가정의 사적인 문제로 간주되었다.

(1) 보육의 발전과정

① 영국의 전통사회에서는 시설보육은 아동에게 해가 될 수 있다고 생각하였으나 18세기 말의 산업혁명과 제1, 2차 세계대전의 영향으로 취업모의 증가로 대리양육이 강화되었으나 여성노동력에 대한 수요가 감소되면서 다시 가정보육 형태로 돌아갔다. 그러던 중 1816년 사회개혁가인 로버트 오웬(Robert Owen)에 의해 유아기의 좋은 습관형성을 위한 유아학교(Infant School)가 설립되었다.

② 1960년대 중반부터 경제의 팽창과 저출산으로 인한 노력의 부족은 다시 어머니들의 산업전선에 진출을 요구함에 따라 유아보육의 문제가 대두되었다. 그러나 아직도 보육은 국가가 개입하지 않고 개인이 해결하거나 그렇지 않으면 부모를 고용하고 있는 기업체 또는 사회적 기관에 의해 해결되도록 하였다. 다만 정부는 보육의 필요성을 고용주에게 부각시키고 보육은 고용주나 사회적 기관에 의하여 해결되도록 조치하였다.

③ 그러나 지금까지 유아보육에 소극적으로 개입하던 중앙 정부가 적극적으로 개입하기 시작한다.

그 몇 가지 예를 들면 다음과 같다.

ㄱ. 1972년 영국 정부는 '교육 확장을 위한 기본 틀'의 백서를 통해 유아교육의 확장과 5세 유아무상교육을 선언한다.

ㄴ. 1997년 블레이 정부가 교육백서를 제시하여 국가 경쟁력 강화를 위하여 유아교육기관 확장과 질적 개선을 추진한다.

ㄷ. 1997년 슈어 스타트(Sure Start)제도를 도입하여 저소득층 만 4세 미만의 유아와

가정을 대상으로 아동빈곤종합대책을 시행하여 2010년에 영국 전역에 800여 개 이상이 설립된다. 슈어 스타트는 미국 헤드스타트(Head Start) 프로그램과 같은 성격이다.

ㄹ. 1989년 아동법(Children act)이 제정되어 저소득층 유아에 대한 국가적인 지원이 확대된다. 지불보증제도(Nursery Voucher System)가 도입되어 국가에서 유아 1인당 1,130파운드의 전표를 유아가 다니는 보육기관에 지불한다. 또한 보육관장부서가 사회사업부에서 교육고용부산하의 교육기준청으로 이관된다. 또한 그린 페이퍼 제도가 도입되어 만 4세 유아까지 무상보육을 실시한다.

이상과 같은 다양한 국가시책이 강구되면서 유아보육을 국가가 책임지는 보육의 공교육화가 이루어진다. 여기에서 특이한 점은 보육이 공교육화 되기 이전에 상당기간, 유아보육이 개인이나 기업 또는 사회기관이 담당하고 가정보육을 중시하였다.

(2) 보육의 유형

보육은 0~3세 영아보육과 3~5세 유아보육으로 나누어진다.

① 0~3세 영아보육

영아보육은 지역에 따라 다른데 0~3세 영아보육시설은 부족하여 저소득층 자녀를 우선하여 입원시키고 최근에 와서 일반가정유아에게도 국고보조가 이루어졌다. 영아보육기관으로 정규 영아교육기관 외에 지역에 따라 Opportunity Group(특별한 요구를 가진 영유아 보육시설), 놀이그룹과 예비학교(2~5세 영유아보육시설)가 지역사회 단체, 봉사단체, 부모, 기업체 등을 통해 운영된다.

② 3~5세 유아보육

3~5세 유아보육은 다음과 같이 다양한 보육기관에서 이루어진다.

ㄱ. 보육학교

3~4세의 유아를 대상으로 정규학기 중에 2~2.5시간의 예비학교교육을 제공받는다.

ㄴ. 보육교실

초등학교나 유아학교 내에 설치되어 3~4세 유아에 대하여 파트타임으로 운영된다.

ㄷ. Early Years Unit

공립학교나 유아학교 내에 설치되어 3~5세 유아를 학기 중 전일 또는 파트타임으로 운영된다.

ㄹ. **리셉션교실**(Reception class 또는 Class R)

4~5세 유아를 대상으로 학기 중 전일제(9시~15시 30분)로 운영된다.

ㅁ. **특별학교**(Special School)

3세 이상의 장애아를 대상으로 학기 중 전일제 혹은 기숙사 형태로 운영된다.

ㅂ. Opportunity Group

특별한 요구를 가진 영유아와 영유아의 가족을 위해 운영된다.

ㅅ. **사립보육시설**(Private day nursery)

0~5세 유아를 대상으로 파트타임, 전일 연장서비스가 운영된다.

ㅇ. **전일보육원**(day nursery)

0~5세까지의 '위험에 처해 있다(at risk)'고 판단되는 영유아를 대상으로 운영된다.

ㅈ. **보모**(Child minder)

자신의 집에서 종일 포괄적인 보육서비스가 운영된다.

ㅊ. **가정부**(nan nylau pair)

유아의 가정에서 전일 또는 파트타임으로 보육서비스가 운영된다.

③ 보육정책의 특징

ㄱ. 무상의무교육 실시: 전 5세 유아는 초등학교에 포함된 공립유아학교에서 100% 무상의무교육을 받으며 2~4세 영유아들은 공립 보육학교, 보육교실에서 무상보육을 받으나 결손가정의 유아들에게 우선권을 준다.

ㄴ. 보육교사의 자격은 3년 학위과정과 학위 후 교육자격증(PGCE)을 취득하거나 4년제 고등교육학위를 소지해야 한다. 또한 부모와 가정부는 학위과정이 필요 없이 5~15시간의 교사훈련을 받아야 한다.

제 II 부

보육교직원

유아교육기관에서 보육활동을 효율적으로 운영하기 위해서는 사람, 시설, 재정, 조직이 기본적으로 갖추어져야 하는데 그 중 사람인 보육교직원이 차지하는 비중이나 역할이 가장 지대하다.

따라서 제Ⅱ부 제1장에서는 보육교직원 중 원장, 보육교사의 자격기준과 자격취득방법, 양성과정에 대하여 알아보고, 제2장에서는 원장과 보육교사의 자질과 역할, 제3장에서는 보육교사의 교직윤리 · 전문성계발방안을, 제4장에서는 보육공동체간의 협력방안에 대하여 생각해 보기로 한다.

제 1 장 원장 · 보육교사의 자격 · 양성

유아교육기관이 노리는 보육목적을 실현하기 위해서는 훌륭한 원장을 비롯한 교직원을 확보하는 일이다. 그 중 소정의 자격을 갖춘 원장과 보육교사를 확보하는 일이 더욱 중요하다. 다음에서 원장 · 보육교사의 자격기준과 취득방법 그리고 보육교사의 양성과정에 대하여 기술하기로 한다.

1. 어린이집 원장의 자격기준 및 취득

1) 자격기준

어린이집 원장은 시설장으로 불리워지다가 원장으로 바뀌면서 원장의 자격기준은 영유아보육법 시행령 제21조에 의거 자격기준에 해당하는 자로 보육교사와 같이 자격검정보육시설 종사자자격 검정위원회의 검정을 통해 보건복지부장관이 수여하는 국가자격증을 받은 자이어야 한다. 어린이집원장 자격별 세부기준은 다음과 같다.

〈표 Ⅱ-1〉 어린이집 원장 자격기준

기준	자격기준
일반기준	• 보육교사 1급 자격을 취득한 후 3년 이상의 보육 등 아동복지업무 경력이 있는 사람 • 유아교육법에 의한 유치원 정교사 1급 자격을 취득한 후 3년 이상의 보육 등 아동복지업무 경력이 있는 사람

기준	자격기준
	• 유치원 원장의 자격을 가진 사람 • 초·중등교육법에 의한 초등학교 정교사 자격을 취득한 후 5년 이상의 보육 등 아동복지 업무경력이 있는 사람 • 사회복지사법에 의한 사회복지사 1급 자격을 취득한 후 5년 이상의 보육 등 아동복지업무 경력이 있는 사람 • 의료법에 의한 간호사 면허를 취득한 후 7년 이상의 보육 등 아동복지업무 경력이 있는 사람 • 국가 또는 지방자치단체에서 7급 이상 공무원으로 보육 등 아동복지업무에 5년 이상의 근무한 경력이 있는 사람
가정어린이집	• 일반기준에서 정한 자격을 갖춘 사람 • 보육교사 1급 이상 자격을 취득한 후 1년 이상의 보육업무경력이 있는 사람
영아전담어린이집	• 일반기준에서 정한 자격을 갖춘 사람 • 간호사 면허를 취득한 후 5년 이상의 아동간호 업무경력이 있는 사람
장애아 전담 어린이집	• 일반기준에서 정한 자격을 갖춘 사람으로서 다음의 어느 하나에 해당하는 사람 - 대학(전문대 포함)에서 장애인 복지 및 재활관련학과 전공한 사람 - 장애아 보육시설에서 2년 이상의 보육업무경력이 있는 사람
대학 또는 교육훈련 시설이 운영하는 어린이집	• 일반기준에서 정한 자격을 갖춘 사람 • 어린이집을 운영하는 대학의 전임강사 또는 교육훈련시설의 전임교수 이상으로서 보육관련교과목에 대하여 3년 이상의 교육경력이 있는 사람

위 어린이집 원장 자격기준에 따라 어린이집 유형별 원장의 자격기준에 대하여 간단히 기술하기로 한다.

(1) 20인 이하 어린이집 원장

일반기준에서 정한 자격을 갖추었거나 보육교사 1급 자격을 취득한 후 1년 이상 보육업무 경력 후에 원장자격증을 취득 신청할 수 있다. 그리고 21인 이상 어린이집 원장자격을 취득하기 위해서는 원장으로서 1년 이상의 경력을 쌓아야 한다.

(2) 만 3세 미만의 영아 20명 이상 영아전담어린이집

일반기준자격에 간호사 자격을 취득한 후, 5년 이상 병원의 소아청소년과, 신생아실, 보건소, 모자보건센터, 초등학교보건실 등에서 아동간호 업무경력 소지자에게 원장자격을 부여한다.

(3) 장애영유아 20명 이상 장애아전담어린이집

일반기준자격 외에 대학(전문대 포함)에서 장애인 복지 및 재활관련 학과를 전공하였거나 장애아 어린이집에서 2년 이상의 보육업무경력자에게 원장자격을 부여한다.

(4) 대학, 대학교육 훈련시설이 운영하는 어린이집

대학의 전임강사 또는 교육훈련시설의 전임교수 이상으로서 보육관련 교과목을 3년 이상 강의 경력이 있는 사람에게 원장자격을 부여한다. 또한 자격소지별 소요 경력연수는 다음과 같다.

〈표 Ⅱ-2〉 자격소지별 소요 경력연수

소지자격	소요경력연수(보육 등 아동복지업무)
• 보육교사 1급	3년 이상
• 유치원 1급 정교사	3년 이상
• 유치원 원장자격	경력 필요 없음
• 초등학교 1, 2급 정교사	5년 이상
• 사회복지사 1급	5년 이상
• 간호사 면허	7년 이상
• 7급 이상 공무원	6년 이상

2) 보육 및 아동복지 업무경력

어린이집 원장 자격기준에서 인정하는 보육 및 아동복지 업무경력은 다음과 같다.

(1) 어린이집에서 어린이집의 원장, 보육교사, 특수교사(초·중등교육법 제21조 제2항에 따라 특수학교의 정교사, 준교사 또는 실기교사(담당과목이 재활복지과목의 경우만 해당한다.)의 자격증을 가진 사람과 이에 준하는 사람으로 보건복지부장관이 인정하는 사람을 말한다. 이하 같다.) 또는 치료사로 근무하거나 보육정보센터에서 보육정보센터의 장, 보육전문요원 또는 특수교사로 근무한 경력

(2) '유아교육법'에 따른 유치원에서 원장, 원감, 교사로 근무한 경력

(3) '아동복지법'에 따른 아동복지시설에서 시설장, 총무, 보육사, 생활복지사, 상담지도원 또는 자립지원전담요원으로 근무한 경력

(4) '장애인복지법'에 따른 장애 영유아생활시설에서 장애아동과 관련된 업무에 종사한 경력

(5) '유아교육법' 및 '초 · 중등교육법'에 따른 특수학교(유치원과정)에서 특수학교 교원으로 근무한 경력

(6) '유아교육법' 제정으로 폐기되기 전 '유아교육진흥법'에 따른 새마을 유아원에서 근무한 경력

(7) ①항부터 ⑥항까지의 아동복지업무를 수행하는 시설 등에서 간호사로 근무한 경력

(8) 국가 또는 지방자치단체에서 7급 이상의 공무원으로 보육 등 아동복지에 관한 행정업무에 종사한 경력 등이다.

3) 자격검정 및 자격증 발급

어린이집 원장의 자격검정은 2005년 1월 29일 이전까지는 종전 규정인 영유아보육법 시행규칙 제18조 제1항에 의한 원장 자격기준을 갖춘 자는 종전 규정에 따라 검정하고 2005년 1월 29일부터는 현행규정에 따라 원장 자격을 검정하며 원장 자격증 발급절차는 보육교사 발급신청절차와 동일하다. 2014년 3월 1일 이후 원장 자격증을 신청하는 자는 원장자질 및 전문성 향상을 위한 어린이집 원장 사전직무교육을 반드시 이수해야 한다.

2. 보육교사의 자격기준, 취득, 양성

1) 보육교사의 자격기준, 취득

보육교사의 자격기준은 영유아보육법 시행규칙 제12조 제1항 관련 「별표」 4에 의한다. 보육교사 자격기준은 다음 표와 같다.

〈표 Ⅱ-3〉 보육교사 자격기준

등급	자격기준
보육교사 1급	1. 보육교사 2급 자격을 취득한 후 3년 이상의 보육업무경력이 있는 사람으로서 보건복지부장관이 정하는 승급교육을 받은 사람
	2. 보육교사 2급 자격을 취득한 후 보육관련대학원에서 석사학위 이상을 취득하고 1년 이상 보육업무경력이 있는 사람으로서 보건복지부장관이 정하는 승급교육을 받은 사람
보육교사 2급	1. 전문대학 또는 이와 같은 수준 이상의 학교에서 보건복지부령으로 정하는 보육관련 교과목과 학점을 이수하고 졸업한 사람
	2. 보육교사 3급 자격을 취득한 후 2년 이상의 보육업무경력이 있는 사람으로서 보건복지부장관이 정하는 승급교육을 받은 사람
보육교사 3급	1. 고등학교 또는 이와 같은 수준 이상의 학교를 졸업한 사람으로서 보건복지부령으로 정하는 교육훈련시설에서 정해진 교육과정을 수료한 사람

위 표에서 보는 바와 같이 처음에 보육교사가 되기 위해서는 보건복지부령이 정하는 교육훈련시설수료(3급), 보육관련 전문대학 이상 졸업(2급)하면 보육교사자격을 취득할 수 있고 그 이후 일정기간 경력 또는 보육관련 대학원 석사학위 취득 후 일정기간 경력을 쌓은 후 보건복지부장관이 정하는 승급교육을 받으면 상위급의 보육교사 자격증을 취득할 수 있다. 위 표의 내용을 쉽게 이해하기 위해 승급, 보육관련 대학원, 보육업무경력, 보육관련 교과목 및 학점에 대하여 자세히 설명하기로 한다.

(1) 승급

승급이란 상위자격을 취득하는 것으로 보육교사 3급에서 2급, 1급 순으로 승급할 수 있다. 승급자에 대한 자격검정은 80시간 이상 교육을 받고 평가시험에서 80점 이상 취득자를 합격으로 한다(영유아보육법 제23조 제2항).

(2) 보육관련대학원

① 학과(전공) 및 학위명에 '보육, (영)유아, 아동' 단어가 포함된 대학원

② ①의 경우가 해당되지 않을 경우, 보육관련 교과목 이수기준으로 인정(보육관련 교과목 최소 4과목 이상, 12학점 이수 여부를 확인하여 인정함)

(3) 보육관련 경력

① 어린이집에서 어린이집의 원장, 보육교사, 특수교사 또는 치료사로 근무하거나 보육정보센터에서 보육정보센터장, 보육전문요원 또는 특수교사로 근무한 경력
② '유아교육법'에 따른 교육과정과 방과 후 과정을 운영하는 유치원에서 원장, 원감, 수석교사 또는 교사로 근무한 경력을 말함

(4) 보육관련 교과목 및 학점

보육교사 2급 자격증을 취득하기 위해 대학교에서 이수해야 할 보육관련 교과목 및 학점은 다음과 같다.

〈표 Ⅱ-4〉 보육교사 2급 자격 취득을 위한 교과목 및 학점

영역	교과목	이수과목(학점)
보육필수	아동복지(론), 보육학개론, 영아발달, 유아발달, 보육과정, 보육교사론	6과목(18학점) 필수
발달 및 지도	인간행동과 사회환경, 아동관찰 및 행동연구, 아동생활지도, 아동상담(론), 특수아동이해, 장애아지도	1과목(3학점) 이상 선택
영유아교육	놀이지도, 언어지도, 아동문학, 아동음악, 아동동작, 아동미술, 아동수학지도, 아동과학지도, 영유아프로그램 개발과 평가, 영유아교수방법(론)	6과목(18학점) 이상 선택
건강 · 영양 및 안전	아동건강교육, 아동간호학, 아동안전관리, 아동영양학, 정신건강(론)	2과목(6학점) 이상 선택
가족 및 지역사회 협력 등	부모교육(론), 가족복지(론), 가족관계(론), 지역사회복지(론), 보육정책(론), 어린이집 운영과 관리	1과목(3학점) 이상 선택
보육실습	보육실습	1과목(3학점) 필수
전 체	17과목(51학점) 이상	

또한 보육교사양성교육과정인 교육훈련시설(보육교사교육원)은 고졸 이상의 학력자를 대상으로 보육관련 교과목 22과목 이상 65학점 이상(보육실습 6주 240시간)을 이수하고 각 교과목당 70점 이상인 경우 수료로 인정한다. 보육교사교육원의 교육과정도 대학(교)과 동일한 영역으로 구성되어 있으며 대학(교)보다 많은 교과목과 학점을 이수하도록 되어 있다.

2) 보육교사 자격증 취득

보육교사가 되기 위해서는 국가로부터 자격증을 받아야 하는데 2005년 영유아보육법개정 이전에는 보육교사 인정자격제로 보육교사교육원이나 대학의 졸업(수료)증서로 대신하였다. 그러나 2005년 4월 영유아보육법 개정으로 국가자격인정제도로 전환됨에 따라 어린이집 원장 및 보육교사의 자격검정은 영유아보육법 시행령 제21조「별표」1에 의한 자격기준을 갖추었는지 여부를 신청자가 제출한 서류를 심사하여 검정한다. 자격검정 및 자격증 발급(취득)과 관련된 중요한 사항은 보육교직원 자격검정위원회에서 심의 의결한다.

(1) 보육교사자격 교부(취득)절차

보육교사자격증 교부(취득)절차를 그림화하면 다음과 같다.

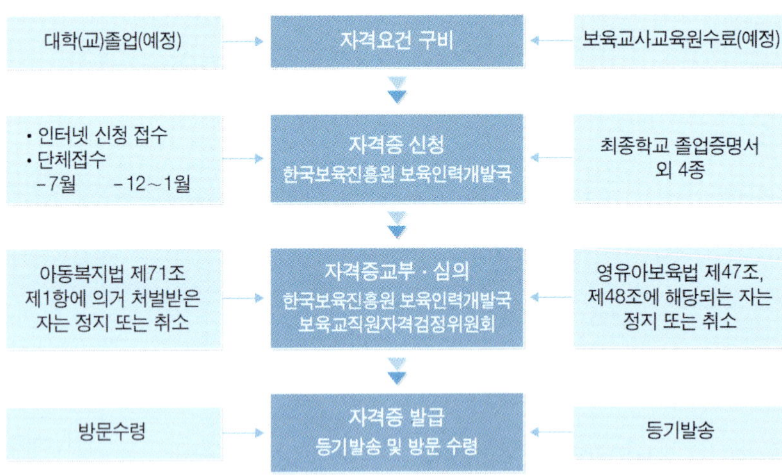

[그림 Ⅱ-1] 보육교사자격증 교부(취득)절차

위 그림에서 보육교사자격증 교부(취득)절차를 보면 보육교사를 희망하는 사람은 자격요건을 구비하기 위하여 보육교사양성대학이나 보육교사교육원에서 수학하여 자격요건을 갖추고 관련 자료를 구비하여 인터넷이나 또는 단체로 한국보육진흥원 보육인력개발국 보육교직원자격검정위원회에 제출한다. 또한 관계서류를 접수한 보육교직원자격검정위원회에서는 관련서류를 중심으로 심의한다. 이때 영유아보육법 제47조, 제48조, 아동복지법 제71조 제1항에 해당되는 자는 심의대상에서 제외되며 심의를 마친 자격증은 등기발송이나 한국보육진흥원 방문을 통해서 해당 예비교사에게 전달된다. 또한 인터넷을 통한 자격증 교부(취득)절차를 그림화하면 다음과 같다.

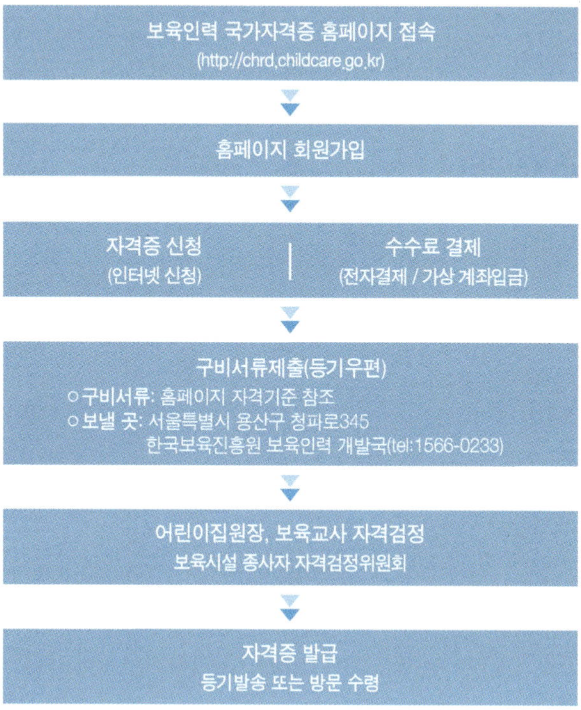

[그림 Ⅱ-2] 자격증 발급 신청 및 교부절차

(2) 자격검정

보육교사 자격검정은 무시험검정을 원칙으로 하며 서류심사에 의해 자격인정 여부를 결정한다. 대학을 졸업한 자는 교과목 17과목 51학점 이상을 취득한 자 그리고 교육훈련시설(보육교사교육원에서 교육과정을 수료한 자는 22과목 65학점 이상)을 취득하고 각 과목당 70점 이상 취득해야 합격시킨다(영유아보육법 제17조 제2항). 대학을 졸업한 자는 보육교사 2급, 보육교사교육원을 수료한 자는 보육교사 3급을 부여한다.

(3) 보육실습

2016년 1월 공포된 영유아보육법 시행규칙 개정으로 대학(교)의 보육관련 교과목 및 학점 등이 개정되면서 기존 6개 영역에서 3개 영역으로 조정하고 대면교과목을 정하여 사이버 교육기관에서의 보육교사 2급 자격을 취득할 경우 자격의 질을 높이고자 하였다.

보육실습은 반드시 성적증명서를 통해 확인이 가능하고, 이수학점은 3학점 이상, 평균점수 80점(B학점) 이상일 때 인정된다. 보육실습은 어린이집(정원 15인 이상) 평가인증을 유지하는 어린이집과 방과후과정 유치원으로 등록된 시설(교육청)에서 실습하여야 하며, 지도교사는 보육교사 1급 또는 유치원 정교사 1급자격증 소지자라야 한다. 보육실습은(2018년 1월부터는 6주 240시간 이상, 2회에 나누어 실시 가능) 이수해야 한다. 또한 자격검정 시에는 어린이집 지원시스템으로 등록한 보육실습 확인서를 첨부해야 한다.

3) 보육교사 양성체계

현재 보육교사를 양성하는 기관은 아주 다양하다. 이는 보육대상인 영유아의 급증과 다양한 영유아 보육정책에 따라 보육교사의 수급에 따른 문제로서, 보육교사를 양성하는 기관으로는 4년제 대학교의 아동학과, 유아교육학과, 아동복지학과와 방송통신대학교의 유아교육학과, 2~3년제 전문대학의 유아교육과, 보육과 그리고 학점은행제를 시행하는 평생교육원, 교육훈련시설로서 보건복지부가 지정한 보육교사교육원 등이 있다. 이에 대하여 다음에서 자세히 설명하기로 한다.

(1) 대학에서의 양성체계

① 보육, 아동학 관련학과

보육교사에 대한 자격과 양성교육과정을 상세히 명시한 것은 1961년 아동복지법이 제정・공포되면서부터이다. 그 이후 2005년에 개정된 영유아보육법 제2조 제1항 관련 시행규칙으로 보육교사의 자격취득을 위한 교과목 및 취득학점에 대한 새로운 내용이 제시되었다가 적용상의 문제점을 보완하여 2014년 3월(영유아보육법 시행세칙 제12조 제1항 「별표」4)부터 보육교사 2급 자격을 취득하기 위해서는 대학 등에서 이수하여야 할 교과목 및 학점이 종전 12과목 35학점에서 17과목 51학점 이상으로 상향조정하여 보육교사의 질을 제고시키는 데 주력하였다. 보육교사 2급 자격 취득에 필요한 교과목 및 학점 수는 다음과 같다.

〈표 Ⅱ-5〉 교과목 및 학점 수

현행(2005.1.30 시행)	개정(2014.3.1 시행)
총 35개 보육관련 교과목 중 12과목 35학점 이상	총 34개 보육관련 교과목 중 17과목 51학점 이상

특히 (재)한국보육진흥원에서는 보육교사자격증 교부를 통해 보육교사의 질 향상과 관련 사업을 추진하고 있으며, 특히 2012년 5세 유아를 위한 국가수준의 공통과정(누리과정) 개발, 2013년 0~2세 영아를 위한 표준보육과정의 제3차 개정, 3~4세 유아를 위한 국가수준의 공통 교육과정(누리과정)의 개발 및 시행, 영유아보육법(2014.3.1.시행)의 개정으로 인한 보육관련 교과목의 추가, 0~5세 무상교육정책 등 국가적인 차원에서 급격한 변화가 이루어졌다.

이에 변화된 보육관련 정책내용을 반영하여 표준교과 개요를 개정함으로써 보육교사 양성교육의 질적 수준 향상을 기하고 있다.

보육교사 2급 취득을 위한 이수하여야 할 교과목 및 학점일반은 다음과 같다.

〈표 Ⅱ-6〉 교과목 및 학점일반

영역	교과목	이수학점(학점)
보육기초	아동복지(론), 보육학개론, 영아발달, 유아발달, 보육과정, 보육교사론	6과목(18학점) 필수
발달과지도	인간행동과 사회환경, 아동관찰 및 행동연구, 아동생활지도, 아동상담(론), 특수아동이해, 장애아지도	1과목(3학점) 이상 선택
영유아교육	놀이지도, 언어지도, 아동문학, 아동음악, 아동동작, 아동미술, 아동수학지도, 아동과학지도, 영유아프로그램 개발과 평가, 영유아 교수 · 학습방법(론)	6과목(18학점) 이상
건강, 영양 및 안전	아동건강교육, 아동간호학, 아동안전관리, 아동영양학, 정신건강(론)	2과목(6학점) 이상 선택
가족 및 지역사회협력 등	부모교육(론), 가족복지(론), 가족관계(론), 지역사회복지(론), 보육정책(론), 어린이집 운영과 관리	1과목(3학점) 이상 선택
보육실습	보육실습	1과목(3학점) 필수
전체	총 34과목 중 17과목(51학점) 이상 이수	

영역별 특징은 다음과 같다(이순형 외, 2015).

ㄱ. **보육기초**

종전 아동복지(론), 보육학개론, 아동발달(론), 보육과정의 4과목 중 아동발달(론)이 영아발달과 유아발달로 분리되고 보육교사(론)이 추가되어 6과목으로 구성되고 종전 12학점에서 16학점으로 증가하였다.

ㄴ. **발달 및 지도**

종전 인간행동과 사회환경, 아동관찰 및 행동연구, 아동생활지도, 아동상담(론), 특수아동지도의 5과목 중 특수아동지도가 특수아동이해와 장애아지도로 분리되어 있다. 종전 5과목에서 6과목으로 1과목이 증가되었으나 똑같이 1과목 이상 선택하여 이수하도록 하고 있다.

ㄷ. **영유아교육**

종전 영유아교육은 놀이지도, 언어지도, 아동문학, 아동음악과 동작, 아동미술, 아동수학·과학지도, 영유아 프로그램개발 및 평가, 영유아교수·학습방법론 등 8개 과목에서 10개 과목으로 아동음악과 동작과목을 아동음악교육과 아동동작교육으로 분리하고 아동수학·과학지도를 아동수학지도와 아동과학지도로 분리하여 과목수를 늘리고 종전 3과목 9학점에서 6과목 18학점 이상을 선택하도록 하였다.

ㄹ. **건강·영양 및 안전**

종전 아동건강교육, 아동간호학, 아동안전관리, 아동영양학, 정신건강(론) 등 5개 과목으로 구성되어 있고 2과목 6학점 이상 취득하도록 되어 있었는데, 이 영역은 현행도 마찬가지이다.

ㅁ. **가족 및 지역사회 협력**

종전에 부모교육(론), 가족복지(론), 가족관계(론), 지역사회복지(론), 자원봉사(론), 보육정책(론), 보육교사(론), 보육시설 운영과 관리 등 8개 과목 중 보육교사(론)이 보육기초(필수)로 되고 1과목(3학점) 이상 취득하도록 되어 있는 것은 종전과 같다.

ㅂ. **보육실습**

보육실습은 대학에서 이론적으로 학습한 내용을 현장에 적용시켜 현장 적용적 실천기술을 연마하는 과정으로 대학양성교육에서 대단히 중요한 과목이다. 보육실습은 일반적으로 참관과 수업실습으로 이루어지는데, 보육교사 자격을 취득하기 위해서는 반드시 보육현장에서 4주, 160시간 이상의 실습을 해야 한다.

② 사이버대학, 방송통신대학의 보육, 아동학 관련학과

고등교육법에 의한 정보통신 등의 매체를 통해 온라인상에서 원격교육으로 직접 학교에 출석하지 않고 가상의 공간에서 수업을 받기 때문에 시간과 공간의 제약을 받지 않아 직장인, 장애인 등의 대학 교육기관으로 적절하다. 방송통신대학교도 방송과 교재에 의한 학습 그리고 일정기간의 출석 수업을 통하여 대학교육이 이루어지며 사이버 대학에서는 전문학사학위, 학사학위 그리고 방송통신대학교에서는 학사학위와 석사학위를 취득할 수 있다.

(2) 원격 평생교육원

학점은행제를 시행하는 원격 평생교육원은 대학교육을 받지 못한 사람에게 대학학력 취득기회를 제공하기 위하여 교과부에서 정식으로 평가인정을 받은 기관에서 학점인정에 관한 법률에 따라 학점은행제로 보육관련 교과목 및 학점을 이수하고 전문학사 학위이상을 취득한 후 보육교사 2급을 받을 수 있다.

원격 평생교육원은 학비가 저렴하고 단기간에 학위와 보육교사 2급 자격증을 취득할 수 있는 장점이 있으며, 보육교사 자격을 취득할 수 있는 원격 평생교육원은 전국적으로 20여개에 달한다.

(3) 보육교사교육원

교육훈련시설인 보육교사교육원은 보건복지부에서 지정하여 전국에 72개소(대학부설 46개소, 민간 26개소)로서 전문성과 자질을 갖춘 보육교사 양성 및 보수교육을 실시하는 보육전문 교육기관이다.

고등학교를 졸업한 사람이 입원하여 25과목 65학점 이상 이수(이론 975시간, 실습 60시간 이상)하여 3급 보육교사 자격증을 취득한다(2016년 8월 1일 이후). 영유아보육법 제21조 제2항 제2호에 규정된 보육교사 자격 획득을 위한 이수교육과정은 다음 표와 같다.

〈표 Ⅱ-7〉 보육교사 교육원의 이수교육과정

영역	교과목(학점)	이수과목(학점)
보육기초	아동복지(론)(3), 보육학개론(3), 보육과정(3)	3과목(9학점) 필수
발달 및 지도	아동발달(론)(3), 인간행동과 사회환경(3), 아동생활지도(3), 아동상담(론)(3), 특수아동지도(특수교육학)(3), 영유아 보육의 실제(3), 방과후 아동지도(2)	7과목(20학점) 필수
영유아 교육	놀이지도(3), 언어지도(3), 아동음악과 동작(2), 아동미술(2), 아동 수·과학지도(2), 교재·교구개발(3), 영유아교수 학습방법(론)(3)	7과목(17학점) 필수
건강·영양 및 안전	아동간호학(2), 아동안전관리(2), 아동영양학(2)	2과목(4학점) 필수
가족 및 지역사회와 협력	부모교육(3), 지역사회복지(3), 보육정책(2), 어린이집 운영과 관리(3), 정보화교육(2)	5과목(13학점) 필수
보육실습	보육실습(2)	1과목(2학점) 필수
계	25과목(65학점) 이상	

위의 6개 영역 중 보육기초, 발달 및 지도, 영유아 교육, 가족 및 지역사회 협력과 보육실습의 다섯 영역에 속한 23과목은 필수과목으로 되어 있고 건강영양 및 안전영역은 선택하여 들을 수 있다.

제 2 장

보육교직원의 역할과 자질

영유아보육을 담당하는 보육교직원의 역할과 자질은 보육의 대상이 되고 있는 영유아의 발달적 특성에 적절한 역할과 자질을 갖추어야 한다. 다음에서 역할과 자질의 개념에 대하여 알아보고 보육교직원별로 영유아의 특성에 알맞은 역할과 자질에 대하여 알아보기로 한다.

1. 역할과 자질의 개념

1) 역할의 개념

역할(Role)이란 사전적 의미로는 '자기가 마땅히 해야 할 직책이나 의무'로서 역할은 개개인이 처한 사회적 지위에 따라 달라진다. 또한 역할은 사회의 어느 한 직위에 있는 사람들에게 사회인으로부터 일반적으로 기대되는 행동유형인 반면, 어느 지위에 있는 사람이 자기 직업에 관련하여 전문적으로 행사하는 행동유형으로 사회적으로 승인되는 보편성을 띤다.

2) 자질의 개념

자질이란 국어사전에서는 '타고난 성품이나 소질', '본디부터 가지고 있는 성질', 資(재물 자), 質(바탕 질)로서 '타고난 됨됨이나 소질'을 이르는 말, '사람이 태어날 때부터

기본적으로 지니고 있는 바탕'을 말하는 것으로 다양하게 정의된다. 자질의 특성을 보면

첫째, 자질은 시대적 상황과 변화, 교육관에 따라 달라진다.

둘째, 자질은 만족스럽게 정의할 수도 없고 표준화된 자질도 없다.

셋째, 자질은 비교적 영속성이 있다.

3) 역할과 자질과의 관계

자질과 역할은 정확한 개념정립이 어려워 혼용하여 쓰는 경우가 많다. 그러나 역할이 '개인이 맡은 바 직책이나 의무'로 본다면 자질은 '역할을 결정하는 근거나 바탕'으로 교사의 '예'를 든다면 교사가 바람직한 자질을 보유하고 있을 때 해당교사는 바람직한 교사역할을 수행할 수 있고 또한 이와 반대로 교사에게 필요한 자질은 교사의 역할을 어떻게 규정하느냐에 따라 달라질 수 있다. 예를 들면, 보육교사의 역할 중에 '보육교사는 영유아를 잘 지도해야 하는 역할을 해야 한다'고 규정하면 보육교사의 자질로서 '탁월한 교수-학습기술'이 필요하듯이 역할과 자질이 서로 양면성이 있어 학자에 따라 혼용하여 쓰기도 한다.

2. 원장의 자질과 역할

1) 원장의 자질

당해 유아교육기관의 보육의 질은 당해 유아교육기관 원장의 자질과 역할에 달려 있다고 해도 과언이 아니다. 원장은 당해 유아교육기관의 보육목표를 비롯하여 이를 구현하기 위한 보육과정의 편성이나 운영에 가장 많이 그리고 직접적으로 영향력을 행사하기 때문이다.

따라서 훌륭한 보육이 이루어져 학부모들이 선호하는 유아교육기관에는 훌륭한 보육교사가 있고 그 뒤엔 훌륭한 보육교사로 하여금 자신의 철학과 소신에 따라 바람직한 유아보육활동을 전개할 수 있도록 지원하고 지지해주는 훌륭한 원장이 있다.

훌륭한 역할과 자질을 갖춘 원장은 소속직원이나 학부형들로 하여금 칭송과 존경의

이야기가 들려오지만 그렇지 못한 원장은 소속직원이나 학부형으로부터 끊임없는 비난과 불평이 이어지며 원아확보에도 큰 어려움을 겪는다. 그러면 훌륭한 원장의 자질이 무엇이어야 하는가에 대하여 생각해 보기로 한다.

(1) 현대적 아동관

동서양을 막론하고 수십 세기가 넘는 장기간의 농경사회가 지속되면서 유아양육의 대가는 노후생활보장이라는 보상심리가 작용하는 전통적인 아동관에서 '아동의 재발견'이 이루어지면서도 아직도 아동의 인격을 무시한 채 성인의 기호대로 유아를 양육하는 근대적 아동관으로 지금은 유아들의 인격과 본성을 중시하면서 그들의 무한한 잠재 가능성을 인정하는 현대적 아동관으로 변모해 온다.

현재적 아동관을 지닌 원장은 유아들이 지금은 비록 성인들의 보호와 양육을 받아야 하는 미약한 존재이지만 무한한 잠재력을 가지고 있어 먼 훗날에는 독립된 인격체로서 무한한 발전 가능성이 있는 개성있는 존재로 신뢰한다.

(2) 현대적 보육철학

원장이 가지고 있는 보육철학이 어떠냐에 따라서 당해 유아보육기관의 보육의 방향이 결정된다. 루쏘는 '교육자는 먼저 아동을 연구하고, 어떤 성향과 기질로 표현되는 인간다운 점, 성별의 차이, 연령별 차이, 개인별 차이를 고려하여 지도해야 한다.'면서 아동이 원래 가지고 있는 본성을 '선(善)'으로 규정하고 아동중심교육사상의 기초를 수립하였다.

자연주의 교육철학을 지지하는 원장은 인간의 본성을 선으로 규정하고 아동중심교육을, 행동주의 교육철학을 지지하는 원장은 인간의 본성을 '악(惡)'으로 규정하고 교사중심교육을 지지하듯이 원장이 지지하는 교육철학에 따라 유아보육의 방향이 달라진다. 따라서 원장은 현대적이며 유아중심성을 강조하는 현대적 보육철학의 지지자이어야 한다.

(3) 강한 교직 윤리의식

교직윤리란 '교직을 영위하면서 직무수행에 관련하여 보육현장, 사회, 인간관계 속에서 마땅히 실천되기를 기대하는 자발적이며 능동적인 행동규범이나 도덕성'으로 강제성은 없으나 사회인이나 학부모들이 원장으로 하여금 솔선수범하기를 기대한다.

이러한 교직 윤리의식이 강한 원장은 보육현장에서 발생하는 윤리적 갈등을 합리적으로 해결하고 직무상의 윤리적 책임을 다하며 보육전문인으로서 위상을 공고히 하여 영유아와 동료, 사회인들로부터 신뢰를 받고 존경을 받는다. 또한 유아보육기관의 운영은 먹고 살기 위한 수단이 아니라 미래사회를 이끌어갈 인재를 기르는 성스러운 보육사업으로 생각한다.

(4) 유아보육에 대한 전문성

많은 유아보육기관의 보육의 질이 보육교사의 능력수준이거나 보육교사들이 지니고 있는 능력수준에도 못 미치는 경우가 많다. 이러한 경우에는 유아보육기관의 원장이 유아보육에 대한 전문성이 결여되어 보육교사들이 지니고 있는 잠재력을 십분 발휘시키지 못하기 때문이다.

원장은 교사 이상으로 유아교육에 대한 전문성을 가지고 당해 유아보육기관의 제반 운영을 지휘해 나가야 한다.

전문성이 없는 원장은 보육의 본질적인 문제보다 외형적인 성장에 치중하는 경우가 많다.

(5) 원만한 인간관계기술

원장은 수 없이 많은 계층의 사람들과 만나 그들과 좋은 관계를 맺어야 한다.

원내에서는 일차적으로 교직원들을 만나고 그리고 원아와 학부모들을 만난다. 그리고 지역사회의 주민들과 지역사회 내 각 기관의 대표나 거기에 소속된 사람 그리고 유아보육기관에 관련된 상부기관의 장이나 소속직원들을 만나고 심지어 유아보육기관의 운영에 필요한 물품을 공급하는 납품업자 등 수많은 직종의 사람들을 만난다.

이들 모두와 우호적인 관계를 맺으면 유아보육기관 운영에 도움이 되지만 그렇지 않은 경우에는 유아보육기관 운영에 신뢰를 잃고 비난을 받는다. 원장은 교사들을 인정하고 인격을 존중하며 서로 간에 화합하고 신뢰로운 관계를 맺는 것을 비롯하여 그 외의 다양한 계층의 사람들과 좋은 관계를 맺어 그들이 보육활동의 지지자가 될 수 있도록 만드는 인간관계 기술이 있어야 한다.

(6) 행정능력, 관리기술

원장은 당해 유아보육기관의 행정이나 관리면에서 최고 책임자이다.

유아보육기관의 규모가 여타의 초·중·고등학교와 비교해 볼 때 규모나 조직, 제반시설·설비, 기구 등이 작을 뿐 운영체제나 운영과정은 유사하다. 오히려 소수 교직원만으로 조직을 이끌어감에 있어 원장의 행정이나 관리업무부담은 더욱 과중해진다. 잘못 판단된 행정이나 관리기술은 보육의 효율성을 떨어뜨리고 경제적·금전적·시간적 낭비를 초래한다.

목수가 작업과정에서 잘못 내려진 판단은 나무 몇 조각을 버리는 경제적 손실을 초래할 뿐이지만 유아보육에 대한 그릇된 행정적 판단은 유아에게 평생 돌이킬 수 없는 과오를 범하기도 한다. 원장은 항상 탁월한 행정능력과 관리능력 연마에 부단히 노력해야 한다.

(7) 민주적이고 합리적인 의사결정능력

원장은 유아보육기관에서 결정을 내려야 할 상황이 무수히 많다.

이것은 유아보육기관 운영에 관계되는 기관이나 사람들이 다양하고 많기 때문이다.

원장이 결정을 내려야 할 상황에는 크게 유아교육기관 운영에 필요한 시책이나 방침결정에서부터 학급 활동실내에서 돌발적으로 일어나는 사고에 대한 대처방안에 이르기까지 너무나 많다.

특히 유아보육기관은 성인의 완전한 보호와 양육을 받아야만 정상적인 활동이 가능한 영유아를 대상으로 하며 소수교직원, 그리고 요구와 기대가 각기 다른 학부모를 대상으로 하는 특수성이 있고 또한 경륜과 경험이 적은 여교사들로 구성되어 있어 조직의 특성상 원장이 결정을 내려주어야 할 상황이 많다.

따라서 원장은 합리적인 의사결정능력이 있어야 한다.

(8) 보육인으로서의 긍지와 자부심

원장은 유아보육기관을 설립하고 운영을 시작할 때부터 보육인으로서의 긍지와 자부심을 가지고 참여하였음에 틀림없다. 그러나 당초의 이러한 생각들이 유아보육기관을 운영하는 한 변함이 없어야 한다.

보육사업이 돈을 벌기 위해서 또는 먹고 살기 위한 수단으로서가 아니라 미래사회를 이끌어갈 국가의 인재양성에 참여하고 또한 일생의 전 기간을 통하여 인간의 기본적인 틀을 형성시켜 주는 중요한 시기의 교육을 담당한다는 사명감과 소명의식을 가지고 보육사업에 임해야 한다.

따라서 원장은 보육사업에 대한 사명감과 소명의식을 가지고 또한 긍지와 자부심을 가지고 보육사업에 임해야 한다.

(9) 영유아, 학부모, 보육교사에 대한 이해

원장은 다양한 계층에서 다양한 사람들을 만나 보육에 관한 어떤 관계를 맺고 유아보육기관을 운영해 나간다.

그런데 그 중 영유아, 학부모, 보육교사와는 늘 그리고 직접적으로 관계를 맺고 유아교육 운영에 참여시킨다.

영유아와 학부모는 교육의 수혜주체이면서 또한 학부모는 유아보육을 위한 협력자 또는 지지자의 역할을 한다. 더군다나 보육교사는 원장을 도와 보육활동에 직접적으로 참여하는 보육활동의 주체로서 이들이 원활하게 보육활동에 참여하도록 하기 위해서는 이들의 특성이 무엇인가, 또 이들의 요구와 기대가 무엇인가 그리고 이들이 안고 있는 문제가 무엇인가에 대하여 부단히 관심을 가지고 해결해 나갈 수 있어야 한다. 원장은 이들 위에 군림하는 것이 아니라 이들 속에서 일하는 구성원이어야 한다.

(10) 새로운 변화에 대한 민감성

사회는 예고 없이 끊임없이 변화한다. 보육의 이론이나 정책 또한 그러하다.

원장은 현재 상황에 만족하거나 안주하지 않고 새로운 이론과 정책을 접하여 유아교육기관 운영에 반영해야 함은 물론, 사회의 끊임없는 변화에 따른 유아나 학부모의 요구와 기대를 만족시켜 주어야 한다.

2) 원장의 역할

원장은 원무를 통할하고 소속직원을 감독하며 당해 유아보육기관을 대표하여 유아보육기관의 운영 전반에 대한 법적 책임을 진다.

원장의 역할은 자질과 무관치 않은데 원장이 해야 할 역할을 제시하면 다음과 같다.

(1) 원의 기본운영기획

① 운영목표수립 ② 운영계획수립

(2) 보육과정편성 및 운영관리

① 보육과정편성 ② 보육과정운영
③ 연간, 월간, 주간계획수립 ④ 교육행사운영
⑤ 특기적성 교육 ⑥ 방과 후 교육

(3) 시설 · 설비 관리

① 시설 · 설비장기계획 ② 시설 증 · 개축 · 보수
③ 특별실관리 ④ 유아자료실관리
⑤ 실내외 흥미영역설치지원 ⑥ 시설안전관리

(4) 인사관리

① 교직원 채용, 면직 ② 근무평정
③ 교원 복지 ④ 업무분장

(5) 재정관리

① 예산편성 및 결산 ② 재원조달
③ 예산공개 ④ 예산관계서류기록 및 보관

(6) 지역사회관리

① 부모교육 ② 대지역사회활동
③ 학부모소리함운영 ④ 지역사회내 기관과의 협조
⑤ 대외 홍보 · 섭외

(7) 부모교육

① 수업장학 ② 임상장학 ③ 교원연수

3. 보육교사의 역할과 자질

1) 보육교사의 역할

보육교사의 역할은 시대적 변천 및 사회적 요구와 기대는 물론, 보육기관의 유형, 적용되는 프로그램의 특질, 영유아의 특성, 영유아 부모의 요구와 기대에 따라 달라지기 마련이다.

다음에서 이에 대하여 자세히 설명하기로 한다.

(1) 보육과정 설계자로서의 역할

보육교사의 가장 큰 역할은 보육과정을 편성하고 운영계획을 수립하는 일이다. 보육과정은 당해 보육기관에서 1년간 운영할 총체적인 보육계획으로 보육과정 운영계획을 보면 당해 보육기관의 총체적인 운영모습을 쉽게 이해할 수 있다. 일반적으로 보육과정 운영계획에는 보육기관 현황, 보육프로그램 운영 지도계획, 보육행사계획, 시설관리계획, 보육환경구성계획, 생활지도계획, 부모교육계획, 보육과정 평가계획 등이 포함된다. 따라서 이들 영역에 대한 구체적인 계획을 수립할 수 있는 기획력이 있어야 한다.

(2) 보육과정 운영자로서의 역할

전 항의 보육과정의 편성에서는 보육기관의 보육목표, 영유아의 잠재능력 계발을 위하여 합리적인 절차를 밟아 보육과정을 편성하는 일이라면 보육과정 운영자로서의 역할은 편성된 보육과정을 합리적으로 운영하여 기관 및 학급의 보육목표를 구현하고 영유아들의 잠재능력을 계발시켜 주는 역할이다.

특히 보육과정 운영에서는 교수・학습지도, 생활지도, 행사지도, 일과운영, 지역사회 자원활용, 유・초등연계교육 등에 대한 운영기술이 있어야 한다.

(3) 교수 · 학습지도자로서의 역할

영유아보육기관에서 수립한 보육과정계획은 궁극적으로는 전 항에서 밝힌 일일 보육활동계획에 반영되어 교사의 교수·학습지도를 통하여 구체화되고 구현된다. 따라서 보육교사가 훌륭한 교수·학습방법을 적용하여 일일 보육활동을 계획하고 지도한다면 효율적으로 교수·학습목표를 구현하게 된다. 교수·학습지도자로서의 역할을 좀 더 구체적으로 제시하면 다음과 같다.

① 보육과정 지도자

보육교사가 교수·학습지도에서 가장 많은 비중을 차지하고 있는 내용은 3~5세 유아의 경우, 누리과정에 제시된 5개 영역의 내용, 0~1세, 2세의 경우, 표준보육과정에 제시된 6개 영역의 내용을 지도하는 일이다. 누리과정이나 표준보육과정은 영유아교육기관에서 영유아들에게 지도해야 되는 국가수준의 보육목표와 내용을 제시한 기준이다.

② 학습조력자

보육교사는 영유아의 능력을 고려하여 그들의 기대와 요구에 따라 적절하게 학습경험을 제공하는 조력자의 역할을 한다. 여기서 조력자라 함은 영유아들이 보육활동에서 주도권을 가지고 놀이할 수 있도록 참여를 격려하고 이해를 넓히도록 도와주고 새로운 것을 창조하고, 대안을 모색해보도록 지원하고 격려한다.

③ 상호작용자

교사는 영유아 개개인의 수준에 알맞은 질문으로 훌륭한 상호작용자가 되어야 하며 또한 교사는 언어적 상호작용 외에 미소 짓고, 쓰다듬고, 눈 맞춤하고, 영유아의 눈높이의 자세를 취하는 등 비언어적으로 상호작용을 통해 비지시적 교수형태를 취하며 원활한 상호작용자의 역할을 수행해야 한다.

④ 상호관계협력자

합리적인 영유아 보육활동을 전개하기 위해서는 교사와 영유아는 물론 어린이집의 모든 교직원 그리고 학부모와 깊은 유대를 가지고 상호관계협력자가 되어야 한다. 예를 들면, 등·하원차량 관련 직원과 협력이 잘 이루어지지 않을 경우, 승하차시간을 어기어 영유아들이 버스를 놓칠 수도 있고 관계 직원이 오래 기다려야 하는 어려움을 겪을 수도 있다.

⑤ 활동제공자

보육교사는 영유아들에게 발달에 적합한 활동을 제공하여야 한다. 특별한 요구를 가진 영유아는 특정한 행동이나 기술숙달을 위해 교사의 적절한 개입과 도움이 필요하다. 교사가 영유아중심적이고 비지시적인 접근을 선호할지라도 특별한 욕구를 가진 영유아는 능력과 자신감의 발달에 있어 구조화되고, 지시적인 활동보다는 개인차를 인정한 수준별 활동이 필요한 경우도 있다(권영례, 2015).

(4) 생활지도자로서의 역할

유아 보육활동 내용은 영유아의 생활경험 속에서 학습활동을 계획, 전개하고 학습된 경험이나 결과는 영유아의 현재 생활 속에서 적용되어 영유아의 생활을 바람직하게 이끌어간다는 의미이다. 따라서 영유아 생활 자체가 교육의 현장이고 소재이기도 하다. 따라서 영유아의 생활 자체가 아주 광범위하므로 생활지도자로서의 역할 또한 광범위하다.

① 보호자로서의 역할

최근 어린이집에 입원하는 영유아의 연령이 지속적으로 낮아지고 보육시간은 상황에 따라서는 24시간 보육을 실시해야 하는 현장상황을 감안할 때 영유아에 대한 부모역할의 대행은 더욱 절실해진다. 그 중 식사, 수면 및 휴식, 건강관리, 안전 등의 기본적 요구를 충족시켜 주는 데 주력해야 한다.

② 본보기

"영유아는 교사가 시키는 대로는 하지 않아도 행하는 대로 한다."라고 말한다. 이 말은 영유아가 교사의 행동을 보고 학습하는 부분이 많기 때문에 교사는 영유아의 본보기가 될 수 있는 행동을 해야 한다는 말이다.

③ 상담 및 조언자

오늘날 가정에서 영유아의 성격, 습관, 학습, 취미, 놀이 등 다양한 문제해결을 위하여 보육교사와 상담하는 부모들이 급증하고 있다. 이것은 부모들이 영유아의 개인적인 문제해결을 위한 전문적인 식견이 없다기보다 보육교사와의 공동협조체제를 강구하여 해결하자는 데 목적이 있다.

④ 훈육

지나친 영유아중심교육이 가져오는 폐해 또한 만만치 않다. 영유아들의 극기심과 인내심 그리고 집단의식이 결여되고 자기중심적이어서 협동과 우애 그리고 공동체 의식이 결여되는 등 문제가 많다. 이러한 영유아중심교육에서 생활지도를 위해서는 모든 행동방식을 영유아 스스로가 주체적으로 터득해 나가는 방법이 이상적이지만 때로는 보육교사의 사랑이 깃든 일관된 방법으로 영유아의 행동을 바르게 지도해야 하는 훈육이 필요할 때가 있다.

⑤ 대리양육자

부모의 자녀에 대한 일차적인 책임은 양육이다. 양육의 내용은 첫째, 의식주와 따뜻한 보살핌을 제공하고 위험으로부터 자녀들을 보호하고, 둘째, 자녀들이 사회에 적응하며 잘 살아갈 수 있도록 사회에서 통용되는 가치나 규범, 사회에서 기대되는 역할을 전해주는 것이고, 셋째, 자녀들의 성장·발달을 위해 교육을 받을 수 있도록 필요한 역할을 해주며, 넷째, 자녀들이 긍정적인 자아개념을 가지고 정서적으로 건강한 성인으로 자랄 수 있도록 정서적 지원을 해주는 일 등이다. 따라서 교사는 이러한 부모의 역할을 잘 대행해 주는 일이다.

⑥ 대화자

대개 자녀들의 조그마한 일들이 심각한 문제로 발전하는 것은 부모나 교사와 자녀들 간의 대화 부족으로 문제를 조기에 지도하지 못했기 때문이다. 자녀들은 부모나 교사에게도 말하기를 꺼리는 고민거리가 많다. 이러한 고민들이 부모나 교사와의 대화를 통하여 표출되고 이에 대하여 부모나 교사의 애정과 조언 등이 담긴 이성적인 대화를 통해 해결해 주어야 한다.

⑦ 도덕적 귀감자

영유아에게 도덕적 행동이나 태도를 지도하기 위해서는 토론과 토의를 통하여 올바른 도덕적 행동이나 태도를 영유아 스스로가 선택하도록 지도해야 한다. 토의, 토론을 통한 지도 시에는 항상 교사는 반드시 도덕적 행동이나 태도를 몸소 실천하여 언행이 일치됨으로써 영유아에게 도덕적 귀감자가 되어야 한다.

⑧ 지지자

교사는 때로는 행동적, 신체적, 발달적인 문제가 있는 영유아에 대한 지지 혹은 대변자의 역할을 하게 된다. 교사는 영유아에 대한 관찰을 통해 문제상황을 찾아내고 문제해결을 위한 전문적인 진단기관을 소개시켜 주거나, 부모를 지지해주며, 필요하다면 교실과 프로그램을 바꾸어주고 만약 영유아 욕구가 충족될 수 없다면 부모가 더욱 적절한 프로그램을 찾아볼 수 있도록 도움을 줄 수도 있다.

⑨ 촉진자

창의력과 사고력 배양을 영유아보육에서 본질적이며 핵심적인 능력으로 삼고, 이러한 능력 배양을 위해 교사는 첫째, 개방적이고 판단하지 않으며(never judgement) 수용적이고, 둘째, 개인적으로 탐색하고 자기표현을 격려하고, 셋째, 융통성이 있고 개방적인 분위기를 조성하는 데 주력하고, 넷째, 새로운 아이디어를 생각해 보도록 격려하는 등 다양한 사고기술과 문제해결력의 발달을 촉진시키는 역할을 한다.

⑩ 스트레스 관리자

오늘날 영유아는 복잡한 발달적·생태학적 환경에서 스트레스를 경험한다. 연령, 성, 기질, 발달단계 등의 영유아변인, 결혼, 지위, 상호작용, 영유아 양육태도, 사회·경제적인 지위 등의 가족변인, 이웃, 보육기관, 또래 등의 아동의 사회적·물리적 환경요소 등이 스트레스를 주는 주요 환경들이다(권영례, 2015). 따라서 교사는 영유아들이 스트레스를 느끼는 상황을 이해하고 스트레스 해소를 위해 다른 상황으로 대체해 나갈 수 있도록 늘 관심을 가지고 지도해야 한다.

⑪ 일관성 있는 지도

교사가 영유아를 지도함에 있어 일관되지 않게 교사의 기분이나 상황에 따라 지도한다면 결과적으로 영유아에게 어떠한 행동이 바른 행동인지 알 수 없을 정도로 혼동을 주게 된다. 따라서 교사는 영유아 지도의 원칙을 세워서 상황, 장소, 기분에 관계없이 항상 일관성 있게 지도해야 한다.

⑫ 사랑의 전달

영유아를 바르게 성장·발달시키기 위해서는 교사로부터 사랑의 감정을 충분히 느끼도록 다양한 방법으로 사랑을 전달해 주어야 한다. 부모로부터 사랑도 마찬가지이다. 영유아기에 충분한 사랑을 받지 못하고 성장한 유아는 성장해서도 다른 사람을 사랑할 줄 모른다. 영유아시기부터 사랑을 받으며 자란 유아는 당당하고 성취지향적이며 매사에 적극적이다.

⑬ 훌륭한 역할모델

교사나 부모는 영유아에게 모범적인 행동을 보여 영유아가 자연스럽게 교사의 행동을 보고 배울 수 있도록 훌륭한 역할모델이 되어야 한다. 영유아를 가르치면서도 교사가 자신의 행동이나 태도를 아무렇게 한다면 영유아는 좋은 행동을 학습할 수 있는 동일시나 모방의 대상을 잃게 된다.

⑭ 민주적인 지도

민주적인 방법을 활용하는 교사는 영유아들에게 허용적이고 격려하며 영유아의 잠재능력을 개발하는데 주력하고 영유아의 의사를 존중하고 영유아의 자율권을 인정해준다. 또한 영유아와의 약속이나 보육기관에서의 규칙을 꼭 지키도록 권장하고, 의사결정에서도 영유아와의 대화를 통해 해결하는 등 민주적인 사고, 민주적인 방법으로 지도한다.

⑮ 문제해결자

우리 인간은 일상생활 속에서 부단히 많은 문제에 당면하고 있다. 영유아도 마찬가지로 그들의 생활 속에서 다양한 문제를 당면하게 되고 이로 인하여 많은 스트레스를 겪게 되므로 문제상황을 합리적으로 해결하여 바람직한 생활이 되도록 해야 한다. 영유아의 문제해결과정에서는 교사가 직접적인 방법을 알려주는 것보다 영유아 스스로 해결방법을 터득하여 해결하도록 안내해주는 역할이 더욱 중요하다.

⑯ 설득자

설득은 설복으로 알아듣도록 타일러 그리 믿도록 하는 것이다. 교사가 일방적으로 영유아들에게 지시하고 명령하고 강제로 주입하여 기대하는 행동으로 이끄는 것이 아니라 근거나 이유, 배경, 타당성 등을 제시하여 영유아 스스로가 올바른 판단을 할 수 있도록 하는 것이다.

(5) 보육환경 조성자로서의 역할

보육환경은 단순히 물리적인 기능만이 아니라 영유아의 성장·발달에 끊임없는 정신적·정서적인 영향을 주므로 가정과 같이 친근함과 안락함이 있게 꾸며야 한다.

① 흥미영역 설치

우리나라 누리과정이나 표준보육과정에서는 교육과 보육의 효율성을 높이기 위하여 흥미영역 설치를 의무화하여 놀이 중심으로 학습을 이끌어가도록 하고 있다. 따라서 교사는 어린이집과 영유아들의 실정에 알맞은 흥미영역을 실내·외에 반드시 설치·운영하여야 한다.

② 실내공간 구성

어린이집의 보육실에는 흥미영역 외에 벽면과 천장공간을 어떻게 구성하느냐에 따라서 영유아의 학습 효율성과 보육실 내의 아늑하고 부드러운 정서적 분위기가 달라진다.

따라서 교사는 실내공간을 정서적으로 구성함은 물론 구성물들을 영유아 발달에 도움이 되도록 구성해 주어야 한다.

(6) 교재·교구의 제작·관리 및 활용자로서의 역할

오감을 활용한 직접적인 체험을 통한 보육이 되어야 하므로 교재·교구가 충분히 확보되고 적절하게 활용되어야 한다.

① 제작(확보)

교재·교구를 확보하기 위해서는 먼저 교재·교구별로 기준량에 따른 현재 보유량을 파악하고, 부족 시에는 교재·교구 현황에 따른 확보계획을 세워 점차적으로 확보한다.

② 관리

정비된 교재·교구는 교재·교구 자료실을 설치하여 보관·관리한다. 파손여부를 늘 확인하여 보수하며 교재·교구에 의한 안전사고를 미리 예방한다.

③ 활용

보육과정 운영과 관련하여 필요한 교재·교구·자료는 반드시 교수·학습지도에 활용하며 교재·교구·자료 관리대장을 비치 활용하여 교재·교구·자료의 분실 및 훼손을 방지한다.

(7) 상호교류자로서의 역할

학부모, 지역사회, 보육행정가, 동료교사들 간에 적절한 상호교류가 이루어져야 한다.

① 학부모와의 교류

학부모를 통하여 영유아의 효율적인 지도를 위한 각종 정보를 수집하여 영유아 보육지도계획 수립 및 지도에 활용하고 또한 교사는 학부모에 대하여 부모교육을 체계적으로 계획·실시하여야 한다.

② 지역사회와의 교류

지역사회 내에 있는 보육기관은 지역사회 내의 특성과 요구를 반영하여 보육과정운영계획을 편성·운영하고 또한 지역사회 내에 있는 각종 인적·물적·자연적 자원을 보육과정운영에 적극 활용한다.

③ 보육행정가와의 교류

보육행정가와의 교류를 통하여 보육정책은 물론 다양한 보육정보 및 자료를 수집하여 보육과정운영에 적극 활용한다.

④ 동료교사와의 교류

보육교사는 항상 동료교사들과 어떻게 좋은 인간관계를 조성하느냐에 대해 관심을 갖고 영유아지도를 위한 각종 정보를 교류해야 한다. 특히, 영유아 개개인에 대한 정보를 전 담임교사를 통하여 수집할 수도 있다.

(8) 보육활동 평가자로서의 역할

보육기관에서는 보육과정운영계획에 따른 보육활동을 전개한 후 그 성과를 평가하고 또한 영유아 개인별로 성장·발달에 대한 성과를 평가하여 평가결과를 다시 보육과정운영계획을 수립하거나 영유아 개인별 지도계획 수립에 반영하여야 한다.

① 발달단계에 따른 교사의 역할

다음은 영유아의 발달단계에 따른 교사의 역할을 영아반과 유아반으로 구분하여 발달단계별 특성에 따른 교사의 역할에 대하여 생각해 보기로 한다. 유안진(1998)은 영유아의 발달연령에 따른 교사의 역할을 아래의 그림으로 나타내었다.

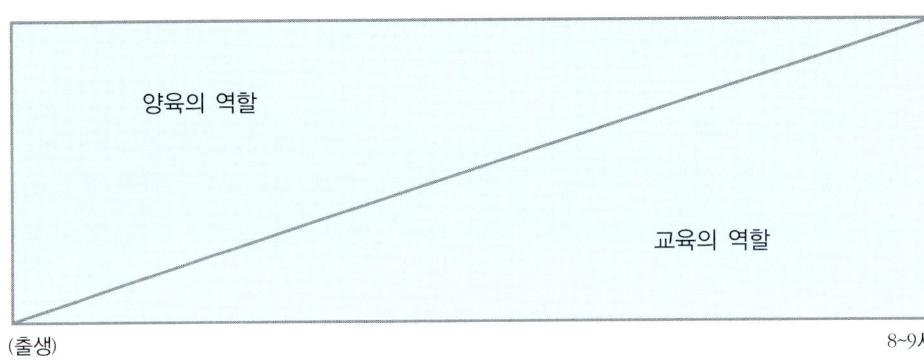

[그림 Ⅱ-3] 영유아의 연령에 따른 교사의 역할변화

위 그림에서 보는 바와 같은 연령이 높아질수록 교육의 역할이 강화되는 반면 양육의 역할이 약화된다. 다음에서 영아반과 유아반으로 구분하여 교사의 역할에 대하여 자세히 기술한다.

ㄱ. 영아반 교사의 역할

영아반 교사의 역할은 다음과 같다.

가. 지지적 역할

㉠ 가정적 분위기 조성 : 어린이집을 가정과 같이 꾸며 영아들이 어머니의 따뜻한 품속과 같이 편안함, 안락함, 안정감을 느끼게 조성해준다.

㉡ 따뜻한 스킨십 : 따뜻한 스킨십(신체적 접촉)을 통하여 영아가 심리적 안정감

을 갖게 한다. 영아를 안아주고, 만져주고, 머리를 쓰다듬어주기 등을 들 수 있다.

㉢ 영아의 요구에 민첩한 반응: 영아의 요구에는 민첩한 반응을 하여 보육교사에 대한 신뢰감을 갖고 지지자라는 인식을 영아 스스로 느끼게 한다.

㉣ 애착 형성: 영아에게 신체적 접촉, 민첩하고 일관된 반응, 가정과 같은 따뜻한 분위기 조성, 수용적인 상호작용 등으로 영아와 애착형성에 노력한다.

㉤ 신뢰감 형성: 영아의 요구를 수용하고 민감하게 반응해주는 존재라는 신뢰감을 갖게 하는 등 영아와 애정적·긍정적 상호작용을 강화한다.

㉥ 영아에 대한 존중: 영아 스스로가 보육교사와 대등한 인격체라는 존중감을 갖게 한다. 교사가 영아와 같이 바닥에 앉기, 눈 맞추기 등 물리적으로 영아의 수준에 맞추기, 영아수준의 용어를 사용하여 말하기 등의 방법을 활용한다.

나. 육아적 역할

㉠ 개별화 교육: 영아를 위한 보육계획을 세웠다 할지라도 영아는 모두 같은 방법으로 같은 단계를 거치지 않는 개성이 있는 존재로 영아의 개별성, 다양성을 존중하고 인정해 줘야 한다. 학기 초에 영아를 위해 수립한 보육계획이라 할지라도 영아의 흥미와 수준에 맞지 않으면 수시로 수정하여 운영해야 한다.

㉡ 충분한 양육: 0~2세 영아는 신체성장의 급등기이다. 정서적인 성장을 할 수 있도록 수유, 수면, 배설, 안전, 위생, 질병 예방에 주력하고 신체적 요구를 충분히 해결해 주어야 한다.

㉢ 가족에 대한 존중: 영아가족에 관한 모든 것을 존중하며 특히, 가정에서 부모의 육아방식을 존중해서 영아를 지도해야 한다. 영아의 하루일과에 대하여 부모와 늘 협의하고 영아지도를 위한 다양한 정보와 자료를 제공받는다.

㉣ 안전한 육아환경 조성하기: 안전한 시설, 놀이기구, 식사시설, 배변시설, 수유시설, 휴면·휴식시설을 정비, 관리한다.

다. 발달 계발적 역할

㉠ 개인의 발달과 학습조장: 영아에게는 양육뿐만 아니라 신체, 언어, 인지, 정서, 사회성 발달을 도모할 수 있도록 발달과 학습에 직결되는 교육적 자극을

계속적으로 제공해 주어야 한다.

ⓛ 언어적 자극 제공, 비언어적 의사소통: 영아들이 언어로 자기의사를 표현하지 못하더라도 행동이나 표정 등 신체적 표현을 통해 의사를 전달하므로 이러한 신호에 민감하게 대처하는 등 언어적 자극을 해결해주고 또한 교사도 신체적 표현을 통한 비언어적 의사소통을 강화하여 영아와 신뢰감을 쌓는다.

ⓒ 기본생활습관 지도: 영아의 기본생활습관 지도내용으로는 배변훈련, 초기 식습관, 말하기, 사회적 놀이하기, 낮잠 자기 등 바른 기본생활습관 형성지도에 힘쓴다.

ⓡ 사회적 기술 형성 돕기: 영아기의 사회적 기술은 영아의 요구와 기대를 충족시켜 주었을 때 미소짓기, 성인이 묻는 말에 간단히 말하기, 고개 끄덕이기, 또래에게 놀이기구 양보하기 등의 사회적 기술이 나타난다. 이러한 사회적 기술이 나타날 때 교사는 다양한 방법으로 강화하고 격려한다.

ⓜ 특수아 발달에 대한 지식: 일반영아는 물론, 특별한 지원이 필요한 특수 영아들을 위해 발달특성과 그에 알맞은 지도방법을 활용하여 특수아 발달 지도를 돕는다.

ㄴ. 유아반 교사의 역할

유아반 교사의 역할은 다음과 같다.

가. 보육과정 영역별 핵심내용 강조지도

3세부터는 영아에 비하여 적극적인 교육활동이 이루어지는 시기로서, 특히 3~5세 누리과정 5개 영역에서 기대되는 핵심적인 능력을 배양하는데 노력하여야 한다.

㉠ 호기심, 탐구력, 창의적 사고력 배양(자연탐구영역)

유아기에는 유아 스스로 학습할 수 있도록 주위의 모든 사물이나 현상에 대하여 호기심을 가지고 탐구하고 창의적으로 사고할 수 있도록 한다.

ⓛ 인지발달 촉진

유아들은 상징놀이를 통하여 표상능력이 발달되고 인지발달을 촉진시킬 수 있으므로 유아의 발달특성에 따른 다양한 활동을 활용하여 지도한다.

ⓒ 의사소통능력 발달 촉진

유아기는 언어발달의 결정적 시기로서 어휘를 습득하고 문법규칙을 이해하면서

의사소통능력이 빠르게 발달하는 시기이다. 따라서 교사는 의사소통능력 발달을 촉진시키기 위한 올바른 언어지도가 필요하다.

㉣ 대근육, 소근육 발달

유아기는 활동성이 강화되면서 신체놀이를 즐긴다. 특히, 공던지고 받기, 공차기, 미끄럼틀 타기, 사다리 오르내리기, 시소 타기 등을 통해 신체 각 부분의 근육이 발달한다. 뿐만 아니라 유아들의 소근육 발달을 위해서 퍼즐 맞추기, 가위로 오리기, 점토 만들기, 조립형 장난감 맞추기, 크레파스 잡기 등의 활동을 체계적으로 지도한다.

㉤ 기본생활습관, 단체생활 태도 형성

유아기는 유아들의 활동이 활발해지면서 또래관계가 형성되고 소그룹을 형성하면서 집단의식이 생기고 집단생활을 영위하면서 집단생활에 필요한 기본생활습관과 단체생활 태도를 형성시켜 주어야 한다.

㉥ 잠재능력 계발

영아기에는 일반적으로 양육위주의 보육활동에서 유아기에는 유아의 잠재능력을 계발하는 적극적 교육으로 전환시키는데 따른 교사의 역할이 필요하다. 유아의 잠재능력은 교사가 주도적으로 계발시켜 주는 것이 아니라 유아가 스스로 자기주도적인 방법으로 계발하도록 격려해 주어야 한다.

나. 학습환경 조성 및 관리의 역할

3~5세의 유아반은 월별 또는 주별 활동주제와 관련하여 조사, 발견, 탐색, 탐구활동 등을 조장하여 효율적으로 유아주도적인 학습을 주도할 수 있도록 학습환경을 조성해 주고 실내의 벽면과 천장도 정서적인 가치 외에도 학습을 도울 수 있도록 구성한다.

㉠ 흥미영역 설치

실내흥미영역의 수도 영아반에 비하여 많고 교재·교구나 자료도 다양하게 준비한다. 실내흥미영역 외에 실외흥미영역도 설치한다.

㉡ 보육실내공간 구성

영아반 보육실에서는 영아발달의 특성을 반영한 일상생활과 대근육 발달을 위한 놀이기구 위주의 공간구성이라면 유아반 보육실의 공간구성은 정서감을 배양하고 유아들의 학습활동을 자극할 수 있는 학습경험을 제공할 수 있도록 구성한다.

다. 교수·학습진행의 역할

영아반의 교사역할이 보육위주로 이루어진다면 유아반의 교사역할은 교육위주로 이루어진다. 특히, 교육위주의 교사활동 중 가장 중요한 역할이 교수·학습활동이다.

교수·학습활동에서는 다음과 같은 내용이 고려되어야 한다.

㉠ 3~5세 누리과정 교수·학습방법 지침 준수

3~5세 누리과정 교수·학습지침에서는 어린이집에서 보육활동계획 및 운영시에는 놀이중심, 흥미중심, 생활 속 경험중심, 능동적 상호작용, 통합적 지도, 균형적 지도, 개별 유아의 흥미와 요구를 반영하는 방식으로 지도하도록 되어 있다.

㉡ 다양한 교수·학습방법 적용

교수·학습방법은 각 영역별 활동주제의 성격에 따라 적합한 교수·학습방법을 계획·적용해야 한다. 따라서 교사는 다양한 교수·학습방법을 연구하여 실제 유아활동지도 시에도 활동주제의 성격에 따라 최적한 교수·학습방법을 계획하여 지도해야 한다.

㉢ 교수·학습방법의 개별화

유아는 같은 연령이라도 유아 개인별로 경험의 내용과 범위, 관심사, 학습능력, 발달수준 등 많은 부분에서 서로 차이가 있다. 따라서 유아의 개인별 특성을 고려하여 유아 개개인에게 적합한 교수·학습방법을 계획하여 지도한다.

㉣ 보육과정의 개별화

일반적으로 각 보육기관에서는 연령을 고려한 보육과정은 수립하여 지도하고 있으나 각 유아의 특성과 생활경험수준이 서로 다르기 때문에 유아 개인별로 그들의 특성, 생활경험 등을 고려한 개인별 보육과정이나 프로그램을 계획하여 활용하는 방안도 강구해야 한다.

㉤ 집단 교수·학습체제 구축

집단 교수·학습체제 구축을 통해 협동과 질서 외에 남을 배려하고 양보하고 준법정신을 기르는 등 좋은 효과를 거양할 수 있다. 따라서 영유아 보육현장에서는 집단지도와 개별지도 간에 역동적인 관계를 유지하면서 균형적으로 지도해야 한다. 물론 활동주제의 성격에 따라 집단지도 또는 개별지도가 적용되어야 하는데 이는 집단지도와 개별지도에서 기대하는 가치는 서로 다르기 때문이다.

㉥ 예술가로서의 역할

예술가로서의 역할이란 예술이 다양하듯이 예를 들면, 유아들이 '가을동산'을 그림으로 표현하더라도 각기 다른 표현기법을 사용하듯이 교사의 역할도 아주 다양하여 유아의 특성이나 성격, 개인차 등 유아의 현 상황에 알맞은 역할을 수행하여야 한다. 예술가로서의 역할에는 교수자, 격려자, 양육자, 지지자, 애정표현자의 역할 등 수없이 많다.

2) 보육교사의 자질

여러 학자들이 제시한 보육교사의 자질을 종합해 보면

첫째, 보육교사의 자질을 교육관, 성향, 국가직무능력표준, 보육교사에게 필요한 자질 등 다각적으로 제시하고 있다.

둘째, 황해익 등(2015)은 국가직무능력표준에 의거 보육교사의 자질을 12개의 능력단위(compelency unit descrition)로 제시했는데 이것은 보육교사가 보육현장에서 수행해야 할 직무의 내용을 중심으로 제시한데 반하여 다른 학자들은 직무를 수행하는 데 필요한 능력이나 기능 그리고 역할을 중심으로 제시되었다. 따라서 본 서에서는 위에 밝힌 여러 학자들의 견해와 저자의 현장교사경험과 현장교사들에 대한 장학과 행정·관리경험을 근거로 하여 보육교사가 보육현장에서 직무를 수행하는 과정에서 필요로 하는 능력, 기능, 역할을 중심으로 개인적 자질과 전문적 자질로 구분하여 설명하기로 한다.

(1) 개인적 자질

보육교사의 개인적 자질에는 교사의 역할수행과정에서 요구되는 기본적 특성으로 비교적 항구적으로 타고날 경향성이 높아 이러한 성향을 어려서 일찍 터득한 사람은 교직을 선택할 가능성이 높다. 개인적 자질로서는 신체적 건강, 영유아에 대한 사랑, 원만한 인간관계, 온정적 성품 등이 포함된다.

① 신체적 건강

보육교사는 신체적으로 건강해야 한다. 보육교사는 영유아를 돌보고 보살펴 주어야 하고 또한 영유아는 활동성이 강하여 그들과 같이 활동하려면 늘 서서 움직여야 할 시간이 많아 신체적으로 건강해야 한다. 특히, 영유아와 눈높이를 맞추기 위해 허리를 굽히는 동작이 많은가 하면 감기가 걸린 영유아와 같이 생활을 하면서 신체가 허약한 보육교사는 감기전염에 항상 노출되어 있다.

② 정신적 건강

요즘 대중매체에 어린이집에서 보육교사들이 영유아를 체벌하여 사회적 물의를 일으키고 있는 사건을 종종 접하게 된다. 이 문제를 해결하기 위해서는 보육교사 양성과정에서부터 정신적으로 건강한 교사를 선발해야 한다. 특히 영유아기는 사회성이 급속도로 발달하는 시기로서 교사의 밝은 모습과 도덕적인 모습을 보고 모델링을 통해 학습한다. 정서적으로 불안하고 감정의 기복이 심하고 신경질적이며 난폭하고 또 우울증이 있는 보육교사가 영유아의 성장·발달에 미치는 나쁜 영향은 이루 말할 수 없이 많을 것이다.

③ 영유아에 대한 사랑

일반적으로 인간을 대상으로 하는 직업은 근본적으로 인간에 대한 사랑이 있어야 한다. 특히, 성인의 정서적 신호에 민감하게 반응하는 영유아들을 대상으로 하는 보육은 영유아에 대한 사랑을 더욱더 절실하게 기대한다. 영유아들이 바르게 성장하기 위해서는 부모나 교사로부터 사랑의 감정을 충분히 느끼도록 영유아를 쓰다듬고 안아주고 뽀뽀해주는 등 다양한 방법으로 사랑의 감정을 전달해 주어야 한다.

④ 원만한 인간관계

우리 인간은 어떤 직종에서 일하든 간에 업무수행상 업무와 관련된 모든 사람들과 좋은 인간관계를 맺어야 업무수행의 효율성을 제고시킬 수 있다.

특히 교육이라는 과업이 원래 인간이 인간을 다루는 일이기 때문에 교육활동의 전 과정에서 다양한 형태의 인간관계가 맺어지기 마련이다. 보육활동도 보육활동에 관여하는 직장상사, 동료직원, 학부모, 지역사회인, 유관기관, 보육관련 행정가들과 원활한 인간관계를 맺어야 보육활동을 정상화시킬 수 있다.

⑤ 온정적인 성품

온정적인 성품은 따뜻하고 포근하고 배려적이며 이해심이 강하고 수용적이며 또한 유머러스하면서도 친절한 성품을 말한다. 영유아들이 가정에서 총애와 배려를 받고 생활하다가 갑자기 모든 것이 생소하며 낯설고 모든 활동이 조직적으로 이루어지는 집단생활에 적응하기란 그리 쉬운 일이 아니다. 이때 집단생활에 잘 적응할 수 있도록 보육교사가 온정적인 태도로 영유아들의 정서적인 불안감을 해소해주고 안정감을 주어 집단생활에 잘 적응할 수 있도록 도와주어야 한다.

(2) 전문적 자질

교직은 전문직이다. 보육활동은 전 항에서 밝힌 개인적인 자질이 잘 구비된 상황에서 보육에 관한 전문성이 곁들여질 때 더욱더 효율적이다. 보육교사로서 전문성을 가지기 위해서는 많은 자질이 필요하지만, 특히 보육과정 편성 및 지도기술, 교수・학습 지도기술, 교직에 대한 사명감, 꾸준한 전문성 계발의지가 있어야 한다. 이에 대하여 자세하게 설명하기로 한다.

① 보육과정 편성 및 지도기술

보육기관에서는 보육과정 편성 및 지도가 가장 핵심적인 활동으로 보육의 효율성을 높이기 위해 많은 연구가 있어야 한다. 제3차 어린이집 표준보육과정은 국가수준의 보육과정으로 규정되어 있어 전국의 모든 어린이집에서는 반드시 제3차 어린이집 표준보육과정을 기반으로 당해 어린이집의 보육과정을 편성・운영하여 당해 어린이집에서 설정한 보육목표를 구현해야 한다. 다시 말하면 제3차 어린이집 표준보육과정은 국가수준의 보육과정으로 전국의 모든 영유아에게 지도되어야 할 기준을 제시한 것으로 보육교사는 제3차 어린이집 표준보육과정의 근본 취지를 잘 이해하고 이에 대한 식견을 쌓아 지도의 효율성을 제고시켜야 한다.

② 교수・학습과정 및 지도기법

교수・학습과정과 지도기법은 보육과정지도계획을 구체화시키어 영유아들에게 좋은 보육경험을 제공하여 당해 보육기관의 보육목표를 구현시키는 통로의 역할을 한다. 이를 위해서는

첫째, 표준보육과정의 교수・학습방법 지침에서는 놀이중심교육, 흥미중심교육, 지식, 기능, 태도 및 가치습득, 능동적 상호작용, 통합지도, 균형적 지도, 개별화교육 등을 강조하고 있다.

둘째, 각 영역별 특성을 고려한 교수・학습모형을 계획하여 지도해야 한다. 예를 들

면, 사회관계영역의 사회적인 기능, 생활습관 및 태도를 형성하기 위해서는 내면화학습모형, 자연탐구영역의 탐구력 배양지도를 위해서는 가설실험학습, 발견학습, 문제해결학습모형을 적용하여 지도하는 등 지도영역의 특성에 맞게 교수 · 학습모형을 적용해야 한다.

셋째, 교수 · 학습기본기법에 대한 기술을 습득해서 지도해야 한다. 교수 · 학습기본기법은 어떠한 교수 · 학습모형, 어떠한 활동주제를 학습하든 간에 교사들이 기본적으로 이해하고 실천해야 하는, 예를 들면, 동기유발, 상호작용, 발문, 칭찬, 격려, 주의 등 교수 · 학습지도에서 필수적으로 적용해야 하는 교수 · 학습기술이다.

③ 교직에 대한 사명감과 소명의식

교직에 대한 소명의식이란 '교사로서의 직무를 하늘이 주신 임무로 생각해 천직처럼 여기며 최선을 다하려는 의지'를 말한다. 사명감과 소명의식은 당초에 보육교사를 선택한 이유나 근거가 될 수도 있지만 보육교사로 입문한 후에도 본인의 결의에 따라 얼마든지 강화시킬 수 있다. 사명감과 소명의식이 강한 보육교사의 특성은

첫째, 보육직에 대한 낮은 경제적, 사회적 지위에 대해 수치스럽지 않고 당당하게 생각한다.

둘째, 영유아에 대한 애정과 존경심을 가지고 있다.

셋째, 영유아가 성장하는 모습을 보고 즐거워한다.

넷째, 온정적인 성품과 좋은 인간관계를 가지고 있다.

④ 꾸준한 전문성 계발의지

이 세상에는 다양한 전문직이 있다. 그 중 보육교사는 인간을 대상으로 한다. 또한 인간을 대상으로 하는 전문직에는 교사를 비롯하여 의사, 서비스업에 종사하는 사람 등 많은데 보육교사는 그 중 인간의 초기단계에서 그들의 교육과 보육을 담당한다는 특수성이 있다. 따라서 이와 같은 직무수행에 절대적으로 필요한 보육교사의 전문성 계발을 위해서는 보육교사로서 임용되기 전 보육교사양성기관에서의 직전교육(양성교육)도 중요하지만 현직에서도 전문성계발을 위한 다양한 현직교육(연수)을 부단히 강화해야 한다.

⑤ 영유아에 대한 이해

영유아의 보육에 관한 모든 계획은 영유아들의 흥미·요구, 발달수준, 학부모의 요구 등을 고려하여 수립되기 때문에 모든 보육계획 수립에 앞서 영유아에 대한 철저한 이해가 전제되지 않은 채 수립된 보육계획은 실현성이 없기 마련이다.

영유아에 대한 이해는

첫째, 영유아를 보는 관점에 대한 이해가 필요하다. 영유아를 피동적이고 미숙한 존재로 볼 때 교사중심교육을, 영유아를 무한한 잠재력과 가능성을 가지고 인격적인 독립된 존재로 인정할 때 유아중심교육을 지향한다.

둘째, 해당 연령에서 성취시켜야 하는 발달과업의 내용을 잘 파악하여 발달과업을 계발하는 방향으로 보육을 해야 한다. 특히, 영유아보육에서 발달과업을 연령발달단계를 고려하지 않고 조기에 성취시키려는 조기기능계발교육은 절대 지양해야 한다.

셋째, 연령별 5개 영역(0~2세는 6개 영역)에 대한 발달의 정확한 특성을 이해해야 한다. 연령발달단계에 따라 신체, 정서, 인지, 언어적 발달특성을 이해하고 있어야 보육지도계획을 합리적으로 수립하여 지도할 수 있다.

넷째, 개인별 특성을 이해해야 한다. 영유아들은 모든 발달면에서 개인차가 심하다. 따라서 개인적 특성을 파악하여 영유아 개인별 특성에 따른 개별화 지도가 이루어져야 한다.

⑥ 강한 윤리의식

윤리란 '강제성은 없으나 개인생활이나 사회생활에서 꼭 지켜야 할 실천도덕으로 생활을 올바르게 이끌어줄 규범'을 말한다.

윤리는 인간의 자율적 판단에 의해 이루어지면서 동시에 사회적 규범과 합치된다. 보육교사에게 강한 윤리의식이 필요한 이유는

첫째, 영유아의 입장에서 유아의 4가지 기본권, 즉 생존권, 보호권, 발달권, 참여권을 보장받기 위함이다. 보육교사는 어떤 경우에도 영유아들의 4가지 기본권을 손상시키는 행위를 할 수 없게끔 규정하여 절대로 영유아에게 해를 끼치지 않게 하고 있다.

둘째, 보육교사는 보육교사 윤리강령과 윤리선언문(2011년 전국보육인대회에서 공표함)을 잘 이해하고 실천하여 영유아에게는 그들의 기본권이 보장되고 보육교사에게는 보육활동 중 예기치 못하게 야기되는 각종 도덕적 갈등에 대한 현명한 판단이 이루어지도록 하고 있다.

제 3 장

보육교직원의 성장과 발전

학부모나 사회인들은 보육교사가 도덕적으로나 인격적으로 성숙되어 영유아들에게는 동일시대상으로 훌륭한 교육적 환경이 되고 사회인들에게는 사표로서 수범적 행동을 하기를 기대한다.

또한 보육교사는 부단히 연구와 연찬을 통한 전문성을 계발하여 효율적인 보육활동을 전개하기를 기대한다.

또한 이러한 활동은 바로 보육교사 자신들의 성장과 발전을 꾀하는 일로서 본 장에서는 보육교사의 윤리강령과 전문화 방안에 대하여 알아보기로 한다.

1. 보육교직원의 보육윤리

교직윤리는 보육교사가 보육전문가로 보육활동을 수행하면서 스스로 실천하기를 기대하는 내부적 규범이며 외부적으로 요구되는 윤리의식이다. 따라서 윤리의식은 보육교사가 보육활동을 전개하는 매일의 일상에서 수없이 일어나는 도덕적 딜레마에 직면할 때 스스로 올바른 판단을 하도록 도와준다. 본 장에서는 교직윤리의 개념, 성격, 제정역사, 필요성, 내용, 강화방안에 걸쳐 기술하기로 한다.

1) 개념

교직윤리의 개념을 밝히기 위하여 먼저 윤리, 도덕 그리고 직업윤리에 대하여 생각해 보기로 한다.

윤리란, 법률과 비교하여 특성을 살펴보면, 법률이 사회질서를 유지하기 위한 공식적 통제체제라면 윤리는 바람직한 사회건설을 위한 당위적이고, 이상적인 내적, 자율적 통제체제이다(윤종건 외, 1998). 또한 도덕은 한 조직체 내에서 조직구성원들이 지닌 선과 올바름, 적합함, 의무 등에 대한 신념이며 행동규범으로(박은혜, 2009) 볼 때 윤리는 도덕성에 관한 비판적 숙고를 포함하고 있고 강제성이 없는 내적, 자율적 통제체제이다(권영례, 20015).

또한 직업윤리란 '전문직과 관련된 윤리'를 말한다. 모든 직업을 가진 사람은 직업의 특성에 따라 마땅히 지켜야 할 도덕적 행동규범을 가지는데 직업에 관련된 윤리를 직업윤리라고 말한다. 이렇게 본다면 교직윤리란 직업윤리의 하위개념으로 교직과 관련된 윤리라고 볼 수 있다. 다음에서 여러 학자들이 제시한 교직윤리에 대하여 고찰해 보기로 한다.

〈표 Ⅱ-8〉 교직윤리의 개념

학자명	개념
김순형 외(2015)	보육교사가 역할을 수행할 때 기대되는 행동규범으로써, 스스로 실천하기를 기대하는 규범
김기태 외(2003)	교직자의 실천규범
권건일(2010)	교직자가 교육활동을 행함에 있어서 스스로 실천하기를 기대하는 내부적 규범과 외부적으로 요구되는 윤리의식
박은혜(2015)	교사들이 교직을 수행하면서 스스로 실천하기를 기대하는 규범
염지숙 외(2011)	교사가 그 직무수행과 관련하여 스스로 지켜야 할 것으로 기대되는 규범으로 강제를 수반하는 법률적 성격을 갖지는 않지만 교사가 교직생활에서 마땅히 지키고 실천해야 할 행동규범 또는 도덕적 의무

이상의 개념을 종합하면 교직윤리란 '교사가 교직생활을 영위하면서 직무수행에 관련하여 교육현장, 사회, 대인관계 속에서 마땅히 실천되기를 기대하는 자율적이며 능동적인 행동규범이나 도덕성'이라고 정의할 수 있다.

2) 성격

'어린이집 원장, 보육교사 윤리강령'은 한국보육시설연합회와 유아정책연구소에서 연구·개발하여 2011년 전국보육인대회에서 보육교사 윤리강령과 윤리선언문을 발표하고, 또한 2010년 유아교육선진화위원회를 비롯한 유아교육단체가 공동으로 '유치원교사헌장'과 '유치원교사강령'을 발표하였다.

어린이집 원장, 보육교사 윤리강령은 다음과 같은 성격을 띠고 있다.

(1) 전체구성은 미국처럼 4개 영역으로 구성되어 있다

우리나라 어린이집 원장 및 보육교사 윤리강령도 영유아에 대한 윤리, 가정에 대한 윤리, 동료에 대한 윤리, 사회에 대한 윤리 등 4개 영역으로 구분되어 있으며, 각 영역별 내용도 거의 동일하다.

(2) 교직윤리강령은 영유아의 권리를 존중하는 방향으로 구성되어 있다

영유아의 권리는 다음과 같다.

① 생존할 권리(survival right) : 기본적인 삶을 누리는 데 필요한 권리

② 보호받을 권리(protection right) : 유해한 것으로부터 보호받을 권리

③ 발달할 권리(development right) : 잠재능력, 교육, 여가, 문화생활, 정보취득, 생각, 양심, 종교의 자유 등 자기성장 및 발달할 권리

④ 참여할 권리(participation right) : 의견표현, 존중 표현, 양심과 종교, 모임참여, 사생활보호, 유익한 정보를 얻을 권리

(3) 교직윤리는 강제성이 없다

교직윤리를 준수하지 않으면 본인을 비롯하여 영유아, 학부모, 지역사회인에게 나쁜 영향을 끼치므로 강제성은 없으나 꼭 지키도록 많은 압력을 받는 행동규범이나 도덕성이다.

(4) 교직윤리는 내적·자율적 통제체제이다

법률이 외적·공식적 통제체제인 반면, 교직윤리는 내적·자율적 통제체제로 개인의 자율적 판단에 의하여 행동으로 이어진다. 김기태 등(2003)은 교원의 행동과 윤리와의 관계를 다음과 같이 제시하고 있다.

〈표 Ⅱ-9〉 교원의 행동과 윤리와의 관계

지도의 영역	교원의 실천행동	교직윤리의 내용
학생지도	1. 지도내용의 선정 2. 실제지도의 과정 3. 평가의 관리	1. 지도내용의 객관성 2. 최선의 방법 적용, 성실한 지도 3. 공정성, 객관성, 합리성
인간관계	1. 학생과의 관계 2. 동료와의 관계 3. 학부모, 지역사회와의 관계	1. 교육애, 인격존중, 정확한 이해 2. 상호존중, 상호협력 3. 교육홍보 및 의견수렴
공직생활	1. 전문성관리 2. 준법생활 3. 공공생활	1. 연구, 근면, 성실 2. 질서존중, 솔선수범 3. 청렴, 봉사, 중립성

(5) 교직윤리는 교원의 모든 행위와 관련이 있다

교직윤리는 교육목적과 교육의 내용, 교수과정, 학생 및 학부모와의 관련 등 교사들의 모든 행위와 관련된다.

(6) 교직윤리는 교육의 질을 좌우한다

교사가 교직윤리가 결여되면 전문성을 계발하고 사랑과 정성을 다하여 유아들을 보살피는 일에 소홀할 수도 있다.

3) 필요성

보육교사는 다양한 영유아보육활동을 수행하는 과정에서 수많은 딜레마에 직면하게 되고 이러한 딜레마를 해결하기 위해 적절한 의사결정을 내리게 되는데 그 기준이나 지침이 필요한바 이러한 역할을 하는 것이 바로 교직윤리이다.

보육교사에게 교직윤리가 왜 필요한가에 대하여 생각해 보기로 한다.

(1) 영유아들의 인격을 존중하기 위해서이다

보육교사는 영유아의 인격을 존중해야 한다고 늘 생각한다. 그러나 영유아의 인격을 훼손시키는 상황이 자주 발생한다. 영유아가 잘못을 했을 때 꾸짖고, 나무라고, 야단치고, 윽박지르고, 무시하고 때로는 체벌하기도 한다. 강력한 권력과 힘을 가진 교사에게 대항할 수 없는 영유아는 평생 지울 수 없는 상처를 남기고 영유아는 더욱 위축되거나 적절한 가치관을 갖지 못하는 아동으로 성장할 것이다. 교직윤리는 보육교사로 하여금 영유아들에게 일탈된 행동을 하지 못하도록 통제의 역할을 한다.

(2) 영유아와 부모와의 상충되는 요구를 적절히 조절해 주기 위해서이다

만일 부모의 요구와 영유아의 요구가 서로 상충된다면 보육교사는 어떻게 해야 하는가? 보육교사는 영유아보다 막강한 지위와 권력을 가지고 있기 때문에 영유아의 요구를 무시할 것인가? 또는 보육교사는 부모의 요구를 물리치기 어려우니까 부모의 요구를 수용할 것인가? 이런 딜레마에 빠질 때 영유아에게 불이익이 가지 않게 현명한 판단을 내릴 수 있게 도와준다.

(3) 영유아의 교육 · 보육과정을 합리적으로 운영하기 위해서이다

영유아교육 · 보육과정은 영유아의 생활경험, 요구, 흥미 등에 따라 상황적으로 접근(situational approach)되어야 한다. 이와 같은 불확실한 상황에서 교사는 끊임없이 의사결정을 해야 하는데, 이때 교사의 가치나 주관에 치우치지 않고 영유아교육 · 보육과정의 본질에 맞게 의사결정을 하도록 도와준다.

(4) 다양한 학부모들의 요구를 조절할 수 있게 한다

영유아부모들은 다양한 보육관을 갖고 있기 때문에 보육교사에게 갖는 요구와 기대는 아주 다양하다. 이렇게 다양한 학부모들의 기대와 요구를 조화롭고 객관적으로 선별 · 수용할 수 있는 기준이 된다.

(5) 교사 자신의 행동에 대한 자기통제력을 길러준다

교사의 지위와 힘은 영유아에게 절대적인 것이어서 경우에 따라 감정적으로 힘을 행사하고 싶은 유혹에 빠질 수도 있다. 이러한 유혹을 거부할 수 있는 자기통제력을 길러준다.

(6) 사회인들로부터 존경받는 스승상을 정립시켜 준다

교사는 영유아들에게 바른 윤리와 도덕성을 본보기로 보여주면서 지도해야 한다. 비윤리적이고 비도덕적인 교사는 사회인들로부터 많은 질타와 비난을 받는다. 따라서 교사는 존경받는 스승상을 정립하기 위해 교직윤리를 준수하게 된다.

4) 내용

교직윤리의 내용은 어린이집 교사 교직윤리, 유치원교사 교직윤리, 미국전국유아교육협회 윤리강령의 전체적인 구조를 비교해 보고 보육교사 헌장과 강령, 유치원교사 헌장과 강령을 차례로 소개하기로 한다.

〈표 Ⅱ-10〉 교직윤리의 내용

어린이집 원장, 교사 윤리강령	유치원교사 윤리강령	미국NAEYC 보육교직원 윤리강령
제1장 영유아에 대한 윤리 제2장 가정에 대한 윤리 제3장 동료에 대한 윤리 제4장 사회에 대한 윤리	1) 유치원교사와 유아 2) 유치원교사와 가정 3) 유치원교사와 사회 4) 유치원교사의 책무	1. 영유아에 대한 윤리적 책임 2. 가족에 대한 윤리적 책임 3. 동료에 대한 윤리적 책임(동료)(고용주) 4. 지역공동체 및 사회에 대한 윤리적 책임 (개인수준)(집단수준)

위의 표에서 보는 바와 같이

첫째, 어린이집 원장, 교사 윤리강령, 유치원교사 윤리강령, 미국보육교직원 윤리강령 등 3개 유아교육단체의 교직윤리의 명칭을 공히 윤리강령으로 제정되었다.

둘째, 3개 단체의 윤리강령이 영유아, 가정, 동료, 사회 등 4개 영역으로 구성되어 있다.

(1) 어린이집 원장, 교사 윤리강령

어린이집 원장, 교사 윤리강령은 2010년에 한국보육시설연합회와 유아교육정책연구소가 함께 연구·개발하여 2011년 전국보육인대회에서 공포되었다.

① 보육시설장 · 교사 윤리강령

보육은 영유아를 건강하게 양육하고, 안전하게 보호하며, 발달특성에 적합한 교육을 제공하는 복지서비스이며, 보육인은 사랑과 존중과 전문지식을 바탕으로 영유아의 전인적 성장에 영향을 미치는 전문직업인이다. 그러므로 보육인은 윤리적 의식과 태도를 가지고 사회적 본분에 임해야 한다. 이에 보육시설장과 보육교사는 스스로 책무성을 발현하여 윤리강령을 제정함을 밝힌다. 본 강령은 직무수행의 규준으로 삼아 보육현장에서 발생하는 윤리적 갈등을 해결하고 생존권, 보호권, 발달권, 참여권 등 영유아의 권리를 보장함으로써 직무상의 윤리적 책임을 다하여 전문직업인으로서의 위상을 공고히 하고자 한다. 더불어 영유아와 그 가정, 동료와 사회의 존엄성을 존중하는 보육의 실천으로 다각적인 신뢰를 구축하고, 영유아의 잠재력을 최대한 발휘시킴으로써 영유아가 긍정적인 자아개념을 형성하고 유능한 사회인으로 성장할 수 있도록 도와 긍정적으로는 영유아와 그 가정 · 동료와 사회의 통합적 · 이상적 복지실현에 기여하고자 한다.

제 I 장. 영유아에 대한 윤리

1. 영유아의 인격을 존중하고 개인의 잠재력과 개성을 인정한다.
2. 영유아에게 고른 영양과 충분한 휴식을 제공하여, 몸과 마음을 건강한 사람으로 자라도록 돕는다.
3. 성별, 지역, 종교, 인종, 장애 등 어떤 이유에서도 영유아를 차별하지 않고, 공평한 기회를 제공한다.
4. 영유아는 다치기 쉬운 존재임을 인식하여 항상 안전하게 보호한다.
5. 영유아에 대한 정서적, 언어적, 신체적 학대를 행하지 않는다.
6. 시설 내외에서의 영유아 학대나 방임을 민감하게 관찰하여, 필요한 경우 관련 기관("아동보호전문기관"등)에 보고하고 조치를 취한다.
7. 개별적 상호작용 속에서 영유아의 요구를 수용하기 위해 노력한다.
8. 영유아의 사회 · 정서 · 인지 · 신체 발달을 통합적으로 지원하는 보육프로그램을 실시한다.
9. 영유아가 특별한 도움을 필요로 하는 경우, 전문가와 협력하여 영유아의 입장에서 최선의 대안을 찾는다.
10. 보육활동을 계획, 실행, 평가하는 모든 과정에 영유아의 흥미와 의사를 반영한다.
11. 영유아의 개인적 기록과 정보에 대해 비밀을 보장한다.

제II장. 가정에 대한 윤리

1. 상호 신뢰를 바탕으로 영유아의 가정과 동반자적인 관계를 유지한다.

2. 각 가정의 양육 가치와 의사결정을 존중한다.
3. 경제적 수준, 가족형태, 지역, 문화, 관습, 종교, 언어 등 어떤 것에 의해서도 영유아의 가정을 차별대우하지 않는다.
4. 보육활동 및 발달상황에 관한 정보를 정확하게 제공하여 영유아에 대한 가정의 이해를 돕는다.
   다문화, 심신장애 등으로 의사소통에 도움이 필요한 경우 문제를 해결할 최선의 방법을 도모한다.
5. 시설 운영에 관한 정보를 공개하여 영유아 가정의 알 권리에 응한다.
6. 보육 프로그램 및 주요 의사결정에 영유아 가정이 참여하도록 안내한다.
7. 필요한 사회적 지원, 전문서비스 등 관련 정보를 제공하여 영유아 가정의 복리 증진을 돕는다.
8. 영유아 가정의 사생활을 보호하고 익명성을 보장한다.

제Ⅲ장. 동료에 대한 윤리

[보육시설장]

1. 최상의 보육서비스 제공에 필요한 인적, 물적 환경의 조성 및 유지를 위해 노력한다.
2. 보육교사를 신뢰하고 존중하며 전문성과 자율성을 인정한다.
3. 성별, 학연, 지연, 인종, 종교 등에 따라 보육교사를 차별하지 않는다.
4. 업무 관련 의사결정이 필요한 경우, 보육교사의 의견 개진기회를 보장한다.
5. 보육교사에게 지속적 재교육 등 전문적 역량제고의 기회를 부여한다.
6. 보육교사에게 적정 수준의 보상(보험, 급여 등)을 안정적으로 제공하며, 복지 증진에 힘쓴다.
7. 보육교사 개인의 기록과 정보에 대한 비밀을 보장한다.

[보육교사]

1. 존중과 신뢰를 바탕으로 협력하여 서로의 전문성과 자율성을 인정한다.
2. 상호 간 역량 계발과 복지 증진에 부합하는 근무환경이 되도록 힘쓴다.
3. 시설장 및 동료와 영유아 보육에 대한 신념을 공유한다.
4. 보육교사로서의 전문성 향상을 위해 스스로 노력한다.
5. 시설 내에서 영유아 및 보육교사의 인권과 복지를 위협하는 비윤리적 사태가 발생한 경우, 법률규정이나 윤리기준("한국보육시설연합회 윤리강령위원회"참조)에 따라 조치를 취한다.

제Ⅳ장. 사회에 대한 윤리

1. 공교육에 대한 책임을 의식하고, 항상 질 좋은 보육서비스를 제공한다.
2. 영유아의 안전을 위협하는 환경이나 정책이 발견될 시, 관계기관과 협의하여 개선한다.
3. 공적책임이 있는 시설로 재정의 투명성을 유지하고, 부당한 방법으로 사적 이익을 취하지 않는다.
4. 영유아의 권익 보호를 위해 관련 정책 결정 및 법률 제정에 적극 참여하며, 사회적으로 이를 널리 알리는 데 앞장선다.
5. 지역사회 실정에 맞는 시설의 책임과 역할을 인지하고, 실천하고자 노력한다.

보육인 윤리 선언문

1. 나는 영유아의 건강한 성장과 발달을 지원하는 보육인으로서, 직무상의 윤리적 책임을 다하여 다음 사항들을 지킬 것을 다짐합니다.
1. 나는 내가 영유아에게 지대한 영향을 미치는 존재임을 잊지 않으며, 항상 스스로의 말과 행동에 신중을 기한다.
1. 나는 영유아의 인격과 권리를 존중하며, 어떠한 경우에도 영유아에게 해가 되는 일을 하지 않는다.
1. 나는 영유아 가정의 다양성을 이해하고 존중하며, 상호 신뢰하는 동반자적 관계를 유지한다.
1. 나는 동료를 존중하고 지지하며, 서로 협력하여 최상의 보육서비스를 제공하기 위해 노력한다.
1. 나는 보육의 사회적 책임과 역할을 인식하고, 영유아의 권익과 복지를 위한 활동에 앞장선다.
1. 나는 '보육시절장·교사 윤리강령'을 직무 수행의 도덕적 규준으로 삼아 진심을 다하여 충실히 이행한다.

5) 강화방안

보육교사가 교직윤리내용을 이해하고 실천의지를 갖도록 보육행정당국, 보육연수기관, 보육기관, 보육교사양성기관 등에서 교직윤리강화를 위한 다양한 방안을 입체적이며 체계적으로 계획하고 실천하도록 강화해야 한다.

(1) 행정기관에서 할 일

① 보육교원윤리 실천사례발표회 및 사례집 발간윤리실천

보육교원윤리실천사례발표회를 개최하여 우수보육교원사례발표를 한 교원들에게 표창하고 우수사례를 사례집을 발간하여 현장 어린이집에 배부하여 보육교직원들의 교원윤리실천의지를 갖도록 한다.

② 보육교사 징계처분사례집 발간

보육교사들의 징계처분사례집을 발간하여 어떤 비행이 저질러졌을 때 어떠한 처벌을 받는가를 현장보육교사들에게 주지시켜 보육교사의 윤리의식에 대한 경각심을 제고시킨다.

③ 보육교사 윤리대상제 운영

교원윤리를 모범적으로 실천한 보육교사에게 윤리대상을 수여하고 윤리실천기를 널리 홍보한다.

(2) 연수기관에서 할 일

① 교원윤리과목 설강

연수기관에서 주관하는 각종 연수회에 교원윤리과목을 개설한다.

② 교원윤리특별연수

1년에 1회, 전도 보육교사를 대상으로 지구별로 교원윤리특별연수를 실시하고, 교원윤리실천 우수사례도 발표하도록 한다.

(3) 교사양성기관에서 할 일

교사양성기관에서 주관하여 실시하는 모든 연수에 교원윤리과목의 개설을 의무화한다.

(4) 유아교육기관에서 할 일

① 자기성찰 기회제공

교사 스스로 교원윤리내용에 대하여 스스로 반성하고 되새겨 보는 자기성찰의 기회를 갖도록 한다. 교원윤리자가평가표를 체크리스트로 작성하여 교사 스스로 부단히 자가 평가해보도록 한다.

② 복무지침 제정활용

각 보육기관에서는 복무지침을 제정하여 소속 보육교사로 하여금 실천하도록 촉구한다. 또한 복무지침 내에 교원윤리강령의 내용을 삽입한다.

③ 교원윤리실천내용 홍보

교원윤리실천내용을 인쇄물로 제작하여 학부모에게 배부하여 교원윤리실천을 위해 노력하는 모습을 보여주고 이에 대한 협조방안을 마련한다.

④ 교사윤리토론회 개최

교사윤리토론회를 개최하여 윤리적 딜레마상황에서 올바른 윤리가치를 선택하여 생활화할 수 있도록 한다. 교사윤리토론회는 다음과 같은 과정을 밟아 이끌어 간다.

ㄱ. 자기생활경험의 상기

교사 개인이 윤리적 딜레마에 빠져 고민한 상황이나 해결한 상황을 발표한다.

ㄴ. 생활경험의 분류

교사들이 발표한 윤리적 딜레마를 같은 영역끼리 분류한다.

ㄷ. 토의문제 초점화

교사들이 발표한 윤리적 문제 가운데 빈도가 가장 많은 윤리적 딜레마 하나를 선정하여 토의주제로 정한다.

ㄹ. 집단토의

선정된 윤리적 딜레마에 대하여 아래와 같은 관점에서 토의한다.

첫째, 윤리적 딜레마는 무엇인가?

둘째, 윤리적 딜레마가 발생한 이유는 무엇인가?

셋째, 윤리적 딜레마를 그냥 방치한다면 어떤 결과가 초래되겠는가?

넷째, 윤리적 딜레마는 교원윤리내용과 어떤 관계가 있는가?

다섯째, 윤리적 딜레마를 어떤 방향으로 해결할 것인가?

ㅁ. 가치화

집단 토의과정을 통하여 윤리적 딜레마에 대한 올바를 가치를 선택한다.

ㅂ. 실천계획 수립

선택된 가치를 보육교사의 교직윤리생활에서 어떻게 적용할 것인가?에 대하여 각자의 의견을 정리하고 실천하도록 한다.

(5) 교사 특성별 지도

보육교사의 특성별 지도는 보육경력을 중심으로 신임교사와 경력교사로 구분하여 지도방법을 기술하기로 한다(이순형 외, 2015).

① 신임교사

ㄱ. 윤리강령의 보육활동과의 관련성 지도: 영유아의 가족과 함께할 때 윤리적 입장에서 경각심을 갖도록 지도하여 윤리강령의 필요성을 절실하게 느끼도록 한다.

ㄴ. 신임교사 윤리의식 교육 시에는 신임교사에게 알맞은 활동으로 이루어지도록 한다. 즉,

가. 많은 경험이나 주도성을 요구하지 않고

나. 기본적인 정보를 이용하며

다. 신임교사 삶의 경험을 이용하여

라. 신임교사가 윤리강령의 가치를 이해하고 실천할 수 있는 의지를 갖도록 유도한다.

② 경력교사

경력교사에게 알맞은 윤리의식교육은 경력교사가 지니고 있는 윤리적 딜레마를 해결하는 과정이 되어야 한다. 경력교사는 기본적인 교수·학습지도기술은 숙련되어 있으나 윤리적 요소가 담긴 다양한 갈등상황에 대해서는 많은 의문을 가지게 될 것이다. 이러한 의문의 '예'를 들면

ㄱ. 내가 생각하기에 자녀에게 좋지 않은 영향을 주는 어떤 것을 해달라는 엄마를 어떻게 대해야 할까?

ㄴ. 다른 아이를 괴롭히는 우리 반 아이를 어떻게 하지?

ㄷ. 일부 동료교사가 영유아에게 부적절한 방법으로 가르치고 있는데 내가 무슨 말이든 해야 하나? 등이다.

2. 보육교사의 전문성

전문화(specialization)란 '전문적이 되게 하는 것'으로 제1장 보육교사의 전문화에서는 보육교사가 전문화되기 위해서 먼저 전문성의 개념과 필요성을 밝히고 다음에 보육기관에서 보육교사가 전문화되기 위한 다양한 방안에 대하여 기술하기로 한다.

1) 전문성의 개념

전문성이란 사전적 의미로는 '한 분야에서 풍부하고 깊이 있는 지식과 경험을 가지고 그 일을 함' 또는 '한 분야에 대하여 풍부하고 깊이 있는 지식과 경험을 가지고 그 일만을 하는 것'으로 정의되어 있다.

또한 전문적이라 함은 '어떤 한 가지 일을 연구하거나 한 가지 일에 마음을 쏟음으로써 특정 분야에 상당한 지식과 경험을 가지고 그 일을 잘하는 이'를 일컫는 말이다(황해익 외, 2016). 흔히 학자들 간에는 전문성과 전문적을 혼용하여 쓰고 있는데 우선 '전문성'의 개념을 여러 학자들의 견해를 종합하면

전문성이란 '한 분야에 장기간에 걸쳐 교육과 훈련을 통해 축적된 지식과 기술을 가지고 해당 특정 직종에서 전 생애를 통하여 종사함으로써 그 일을 전문적으로 잘 처리함'으로 정의할 수 있다.

2) 전문성의 필요성

교직의 특성은 교사로 하여금 전문적 지식과 기술체계를 더욱 심화시키고 발전시켜 이것을 교육현장에 적극 활용하여 교육의 효율성을 제고시키는 일이다. 따라서 이러한 요구와 기대를 충족시키기 위해서 교사는 자신의 전문성 계발과 신장에 노력을 경주해야 하며 그 필요성을 제시하면 다음과 같다.

① 전문직으로서의 위상을 확보하기 위함이다

교직이라는 직업의 본질을 어떻게 보느냐 하는 문제는 교직에 대한 지각, 태도, 가치관 등에 따라 달라지는데 대표적인 교직관이 성직관, 노동자관, 전문직관의 3가지 유형으로

첫째, 성직관은 교사는 개인과 사회가 요구하는 현실적인 목표를 위하여 단순히 경제적인 지식이나 실용적인 기술을 전수하는 데서 본질적인 의미를 찾지 않고 사도 또는 사표로서 교육애와 교육적 사랑을 가지고 인간교육을 하겠다는 정신적·봉사적인 직업관인 반면

둘째, 노동자관은 교직관이 성직이니 전문직이니 하는 것 자체가 전 근대적인 계급적 사고방식에 젖은 것으로 노동자관은 교육적 활동을 노동이라고 보고 교사도 노동

자로 보는 입장이다.

셋째, 전문직관은 교직이 단순한 노동직이 아니고 지적·정신적 활동을 위주로 하는 직업이며 그 활동은 애타적 활동으로 고도의 전문성, 자율성과 윤리성을 강조하는 교직관으로 보육교사가 전문직이 되기 위해서는 단순히 영유아들의 보살핌에 국한한 역할에서 벗어나 교육을 담당하며, 특히 인생 초기발달을 책임지는 교육자로서의 위상을 높이기 위해서 전문적인 지식, 교양, 기술을 배양하는데 노력해야 한다.

② 전 세계가 무한교육 경쟁사회에 돌입하고 있다

미래 국가의 주역이 될 인재를 양성하기 위한 교육을 세계 각국에서 경쟁적으로 실시하고 있는 현재 상황에서 볼 때 종전의 교육체제나 방법으로 교직을 수행할 수 없음은 재론의 여지가 없다.

특히 인격, 신체, 정서, 언어, 사회성 등 인간의 전인적 성장·발달을 돕기 위한 기초를 다지는 인생 초기의 교육을 담당하고 있는 영유아교육은 어느 시기의 교육보다 중요하며 국가적인 차원에서 영유아기부터 교육과 보육을 통합 운영하는 다양한 보육정책을 수립·적용하고 있음은 국제적인 무한 교육경쟁사회에 대비하기 위함이다. 이와 같은 무한 교육경쟁사회에 편승하기 위해서 보육교사는 전문화되어야 한다.

③ 사회, 경제적 지위를 확보하기 위함이다

오늘날 우리 사회는 급속한 변화의 소용돌이 속에서 직업의 변화도 예외일 수가 없다. 이렇게 직업이 변천하는 와중에 또 하나의 특징은 모든 직업들이 직업 나름대로 전문화되기 위해 노력하는 것이다. 직업에 따른 전문화는 바로 해당 직업에 종사하는 사람들의 사회·경제적 지위 확보에도 영향을 미치기 때문이다.

오늘날 보육교사가 전문직인가에 대한 논쟁이 뜨겁다. '전문직이 아니다'라는 견해는 일반화된 체계적 지식의 기초가 부족할 뿐만 아니라 전문직의 권위와 특권에 대한 사회적 인식도가 낮으며, 봉사의 기능이 적고 훈련기간이 짧다는 이유를 든다(황해익 외, 2016). 따라서 보육교사들의 사회·경제적 지위를 확보하기 위해서는 전문성을 계발하여 보육이 단순히 영유아들을 보살피는 역할이 아닌 영유아의 전인적 성장·발달을 돕는 교육과 보육을 담당하는 직업인으로서 아무나 보육교사가 될 수 없다는 사회적 편견을 지양시켜야 한다. 이렇게 되기 위해서 보육교사의 전문화는 더욱 절실하다.

④ 사회 전반에 걸친 급속한 변화에 대응하기 위해서이다

이 세상에는 변화하지 않는 것이 하나도 없고 또한 그 변화는 예측하기 어려울 정도로 급속하게 이루어진다.

국가 간의 관계는 물론, 한 국가 내의 여러 조직 간의 관계, 가족 간의 관계와 개인 간의 인간관계, 심지어는 개인의 가치, 태도, 요구, 성향도 변화한다. 또한 급속한 변화의 시대에 살아가는 학부모와 영유아들의 기대와 욕구를 파악하는 것은 비교적 용이하나 그러한 기대와 욕구를 충족시키는 교육프로그램을 제공하는 것은 쉬운 일이 아니다.

그러나 지금은 과거에 보육교사들이 사용하던 지식과 기술 그리고 기능에만 의존해서는 제대로 보육교사 역할을 수행하기가 어렵다. 그러기 위해서 보육교사는 전문성을 계발하는 데 소홀해서는 안 된다.

3) 보육교사의 전문화 방안

보육교사의 전문성을 계발시켜 줄 수 있는 방안으로는

① 보육교사로 임용되기 직전교육으로 교사양성교육을 효율적으로 운영하고

② 교육·보육 현장에서는 현직교육으로 보수교육과 승급연수를 체계적으로 실시하고

③ 교수·학습방법 개선을 위해 연구수업과 수업연구를 효율적으로 실시하고

④ 보육관련기관에서 장학(행정)지도를 정례화 하여 보육현장문제를 해결해주고

⑤ 보육교사의 역량평가를 주기적으로 실시하여 부족능력을 파악하여 보완해주고

⑥ 저널쓰기, 포트폴리오 등을 실시하여 스스로 자기역량을 배양하는 방안을 생각할 수 있다.

3. 현직교육

현직교육에서는 현직교육의 개념, 필요성, 체계, 추진방안에 걸쳐 기술하기로 한다.

1) 개념

오늘날 보육교사 직업의 특성상 직전교육을 통하여 자격증을 취득한 것만으로 보육

교사직을 수행하기란 지극히 불가능한 일로서 이를 보완하기 위하여 현직교육이 필요하다.

현직교육을 현직연수, 교원연수, 교내연수, 교원재교육, 사후교육, 계속교육, 교직원개발, 전문성계발, 전문화 등 다양한 용어를 사용하고 있는데 결국 현직교육이란 '일정한 자격을 가지고 교직에 임용된 후에 교직을 수행하는 전 과정에서 해당 분야에 대한 직업적 기능과 역할수행 그리고 자기발전에 필요한 지식과 정보를 제공하기 위해 자발적 또는 강제적으로 이루어지는 모든 교육 또는 훈련과정'을 말한다.

2) 필요성

모든 업무에서는 필요성이 아주 절실할 때 해당 시책은 더욱 탄력을 받는다. 보육현장에서도 현직교육이 절실히 필요하므로 교사들의 현직교육을 법적으로 의무화하고 있다.

현직교육의 필요성을 열거하면

(1) 교직업무수행의 효율성을 제고시키기 위함이다

직전교육만으로 평생 동안 교직업무를 수행한다는 것은 불가능하므로 현직교육을 통하여 보육업무수행에 필요한 이론과 실천적 기술을 체득하여 영유아지도에 활용해야 한다. 외국은 물론 국내만 보더라도 유아보육분야의 석·박사학위 논문을 비롯하여 현장교사들의 현장연구논문들을 통하여 수없이 많은 유아보육이론과 실천적 기술들이 쏟아져 나오고 있다. 이러한 유아보육이론과 실천적 기술들은 현직교육을 통해 입수하여 보육현장에 적용해야 한다.

(2) 보육교사의 전문성을 계발하기 위함이다

영유아를 단순히 보살피는 부모의 대행자로서 보육교사의 역할이 한정된다면 보육교사는 누구나 할 수 있는 직업으로 전락할 것이다. 그러나 보육교사에게 전문적인 자질과 능력을 계발하여 전문화시켜 준다면 보육교사의 사회·경제적 지위가 상대적으로 향상됨은 물론 보육업무를 자신 있게 수행함으로써 보육교사로서의 자긍심과 소명감은 더욱 향상될 것이다.

(3) 영유아 · 부모 · 사회의 변화에 대응하기 위함이다

이 세상에는 변화하지 않는 것이 하나도 없다. 이러한 변화에 적절히 대응하지 못하면 살아가기 힘들다. 보육현장에도 예외가 아니다. 영유아들의 모든 영역에서의 발달은 물론, 그들의 기대나 요구, 부모의 사회적 진출의 확대에 따른 교육과 보육에 대한 요구와 기대의 증대, 사회의 변화에 따른 대응 등 보육정책의 다각적인 변화는 교육과 더불어 보육에 대한 요구와 기대가 증대되는 등 영유아, 부모, 사회의 변화에 적절히 대응하기 위해 현직교육이 필요하다.

(4) 국가가 주도하는 교육개혁, 교육혁신을 실현하기 위함이다

모든 개혁과 혁신을 위해서는 정책이 변화되어야 하고 정책이 변화되기 위해서는 법률적 보장을 받아야 한다. 이러한 역할은 보육을 담당하는 부처, 즉 국가만이 할 수 있다. 그러나 국가가 법률의 개정을 통해 혁신적이며 개혁적인 정책을 내놓았다 하더라도 이를 구현하는 현장 보육교사들의 노력이 없이는 국가에서 내놓는 어떠한 정책도 무용지물이 될 수밖에 없다. 혁신적이며 개혁적인 보육정책수립과 함께 이를 구현하고 실현시키는 주체로서 보육교사의 현장교육이 병행되어야 한다.

(5) 보육교사가 자기실현을 하기 위함이다

인간의 궁극적인 욕구는 자기실현이다. 보육교사가 전문성을 가지고 자기가 맡고 있는 영유아를 대상으로 보육활동을 전개하여 만족스러운 성과를 이뤄내고 보육교사로서의 사회·경제적 지위가 향상되며 자긍심과 소명감을 갖게 되면 삶의 만족감과 자기실현이 이루어지게 된다. 이렇게 자기실현이 이루어지기 위해서 현직교육은 체계적으로 이루어져야 한다.

(6) 보육과정의 질 관리를 하기 위함이다

모든 유아보육기관에서는 당해 기관의 보육목표를 설정하고 설정된 보육목표 구현을 위한 보육과정을 수립하며 또한 보육과정은 교수·학습지도를 통하여 구체화되고 구현된다. 따라서 보육과정 수립과 구현을 위한 교수·학습지도는 보육기관 활동의 대부분을 차지하며 보육의 질을 좌우한다. 따라서 합리적인 보육과정을 수립하고 수립된 보육과정을 효율적으로 지도하기 위한 현직교육이 부단히 이루어져야 한다.

3) 체계

보육기관에서 현직교육을 어떻게 진행하느냐? 하는 문제는 현직교육 내용을 선정하는 것만큼이나 어렵다. 다시 말하면, 현직교육의 방법이 다양하기 때문에 연수내용에 적합한 현직교육방법을 모색해야 할 것이다.

다음에서 연수체계를 개인주도연수, 기관주도연수, 정부주도연수로 대별하여 연수영역별로 연수방법에 대하여 종합적으로 정리하면 다음과 같다.

〈표 Ⅱ-11〉 **현장교육 체계**

연수체계	연수영역	연수방법
(1) 개인주도연수	가. 교수・학습방법 개선	• 자가 수업평가(자기장학) • 동료교사 수업평가(동료장학) • 멘토링 시스템 • 동료코칭
	나. 보육과정 편성 및 운영	• 전문도서 읽고 토론하기 • 협의하기 • 독서노트 정리 • 개인주제 연구 • 포트폴리오 • 연구회 참관 • 선진지 참관, 견학
	다. 자기역량 강화	• 대학원 진학 • 관련 전문단체, 학회 가입활동 • 저술, 저널쓰기 • 자기핵심 역량평가
(2) 기관주도연수	가. 교수・학습방법 개선	• 수업연구 • 원내자체 연수
	나. 보육과정 편성 및 운영	• 외부기관 참여 • 강사초빙 연수
	다. 기관운영의 특성화	• 품질관리 컨설팅 • 공공형 어린이집의 자율공부 모임
(3) 정부주도연수 (보수교육)	가. 승급교육	• 보육교사 2급 승급교육 • 보육교사 1급 승급교육
	나. 일반직무교육	• 보육교사 일반 직무교육 • 어린이집원장 신규직무교육 • 어린이집원장 일반직무교육

연수체계	연수영역	연수방법
	다. 특별직무교육	• 영아보육 특별직무교육 • 장애아보육 특별직무교육 • 방과후보육 특별직무교육
	라. 사전직무교육	• 어린이집원장 사전직무교육

4) 추진방안

전 항 3)에서 밝힌 현직교육체계에 따른 현직교육 추친방안에 대하여 간략하게 기술하기로 한다.

(1) 개인주도연수

개인주도연수는 보육교사 자신의 의지에 따라서 보육기관의 관여나 도움 없이 보육교사 자신이 주도성을 가지고 간편하게 이루어지는 개인연수로써 주로 교수·학습방법 개선과 보육과정편성 및 운영에 관계된 내용 그리고 보육교사 자신의 교직적 성장을 꾀하기 위한 자기역량강화연수 등이 있다.

① 교수·학습방법의 개선

보육기관에서 설정한 보육목표는 교수·학습지도를 통하여 구체화되고 구현되므로 보육목표 구현을 위한 수단이며 방법으로 교수·학습방법 개선을 위한 연수가 꾸준히 이루어져야 한다.

교수·학습방법 개선을 위한 연수에는 자가수업평가, 동료교사 수업평가, 멘토링 시스템의 3종류가 대표적이다.

ㄱ. 자가수업평가

자가수업평가는 자기장학의 한 유형으로 교사 스스로 자신의 전문성 계발을 위해 연구하고 노력하는 과정으로 이루어지는 현장수업 연구형태이다.

교사자가수업평가표는 주로 수업에 국한하여 평가하는데 활용한다. 이 수업평가표는 교사가 자기수업에 대하여 자가평가하여 자기수업의 개선자료로 활용할 수 있는데 교사자기수업평가표의 '예'를 들면 다음과 같다.

〈표 Ⅱ-12〉 교사자가수업평가표

• 수 업 일: 년 월 일 요일
• 활동주제:
• 수업대상:
• 수 업 자:
• 평 가 자:

영역	평가내용	평점	특기사항
Ⅰ. 학습 활동 계획	• 학습목표를 구체적으로 진술했는가? • 교육과정의 지역화 및 기본생활습관, 생활주제 중심의 통합교육 과정 운영이 적절한가? • 학습활동 내용은 영유아의 흥미와 발달단계를 고려했는가? • 집단의 크기 및 주도적 역할에 대한 사전계획은 있었는가?	54321 54321 54321 54321	
Ⅱ. 교수 기술	• 개인차를 고려한 개별지도가 이루어지고 있는가? • 교수 언어가 적절하며 영유아에게 친근감이 있는가? • 영유아들의 창의적 사고를 고려한 발문과 지명이 이루어지는가? • 영역별로 교사와 영유아 간의 상호작용이 이루어지는가? • 발표 및 기본학습 훈련이 잘 이루어지는가?	54321 54321 54321 54321 54321	
Ⅲ. 자료 활용	• 학습자료를 적시에 투입·활용하는가? • 구체적이고 실제적인 경험을 제공하는 자료를 활용하는가? • 흥미영역이 효율적으로 배치되었는가? • 교수·학습활동에 적합한 자료를 적시에 제시하는가? • 향토자료를 수집하여 교육과정의 지역화에 관련지어 활용하는가?	54321 54321 54321 54321 54321	
Ⅳ. 목표 달성도	• 학습활동이 적시에 평가(형성평가)되고 있는가? • 학습목표 달성 여부의 확인을 위한 평가가 누가적으로 이루어지는가? • 학습을 통한 행동의 변화를 개별적으로 분석·활용하는가? • 목표 달성을 위한 자체평가를 실시하는가?	54321 54321 54321 54321	
Ⅴ. 시간 운영	• 지도과정에 대한 시간 배분이 합리적인가? • 개별화를 위한 영유아와의 상호작용이 적절히 이루어지는가?	54321 54321	
종합 의견	• 좋은 점: • 개선할 점:	합계	

ㄴ. 동료교사 수업평가

동료교사에 의한 수업평가는 동료장학의 한 형태로 동료교사들의 상호협력을 통하여 동료교사 모두의 전문성 함양을 목적으로 이루어지는 현장수업연구형태이다.

동료교사에 의한 수업평가는 주임교사 또는 다른 동료교사로부터 수업을 평가받는 방식으로 이루어진다.

따라서 이 평가표에 의한 평가는 1년에 한 번 정도 이루어지며 동료교사로부터 평가받은 결과를 교사 자신의 교수·학습방법 개선자료로 활용해야 한다.

〈표 Ⅱ-13〉 동료교사 수업평가도

구분	평가관점	평가내용
교사의 기본자세	• 용모와 복장은 단정한가? • 표준어를 사용하고 발음이 분명한가? • 영유아들에게 존칭어를 사용하는가? • 시선은 유아들에게 골고루 주고 있는가?	
학습환경 조정	• 교실의 조명과 채광은 알맞은가? • 영유아들이 자유롭고 안전하게 이동할 수 있도록 각종 비품과 기구가 잘 배치되어 있는가? • 학습의 결과물이 분류되어 전시되고 활용되고 있는가?	
교재의 재구성	• 교육과정의 목표와 본시활동목표와의 관련성이 잘 반영되어 있는가? • 학급의 실태와 영유아의 요구를 잘 반영하고 있는가? • 통합의 가능한 제재로 재구성하였는가?	
수업안 작성	• 활동목표는 행동적 용어로 구체적으로 진술하였는가? • 학습 분량은 적절한가? • 활동에 따른 시간 배분은 적절한가?	
학생의 기본학습 훈련	• 영유아들이 앉아 있는 자세, 일어나서 발표하는 자세는 바른가? • 듣는 방법이 바르고, 바른 자세로 앉아 듣는가? • 학습활동에 주의집중을 하고 있는가?	
동입과 동기유발	• 학습문제에 대한 호기심을 자극할 수 있는 동기유발 자료를 활용하는가? • 활동목표를 명확히 인식하도록 하는가? • 선수학습 경험과 본시 학습을 관련지었는가?	
교수·학습 모형	• 교과내용의 특성에 알맞은 교수·학습과정을 적용하는가? • 개인의 학습능력에 따른 개별적인 학습방안이 강구되는가? • 학습조직은 적절한가? • 전체학습, 소집단학습, 개별학습, 협력학습 등이 유기적으로 연결되어 운영되는가?	
발문과 피드백	• 발문계획을 세워 의도적으로 발문을 하는가? • 발문이 명료하고 간결한가? • 사고를 촉진하는 발문을 하는가? • 도입, 전개, 정리 단계에 따라 재생적, 확산적, 수렴적 방문을 균형있게 하는가? • 발문 후에 생각할 시간을 충분히 주는가? • 지명은 적절한가?	

구분	평가관점	평가내용
	• 영유아들의 대답을 듣고 교사는 다양한 피드백을 하고 있는가? • 영유아들의 틀린 반응을 수정, 요약, 비교, 정리하는 데 능숙한가? • 영유아들의 틀린 반응을 잘 처리하는가? • 영유아들이 자기 생각을 자유롭게 표현할 수 있는 허용적인 분위기가 조성되어 있는가?	
교재 · 교구 활용	• 영유아들의 교재 · 교구는 학습에 지장이 없도록 준비되었는가? • 학습효과를 올릴 수 있는 교재 · 교구를 선정하여 투입하였는가? • 교재 · 교구의 투입, 제거 시기는 적절한가?	
학습 · 평가	• 진단평가, 형성평가를 효율적으로 실시하는가? • 교사는 학습과정 중 학생들의 학습 이해 정도를 수시로 평가하여 학습의 진도를 조정하는가? • 적절한 평가의 실시와 그 결과가 즉시 피드백되고 있는가? • 평가의 시기가 적절한가?	
종합의견		

ㄷ. 멘토링 시스템

㉮ 개념 및 목적

한 분야의 능력과 기술이 많은 사람(mentor)이 후배 또는 능력이나 기술을 필요로 하는 사람(mentee)과 한 파트너가 되어 일정기간 체계적이며 지속적인 지원을 하는 현직교육의 형태를 말한다. 또한 멘토링은 초보자가 전문적이고 개인적인 발달을 도모하여 성장하고 발달하여 조직사회에 잘 적응함으로써 원활한 교직생활을 영위함은 물론 교육의 대상인 영유아들의 정상적인 성장 · 발달을 돕는 데 목적이 있다.

영유아 교육에 있어 멘토의 주요한 역할은 적절한 피드백이나 모델링을 통해 멘티가 '근접 발달 지대'를 통하여 점진적으로 전문성을 획득해 나가도록 하고 문제해결을 위한 반성적 사고를 촉진하도록 하는 것이다. 또한 비판적인 중재와 함께 생각하는 사람으로, 교육적인 동지로서 정서적인 지원을 하는 것도 멘토의 중요한 역할이다. 멘티의 역할은 멘토에 대한 신뢰감을 바탕으로 자신의 문제를 편안하게 드러내고 개방적이고 적극적인 태도로 전문성을 개발하기 위하여 멘토와 협력관계를 유지하도록 노력해야 한다(엄지숙 외, 2015).

ㄹ. 동료코칭

멘토링이 멘토와 멘티 간에 정서적 유대와 배려 등을 중시하여 신뢰감을 바탕으로,

비지시적인 방법으로 이루어짐에 반해 동료코칭은 비판적이며 이성적인 판단에 근거하여 조언함으로써 지시적인 방법으로 지도가 이루어지기도 한다. 동료코칭은 동료교사들이 안고 있는 문제에 대하여 대안을 제시해주고 동료들의 수업을 참관하거나 보고서를 읽어보고 다양한 방법으로 조언을 하는 방법이다.

② 보육과정 편성 및 운영연수

보육과정의 편성과 운영은 보육기관에서 보육목표 구현을 위한 보육과정을 편성하고 운영하는 일로서 보육기관 운영활동의 대부분을 차지한다. 보육과정 편성 및 운영에 관한 연수방법으로는 전문도서 읽고 토론하기, 협의하기, 독서노트 정리, 포트폴리오, 연구회 참관, 주제연구, 견학, 청강 등이 있다. 이에 대하여 간단히 설명한다.

ㄱ. 전문도서 읽고 토론하기

보육교사들이 보육지도상 당면하게 되는 과제를 해결하는 방법으로 당면과제에 관한 전문서적을 선택하여 일정기간 동안 읽은 후에 당면과제를 안고 있는 교사들이 함께 토론하는 방법으로 토론회는 관심사가 비슷한 보육교사들끼리 이루어진다.

ㄴ. 협의하기

보육교사들이 보육지도상 당면하게 되는 과제에 대하여 해결방안을 모색하기 위한 협의방법이다. 동료교사들 간에 이루어지므로 편안한 가운데 심도있게 협의가 이루어질 수 있다. 정기적으로 협의가 이루어지거나 혹은 비정기적으로 필요할 때 전개하는 두 가지 형식이 있다.

ㄷ. 독서노트 정리

보육교사들이 자기가 읽는 책에 대한 독서노트를 정리해 두었다가 협의나 토론을 할 때 발표자료로 활용할 수 있다.

ㄹ. 교사포트폴리오

포트폴리오(portfolio)란 '교사 자신이 제작하거나 수행한 작품모음으로서 교사 개개인이 보육현장에서 교육활동의 특정 목표나 특정 영역에 한정하여 역할을 수행하면서 생산하거나 제작된 각종 정보나 활동자료의 모음'을 말한다. 이 교사포트폴리오는 교사 자신이 수행한 실천기록물로서 동료교사들의 문제해결에 많은 도움을 준다.

ㅁ. 연구회 참관

연구회는 연구회를 주관하는 기관이나 목적에 따라 다양하게 전개할 수 있다. 수업연구회, 교재·교구 전시회, 연구발표회, 권역별 시범보육기관공개회 등 다양하다. 따라서 다양한 연구회에 참관하여 필요한 정보와 자료를 수집할 수 있다. 특히 교육과 보육이 통합된 누리과정을 시행하는 어린이집과 유치원이 관장하는 부서가 다르다하여 경계함이 없이 상호교환적으로 참관하는 교원연수의 협력적인 개방화가 필요하다.

③ 자기역량강화

자기역량강화란 보육교사로서 전문성을 계발하여 보육교사로서의 긍지와 자부심을 갖도록 하는 것이다. 물론 보육교사로서의 전문성이 계발되면 영유아의 보육활동 지도의 효율성을 높이는 데 도움을 줄 수도 있지만, 보육활동의 효율성 도모보다 교육전문직으로서의 경제·사회적 지위를 확보하고 긍지와 자부심을 갖도록 하여 자기실현을 도모하자는 것이다. 이를 위한 연수방법으로는 대학원진학, 관련전문단체나 학회가입활동, 저술·저널쓰기, 자기역량평가 등이 있다.

ㄱ. 대학원진학, 관련전문단체나 학회가입

대학원에 진학하여 석·박사학위를 취득하거나 관련전문단체나 학회에 가입하여 전문성과 경제·사회적 지위를 향상시키고 자아실현을 도모한다.

ㄴ. 저술, 저널쓰기

저술쓰기는 단행본의 저서 발간은 어려운 일이나 개인연구실천기나 개인적인 소고를 관련 월간지에 게재하는 일이다. 저널쓰기란 보육교사들이 보육현장에서 자신이 운영한 보육활동에 대한 개인적인 관점에서 분석하여 다양한 형태로 글을 쓰는 것을 말한다.

저널쓰기과정은(임부연 외, 2015)

첫째, 반응하기 단계로 교사 자신이 문제로 삼은 상황이나 사건에 대하여 의견이나 반응을 기술한다.

둘째, 확장하기 단계로 교사가 앞에서 보였던 반응에 대해 자신의 감정을 설명하고 자신의 의견을 정당화하거나 예를 들어봄으로써 영유아 상황과 비교한다. 또는 이론적으로 상황을 설명하는 과정을 통해서 자신의 반응에 대한 원인을 찾거나 확대시킨다.

셋째, 결과에 대해 고려하는 과정으로 교사는 문제를 제기하고 그 원인을 찾아본 후 자신이 그 상황에 처하거나 같은 일이 반복될 때 어떻게 할지에 대해 궁리해본다.

(2) 기관주도연수

기관주도연수는 어린이집에서 원장을 비롯하여 전직원이 공동으로 진행시키는 연수 형태이다. 일반적으로 교사들에게 당해 어린이집에서 설정한 보육목표를 구현시키는 데 초점을 맞추고, 특히 교수·학습방법을 개선시키고 보육과정 편성과 운영기술을 향상시키어 당해 어린이집 운영의 특성을 살리기 위한 목적으로 어린이집기관 내에서 주도적으로 교원연수를 진행시킨다.

① 수업연구와 연구수업

교수·학습방법을 개선하기 위해서는 수업연구나 연구수업을 실시한다.

ㄱ. 수업연구

가. 개념

수업연구란 '합리적인 수업 원리, 기술, 아이디어를 모색하기 위하여 보육교사들이 공동으로 상정한 수업모형에 대한 합의된 수업가설을 설정하고, 설정된 수업가설이 반영된 수업설계에 따라 수업으로 전개하고 가설의 타당성을 검증하여 좋은 수업의 원리, 기술, 아이디어를 찾아내기 위한 수업에 대한 공동연구 방법'이다.

나. 연구수업과 수업연구의 차이점

연구수업과 수업연구는 모두 현장의 수업방법을 개선하기 위한 수업에 대한 연구방법이지만, 목적과 진행과정에서 다소 차이가 있다. 연구수업과 수업연구의 차이점을 제시해 보면 다음과 같다.

〈표 Ⅱ-14〉 연구수업과 수업연구의 차이점

구분	연구수업	수업연구
연구목적	• 좋은 수업방법(실제적)의 일반화	• 좋은 수업방법(이론적 방법적)의 개발
수업성격	• 모범적	• 가설적
수업아이디어	• 이미 개발된 수업아이디어 적용	• 좋은 수업아이디어를 가설로 설정하여 검증

구분	연구수업	수업연구
수업성격	• 수업자 단독으로 설계	• 연구에 참여하는 동료교사들이 공동으로 설계
수업지도안	• 확정된 모범수업 지도안	• 가설이 적용된 수업연구지도안
참관자자세	• 모범수업모형, 기술, 방법의 발견, 확인을 위한 참관	• 적용된 수업가설의 검증자료 확보를 위한 참관
참관요령	• 수업 전반에 걸친 참관	• 가설이 적용된 교수·학습활동에 국한하여 참관
반성회	• 바람직한 점과 시정할 점을 가리기 위한 반성회	• 적용된 가설검증을 위한 수집정보나 자료의 검토확인
수업의 책임	• 연구수업자 개인 책임	• 연구에 참여한 전 연구교사 공동책임
수업성과	• 좋은 수업기술 및 아이디어의 공유화	• 검증결과 좋은 수업기술, 아이디어 발굴, 일반화 시도

다. 수업연구의 진행

수업연구는 다음 표와 같은 절차를 밟아 진행시킨다.

〈표 Ⅱ-15〉 **수업연구 절차**

1. 학습주제 선정	2. 학습목표 설정	3. 수업연구 과제분석
4. 수업가설 및 가설설정의 근거 확보		5. 수업연구 지도안 작성
6. 도상수업 및 협의	7. 수업지도안 확정	8. 수업연구 분석방법 협의
9. 수업보도 및 수업분석	10. 수업가설의 타당석 분석	11. 이법화, 일반화

위와 같은 절차를 밟아 연구수업과 수업연구를 실시하여 교사들의 교수·학습방법을 개선시킨다. 절차에 따른 진행방식은 고정곤 외, 유아교과교육론(양서원, 2016)을 참고하기 바란다.

② 원내 자체연수

어린이집에서는 교사들의 교수·학습방법과 보육과정 편성 및 운영, 어린이집 운영의 특색화에 필요한 연수내용을 선정하여 이에 따른 연간계획을 수립하고 원내 자체연수를 진행시킨다. 샛별어린이집 원내 자체연수계획의 '예'를 제시한다.

원내 자율장학 및 교사 연수 계획

(샛별어린이집)

▷ 목적

- 교사의 교수 · 학습방법 개선으로 교사의 전문성을 신장시킨다.
- 교사 자율연수를 통해 교육의 질을 제고시킨다.

▷ 방법

- 교사가 자율적으로 계획을 수립하여 실시한다.
  - 체계적인 계획을 수립하고 이를 실천하여 자신의 전문성을 제고시킨다.
  - 수업을 분석하고 다음 수업 전개 시 참고한다.
- 동료장학은 컨설팅장학을 병행하여 실시한다.
- 학부모 수업 공개의 날을 운영한다.
- 자율연수는 매주 1회 실시한다.

▷ 내용

- 원내 자율장학

구분		실시횟수	시기	참석자	활동내용
자율장학	자기장학	연 1회	연중	전교사	*자기 수업 평가서 작성
	동료장학	연 3회	연중	동료교사	*사전협의 *시안작성 *수업공개 *반성협의 *일반화
컨설팅장학		연 2회	연중	장학사 장학요원	*지원신청 *과제협의 *지도조언

- 연령별 동료장학 계획

반	수업교사	시기	멘토링	수업 활동주제	비고
옹달샘	이윤정	6월	김애란	음식과 건강이 필요해요	
샘 물	김애란		이윤정	음식과 건강이 필요해요	
조약돌	소현정	7월	고선희	여름	
모 래	박미진		최경실	여름	
물 결	최경실		박미진	여름	
조약돌 방과후	고선희		소현정	여름	
강 물	임혜영	5월	김태은	우리동네 생활과 사람들이에요	
호 수	박창훈		김태은	우리동네 생활과 사람들이에요	
등 대	김태은		임혜영	우리동네 생활과 사람들이에요	

• 수업공개의 날

연령	만 3세	만 4세	만 5세
월일	10월20일(월)	10월21일(화)	10월22일(수)
대상	학부모 전원		

• 교사 자율연수 연간계획

구분	실시횟수	시기	참석자	실천내용
자체연수	주1회	연중	전 교원	*우크렐라 연주법

▷ **기대효과**

• 원내 장학 및 교사 자율연수를 통해 수업과 학급경영에 대한 전문성을 높일 수 있다.
• 수업자의 교수활동을 보고 발전적인 면을 자기 수업에 반영할 수 있다.

▷ **예산 : 180만원**

③ 외부 연수기관 위탁연수

어린이집에서 주도하는 교원연수에서는 보육과정 편성 및 운영기술을 향상시키기 위해 주력해야 하는데 그 방법으로 외부 연수기관 참여연수, 강사초빙연수 등을 들 수 있다.

ㄱ. **외부기관 참여연수**

당해 어린이집 보육교사들에게 보육과정 편성 및 운영에 관한 내용을 중심으로 개설된 외부연수기관에 연수를 의뢰한다. 대표적인 연수로 '3~5세 누리과정연수'와 보육정보센터의 '교직원 교육' 등이 있다(이순영 외, 2015).

㉮ 3~5세 누리과정연수

3~5세 누리과정 담당교사는 반드시 누리과정연수를 이수해야만 한다. 누리과정연수는 집합연수 8시간과 원격연수 15시간(평가 포함)으로 구성되어 있는데 연수내용은 다음과 같다.

〈표 II-16〉 3~5세 누리과정 연수내용과 시간

구분	교육내용	시간	연수신청
집합연수	• 총론 • 5개 영역의 이해와 실제 • 혼합연령학급운영 지도방법 • 3~5세 연령별 누리과정 지도방법	8시간	어린이집 지원시스템
원격연수	• 5개 영역의 지도지침 및 유의점 • 실내·외 환경구성 • 3~5세 연령별 학급누리과정 운영의 실제 • 혼합연령학급 누리과정 운영의 실제 • 평가하기	15차시 + 평가 (60점 이상)	원격연수기관 홈페이지

㉯ 보육정보센터의 교직원교육

중앙보육정보센터를 중심으로 시·도 및 시·군·구에 지방보육정보센터가 설치되어 표준보육과정교육, 안전·급식위생 및 아동학대예방교육, 취약보육교육 등 국가차원에서 전국적으로 교육이 공통적으로 실시되고 있다. 뿐만 아니라 각 지역의 특성과 보육교직원의 요구에 알맞은 교직원연수가 보육정보센터별로 이루어지고 있다.

〈표 II-17〉 전국보육정보센터 공통추진 보육교직원 교육내용(2011)

구분	교육내용
표준보육과정교육	• 기본 보육교사교육 - 표준보육과정의 기초 - 표준보육과정의 영역별 목표와 내용(기본생활, 신체운동, 의사소통, 사회관계, 자연탐구, 예술경험영역 들여다보기)
	• 심화교육 교사교육 - 표준보육과정에 기초한 보육계획 수립의 원리 - 표준보육과정에 기초한 영유아 보육계획 수립의 실제 (만 0·1·2·3·4·5세 연령별 실예 제시)
안전-급식위생 및 아동학대 예방교육	• 아동학대 예방교육 - 아동학대의 개념 및 학대 예방교육 - 아동학대 예방지침 및 아동학대 사례분석 - 아동보호 체계교육 - 어린이집 교직원으로서의 역할
	• 급식위생 관리교육 - 어린이집 급·간식, 위생교육 - 어린이집 교직원의 개인위생관리 - 하절기 위생관리 및 식중독예방(식품취급방법, 식재료관리 등)

구분	교육내용
	• 영아돌연사증후군 예방교육 - 영아돌연사와 영아돌연사증후군의 개념이해 - 영아돌연사증후군 예방수칙 - '심폐소생술' 동영상시청
	• 어린이집 내 사고와 위험관리 - 어린이집 안전사고 현황 - 사고유형별 사례 및 예방법 - 사고발생 및 대처방법(어린이집 가입보험)

출처: 중앙보육정보센터(2012), 2011년 전국보육센터 사업결과 보고서.

ㄴ. 강사초빙연수

보육과정 편성 및 운영에 관한 관련과목을 담당하는 대학교수나 보육관련 연구기관의 연구원을 초빙하여 연수를 진행한다. 강의초빙교수는 강의를 듣고자 하는 주제에 대하여 사전에 충분하게 연구하여 연수에 참여한다.

④ 기관운영의 특성화연수

모든 어린이집에서는 원장의 보육철학과 어린이집의 특성에 따라 보육과정 운영이나 생활지도면에서 특색있게 운영하고 있다. 예를 들면, 어떤 어린이집에서는 주 1회 어머니교육을 통하여 영유아교육내용과 방법을 안내하여 가정과 원과의 연계교육을 강화하고 있다. 또한 어떤 어린이집은 농번기에 지역특성을 고려하여 아침 6시부터 오후 8시까지 보육활동을 운영하는 등 기관운영의 특성화를 기하고 있는데 이런 특성화에 따른 전문적인 지식과 정보를 얻기 위한 연수를 할 수 있다.

기관운영의 특성화를 위한 연수방안으로 품질관리컨설팅, 자율공부모임, 기관주제연구 등이 있다.

ㄱ. 품질관리컨설팅(이순형 외, 2015)

㉮ 개념

품질관리컨설팅은 어린이집의 요구를 토대로 어린이집과 컨설턴트와의 적극적인 상호교류를 기반으로 하여 개별 어린이집의 특성을 잘 반영하여 어린이집이 한 단계 더 성장할 수 있도록 돕는 맞춤식 연수시스템이다.

㉯ 목적

어린이집의 질관리 지원을 위해 도입된 시스템으로서 어린이집의 개별적인 질적 수준관리 및 지속적인 향상을 위해 전문적이고 체계적인 도움을 제공하는데 있다.

㉰ 유사용어

품질관리컨설팅과 유사개념인 장학과는 다음과 같은 차이가 있다.

〈표 Ⅱ-18〉 장학과 컨설팅의 차이점

구분	장학	품질관리컨설팅
참여관계	• 상급자, 하급자 관계	• 동료적, 수평적 관계
지도영역	• 교사의 직무수행 영역	• 어린이집의 필요와 요구에 맞춰서 정해짐 (어린이집 운영 및 교육, 건강, 영양, 안전 등 전반적인 내용)
결과에 대한 책임	• 장학 담당자가 지도한 내용에 따른 결과에 대한 책임	• 컨설턴트는 어린이집에 지시할 책임이나 권한은 없으나 컨설팅의 질에 대한 책임이 있음
지도방법	• 일방적, 지시적, 조언적	• 적극적인 상호교류

㉱ 품질관리컨설턴트의 자격 및 역할

• 자격

컨설턴트의 자격은 보육의 질 관리에 대한 지식과 기술·태도 등을 갖춘 전문가

- 어린이집 평가인증관련 경험자(조력, 평가인증수행, 조력강의, 보육정보센터 평가인증 담당업무 등)
- 영유아 보육관련학과 석사학위 이상 소지자로 보육경력 5년 이상인 자
- 영유아 보육관련학과 학사학위 이상 소지자로 보육경력 7년 이상인 자 등이다.

• 역할

- 어린이집의 지속적인 질 관리와 관련하여 우선적으로 평가인증지표를 토대로 점검한 후 필요시 전문적인 조언 등을 통하여 대안을 제시하고 지원한다.
- 보육교직원들이 보육서비스의 질적 수준을 향상시키고 지속적으로 관리할 수 있는 전문적인 질 관리 능력을 확보하도록 도우며 보육교직원의 업무고충 및 문제상황에 대한 상담 및 지원하는 역할을 한다.

㉲ 진행과정 및 내용

- 품질관리컨설팅은 보건복지부, (재)한국보육진흥원 및 중앙보육정보센터가 함께 품질관리 컨설팅의 총괄적인 계획을 수립한 후 각 지역의 보육정보센터의 역할을 분담하여 실시한다.
- 품질관리컨설팅은 보육정보센터에 배치된 컨설턴트가 담당하며 신청/접수, 교육/협약, 자료제출/자료점검, 현장지원, 결과보고, 상담관리의 과정으로 진행된다.
- 품질관리컨설팅은 어린이집의 자발적인 참여나 신청에 의해 진행된다.
- 일반적인 지원이나 교육보다 어린이집의 요구를 토대로 어린이집과 컨설턴트와의 상호교류를 통하여 이루어지는 맞춤식 연수로서 보육활동 전반에 걸쳐 이루어진다.

ㄴ. 공공형 어린이집의 자율공부모임

공공형 어린이집의 자율공부모임은 다음과 같이 운영된다(이순형 외, 2015).

㉮ 자율공부모임과 공공형 어린이집

자율공부모임이란 공공형 어린이집으로 선정된 어린이집에 대하여 운영컨설팅모니터링, 자율공부모임, 보육관련전문정보제공 등으로 질적 수준을 제고시킬 수 있도록 여러 측면에서 사후품질을 관리하는 연수체제를 말한다.

또한 공공형 어린이집이란 우수한 민간, 가정어린이집이 국가로부터 운영비를 지원받으면서 국·공립 어린이집 수준의 공공보육인프라로서 기능하는 새로운 유형의 어린이집으로 2011년부터 시작되어 2012년 6월말 기준 665개가 운영되고 있다.

㉯ 운영요령

- 전국 시·도를 총 17개 권역으로 나누어 각 권역별로 특강 후 자율공부 모임별로 워크숍이 이루어진다.
- 중앙에서 위촉된 보육관련 전문가가 특강 및 워크숍강사, 강의자료 원고 집필, 자문위원 등으로 자율공부모임을 지원한다.
- 공공형 어린이집이라는 특정 어린이집을 대상으로 전국적으로 교육이 실시되고 특강과 워크숍 위주로 이루어진다.
- 자율공부모임은 다음과 같은 단계로 이루어진다.

- 제1단계 : 특강(권역별로 전문가의 특강)
- 제2단계 : 모임별 워크숍(모임별 어린이집간의 정보 공유)
- 제3단계 : 권역별 워크숍(모임별로 도출된 결론 및 자문위원의 피드백 공유)
- 제4단계 : 결과보고서 제출 및 공유(모임별·권역별 결과보고, 타 권역과 정보공유), 개별자문(각 어린이집의 어려운 점에 대한 자문받기)

(3) 정부주도연수참가

정부에서는 개혁적인 보육정책시행 그리고 보육과정운영의 효율성을 높이기 위해서는 교사연수를 통하여 이에 필요한 정보, 지식, 기술을 연마시켜 줘야 하는바 이를 위하여 정부가 주도하는 각종 연수를 시행하게 된다.

정부주도연수에는 승급교육, 일반직무교육, 특별직무교육, 사전직무교육 등 4유형이 있다.

① 승급교육

승급이란 상위등급의 자격을 취득하는 것, 즉 3급 → 2급, 2급 → 1급을 취득하는 것으로 승급을 시키기 위해서는 자질향상이 뒤따르는 것으로 승급교육을 받아야 한다. 또한 영유아보육법에 근거한 보수교육의 일환으로 실시되는 정부관련 기관주도형 교육이다.

② 직무교육

직무교육이란 영유아보육법에 근거한 보수교육의 일환으로 보육교직원의 보육에 필요한 지식과 능력을 유지, 개발하기 위하여 실시하는 정부 관련기관 주도형 교육이다.

직무교육에는 일반직무교육, 특별직무교육, 사전직무교육의 3종이 있다.

제 4 장 보육공동체간의 협력

어린이집에서는 보육교사들이 상호 간에 원활한 의사소통과 협력으로 영유아보육을 이끌고 학부모들과 원활한 상호작용과 인간관계 속에서 영유아보육활동에 적극적인 지원과 협조를 받는다. 또한 교사와 학부모는 지역사회의 소속원으로서 지역사회와 긴밀한 결연과 협력 속에서 지역사회자원을 적극 활용하는 등 협력과 지원을 받아 최종적으로 영유아의 성장·발달을 돕는 교육을 실천하는 보육공동체 간에 상호유기적인 협력이 필요하다. 따라서 제4장에서는 보육공동체의 개념 및 유형 그리고 교사와 학부모 간, 교사와 지역사회 간의 협력방안에 대하여 기술하기로 한다.

1. 개념 및 유형

보육공동체란 '보육의 목표를 실현하기 위해서 이에 관련되는 다양한 계층의 조직이나 기구 또는 인력의 총체'를 의미한다. 이러한 다양한 계층의 조직이나 기구 또는 인력의 총체들은 그들이 처한 지위나 직책 또는 상황 속에서 보육에 대하여 다양한 임무나 역할을 수행하게 되는데 이렇게 분산된 다양한 임무나 역할들을 한데 모아 보육의 목표를 합리적이며 효율적으로 실현하도록, 즉 목표지향적인 활동으로 이끌게 하는데 이러한 조직이 바로 보육공동체이다.

그리고 보육공동체는 모두가 각각 고유의 지위와 직책 또한 상황 속에서 다양한 임무와 역할을 수행하여 보육목표 구현에 공헌하게 되는데 보육이라는 관점에서 볼 때 보육공동체의 유형에는 보육교사를 구심점으로 하여 영유아, 교사, 원장, 설립자, 지역사회 내의 기관, 시설, 국가기구 등 다양하며 이들 모두가 영유아보육목표 구현에 직·간접적으로 공헌하게 된다.

따라서 훌륭한 보육을 실현하기 위해서는 보육공동체의 임무와 역할들이 목표지향적인 협력으로 이루어져야 한다. 다음에서 보육공동체의 협력으로 교사와 학부모 간의 협력, 교사와 지역사회 간의 협력이 어떻게 이루어져야 하는지에 대하여 기술한다.

2. 교사와 학부모 간의 협력

최근 많은 연구에서 교사와 학부모 간의 협력과 일관성 있는 교육방법은 영유아발달에 긍정적인 영향을 준다는 사실이 지지받고 있다. 교사와 학부모와의 협력은 영유아의 성장·발달에 관련된 각자의 역할을 촉진하기 위한 것으로 교사와 학부모는 영유아의 바람직한 성장·발달을 위하여 각자가 성공적인 협력이 이루어질 수 있도록 노력해야 한다. 따라서 본 절에서는 협력의 필요성, 효과, 부모에 대한 이해, 협력지침과 협력방안에 대하여 차례로 기술한다.

1) 필요성

교사와 학부모 간의 협력이 필요한 이유는

① 부모는 자녀에 대하여 누구보다 가장 잘 알고 있기 때문에 자녀의 개인적 요구나 정보를 교사에게 제공해 줌으로써 보육프로그램의 편성과 운영계획 수립에 큰 도움을 줄 수 있다.

② 교사는 자기 자녀와는 누구보다도 가장 많은 시간을 함께하고 교사로서 자기 자녀에 대하여 적합하고 치밀하게 계획을 수립하여 지도할 수 있다. 그러므로 부모-교사의 관계는 자녀를 위한 공동협력교사의 역할을 한다.

③ 부모는 자녀가 받고 있는 프로그램과 여러 가지 혜택에 대하여 직·간접적으로 비용을 지불하고 있으므로 자녀가 배우는 학습내용과 방법에 대하여 알기를 원한다.

④ 자녀가 받고 있는 프로그램의 성과에 대하여 자세히 알게 되면 부모는 프로그램이 더 오래 지속되고 확대될 수 있도록 하기 위해 최선을 다한다.

⑤ 영유아기 자녀를 위한 부모훈련은 대상 자녀뿐만 아니라 그 외 자녀들을 위해서도 매우 유익하다. 즉, 부모가 배운 영유아지도기술은 다른 모든 자녀들에게도 훌륭한 부모·교사 역할을 수행할 수 있도록 도와준다.

⑥ 어린이집에서 진행하는 프로그램에 대하여 부모가 직접적이며 체계적으로 협력할 때 영유아의 학습의 성과와 속도는 더욱 촉진된다.

2) 효과

(1) 부모에 대한 효과

① 교사로서의 자질함양

교사는 부모에게 가정에서의 자녀지도에 필요한 다양한 부모교육을 실시하고 또한 영유아지도에 직접적으로 참여시킴으로써 영유아의 바른인성 및 성격, 기본생활습관, 교우관계, 의사소통기술 등을 지도할 수 있는 교수·학습방법, 행동수정기술 등을 습득시켜 교사로서의 자질을 함양시킬 수 있다.

② 자기만족감 향상

부모가 교사와 협력관계를 맺는 것은 자녀교육을 위해서 맺어지는 자연적이며 인위적인 과정이다. 부모는 직접적으로 교사와 공동협력을 통하여 자녀교육에 참여함으로써 부모 자신의 가치를 재발견하고 자녀교육에 대한 윤리적, 사회적 책임을 이행했다는 만족감을 갖는다.

(2) 교사에 대한 효과

① 영유아지도를 위한 정보나 자료 확보

보육교사가 영유아를 건강하게 성장·발달하도록 지도하기 위해서는 영유아에 대한 깊은 이해가 있어야 하고 다양한 정보를 많이 알고 있어야 하는데 영유아지도에 따른 정보는 부모와 가족을 통해 수집되는 부분이 많다.

따라서 보육교사는 부모나 가족과 긴밀한 협력을 통하여 가정에서 작성한 제반 기록물, 질문서 그리고 면접을 통하여 영유아지도에 필요한 다양한 정보나 자료를 확보할 수 있다.

② 보육교사의 자기관리

보육교사는 부모와의 협력을 위해 자주 접촉하면서 부모로부터 호감을 받기 위해 부단히 노력하게 된다. 예를 들면, 자신의 행동과 말, 몸가짐, 인사 및 태도 등에 대하여 예민하게 주의하게 되며 부적절한 점은 수정해가면서 교사로서의 품위를 유지해 나간다.

이와 같이 쌍방향적 협조를 통하여 보육교사는 자기관리를 하게 되어 부모로부터 신뢰와 믿음을 쌓게 된다.

③ 보육교사의 전문화

보육교사는 부모들과의 협력을 통하여 영유아지도를 위한 각종 정보와 자료를 확보할 수 있고 자신의 행동과 말, 몸가짐, 인사와 태도 등에 걸친 자기관리로 학부모의 신뢰와 믿음을 얻어 보육현장에서 가장 적절한 방법으로 영유아지도의 효율성을 제고시킬 수 있는 전문가가 되어간다.

(3) 영유아에 대한 효과

① 영유아의 바람직한 성장·발달 도모

보육교사는 학부모로부터 입수한 다양한 정보와 자료, 신뢰와 믿음을 바탕으로 영유아지도에 대한 적극적인 참여와 지원을 받아 지도함으로써 영유아의 바람직한 성장·발달을 효율적으로 도모하게 된다.

② 영유아의 자신감 배양

영유아는 부모님이 선생님과 원활하게 의사소통을 하고 어린이집 보육활동에 대하여 적극적으로 참여하게 되면 어린이집 내의 모든 유아교육활동에 자신감과 적극성을 가지고 생활할 수 있게 된다.

3) 협력방안

교사와 학부모 간의 협력방안에는 교사의 부모에 대한 협력과 부모의 교사에 대한 협력으로 나뉠 수 있다.

(1) 교사의 부모에 대한 협력방안

교사의 학부모에 대한 협력은 주로 부모와의 원활한 의사소통을 위한 대책과 부모 면담 등이 핵심적인 활동으로 다음에서 이에 대하여 기술하도록 한다.

① 학부모와의 원활한 의사소통

학부모와의 원활한 의사소통 방법으로는 일반적인 의사소통과 쌍방향적 의사소통의 두 종류로서 다음에서 이에 대한 방안에 대하여 기술한다.

ㄱ. 일방적 의사소통

일방적 의사소통은 교사가 학부모에게 부모의 반응을 고려하지 않고 일방적으로 부모에게 전달되는 메시지로 다음과 같은 방법이 있다.

가. 안내책자

영유아가 어린이집에 입학하기 전 취원예정 부모님께 배부하기 위해 또는 어린이집을 처음 방문하는 방문객에게 어린이집의 운영철학, 보육목표, 보육방침, 보육내용, 보육방법, 입학에 따른 준비사항 등을 안내하기 위한 내용으로 구성된다.

나. 가정통신문

가정통신문은 어린이집에서 월간, 주간, 일간 보육활동내용이나 국가, 사회, 기관의 행사, 돌발적인 사건 등에 대하여 중요한 정보나 자료를 각 가정에 통지함으로써 자녀지도 시 고려해 주기를 바라는 의미에서 발송한다. 가정통신문은 어린이집에서 부모님에게 일방적으로 보내지는 안내문으로 가정과 어린이집 간의 일관된 교육을 위해 필요한 내용으로 구성된다.

다. 뉴스레터

어린이집의 보육계획에 따라 주 1회, 격월 또는 월 1회 정도 보낼 수 있다. 뉴스레터에는 어린이집에서 일어난 일들을 알릴 수 있다. 내방객에 대한 소식, 어린이집 활동에 관한 소식들을 전달할 수도 있다. 뉴스레터를 보면서 부모는 어린이집 소식을 접할 수 있고 보육교사와 공감대와 유대감을 형성할 수 있다.

라. 홈페이지

컴퓨터 활용이 대중화되어 있다. 어린이집 홈페이지에 들어가 다양한 활동내용과 안내사항, 소식에 대해 알 수 있다.

마. 게시판

현관에 설치된 게시판은 부모와 효과적인 의사소통 수단이다. 영유아가 등원하거나 하원할 때, 부모는 게시판을 통해 어린이집에서 진행하는 모든 활동상황에 대하여 이해할 수 있다. 게시판은 학습활동주제, 식단, 행사계획, 건강, 생활지도안내 등에 대하여 글과 그림으로 구성하여 게시한다.

ㄴ. 쌍방향적 의사소통

쌍방향적 의사소통은 교사와 학부모 간에 상호작용이 동시에 쌍방향적으로 이루어짐으로써 교사와 학부모 간에 원활한 인간관계를 맺어주는 데 효과적이다.

가. 전화

직접 만나서 이야기하는 것보다 더 편하게 상대방에게 이야기할 수 있고 직장이나 가사로 인하여 바쁜 학부모에게는 아주 적절하다. 전화사용 시 고려해야 할 점은

첫째, 가급적 5분 이상 초과하지 않는다.

둘째, 이야기 요지를 사전에 충분히 구조화하여 상대방이 이해하기 쉽게 한다.

셋째, 말소리의 크기를 잘 고려한다.

나. 이메일

컴퓨터가 대중화되어 감에 따라 이메일을 통한 의사소통도 일반화되어 가고 있다. 이메일은 모든 학부모에게 동시에 같은 내용을 전할 수 있어 시간을 단축할 수 있어 좋다.

다. 부모의 참여수업, 수업참관

어린이집에서 이루어지는 교수·학습활동에 직접 참여해 보는 활동으로 부모는 참여수업의 경험을 통하여 보육기관에서 이루어지는 보육프로그램을 이해하게 된다. 수업참관은 교사의 영유아 지도방법을 쉽게 이해할 수 있는 가장 기본적인 부모의 수업연구방법으로 가급적 많은 학부모들이 참여하도록 유도해야 한다.

라. 신학기 학부모오리엔테이션

신학기 학부모오리엔테이션은 개학 1~2주 전에 학부모에게 어린이집의 특성, 운영

목표, 운영방침, 보육프로그램과 어린이집에 대한 협조사항을 안내하여 가정과의 유대를 강화시킨다.

② 부모면담

부모면담이란 교사와 학부모가 서로 대면하여 영유아의 어린이집 생활과 발달특성에 대한 의견을 교환함으로써 바람직한 영유아지도방법을 모색하는 활동이다. 이러한 면담은 가정과 어린이집이 함께 영유아에 대한 효율적인 지도방법을 모색하는 기회가 된다.

ㄱ. 가치

가. 부모와 교사 간에 상호친밀감을 형성할 수 있다.

나. 교사가 영유아에게 영향을 주는 가정생활이나 가족관계에 대하여 다양한 정보와 자료를 수집할 수 있어서 영유아지도에 도움이 된다.

다. 영유아에게 문제행동이 발생할 경우, 지도방안을 공동으로 모색할 수 있다.

라. 부모가 자녀에 대해 새로운 인식을 갖게 된다.

마. 부모는 어린이집의 보육목적과 보육프로그램에 대해 상세하게 이해할 수 있다.

바. 어린이집의 다양한 행사에 대해 의견을 서로 교환할 수 있다.

ㄴ. 유형 및 운영방안

부모면담에는 개인면담과 집단면담이 있다.

개인면담은 교사와 부모가 서로 대면하여 정보를 교환하고 의논하는 면담이다. 일반적으로 학기 초와 학기 말에 면담시간을 정하고 면담일정을 계획하여 진행한다. 개인면담시간은 30분 내지 1시간 정도로 이루어진다. 집단면담은 교사의 입장에서는 시간을 절약할 수 있고, 부모 간의 상호교류를 통해 자녀의 특성을 폭넓게 이해하며 부모와 교사 간에 상호유대관계 형성에 도움이 된다. 부모면담을 효율적으로 운영하기 위해서는 같은 문제로 고민하는 부모들을 한 팀으로 구성하여 운영할 때 보다 효율적인 면담이 될 수 있다. 그리고 집단면담에서는 대체로 각 가정에서의 영유아행동, 친구관계, 놀이, 습관상의 특성 그리고 영유아에 관한 희망이나 건의사항들이 다루어져야 한다.

(2) 부모의 교사에 대한 협력방안

부모의 교사에 대한 협력방안으로서는 어린이집운영위원회 참여, 교육정보 제공, 자원봉사, 학부모자원 제공 등이 있다. 이에 대하여 간단히 기술하기로 한다.

① 어린이집운영위원회 참여

초·중·고등학교는 물론 유아보육기관에서도 어린이집운영위원회를 설치, 운영하도록 규정하고 있다(영유아보육법 제25조). 어린이집운영위원회는 어린이집 원장, 보육교사 대표, 학부모 대표 및 지역사회 인사를 포함하여 5인 이상 10인 이내로 구성되며 연 2회 개최하도록 되어 있다. 어린이집 운영위원회에서는 어린이집 운영상황 전반에 걸쳐 논의하고 협의하여 어린이집 운영의 효율성을 도모하도록 한다.

② 교육정보 제공

학부모는 교사가 영유아지도를 위해 필요한 다양한 정보와 자료를 가지고 있다. 부모만큼 자녀에 대한 정보와 자료를 많이 가지고 있는 사람은 없다. 영유아가 이 세상에 태어난 이후 가정에서 부모의 보살핌과 어린이집 입학까지 성장과정을 비롯하여 영유아의 생활습관, 성격, 흥미, 놀이, 교우관계 등에 관한 다양한 정보나 자료를 보육교사에게 제공하여 자녀지도에 활용하도록 한다.

교육정보를 제공하는 방법으로 입학 시 어린이집에서 영유아 이해를 위한 각종 조사서에 성의껏 기재하여 제출해야 하고 필요에 따라 교사와의 면담으로 필요한 정보나 자료를 제공할 수 있다. 그리고 상황에 따라 전화나 생활안내장을 통해 제공해주어야 한다.

③ 자원봉사

ㄱ. 교재·교구 제작

영유아교육에서 보육교사가 교재·교구를 제작 활용하는 일은 필수적이다. 영유아 활동에서 교재·교구없이 보육활동을 진행하는 일은 거의 불가능하기 때문이다. 그런데 어린이집에서 주제활동에 필요한 교재·교구를 구입하거나 모든 교재·교구를 제작하는 일은 힘들기 때문에 보육교사의 지도로 교재·교구 제작에 학부모가 지원할 수 있다.

ㄴ. **행사 도와주기**

어린이집에서는 연중 크고 작은 행사가 많이 이루어진다. 행사는 주제활동 방법 중의 하나로 이루어지고 가정과의 연계지도를 위해서도 필요한 활동이다. 학부모가 어린이집의 행사에 협력하는 방안으로 예를 들면, 야외관찰 학습을 나가는 경우, 차량 승하차지도, 현지 관찰학습지도 시 영유아 점심 또는 휴식 시간에 일정한 역할을 부여받아 수행하는 등 행사준비 및 진행과정에서 보육교사를 지원할 수 있다.

ㄷ. **보조교사**

학부모를 영유아학습활동 시 또는 각종 행사 시 단순한 봉사나 협조가 아닌 보조교사로서 학습활동 한 분야의 역할을 수행하여 교사를 돕는 일이다. 예를 들면, 꾸미기활동을 할 때 영유아 한두 팀을 담당하여 직접 꾸미기활동을 지도하는 경우를 말한다.

ㄹ. **주제활동 전개에 도움 되는 자료수집**

주제활동 전개에 따른 다양한 자료(실물자료, 관련 서적, 사진 등)를 교사 혼자의 힘으로 어린이집에 모두 준비하기가 어려울 경우가 많다. 가정과의 연계교육차원에서 각 가정에 소장하고 있는 주제와 관련한 다양한 자료를 어린이집으로 보내어 영유아 교수 · 학습활동에 활용할 수 있도록 지원한다.

④ 학부모자원 제공활용

학부모가 지니고 있는 다양한 자원을 유아보육기관에서 적극 활용하여 유아보육의 효율성을 제고해야 한다. 여기에는 주제활동 지도교사로서의 역할과 전문분야의 지식과 기술 지원받기의 2종류가 있는데 이에 대하여 기술하기로 한다.

ㄱ. **주제활동 지도교사**

활동주제와 관련하여 많은 전문적인 지식과 기술을 보유한 학부모에게 주제활동 지도교사의 역할을 부여하고 보육교사는 보조역할을 수행해보는 협력방법이다. 영유아의 입장에서는 새로운 교사가 이끄는 학습활동에 참여함으로써 신비감과 호기심이 있어 학습활동에 적극적으로 참여할 수 있어 좋다.

ㄴ. **전문분야의 지식과 기술 지원받기**

전 항과 같은 주제활동 지도교사로서의 협력이 아니라도 관련되는 활동에 해당되는 학부모의 전문분야의 지식과 기술을 지원받을 수도 있다. 예를 들면, '우체국에서 하는 일'에 대한 주제학습을 할 때 우체국에 근무하는 학부모를 모셔 우체국에서 하는 일에 대한 사진자료를 활용하여 이야기를 들을 수도 있다.

3. 교사와 지역사회 간의 협력

어린이집에서는 지역사회 내의 과제와 특성, 요구 등을 보육과정 편성에 적극적으로 반영하여 운영해야 하고 지역사회 또한 어린이집에서 필요한 지역사회 내의 인적·물적 자원을 제공함으로써 상호보완적 관계를 유지해오고 있다. 또한 보육교사, 학부모가 각각 독립적으로 존재하는 것 같지만 사실은 지역사회라는 공동체 내에서 3자가 깊은 유대로 연계되어 있다. 본 절에서는 교사와 지역사회 간 협력의 필요성, 협력을 통하여 얻어지는 효과, 협력지침과 협력방안에 대하여 기술하기로 한다.

1) 협력의 필요성

교사와 지역사회 간 협력의 필요성을 6가지 측면에서 고찰해 보기로 한다.

(1) 생태학적 관점

어린이집은 지역사회와 생태학적으로 깊은 관계를 맺고 끊임없이 서로 영향을 주고받고 있다. 따라서 이들 간에 어떻게, 어떤 영향을 주고받는가를 이해하여 긍정적인 영향은 극대화하고 부정적인 영향을 최소화하기 위해서 어린이집과 지역사회 간의 협력이 필요하다.

(2) 영유아보육의 효율성 도모

영유아보육의 효율성을 도모하기 위해서는 지역사회 내에 산재해 있는 다양한 각종 정보나 자료를 현장학습 또는 인적자원에 대한 초빙학습을 하거나 각종 정보나 자료들을 어린이집으로 옮겨와 영유아학습활동의 효율성을 도모하기 위하여 어린이집과 지역사회 간의 협력이 필요하다.

(3) 지역사회의 선도적 역할

어린이집은 지역사회의 선도적 역할을 수행하고 있다. 지역사회가 안고 있는 다양한 과제를 어린이집으로 끌어들여 이의 해결방안을 보육과정에 반영 지도하고 지역주민을 위한 프로그램을 개발 운영하는 등 지역사회 발전의 선도적 역할을 수행해야 하는데, 이를 위해서는 어린이집과 지역사회가 서로 협력해야 한다.

(4) 우수인재 발굴로 지역사회 발전도모

어린이집은 훌륭한 인재를 배양하기 위한 최초의 사회교육기관으로 훗날 바람직하게 성장한 인재는 지역사회와 함께 살아가면서 지역사회 발전에 공헌하므로 우수한 인재발굴을 위하여 어린이집과 지역사회 간의 협력이 필요하다.

(5) 영유아보육 프로그램의 실천적용

영유아의 바람직한 성장·발달을 위하여 실시하는 특정 영유아보육 프로그램은 지역주민의 협조를 얻어야 효율적으로 진행되므로 이를 위해서는 지역사회와의 협력이 필요하다.

(6) 지역사회기관 운영의 효율성 도모

어린이집과 교사는 지역사회 내의 각종 관공서를 비롯한 다양한 기관이나 시설들의 효율적인 운영에 도움을 줄 수 있다. 즉, 어린이집에서 운영되는 부모교육과 교사 그리고 영유아를 통한 홍보 또는 계도를 통하여 각 관공서, 기관이나 시설 운영에 도움을 줄 수 있다. 이를 위해 어린이집과 지역사회 간의 협력이 필요하다.

2) 협력의 효과

(1) 영유아보육에 미치는 효과

① 미래 지역사회 역군으로서의 영유아 존재에 대한 사회적 인식의 전환으로 영유아를 위한 다양한 보육시책들이 지역사회의 차원에서 마련된다.
② 어린이집과 지역사회 간의 강한 유대 속에서 영유아는 지역사회를 선도하고 이

끌어갈 미래의 인재로서 바르게 성장·발달하게 된다.

(2) 교사(어린이집)에 미치는 효과

① 지역사회 자원의 활용, 학부모의 영유아교육에 대한 관심의 증대 등으로 영유아 교육의 효율성을 도모할 수 있다.
② 지역사회 인재양성을 위한 최초 사회교육기관의 교사로서 사회적 인식이 제고됨으로써 교사를 존경하는 풍토가 조성된다.

(3) 지역사회에 미치는 효과

① 지역사회 주민을 대상으로 한 어린이집의 개방과 보육프로그램 투입은 지역주민의 삶의 질을 향상시킨다.
② 어린이집에서 지역사회 과제해결을 위한 보육과정 운영은 영유아에게 바른 공공의식과 태도를 길러주고 지역사회의 건전한 생활풍토 조성에 공헌한다.
③ 어린이집 원장, 교사, 영유아가 지역사회의 다양한 활동에 참여하고 지역사회 기관이나 시설의 사업에 대한 홍보로 지역사회기관 및 시설운영에 도움을 준다.

3) 협력방안

교사와 지역사회 간의 협력방안은 어린이집에서 지역사회에 대한 협력방안, 지역사회에서 어린이집에 대한 협력방안으로 나누어 생각해 보기로 한다.

(1) 어린이집에서 지역사회에 대한 협력

어린이집이 지역사회의 발전을 위하여 협력할 수 있는 내용들은 다음과 같다.

① 어린이집 개방

어린이집을 완전 개방하여 지역사회 주민들의 회의장소로 제공함은 물론 유원장의 놀이장을 지역 내 영유아나 초등학교 저학년 학생들에게 놀이장으로 개방하고 야간에 지역주민의 주차장으로 활용할 수 있도록 개방한다.

② 다양한 프로그램 운영

어린이집에는 주민중심 프로그램과 영유아중심 프로그램 등을 다양하게 운영하여 주민과 영유아들의 삶의 질을 향상시킨다.

ㄱ. 주민중심 프로그램 운영

어린이집에서 주민들을 대상으로 하여 다양한 프로그램을 운영하여 주민들에게 사회생활에 필요한 다양한 정보와 기능을 제공할 수 있는데, 예를 들면, 보건소와 연계하여 주민들을 위한 금연교육, 성폭력 예방교육, 약물 오남용 예방 프로그램을 운영할 수도 있다. 이렇게 어린이집에서 주민중심 프로그램 개설이 용이한 점은 부모교육이나 영유아교육행사 시 학부모나 지역주민의 참여가 자연스럽게 이루어지기 때문이다.

ㄴ. 영유아중심 프로그램 운영

영유아중심 프로그램은 영유아보육활동의 일환으로 영유아에게 교육적 경험을 제공하기 위해 운영하는 프로그램이다. 예를 들면, 노인복지센터나 양로원을 방문하여 노인공경 프로그램을 적용하여 어르신들께 음식을 접대하고 노래와 춤 등으로 효행을 베푸는 프로그램으로 영유아에게는 효행의 실천적 경험을 제공하고 노인들에게는 조손결연을 통한 인성교육장으로 활용할 수 있다.

ㄷ. 지역사회 내 과제해결

어느 지역사회를 막론하고 지역사회 내에는 시급히 해결하여야 할 과제가 많다. 그 과제는 물론, 정신적·심리적인 것으로 예를 들면, 주민들이 교통도덕을 지키지 않는다면, 교통도덕의 문제를 영유아보육과정에 계획하여 지도함으로써 영유아들이 수범적으로 교통질서를 준수하여 주민들의 교통도덕의식을 내면화시키고 교통도덕 준수생활태도를 확산시켜 주민들의 교통도덕 실천생활태도를 계도하는데 공헌할 수도 있다. 이런 의미에서 어린이집은 지역사회과제를 영유아 보육과정에 반영지도함으로써 지역사회가 안고 있는 과제해결을 통해 지역사회발전의 선도적 역할을 수행하게 된다.

ㄹ. 지역사회기관 시설 활용안내

어린이집에서는 학부모와 대면할 기회가 많기 때문에 학부모들에게 관공서에서 이루어지는 사업에 대한 홍보를 하여 관공서 업무처리에 협조하도록 할 수 있다. 예를 들면, '지금 65세 이상 노인들에게 폐렴 예방주사를 보건소에서 접종하고 있으니 ○월

○시까지 접종토록 하시오'와 같은 홍보를 할 수 있다. 또 어떤 영유아가 '난청'인 듯 싶으면 '○○이비인후과에 가서 검사를 받으시오.' 하는 요령으로 지도하여 지역사회 내의 기관이나 시설의 활용에 대하여 안내할 수도 있다.

ㅁ. 전문가 모임참여

지역사회 내 각 관공서나 시설마다 그들 나름의 위원회, 협의회, 후원회, 지도위원 등 다양한 전문조직을 운영하고 있다. 따라서 어린이집 원장이나 보육교사가 전문조직에 참여하여 활동함으로써 지역사회기관의 운영을 돕고 어린이집을 홍보하는 기회를 마련할 수 있다.

(2) 지역사회에서 어린이집에 대한 협력방안

지역사회에서 어린이집에 대한 협력은 지역사회 자원 활용학습과 지역사회 내 기관 및 시설에서의 협력으로 구분하여 설명하기로 한다.

① 지역사회 자원 활용학습

지역사회는 '모두가 가르치고, 모두가 배우는 사회'이다. 또한 지역사회에는 인적, 물적, 사회적, 문화적, 자연적 자원 등 교육력이 풍부한 사회로서 이러한 자원들을 영유아보육에 적절히 활용함으로써 지역사회에 대한 이해는 물론 영유아의 사회화에 도움이 된다. 지역사회자료 활용학습에는 견학, 지역사회인사 초빙학습, 지역사회기관자료 활용학습, 지역사회시설활용 체험학습 등이 있다.

ㄱ. 견학

견학이란 영유아가 직접 보고, 듣고, 느끼는 등 오감을 통하여 관찰, 자료수집, 추론, 판단할 수 있는 교육활동 기회를 제공해 준다. 그리고 영유아로 하여금 환경에 친근감과 과학적인 탐구태도를 갖고 사회현상을 바르게 이해하여 그가 속한 사회의 구성원으로서 생활하는데 필요한 지식, 가치, 태도, 기술을 형성해 가는 직접적이고 일차적인 교육체험활동이다.

ㄴ. 지역사회인사 초빙학습

지역사회인사를 어린이집으로 초빙하여 지역사회의 역사나 풍속에 관한 이야기 그리고 다양한 직업에 관한 내용을 듣기도 한다.

여기에는 다음과 같은 자원인사가 초빙인사가 될 수 있다.

㉠ 지역사회 봉사자: 청소부, 소방관, 경찰관, 우편배달부, 수위 등

㉡ 특별한 기술을 가진 사람: 직공, 도공, 공예가, 화가, 서예가 등

㉢ 특별한 직업인: 의사, 간호사, 법조인, 서비스업 종사자(미용사, 이용사 등) 등

㉣ 특별한 취미를 가진 사람: 수석채집가, 식물채집가, 박제수집가, 곤충채집가 등

㉤ 기타: 할아버지, 할머니, 등산가, 여행가, 운동선수, 외국인 등

ㄷ. 지역사회 자료활용 학습

지역사회 내에 있는 관공서, 소방서, 은행, 우체국, 경찰서, 병원 등에는 각 기관의 현황, 조직, 역할, 임무, 홍보에 관한 각종 활동모습을 게시하거나 사진, 도표, 기타 자료들이 늘 각 기관에서 전시·비치해 놓고 있는바 이러한 자료들을 어린이집으로 가져와 영유아교육자료로 활용한다.

ㄹ. 지역사회 시설활용 체험학습

지역사회에는 학생회관, 수련원, 주차장, 백화점, 박물관 등 영유아들이 체험학습을 할 수 있는 시설들이 많다. 이러한 시설들은 영유아들의 현장체험학습장으로 활용할 수 있다.

② 지역사회 내 기관 및 시설에서의 협력

지역사회 내 기관이나 시설에서 어린이집에 대한 협력내용은 다양하다. 예를 들면, 보건소에서 영유아에게 영양교육, 위생교육을 해주고 소방서에서 소방훈련을 해주며 치과 병원에서 자매결연을 맺고 주기적으로 구강검사를 해주는 일 등 지역사회 내의 기관과 시설에서 영유아교육에 협력하는 내용은 아주 다양하다.

제 III 부

보육과정

보육과정이란 어떻게 정의하든 간에 당해 유아보육기관의 보육목표를 구현하기 위해 유아보육기관에서 영유아들을 대상으로 제공되는 모든 유아보육활동이나 경험의 총체이다.

따라서 어떻게 보육과정을 편성하고 운영하느냐에 따라 당해 유아보육기관의 보육의 질적 수준을 가름할 수 있다. 따라서 국가에서는 보육에 대하여 국가가 기대하는 보육목표 구현을 위해 보육에 관한 실천적인 지침과 내용을 국가수준의 보육과정으로 제정하여 전국의 모든 유아보육기관에서 시행하는 보육과정편성 및 운영에 반드시 반영하도록 규정하고 있다.

따라서 제III부에서는 유아보육기관에서의 보육과정의 편성・운영방안을 알아보고 우리나라 0~2세 어린이집 표준보육과정과 3~5세 누리과정의 구성방향, 체계와 내용, 그리고 외국의 보육과정에 대하여 살펴보기로 한다.

제1장

보육과정의 편성 · 운영

제1장 보육과정의 편성 · 운영에서는 보육과정의 개념과 특성 그리고 보육과정의 편성과 운영의 방향에 대하여 개략적으로 이해하도록 한다.

1. 보육과정의 개념 및 특성

보육과정의 편성과 운영에 앞서 보육과정의 개념과 특성에 대하여 알아보기로 한다.

1) 보육과정의 개념

(1) 보육과정의 유사개념

보육과정의 개념을 밝히기 위해 우선적으로 보육과정의 유사개념에 대하여 생각해 보기로 한다.

① 교육과정

우리는 흔히 '교육한다'는 말에서 핵심이 되는 요소로 교육의 대상(학생), 교육의 내용(교육과정), 교육하는 사람(교사)을 생각하고 있다. 이것은 '누가, 누구에게, 무엇을, 어떻게 가르치고 평가하느냐'에서 '무엇에' 해당하는 교육내용이 주가 된다. 따라서 '교육과정'이란 '학생들에게 학교교육의 목표를 성취시키기 위하여 일정한 준거에 의해 교육내용을 선정하고 조직해 놓은 공통적인 기준'을 일반적으로 교육과정이라고 한다.

② 유아교육과정

유아교육과정이란 유치원 교육과정으로서 '유아를 위한 교육과정' 또는 '유치원에서 시행하는 교육과정'으로서 유아교육과정, 유치원교육과정도 초 · 중 · 고등학교에서 규정하는 교육과정의 의미를 그대로 준용하고 있다. 따라서 유아교육과정이란 '유아교육을 위한 교육목표나 교육내용 · 교육방법 · 학습경험을 선정하고 조직하여 교육경험의 질을 주체적으로 관리하는 교육의 기본설계도'라고 본다. 따라서 유아교육과정을 단순한 교육내용으로만 보는 것이 아니라 교육목표, 내용, 방법, 운영방식, 평가를 포괄하는 폭넓은 개념으로 이해해야 한다.

③ 0~2세 제3차 어린이집 표준보육과정

우리나라는 1991년에 영유아보육법이 제정되어 보육의 법적근거를 구축하였고 2004년에 개정된 영유아보육법 제29조에 의거 표준보육과정 및 보급을 위한 근거가 마련되어 그 이후로 2005년 여성가족부가 '표준보육과정'을 연구 · 개발하고 2006년 11월 10일에 영유아보육법 시행규칙 제30조 관련 표준보육과정령을 개정하였다.

이에 2007년 1월 3일 최초의 '표준보육과정'이 고시됨에 따라 2007년부터 2세 미만 보육과정, 2세 보육과정, 3~5세 보육과정이 전국의 모든 어린이집에서 시행되어 왔다. 3~5세 보육과정을 누리과정이라고도 한다.

④ 3~5세 누리과정

누리과정은 2011년 5월 2일 만 5세 보육 · 교육에 대한 국가의 책임을 강화하는 '만 5세 공통과정'을 시행한 후 2013년에 3~5세 누리과정으로 확대되어 명실공히 '3~5세 누리과정'을 전면 시행하여 전국의 모든 어린이집과 유치원 3~5세 유아들의 교육 · 보육활동에 적용하고 있다.

(2) 보육과정의 개념

전 절에서 보육과정에 대한 유사개념의 학습을 통하여 보육과정에 대하여 어느 정도 개념적으로 이해하였다. 즉 유치원에서 유아들의 교육을 위하여 적용되는 교육과정이 유아교육과정이라 한다면 어린이집에서 유아들의 보육을 위하여 적용되는 총체적인 보육활동계획을 유아보육과정이라고 보고 있다. 다음에서 여러 학자들이 제시한 보육과정에 대한 개념을 살펴보기로 한다.

〈표 Ⅲ-1〉 보육과정의 개념

학자명	개념
1. 여성가족부 (2007)	영유아들이 자신의 잠재능력을 최대한 발휘하여 성장할 수 있도록 보육목적, 보육방법, 보육프로그램으로 구성된 일련의 계획과 실천이며 영유아보육의 연구영역이라고 할 수 있다. 우리나라 영유아 보육과정은 출생에서부터 만 6세 미만 영유아의 전인적인 성장과 발달을 돕고 인격형성 및 기본생활태도 형성을 돕는 보육시설에서 영유아가 경험하는 모든 내용의 총체
2. 영유아보육법	영유아를 건강하고 안정하게 보호·양육하고 영유아의 발달특성에 적합한 교육을 제공하는 사회복지서비스
3. 김연지 외 (2004)	영유아의 전인발달을 위한 총체적인 경험이며 구체적으로 영유아들이 경험하는 내용, 설정한 보육 및 교육목표를 성취해 나가는 과정. 이 과정에서 도움을 주는 교사의 역할 및 교수·학습이 일어나는 상황에 관해 서술된 조직화된 체계
4. 김정원 외 (2006)	교사의 입장에서 보면 보육시설에서 교사가 영유아에게 제공하는 보호와 교육의 총체이며, 영유아의 입장에서 보면 영유아가 보육시설에서 얻을 수 있는 모든 경험
5. 이순형 외 (2006)	보육시설에서 영유아를 돌보는 틀이자 기준으로 추구하려는 보육목적을 효과적으로 달성할 수 있는 구체적 접근방식
6. 전남련 외 (2008)	영유아를 보호하고 교육하기 위하여 보육시설의 보육철학에 근거한 보육목적과 보육목표를 달성하기 위한 보육의 전체적인 계획과 영유아의 직접·간접적인 경험을 포함하는 전문적인 보육활동의 총체

위 학자들이 제시한 개념에 내포된 핵심은

① 6세 미만 영유아를 대상으로 한다.

② 전인적인 성장과 발달, 인격형성, 기본생활습관 형성을 목표로 한다.

③ 보호와 교육을 주 목적으로 한다.

④ 영유아들이 보육시설에서 얻을 수 있는 직·간접적인 경험으로 조직한다.

⑤ 보육목표를 효과적으로 달성할 수 있는 교사의 역할 및 교육·학습상황도 포함시킨다.

⑥ 보육과정에는 보육목적, 보육방법, 보육프로그램 등 각종 계획과 경험으로 구성된다.

⑦ 보육과정은 전문적인 보육활동의 총체이다.

⑧ 어린이집의 3~5세 유아의 보육과정은 유치원의 3~5세 유아의 교육과정과 같이 보육·교육이 통합된 누리과정으로 편성되었다.

이상의 학자들의 견해와 보육과정의 변천과정을 종합하여 보면 보육과정이란 '0~6세 영유아들의 잠재능력을 최대한 발휘하여 전인적 성장과 발달을 도모하기 위해 보육목적, 보육목표, 보육방법 외에 유아들에게 제공하는 보호, 보육, 교육을 위해 보육시설에서 유아들에게 직·간접적으로 경험시키는 전문적인 모든 보육활동의 총체'라고 정의할 수 있다.

2) 보육과정의 특성

보육과정에 대하여 보다 자세히 이해하기 위해서는 보육과정의 특성에 대해 살펴보아야 한다. 따라서 보육과정의 특성을 보육과정의 편성 면에서, 보육과정의 운영 면에서, 보육과정의 교수·학습지도 면에서 어떤 특성이 있는가를 차례로 밝혀 보육과정의 특성을 이해하도록 한다.

(1) 편성 면에서의 특성

보육과정의 편성 면에서의 특성을 다음에서 12가지 측면에서 알아보기로 한다.

① 보육·교육의 통합

어린이집 3~5세 표준보육과정은 보육과 교육이 통합된 공통과정인 '3~5세 누리과정'이다. 정부는 2012년 제3차 위기관리대책회의에서 유아보육·교육에 대한 국가의 책임을 강화하기로 결정하고, 2012년 3월에 도입한 '5세 누리과정'에 이어 2013년에는 만 3~5세까지 누리과정을 확대한다는 방침아래 「3, 4세 누리과정 도입계획」을 발표하였다.

'누리과정'은 어린이집의 보육과 유치원의 교육으로 이원화되어 있는 보육·교육과정을 통합하여 유아에게 제공함으로써 유아기 단계에서부터 교육의 질을 제고하고 생애초기 출발점 평등을 보장하는데 의의가 있다. 따라서 5세 누리과정에 이어 2013년부터 '3~4세 누리과정'이 확대 도입됨에 따라 우리나라 모든 만 3~5세 영유아들에게 유아보육·교육과정이 통합된 '3~5세 누리과정', 즉 보육과 교육이 통합된 어린이집 보육과정을 전국의 모든 어린이집에서 영유아들의 학습에 적용하고 있다.

② 초등학교, 0~2세, 3~5세 표준보육과정 간의 연계

3~5세 표준보육과정(누리과정 포함)은 어린이집과 유치원에 다니는 만 3~5세 유아들

에게 제공되는 공통과정이다. 즉, 만 3~5세 유아들에게 공통적으로 양질의 보육·교육경험을 제공함으로써 공평한 출발점을 보장하려는 것이 취지이므로 3~5세 표준보육과정의 내용과 활동이 초등학교 저학년교육과정과 체계적으로 연계시키는 것은 대단히 당연한 일이다. 이에 특히 3~5세 표준보육과정 중 만 5세 연령에 해당하는 내용은 초등학교 저학년교육과정과 긴밀하게 연계되도록 하였다. 또한 만 3세 연령의 내용은 아래 단계인 0~2세 표준보육과정과 연계되었다. 이로써 0~2세 표준보육과정, 3~5세 표준보육과정(누리과정 포함)은 초등학교 저학년교육과정으로 연계되는 내용의 체계화를 이루었다. 특히 3~5세 보육과정은 초등학교 저학년교육과정 내용과 논리적으로 연계를 시킴은 물론 교육과정에서 사용되는 용어도 통일하여 편성하였다.

③ 전인적 발달 도모

어린이집 표준보육과정은 신체운동·건강, 의사소통, 사회관계, 예술경험, 자연탐구 등 5개 영역의 균형적인 지도를 통하여 만 3~5세 유아의 심신의 건강과 조화로운 발달을 도와 민주시민의 기초를 형성하는 전인적 발달을 도모하고 있다. 3~5세 발달내용은 신체·운동, 건강, 의사소통, 사회관계, 예술경험, 자연탐구 등 5개 영역으로 구성되고 또한 0~2세의 발달내용은 기본 생활, 신체운동, 의사소통, 사회관계, 예술경험, 자연탐구 등 6개 영역으로 구성되어 보육과정운영을 통해 영유아의 전인적 발달을 도모하고 있다.

④ 수준별 보육과정 편성 제시

어린이집 보육과정은 영유아들의 발달수준에 적합한 개별화 교육이 이루어질 수 있도록 수준별 보육과정을 편성하여 제시하고 있다.

특히 표준보육과정에서는 영유아의 발달수준과 개인차를 고려하되 모든 영유아가 편견 없이 자신의 잠재능력을 최대한 발휘할 수 있음을 중요시하여 수준별, 연령별로 구성하였는데 '0~1세 보육과정'은 1세 영아를 대상으로 4개 수준으로, '2세 보육과정'은 2세 영아를 대상으로 2개 수준으로 세부내용을 제시하였고, '3~5세 보육과정'은 3, 4, 5세 연령별로 누리과정의 내용을 구분하여 제시하였다. 보육과정은 위와 같이 수준별 및 연령별로 내용이 구분되었으나 같은 연령이라 할지라도 개인차가 있으므로 영유아의 발달특성과 개인차를 고려하여 융통성 있게 적용하도록 되어있는 수준별 보육과정이다.

⑤ 영유아의 발달수준을 고려하여 편성

국가수준의 표준보육과정은 영유아의 발달수준을 고려하여 0~1세 보육과정, 2세 보육과정, 3~5세 보육과정으로 구성되며 각 보육과정의 보육내용은 영역, 내용범주, 내용, 세부내용으로 동일하게 구성되었다. 표준보육과정 내의 '내용'은 많은 세부내용 중 비슷한 것들을 묶은 것이고 '내용범주'는 비슷한 내용을 묶은 것이다.

ㄱ. 0~1세 보육과정 : 기본생활, 신체운동, 의사소통, 사회관계, 예술경험, 자연탐구 등의 6개 영역을 중심으로 구성하고 보육과정 내용범주는 총 18개, 내용은 총 48개로 구성되어 있다.

ㄴ. 2세 보육과정 : 기본생활, 신체운동, 의사소통, 사회관계, 예술경험, 자연탐구 등의 6개 영역으로 구성하고 보육과정 내용범주는 총 18개이고, 내용은 총 51개로 구성되어 있다.

ㄷ. 3~5세 보육과정 : 신체운동 · 건강, 의사소통, 사회관계, 예술경험, 자연탐구 등의 5개 영역을 중심으로 구성하고 보육과정 내용범주는 총 20개이고, 내용은 3세 56개, 4~5세 59개로 구성되어 있다. 또한 0~1세, 2세의 기본생활, 신체운동영역은 3~5세 보육과정에서는 신체운동 · 건강영역으로 통합되어 결국 국가수준의 보육과정은 모든 내용들이 영유아의 발달수준을 고려하여 편성되어 있다.

⑥ 보육대상의 다양화

현재 영유아보육법에서는 보육대상을 취학 전까지의 연령(0~6세)으로 하고 있으나 필요한 경우, 보육시설의 장은 만 12세까지 연장하여 보육할 수 있도록 규정하고 있어(영유아보육법 제27조 단서조항) 연령적으로 보더라도 보육대상이 아주 다양하다. 그러나 유치원의 교육대상은 3~5세로 되어 있다.

또한 보육대상 유아의 성분 또한 아주 다양하다. 즉 보육대상은 우리나라에서 생활하는 일반아동과 장애아동을 포함하며 일반영유아에는 저소득층 영유아, 국민기초생활보장법에 의해 보장받는 영유아, 차상위계층 영유아, 한부모가족의 영유아, 입양된 영유아 등 위기가정의 영유아뿐만 아니라 정상적인 가정의 영유아 등 우리나라 전 가정의 영유아들이 보육의 대상으로 되어 연령은 물론 대상아 가정의 성분 등도 아주 다양하다. 따라서 보육대상의 특성에 따른 보육과정 편성의 개별화가 이루어져야 한다. 따라서 이와 같은 보육대상의 다양화는 보육과정 편성 및 운영의 다양화를 기대한다.

⑦ 보육시간의 다양화

보육시간의 다양화는 보육과정의 다양화를 기대한다. 보육기관에서는 보육시설에 따라 보육시간이 다양하므로 보육의 유형에 따라 다양한 보육과정이 운영되어야 한다. 예를 들면 시간제, 반일제, 시간연장제, 하루종일보육, 야간보육, 휴일보육 등 보육시간이 다양하므로 보육시간에 따른 보육과정을 구안·적용해야 하기 때문에 자연히 보육과정이 다양하기 마련이다.

⑧ 보육과정 편성의 자율권 보장

어린이집과 보육실은 운영 형태에 따라 다양하게 보육과정을 편성하여 운영하고 있다. 즉 보육시간에 따라 시간제, 반일제, 시간연장제, 하루종일보육, 야간보육, 휴일보육에 따른 보육과정을 특색있게 편성하여 운영할 수 있고 또한 보육대상, 즉 일반영유아, 저소득층 영유아, 국민기초생활보장법에 의해 보장받는 영유아, 차상위계층의 영유아, 한부모가족의 영유아, 입양된 영유아, 장애영유아 등 보육대상에 따라 보육과정을 특색있게 편성·운영할 수 있다. 그 외에도 지역의 특수성, 부모의 요구나 기대에 따라 보육과정을 다양하게 편성·운영할 수 있도록 모든 유아보육기관에 보육과정 편성의 자율권이 보장되어 있다.

⑨ 연령별 균형적인 보육활동 편성

만 0~1세아, 만 2세아는 일상생활 및 개별활동, 휴식 등이 균형 있게 그리고 만 3~5세는 실내·실외활동, 정적·동적활동, 대·소집단활동 및 개별활동, 일상생활 및 휴식 등이 균형 있게 보육활동 편성이 이루어지고 있다. 특히 만 0~1세아, 만 2세아는 급·간식, 배변, 씻기 등의 일상생활과 개별활동, 휴식 등은 영아의 신체적 욕구를 충분히 고려하여 균형감 있게 이루어진다. 일상생활활동은 매일의 일과에서 반복적으로 일어나며 하루일과의 대부분을 차지하므로 영유아의 연령을 고려하여 보육활동이 균형적으로 이루어지도록 연령별 보육과정이 편성·운영된다.

⑩ 주제중심의 5개 영역 통합 편성

3~5세 보육과정에서는 주제중심의 5개 영역이 통합 편성되어 운영되고 있다. 주제중심의 통합은 유아의 흥미와 발달, 학습에 적합한 주제를 선정하여 이를 탐구하는 과정에서 누리과정의 5개 영역과의 관련되는 내용들을 통합하여 학습하는 것이다. 주제

를 탐구하기 위해 유아는 여러 활동을 하게 되는데 이들 활동들은 서로 연관시킴으로써 주제에 대해 효과적이며 깊이 있게 이해할 수 있게 된다. 또한 0~2세 보육과정은 6개 영역이 주제중심으로 통합하여 편성 · 운영되고 있다.

⑪ 놀이중심의 보육과정 편성

유아는 발달특성상 문자를 중심으로 한 추상적인 학습보다 생활 속에서 사물을 직접 다루는 놀이활동을 통해 가장 잘 배우므로 유아가 흥미를 가지고 자발적이고 지속적으로 참여하는 놀이중심의 보육과정을 편성 · 운영한다. 놀이는 자발적이고 내적 동기를 가지고 반복하도록 하여 지속적인 즐거움을 영유아에게 제공한다. 따라서 놀이는 영유아의 의미 있는 학습과 경험을 이끄는 가장 중요한 방법이다. 어린이집에서 영유아중심의 주도적 놀이로 이루어질 때 영유아는 새로운 학습과 다양한 경험을 의미 있게 지속적으로 해나갈 것이다.

유아는 스스로 놀이를 주도해 가면서 신체운동 · 건강, 의사소통, 사회관계, 예술경험, 자연탐구 등의 모든 영역에 걸쳐 통합적인 경험을 하게 된다. 이때 누리과정의 연령별 내용을 토대로 유아의 개인차를 고려하여 융통성 있게 보육 · 교육활동을 전개하는 것이 필요하다. 0~2세 영아도 스스로 놀이를 주도해 가면서 기본생활, 신체운동, 의사소통, 사회관계, 예술경험, 자연탐구의 6개 영역을 통합하여 지도하는 등 놀이중심으로 보육과정을 편성 · 운영한다.

⑫ 보육과정 편성 및 운영 시 강조 영역

보육과정 편성 및 운영 시에는 다음과 같은 내용들을 강조하여 지도하도록 하고 있다.

ㄱ. 질서, 배려, 협력 등 기본생활습관과 인성교육

영유아기는 인성의 기초가 형성되는 시기이므로 이 시기에 형성된 태도와 습관은 평생 동안 지속된다. 따라서 영유아기부터 질서, 배려, 협력 등 실천위주의 경험을 통해 바른 인성이 형성되도록 지도하고, 기본생활습관 또한 일상생활 속에서 영유아가 주도적으로 반복적인 경험을 통하여 형성시킬 수 있도록 보육과정을 편성 · 운영한다.

ㄴ. 자율성 · 창의성 교육

유아기는 창의성 발달이 가장 활발하게 이루어질 수 있는 시기이므로 기초적인 사고능력을 토대로 유연하고 창의적인 사고능력을 기르는 데 중점을 두고 있다. 이에 따라 표준보육과정은 영유아의 자율적이고 창의적인 역량을 강조하되, 전 발달영역에 걸쳐 균형 있게 성장하도록 내용을 구성하는데 중점을 두고 있다.

ㄷ. 사람과 자연의 존중 사상

사람·자연존중 세계관은 지식정보화시대에 더욱 능동적이고 주도적인 한국인의 육성을 위해 필요한 세계관이다. 사람은 각자의 개성을 지닌 개별적인 존재이나 공동체 안에서 다른 사람과 관계를 맺으며 살아가는 존재이다. 사람을 존중한다는 것은 자신 및 타인을 존중하고 서로 간의 관계를 소중히 하는 것이다.

ㄹ. 전통문화, 세계문화교육

우리의 문화를 올바르게 이해하고 계승하여 인류의 보편적인 가치로 발전시키는 것은 새로운 가치 창조의 출발이며, 진정한 세계화의 기반이자 경쟁력이 될 수 있다. 이에 따라 어린이집 표준보육과정은 우리 전통문화에 대한 관심과 이해에 기초한 정체성 형성에 중점을 두어 구성하였다.

(2) 운영 면에서의 특성

보육과정 운영 면에서의 특성을 다음 4가지 관점에서 기술한다.

① 연간, 월간, 주간, 일일계획 등 다양한 보육계획을 수립하여 운영

보육과정은 연간, 월간, 주간, 일일활동에 이르기까지 각 영역별 목표와 내용을 균형 있게 반영하여 체계적으로 작성된 보육계획안을 수립하여 어린이집 실정에 맞추어 운영한다.

연간 보육계획은 1년 동안 어린이집에서 실행해야 할 보육목표와 보육내용을 한눈에 파악할 수 있도록 제시한 것이다. 월간 교육계획은 해당 주제에서 다루어야 할 내용의 범위와 수준을 제시하는 이정표이며, 주간 보육계획은 교사가 선정한 보육계획을 요일별로 배정한 것이고, 일일 보육계획은 개별 영유아의 수준, 당일의 상황 변화에 따라 교사가 활동을 조정하여 진행할 수 있도록 되어있다.

② 흥미영역 구성 운영

교사는 다양한 흥미영역을 실내·외에 구성하여 학습활동과정에서 유아의 활동선택권을 확대하고 자발적인 참여를 촉진한다. 보육실은 영유아가 하루일과 대부분을 보내는 공간이자 보육과정 운영과 직결된 공간이므로 다양한 흥미영역을 구성한다. 영아반의 경우는 수유, 낮잠 등 일상생활공간을 우선적으로 확보하고 연령이 증가함에 따라 역할, 쌓기, 수, 과학, 언어, 미술, 음률 등 다양한 흥미영역을 배치한다. 흥미영역에 제시되는 활동이나 자료는 주간 및 일간주제와 관련되어 있다. 또한 발표, 토의, 게임, 관찰, 실험, 조사, 현장학습 등 다양한 유형의 활동과 연결되도록 하여 유아의 학습을 심화시킬 수 있도록 한다. 또한 실내뿐만 아니라 실외에도 다양한 실외흥미영역을 적절히 설치하여 보육과정 운영 시 활용하도록 하고 있다.

③ 가정과 지역사회와의 협력과 참여에 기반하여 운영

어린이집, 가정, 지역사회 간의 협력적인 관계는 보육·교육활동뿐만 아니라 가정과 지역사회에도 긍정적인 영향을 미친다. 지역의 문화적·지리적 환경과 특성은 보육·교육활동을 풍부하고 효과적으로 제공하는 자원이 되며, 가정, 지역사회와 연계한 누리과정 운영은 가정이나 지역사회로 하여금 유아의 건강하고 행복한 성장·발달에 기여하는 보람과 사명감을 가질 수 있게 한다. 다양한 직업, 취미 및 특기를 가진 가족 구성원과 지역사회 인사들을 보육과정 운영에 적극 활용하고 가정과 지역사회와의 교류를 통해 효율적으로 운영한다. 각 기관이 위치하고 있는 지역의 역사나 산업의 특성을 파악하여 보육·교육활동에 적절히 반영하고 역사적 유적지나 산업시설, 문화시설 및 대학과 같은 지역의 물적 자원을 적절히 활용하여 보육과정 운영의 효율성을 높이고 있다.

④ 부모교육

부모교육은 보육과정의 운영 효과를 극대화시킬 수 있는 주요 요인이다. 올바른 부모 역할 및 유아의 특성과 상황에 따른 적절한 대처기술을 알고 지도할 수 있도록 부모교육을 실시한다. 부모교육은 가정과 기관 사이를 오가는 연락장이나 편지, 게시판 안내, 자유로운 대화, 대·소집단모임, 수업관찰과 면담, 자원봉사활동, 부모참여 수업, 그리고 의사결정참여 등에 이르기까지 다양하게 이루어질 수 있다. 어린이집의 여건과 환경, 학급연령, 부모의 요구 등을 고려하여 부모교육의 내용과 방법을 계획하며 정상적인 보육과정 운영이 가능한 범위 내에서 하루일과와 교사의 실정 등을 고려하여 유아교육기관의 일과 운영에 지장을 주지 않는 범위 내에서 융통성 있게 실시하도록 한다.

또한 지역사회 부모교육프로그램이나 워크숍에 관한 정보를 안내하고 참여할 수 있도록 하여 자녀양육에 실질적인 도움을 줄 수 있도록 부모교육을 실시하여 보육과정 운영의 효율성을 도모하고 있다.

(3) 교수 · 학습지도 면에서의 특성

보육과정에 대한 교수·학습지도 면에서의 특성을 살펴보면 다음과 같다.

① 놀이중심의 통합적 지도

영유아는 주도적인 놀이를 통해 자신의 능력을 최대한으로 발휘하고 즐거움과 자발성을 토대로 학습에 참여하게 된다. 즉 영유아교육은 영유아의 발달과 흥미를 고려하여 놀이중심의 통합적인 교육활동으로 전개한다. 영유아교육의 정체성을 대표하는 표현이 바로 '놀이중심의 통합적 지도'이다. 영유아교육에서 놀이는 학습의 수단이면서 또한 교사에게는 교수방법이 된다. 물론 영유아는 특별한 교수계획이 없이 자연스럽게 어린이집 일과 중에서 놀 수도 있다. 그러나 놀이 속에 제시되는 자료나 교구 등의 학습환경과 게임이나 율동 등 놀이와 같은 형식으로 구성되는 모든 교수활동은 분명한 교육적 목표를 가지고 편성·운영된다.

② 흥미중심 교육

영유아의 교육활동은 영유아가 흥미를 가지는 것에서부터 시작해야 한다. 흥미를 가진다는 것은 어떤 것에 주의를 기울이고 지속적으로 몰두하여 마음이 사로잡혀 있는 것이다.

자신이 흥미 있어 하는 활동이 제공되었을 때 영유아는 활동에 사로잡혀서 관람자가 아니라 적극적인 참여자가 되고 이를 통해 학습이 활발하게 일어난다. 활동의 주제나 내용이 영유아의 관심 밖에 있거나 흥미가 없는 경우에는 영유아가 활동에 적극적으로 참여하여 몰입하기가 어려울 것이다. 따라서 교사는 세심한 관찰을 통하여 영유아의 관심이나 흥미가 무엇인지 파악하고 이에 적합한 활동을 제시한다. 또한 영유아가 보이는 관심과 흥미에는 개인차가 있으므로 교사는 다양한 활동을 준비하여 영유아가 자신이 원하는 활동을 직접 선택할 수 있는 기회도 충분하게 제공된다. 영유아의 흥미가 지속적으로 유지되어 학습이 이루어지기 위해서는 여러 활동을 단편적으로 경험하기보다 흥미 있는 활동을 반복하고 자신이 한 경험에 대해 생각할 기회를 제공하는 등 보육과정 지도 시 흥미중심교육으로 전개하고 있다.

③ 1일 교육활동을 균형적으로 운영

유아교육에서 하루의 교육활동 운영은 동적인 활동과 정적인 활동, 실내활동과 실외활동, 개별활동과 소집단·대집단활동, 유아주도활동과 교사주도활동 등이 균형 있게 이루어지도록 한다. 즉 하루의 일과는 정적활동(예: 이야기 나누기, 동화, 동시, 음악, 언어, 과학, 미술 등)과 동적활동(예: 동 작, 게임, 신체 등)을 균형적으로 계획한다.

특히 유아교육은 하루의 교육활동을 균형 있게 운영하고 있다. 특히 어린이집에서는 0~1세 영아, 2세 영아는 일상생활 및 개별활동, 휴식 등이 균형 있게 이루어지도록 하고, 3~5세 유아는 실내·실외 활동, 정적·동적 활동, 대·소집단 활동 및 개별활동, 일상생활 및 휴식 등이 균형 있게 이루어지게 하고 있다.

④ 주제중심의 다양한 활동의 통합 운영

0~1세, 2세 보육과정은 기본생활, 신체운동, 의사소통, 사회관계, 예술경험, 자연탐구 등의 6개 영역으로, 그리고 3~5세 보육과정은 유아의 발달과 생활경험을 통합하여 신체운동·건강, 의사소통, 사회관계, 예술경험, 자연탐구의 5개 영역으로 통합하여 지도된다.

보육과정 편성과 운영은 영유아의 주도적인 놀이, 흥미, 주변의 친근한 생활경험을 중심으로 자신에게 의미 있는 지식, 기술, 태도, 가치를 형성하는 데 중점을 둔다. 보육교사와 영유아 간의 신뢰로운 관계를 바탕으로 개별적인 놀이 및 활동과 교사·환경·또래와 능동적인 상호작용이 활발히 이루어지도록 하고 또한 여러 활동이 통합적으로 이루어지는 등 보육과정을 주제중심의 다양한 활동으로 통합운영하고 있다.

⑤ 학습결과보다 학습과정을 중시

보육현장에서 이루어지는 교육방법을 크게 보면 결과중심의 교육(product centered education)과 과정중심의 교육(product centered education)으로 나누어 생각할 수 있다.

과정중심의 교육은 교사가 학습의 결과나 핵심을 지도하고 이해시키기보다 다양한 교수·학습활동을 통해 학습자인 유아가 주체적으로 학습의 결과나 핵심을 찾아내려고 노력하는 학습방법으로 학습의 결과보다는 학습의 결과를 찾아내기 위한 학습과정을 더 중시하는데 이 과정을 탐구과정(inquiry method)이라고 하며 보육과정은 과정중심의 교육으로 지도하도록 하고 있다.

⑥ 실생활과 관련된 내용, 방법의 통합

어린이집 보육과정 운영은 영유아의 일상생활과 관련되는 보육내용을 강화하고 교수·학습과정이 영유아에게 실제적이고 의미 있는 경험이 되게 한다. 영유아는 이를 통하여 지식, 기능, 태도 및 가치를 형성해 나간다. 영유아가 배워나가는 지식, 기능, 태도 및 가치는 일상생활의 문제를 해결할 수 있는 실제적인 것이다. 따라서 영유아 개인에게 의미 있고 실제적인 가치를 가지는 생활 속의 경험을 통해 이를 습득하도록 보육과정을 지도하고 있다.

⑦ 직접적이고 구체적인 경험 제공

영유아는 자신이 직접 주변을 탐색하고 자료를 구체적으로 조작하는 과정에서 지식을 형성해 나간다. 영유아의 발달단계에 맞는 교재나 교구 특히 주변에서 쉽게 접할 수 있는 다양한 자료와 자연물은 영유아가 구체적으로 조작해 볼 수 있는 경험을 제공해 주기에 적합하다. 영유아에게 주어지는 구체적인 경험이란 단순히 실제 사물을 보고 만지는 등 감각적 경험을 하는 것을 의미하는 것은 아니다. 영유아가 감각기관을 사용하여 사물을 조작할 뿐 아니라 동시에 자신이 경험한 바에 대한 정신적인 조작도 함께 이루어짐을 의미한다. 따라서 유아보육활동에서는 항상 직접적이고 구체적인 경험을 제공하여 보육활동이 이루어지도록 하고 있다.

⑧ 학습방법의 개별화

유아교육은 영유아의 관심과 흥미, 발달이나 환경특성 등을 고려하여 개별 영유아에게 적합한 방식으로 학습한다. 영유아는 같은 연령이라도 각자 경험의 내용, 관심사, 학습능력, 발달수준, 가정의 문화 등은 많은 부분에서 서로 차이가 있다. 특히 다문화가족이 증가하고 있는 현 상황에서 영유아 개개인의 독특성을 인정하고 개개인에게 적합한 학습방식을 지원하는 것은 필수적이다. 교사는 영유아의 연령만을 기준으로 보육활동을 계획하는 것이 아니라 개별 영유아의 특성을 함께 고려하여 활동을 제공하고 교수전략을 사용하는 것이 필요하다. 이를 위해 모든 영유아가 동시에 같은 것을 하도록 기대하지 않고 난이도가 다른 다양한 활동을 제공하여 영유아 자신이 흥미와 능력, 학습속도에 알맞은 것을 선택하여 활동할 수 있도록 보육과정을 지도하고 있다.

2. 보육과정의 편성

1) 보육과정 편성의 의의, 필요성, 지침

(1) 의의

보육과정 편성은 당해 보육기관에서 당해 보육기관의 보육목표를 구현하기 위한 핵심적이며 총체적인 보육활동계획으로, 교사에게는 가장 중요한 업무이다. 보육과정 편성은 단순히 지식을 가르쳐주기 위한 계획이 아니라 당해 보육기관의 보육목표를 구현시켜 주고 유아 개개인에게는 그들의 잠재능력을 계발시켜 주는 데 의의가 있다.

(2) 필요성

① 보육의 효율성을 높이기 위하여

보육의 효율성을 높이기 위해서는 보육계획과 이에 따른 최적한 교수·학습방법이 모색되어야 한다.

② 보육기관이나 학급의 특수성을 고려한 지도를 위하여

보육과정은 보육기관, 학급, 유아의 수준에 적절해야 한다. 특히, 유아들의 기대, 희망, 요구 등이 반드시 고려되어야 한다.

③ 원장, 담임교사의 철학과 소신을 반영하기 위하여

보육과정 편성 시에는 어린이집 원장, 담임교사로 하여금 어린이집 경영방침이나 학급경영에 있어서 그들의 교육철학과 소신을 최우선적으로 반영하도록 하여야 한다.

(3) 편성지침

3~5세 어린이집 보육과정을 편성하기 위해서는 누리과정 편성지침(교육과학기술부고시 2012-16 호(2012.7.10.), 보건복지부고시 제2012-82(2012.7.10.) 그리고 0~2세 보육과정은 보건복지부고시 제2013-8호(2013.1)에 의한 제3차 어린이집 표준보육과정 편성지침, 그리고 시·도 보육과정 편성지침 등을 근간으로 하여 당해 어린이집의 보육과정 편

성지침을 수립하고 이에 근거하여 당해 어린이집 보육과정을 편성하여야 한다.

다음에서 제3차 어린이집 표준보육과정과 3~5세 누리과정의 편성지침을 차례로 제시한다.

① 제3차 어린이집 표준보육과정의 편성지침

ㄱ. 어린이집의 운영시간에 맞추어 편성한다.
ㄴ. 표준보육과정에 제시된 각 영역의 내용을 균형 있게 통합적으로 편성한다.
ㄷ. 영유아의 발달특성 및 개인차, 경험을 고려하여 놀이를 중심으로 편성한다.
ㄹ. 영유아의 일과 중 일상생활을 포함하여 편성한다.
ㅁ. 어린이집과 보육실의 특성에 따라 융통성 있게 편성한다.
ㅂ. 성별, 종교, 신체적 특성, 가족 및 민족 배경 등으로 인한 편견이 없도록 편성한다.

② 3~5세 누리과정의 편성지침

ㄱ. 1일 3~5시간 기준으로 편성한다.
ㄴ. 5개 영역의 내용을 균형 있게 통합적으로 편성한다.
ㄷ. 유아의 발달특성 및 경험을 고려하여 놀이를 중심으로 편성한다.
ㄹ. 반(학급)특성에 따라 융통성 있게 편성한다.
ㅁ. 성별, 종교, 신체적 특성, 가족 및 민족 배경 등으로 인한 편견이 없도록 편성한다.
ㅂ. 일과 운영시간에 따라 심화·확장할 수 있도록 편성한다.

2) 보육과정 편성원리

보육과정은 당해 유아보육기관에서 설정한 보육목표를 구현하기 위하여 유아들에게 제공되는 보육활동경험의 총체이다. 따라서 보육과정은 당해 유아보육기관의 보육교사에 의해 편성되어 유아들에게 유익하고 유아들이 활동하기에 적절해야 한다. 이를 위해서는 다음과 같은 보육과정 편성의 원리를 잘 지켜야 한다.

(1) 지역화의 원리

각 유아보육기관에서는 보건복지부가 제시한 국가수준의 보육과정을 근간으로 한 당해 기관의 보육과정을 편성하여 지도한다. 즉, 국가수준의 보육과정은 0~1세와 2세는 제3차 어린이집 표준보육과정을, 3~5세는 누리과정을 지도하는데 이 국가수준의 교육과정은 전국의 모든 유아보육기관에서 공통적이며 기본적으로 반영하여 지도해야 할 내용을 담고 있다.

따라서 각 유아보육기관에서는 국가수준의 보육과정을 그대로 지도하는 것이 아니라 각 지역의 실정에 맞게 취사선택하고 지역적 실정, 유아나 학부모의 기대와 요구를 반영하여 당해 유아보육기관에 최적한 독자적이며 지역화 된 보육과정을 편성 · 운영해야 한다.

(2) 통합성의 원리

통합성의 원리는 전인적 발달의 원리이다. 즉, 각 유아보육기관에서 편성한 보육과정지도를 통해서 유아들의 지 · 덕 · 체가 균형적으로 형성될 수 있도록 보육과정을 편성해야 하는 원리이다. 유아보육기관에서의 모든 보육활동은 주제중심의 통합지도로 이루어지고 있다.

주제중심의 통합은 유아의 흥미와 발달 · 학습에 적합한 주제를 선정하여 이를 탐구하는 과정에서 누리과정의 5개 영역과의 관련내용을 통합하여 학습하도록 보육과정을 통합 · 편성하는 것이다.

주제탐구를 위해 유아들은 5개 영역에 걸친 여러 가지 활동을 전개하게 되는데 서로 연관시켜 활동함으로써 주제에 대해 효과적이며 깊이 있게 학습이 이루어진다. 0~1세와 2세 보육과정은 6개 영역이 주제중심으로 통합 편성되어야 한다.

(3) 합리성의 원리

보육과정은 합리적인 절차에 의해 편성되어야 한다는 원리이다.

당해 유아보육기관에서 보육과정을 편성할 때 국가수준의 보육과정을 그대로 편성하거나 유명한 유아보육기관들의 보육과정을 그대로 편성하는 것이 아니라 당해 유아보육기관의 실정이나 유아 · 학부모의 요구와 기대를 반영하여 보육과정을 지역화해야 하고 지역화하는 과정이 합리적인 과정을 밟아야 한다는 원리이다. 합리적인 편성과정을 밟지 않은 보육과정은 당연히 합리적이지 못하다. 보육과정 편성의 합리적인 과정은 ① 주제 선정, ② 교수·학습목표 설정, ③ 교수·학습내용 선정, ④ 교수·학습계획 조직, ⑤ 교수·학습활동의 선택, ⑥ 교수·학습자료의 선택, ⑦ 교수·학습내용의 선정 등의 과정을 밟아야 하며 어느 한 과정도 생략하거나 소홀이 해서는 안 된다.

(4) 발달 적합성의 원리

대부분의 유아보육기관에서 당해 유아보육기관의 홍보물을 들여다보면 당해 유아보육기관의 보육과정이 대단히 참신하고 독자적이며 교육적이라고 강조한다. 그리고 실제로 참신한 시책이나 아이디어들이 많이 들어있다. 물론 보육과정이 참신하고 독자적이며 교육적이어서 나쁠리 없다. 중요한 것은 그러한 보육과정이 유아가 주체적으로 학습하고 소화할 수 있게 유아발달에 적합한가가 중요하다. 이런 참신하고 교육적인 보육과정은 유명한 유아교육기관을 방문하면 얼마든지 안내받을 수 있다.

발달의 적합성을 전남련 등(2008)은 연령의 적합함(age appropria Feness)과 개인의 적합함(individual appropriateness) 두 차원을 포함한다.

따라서 보육과정의 편성은 유아가 속한 집단 내의 연령 그리고 유아 개개인의 요구와 흥미 그리고 발달단계에 적합해야 한다. 같은 연령이라도 유아들의 학습의 준비성(Readiness)은 천차만별하다. 따라서 보육과정은 유아 개개인에게 최적한 보육과정 편성·운영의 개별화가 되어야 한다.

(5) 주도성의 원리

보육과정을 교사중심성에서 벗어나 유아가 주도성을 가지고 탐구하는 과정을 중시할 수 있도록 편성해야 한다. 따라서 유아가 주도성을 가지고 학습을 이끌려면 탐구학습방법, 즉 과정중심의 학습으로 이끌어가야 하기 때문에 주도성의 원리는 학습방법의 원리라고도 볼 수 있다. 유치원교육과정이 지금까지 8차에 걸쳐 개정되었지만 무엇을 가르칠 것인가, 즉 지도내용에는 일정 부분 변경되었지만 어떻게 가르칠 것인가, 즉 학습방법은 지금까지 일관되게 탐구학습방법을 강조하여 왔다. 과정중심이나 탐구중심학습은 교사가 학습의 결과나 핵심을 지도하기보다 다양한 교수·학습활동을 통해 학습자인 유아가 주체적으로 학습의 결과나 핵심을 찾아내려고 노력하는 방법으로 탐구과정과 절차를 중시한다. 따라서 탐구적인 방법으로 유아가 주체적으로 학습을 이끌어 갈 수 있도록 보육과정을 편성해야 한다.

(6) 개별화의 원리

유아교육은 집단지도와 개별지도가 역동적으로 이루어져야 한다. 이것은 집단지도가 갖고 있는 교육적 가치와 개별지도가 갖고 있는 교육적 가치가 서로 다르기 때문에 당연히 집단지도와 개별지도가 역동적으로 이루어져야 하기도 하지만 같은 학습, 같은 연령이라 할지라도 유아들의 능력이 서로 다르기 때문에 유아 개개인에게 알맞은 교육활동을 전개할 수 있도록 유아 개인별 보육과정이 마련되어야 한다.

이를 제3차 어린이집 표준보육과정에서는 수준별 지도라는 개념으로 도입하고 있으나 하나의 보육과정으로 학급 전체유아에게 적용하려 해서는 안 된다. 유아능력을 몇 개의 단계로 구분하여 능력별 수준에 따른 보육과정을 편성해야 한다. 개별화의 원리는 전 항에서 밝힌 발달 적합성의 원리와도 같은 개념이다.

(7) 놀이중심의 원리

놀이는 유아의 생활이자 학습 그 자체라고 볼 수 있다. 놀이를 하면서 유아는 다른 사람들과 관계를 맺고 주변에 대한 지적 호기심을 충족시키며 삶에 필요한 지식, 기능, 태도를 익히고 사고를 확장해나간다. 따라서 놀이는 영유아의 의미 있는 학습과 경험을 이끄는 가장 중요한 학습방법이다.

어린이집에서 모든 학습이 영유아중심의 주도적 놀이로 이루어질 때 영유아는 새로운 학습과 다양한 경험을 의미있게 지속적으로 활동을 이끌어 갈 것이다.

따라서 영유아가 스스로 놀이를 주도해가면서 신체 · 운동건강, 의사소통, 사회관계, 예술경험, 자연탐구 등의 모든 영역에 걸쳐 통합적인 경험을 놀이를 통해 이루어질 수 있도록 보육과정을 구성해야 한다.

(8) 흥미중심의 원리

유아의 활동은 유아가 흥미를 가지는 것에서 시작해야 한다. 흥미를 가진다는 것은 어떤 것에 주의를 기울이고 지속적으로 몰두하며 마음에 사로잡혀 있는 것이다.

아무리 참신하고 독자적이며 교육적 가치가 충분한 보육과정이라 할지라도 유아발달에 적절하고 흥미를 끌지 못하면 유아들에게는 무익한 것이다. 따라서 보육과정을 편성함에 있어 유아들의 흥미가 무엇인가를 파악하여 내용을 선정해야 한다. 또한 영유아의 흥미와 관심은 다양하므로 교사는 다양한 활동을 준비하여 영유아 자신이 원하는 활동을 직접 선택할 수 있는 다양한 보육과정지도계획을 편성해야 한다.

(9) 보편성의 원리

보편성의 원리란 자율성의 원리에 반한 원리이다. 보육과정은 당해 유아보육기관의 실정, 원장의 보육철학, 학부모나 유아의 요구나 기대를 반영하여 독자적이며 특색 있는 보육과정을 편성하도록 보육과정 편성의 자율권이 보장되었다. 그러나 편성된 보육과정이 국가수준의 보육과정, 즉 제3차 어린이집 표준보육과정이나 누리과정의 기본정신을 무시한 보육과정 편성은 보편성의 원리에 위배되는 것이다. 또한 많은 어린이집에서 국가수준의 보육과정이 개정되어도 수년전부터 적용해오던 보육과정을 그대로 적용하는 경우도 보편성의 원리에 위반되는 경우이다. 국가수준의 보육과정은 법이다.

국가수준의 보육과정에 제시된 기본적인 내용은 당해 유아보육기관의 보육과정 편성에서 반드시 반영하여 지도해야 한다.

(10) 자율성의 원리

보육과정은 어린이집의 운영형태나 어린이집 실정, 학부형이나 유아의 요구나 기대에 따라 다양하게 편성·운영할 수 있도록 보육과정 편성의 자율권이 보장되고 있다.

예를 들면, 보육의 형태는 아주 다양하다. 즉, 보육시간에 따라 시간제, 반일제, 시간연장제, 하루종일 보육, 야간보육, 휴일보육 등 보육의 형태가 다양하므로 유아보육기관의 보육형태에 따라 보육과정을 편성·운영함으로써 유아보육기관의 보육과정은 아주 다양하다.

또한 국가에서 다양한 형태의 모든 어린이집에 통용할 수 있는 다양한 어린이집 표준 보육과정을 개발하여 제시하는 것은 지극히 불가능한 일로서 유아교육기관의 실정에 따라 독자적이며 특색 있는 보육과정을 편성할 수 있도록 해야 하는데 이것이 자율성의 원리이다. 자율성의 원리는 주도성의 원리와 유사한 개념이다.

3) 보육과정 편성의 실제

합리적인 보육과정을 편성하기 위해서는 어린이집의 보육과정에 대한 지역화(재구성) 작업이 제일 먼저 이루어진 다음 유아보육지도에 따른 각종 연간, 월간, 주간, 일별 보육계획이 순차적으로 수립되어야 한다. 따라서 다음에서 보육과정의 지역화(재구성)와 연간, 월간, 주간, 일별 보육계획 수립요령에 대하여 간략하게 기술하기로 한다.

(1) 보육과정의 지역화(재구성)

어린이집의 보육과정은 국가수준의 보육과정에서 고시된 기준, 지역수준의 보육과정에서 고시된 지침의 내용 등을 근거로 하여 각 어린이집의 특성이나 실정에 알맞은 보육과정을 편성하기 위한 보육과정의 지역화(재구성)가 이루어져야 한다.

다음에서 누리과정의 지역화를 위해서 지역화의 개념, 필요성, 지역화의 '예'를 제시한다.

① 개념

보건복지부에서 제시한 보육과정에 대한 국가수준의 기준, 시 · 도 또는 시 · 군 수준의 보육과정을 통해 제시한 지역수준의 지침을 바탕으로 하여 각 어린이집에서는 모든 교원이 전문성을 발휘하여 참여하는 민주적인 절차와 과정을 거쳐 당해 어린이집의 실정에 알맞은 보육과정을 편성한다. 이와 같이 당해 어린이집의 실정에 알맞은 보육과정을 편성하는 절차가 보육과정의 '지역화' 또는 보육과정의 '재구성' 과정이다. 따라서 '지역화' 또는 '재구성'이란 국가수준의 기준, 지역수준의 지침을 바탕으로 당해 보육기관의 특성과 실태를 고려하여 당해 보육기관에 최적한 보육과정을 편성하는 과정이다.

② 필요성

왜 현장 유아보육기관에서는 국가 또는 지역보육행정기관에서 만들어 준 국가수준의 보육과정이나 지역수준의 보육과정을 현장 유아보육기관에서 그대로 적용하지 않고 지역화(재구성)하여 활용하는가에 대한 이해가 철저히 이루어져야 보육과정의 지역화가 합리적으로 이루어질 것이다. 국가 또는 지역수준의 보육과정에 대하여 지역화(재구성)해야 되는 이유를 들면 다음과 같다.

ㄱ. 보육의 효율성 제고

보육의 효율성을 제고시키기 위하여 보육활동 운영에 지역사회 내의 자원과 자료의 활용은 대단히 중요한 교육적 의의를 갖는다. 유아들이 살고 있는 지역사회에는 보육과정 운영에 필요한 다양한 자원과 자료가 도처에 산재해 있다. 즉 지역사회는 유아 보육을 위한 자원과 자료의 보고이다. 특히 지역사회의 자원과 자료에는 인적 자료, 자연경관, 지역사회 기관 자료, 지역사회 각종 시설, 전통문화, 풍속 등 다양하다. 따라서 이러한 지역사회 자원이나 자료들을 보육과정 편성과 운영에 적극 반영하고 활용해야 한다.

ㄴ. 지역사회 과제의 해결학습

지역사회 내에 있는 보육기관은 지역사회가 안고 있는 지역적 과제를 보육기관으로 끌어들여 그러한 지역적 과제를 보육과정화하여 보육활동 지도를 통해 해결해 줌으로써 지역사회의 과제해결기능을 수행해야 한다. 예를 들면, 지역사회 주민들의 교통질서의식이 빈약하여 지역사회의 병폐로 등장하고 있다면 교통질서 문제를 보육과정 편성 시 주제화하여 보육활동을 통해 지도하고 지도결과를 현장에서 실천한 후 또다시 파생하는 교통질서 문제를 보육과정에 다시 편성지도하는 등 과제분석→보육과정화→지도→현장 적용→과제분석 등의 순환적 과정을 밟아 지역사회 과제에 대한 해결학습을 통해 지역사회의 발전을 도모해야 한다. 이와 같이 지역과제를 보육과정화하기 위해서는 지역화 과정을 통해 이루어진다. 따라서 지역사회가 안고 있는 다양한 당면과제를 선정하여 보육과정 편성에 반영해야 한다.

ㄷ. 유아중심 보육의 실현

국가수준의 보육과정은 전국 모든 유아보육기관에서 다루어야 할 기본적인 내용을 제시한 것으로 이러한 내용들이 전국의 모든 유아들의 요구나 특성 또는 기대들이 모두 반영되어 유아들의 흥미와 욕구를 충족시켜 주리라고 기대할 수 없다. 보육은 유아의 흥미에 기초해야 한다. 유아들이 즐거움을 느낄 때 효과적으로 배울 수 있어 사물이나 사건이 무엇인가를 알아보려는 동기유발을 일으키게 하고 동기유발은 환경과 유아와의 상호작용에 의하여 만들어지는 것으로 배우는 것에 흥미를 느끼게 한다. 이렇게 볼 때 보육과정의 지역화는 국가 또는 지역수준의 보육과정을 유아의 흥미, 요구, 기대에 맞게 재구성하여 유아중심의 보육을 실현하기 위해 필요하다.

ㄹ. **보육과정 편성의 자율권 보장**

지금까지 어린이집 운영에서 보건복지부와 시 · 도의 지나친 통제나 규제로 단위 유아보육기관의 보육과정 운영 전반에 걸쳐 획일화된 감이 적지 않다. 물론 중앙이나 상급기관의 통제나 규제가 전국적으로 모든 어린이집 운영 전반에 걸쳐 평준화나 표준화를 도모한 성과는 인정할 수 있으나 그 이상의 발전은 기대하기가 어렵다.

보육과정 편성의 자율권을 보장한다 함은 바로 각 유아보육기관의 특성과 실정에 알맞은 보육과정의 지역화를 유도하는 일이다.

③ 지역화안

참고로 K어린이집의 보육과정 지역화안을 지면관계상 신체운동 · 건강 영역에 한해 참고로 제시한다.

〈표 Ⅲ-2〉 **보육과정 지역화안(신체운동 · 건강영역)** (만 3세아)

내용범주	내용	세부내용	어린이집 적용내용(지역화)
신체 인식하기	감각능력 기르고 활용하기	감각적 차이를 경험해 보기	• 여러 가지 과일을 맛보고 다양한 맛 느껴보기
		감각기관을 인식하고, 활용해 보기	• 곡식 마라카스 놀이로 소리의 차이 경험하기
	신체를 인식하고 움직이기	신체 각 부분의 명칭을 알고, 움직임에 관심 가지기	• 우리 몸의 명칭 알아보기 • 신체 각 부분의 움직임 탐색하기
		자신의 신체를 긍정적으로 인식하고, 움직여보기	• 높낮이, 크기가 다른 다양한 터널 통과하기 • 신체활동에 즐겁게 참여하기
신체 조절과 기본 운동 하기	신체 조절하기	신체균형을 유지해 보기	• 바닥에 그려진 선에 올라가 균형 잡기
		공간, 힘, 시간 등의 움직임 요소를 경험해 보기	• 타악기 소리의 빠르기에 따라 속도 조절하고 친구들과 부딪히지 않게 걸어보기
		신체 각 부분의 움직임을 조절해 보기	• 손으로 줄잡고 흔들다가 교사의 신호를 듣고 멈추거나 좌우, 상하 방향으로 줄 흔들기
		눈과 손을 협응하여 소근육을 조절해 보기	• 뜰채를 사용하여 색깔카드와 같은 색의 물고기 잡기
	기본 운동하기	걷기, 달리기 등 이동운동하기	• 음악을 들으며 속도 조절하고 고무줄 선을 따라 걷고 뛰는 이동운동하기
		제자리에서 몸을 움직여 보기	• 바람개비 흉내 내며 제자리에서 서서 속도 조절하여 회전운동하기

내용범주	내용	세부내용	어린이집 적용내용(지역화)
신체 활동에 참여 하기	자발적으로 신체활동에 참여하기	신체활동에 자발적으로 참여하기	• 동물 흉내 내며 자유롭게 뛰어보기 • 동물 울음소리 흉내 내며 신체의 움직임과 창의적 표현에 즐거움 느끼고 자발적으로 참여하기
		다른 사람과 함께하는 신체활동에 참여하기	• 친구들과 함께 기차놀이, 대문놀이를 하며 다른 사람과 함께 신체활동에 참여하기
	바깥에서 신체활동하기	규칙적으로 바깥에서 신체활동하기	• 유치원 주변을 규칙적으로 산책하며 바깥에서 신체활동 경험하기
	기구를 이용하여 신체활동하기	여러 가지 기구를 이용하여 신체활동하기	• 대근육 놀이기구 이용하기 • 유니바 이용하여 신체활동하기
건강 하게 생활 하기	몸과 주변을 깨끗이 하기	손과 이를 깨끗이 하는 방법을 알고 실천하기	• 손을 바르게 씻는 방법 알아보기
		주변을 깨끗이 하기	• 놀잇감 스스로 정리하기
	바른 식생활하기	음식을 골고루 먹기	• 음식 골고루 먹기 • 음식 막대 인형 놀이하기
		몸에 좋은 음식에 관심 갖기	• 몸에 좋은 음식 알아보기
		바른 태도로 식사하기	• 바른 태도로 식사하기
	건강한 일상생활하기	규칙적으로 잠을 자고, 적당한 휴식을 취하기	• 실외놀이, 동적활동 후 휴식 취하기
		하루일과에 즐겁게 참여하기	• 자유선택활동을 중심으로 하루일과에 즐거움 느끼기
		스스로 화장실에서 배변하기	• 스스로 화장실에서 배변하기
	질병 예방하기	질병의 위험을 알고 주의하기	• 질병과 관련된 동화 듣기
		날씨에 맞게 옷을 입기	• 날씨에 알맞게 옷 입기 • 날씨에 따라 자신의 의사 표현하기
안전 하게 생활 하기	안전하게 놀이하기	놀이기구와 놀잇감, 도구를 안전하게 사용하기	• 안전을 위한 복장 갖추기 • 놀잇감, 도구, 사용 전 지켜야 할 규칙 알려주기
		안전한 놀이장소를 알기	• 위험한 곳 알아보기
		TV, 인터넷, 통신기기 등을 바르게 사용하기	• 올바른 컴퓨터 사용법 알아보기
	교통안전 규칙 지키기	교통안전 규칙을 알기	• 각종 교통안전 규칙 알아보기 • 안전 보행, 안전 횡단에 관해 알아보고 경험하기
		교통수단을 안전하게 이용하기	• 교통수단 승차해 보는 경험하기 • 교통수단 이용 시 안전 수칙 알아보기 • 통학버스 안전하게 이용하기

내용범주	내용	세부내용	어린이집 적용내용(지역화)
	비상시 적절히 대처하기	학대, 성폭력, 실족, 유괴 상황을 알고 도움을 요청하기	• 여러 가지 유괴 발생 상황극을 통해 연습해 보기
		재난 및 사고 등 비상시 적절하게 대처하는 방법 알기	• 대피방법을 구체적으로 알아보기 • 대피훈련하기

(2) 보육과정 편성의 실제 '예'

보육과정을 효율적으로 운영하기 위해서는 다양한 보육과정 지도계획이 필요하다. 그 중에는 첫째, 보육일수 및 보육시간 운영계획을 수립하고

둘째, 보육계획안으로 연간 보육계획안, 월간 보육계획안, 주간 보육계획안, 일일 보육계획안을 수립하는 일이다. 다음에서 3~5세 누리과정 편성의 예를 제시한다. 보다 구체적인 내용은 관련서적(보육과정)을 참고하기 바란다.

① 보육일수 및 보육시간 운영계획 수립

ㄱ. 보육일수 산정 및 학사일정

누리과정 지도계획을 세우기 위해서는 제일 먼저 교육일수를 산정하여 연간 또는 월간, 주간으로 수업일수를 산정해야 한다. 수업일수가 산정되어야 월 주제, 주 주제에 대한 활동시간을 배정하는 등 지도계획 수립에 참고할 수 있다. 보육일수를 산정하면서 동시에 학사일정을 계획해야 한다.

그 '예'를 들면 다음과 같다.

〈표 Ⅲ-3〉 2017학년도 1학기 교육일수 및 학사 일정

1학기(2017.03.01~2017.08.31)

3월			4월			5월			6월			7월			8월		
			1	화		1	목					1	화		1	금	방과후 방학
			2	수		2	금	인형극 관람	2	월		2	수				
3	월	입학식 교육과정 설명회	3	목					3	화		3	목				
4	화		4	금								4	금		4	월	방과후 운영

3월			4월			5월			6월			7월			8월		
5	수								5	목					5	화	방과후 운영
6	목														6	수	방과후 운영
7	금		7	월		7	수					7	월		7	목	방과후 운영
			8	화		8	목					8	화		8	금	방과후 운영
			9	수		9	금		9	월		9	수				
10	월		10	목	집단면담			가족놀이 한마당	10	화		10	목				
11	화		11	금					11	수		11	금		11	월	방과후 운영
12	수					12	월		12	목					12	화	방과후 운영
13	목					13	화		13	금					13	수	방과후 운영
14	금		14	월		14	수					14	월		14	목	방과후 운영
			15	화		15	목					15	화				
			16	수		16	금		16	월		16	수				
17	월		17	목					17	화		17	목				
18	화		18	금	어울 한마당				18	수		18	금		18	월	방과후 운영
19	수					19	월		19	목					19	화	방과후 운영
20	목					20	화	현장학습	20	금					20	수	방과후 운영
21	금		21	월		21	수					21	월		21	목	방과후 운영
			22	화	현장학습	22	목					22	화		22	금	방과후 운영
			23	수		23	금		23	월		23	수				
24	월		24	목					24	화	1일캠프 (석교)	24	목	여름캠프			
25	화	현장학습	25	금					25	수		25	금	여름캠프 여름 방학식	25	월	방과후 운영

3월			4월			5월			6월			7월			8월		
26	수					26	월		26	목					26	화	방과후 운영
27	목					27	화		27	금					27	수	방과후 운영
28	금		28	월		28	수					28	월	방과후 방학	28	목	방과후 운영
			29	화		29	목					29	화	방과후 방학	29	금	방과후 운영
			30	수		30	금		30	월		30	수	방과후 방학			
31	월		*	*	*				*	*	*	31	목	방과후 방학			
수업일수	21		22			20			18			19			0		
휴일일수	10		8			11			10			12			31		
계 (1학기)			휴일일수			토요휴업일 및 기타			26일						84일		
						여름 방학			24일								
						공 휴 일			34일								
			수업일수			수업 일수			100일						100일		

※1학기 수업일수: 100일

ㄴ. 하루일과 시간운영 계획수립

보육일수가 산정되면 하루일과 시간운영 계획을 세워야 한다. 그 '예'를 들면 아래와 같다.

〈표 Ⅲ-4〉 하루일과 시간운영

교육과정	
시간	활동명
08:30~09:00	• 등원 및 자유선택활동 (원아 맞이, 원아 건강 확인, 출석카드 확인)
09:00~10:10	• 놀이계획 및 실내 자유선택활동 (오전간식)
10:10~10:20	• 정리정돈
10:20~11:00	• 대집단 활동(선택활동 평가, 이야기 나누기 등)
11:00~12:00	• 바깥놀이 및 대·소집단 활동(동화, 게임, 음률 등)
12:00~12:30	• 점심식사 및 이닦기
12:30~13:10	• 휴식 및 자유선택활동
13:10~13:20	• 정리정돈
13:20~13:50	• 대·소집단 활동(동시, 동극, 조형, 신체 등)
13:50~14:00	• 평가 및 방과 후 과정 연계

② 보육계획안 작성

어린이집에서는 대개의 경우 누리과정 지도계획안을 보육계획안이라고 하여 보육과정계획안에 수록한다. 보육계획안에는 연간 보육계획안, 월간 보육계획안, 주간 보육계획안, 일일 보육계획안 등이 있다. 이런 보육계획안들은 어떤 생활주제를 선정하는지, 주제에는 어떤 개념과 내용들을 포함하는지, 언제, 어떤 방법으로 유아들에게 제시하고 지도하는지를 구체적으로 안내해 준다. 보육계획안은 먼저 연간 또는 월간으로 수립하고 다시 주간, 일별, 시간대별로 수립해야 한다. 월간 보육계획안은 상세히 계획하기보다는 한 달 전에 미리 안(案)으로 계획한다. 연간 보육계획안과 월간 보육계획안을 간략하고 융통성 있게 수립하고 주간 보육계획안과 일일 보육계획안을 구체적으로 수립한다.

ㄱ. 연간 보육계획안

연간 보육계획안은 1년 동안 이루어지는 전체 프로그램에 대한 포괄적인 보육계획이다. 연간 보육계획안은 어린이집 전체 보육에 대한 윤곽을 보여주는 것으로, 밑그림에 해당한다.

연간 보육계획안을 작성할 때는 다음 사항이 고려되어야 한다.

첫째, 연간 보육계획안은 새 학년이 시작되기 전인 2월 중순경에 전체 교사회의에서 결정한다.

둘째, 연간 보육계획안에 관련지어 월간 보육계획안과 주간 보육계획안을 작성한다.

셋째, 연간 보육계획안은 당해 어린이집의 보육활동 지도자료에 제시되어 있는 연간 생활주제 및 활동주제를 중심으로 작성하다.

넷째, 생활주제를 배열할 때에는 유아들이 친숙하게 접하고 있는 환경에서 구체적인 것을 선정하여 보육활동으로 구성하고, 점차 멀리 떨어져 있는 환경 및 추상적인 개념으로 확대해 나간다.

다섯째, 유아들의 연령, 발달 정도, 보육기관 경험의 유무 등 유아들의 특성을 고려하여 적용기간을 가늠하고, 이를 연간 보육계획안에 반영한다.

여섯째, 국가나 지역사회에서 이루어지는 각종 행사들의 교육적 가치를 평가하여 생활주제로 선정하여 연간 보육계획안에 포함시킨다.

일곱째, 생활주제와 관련하여 견학, 부모참여 등의 특별활동을 연계성 있게 계획하도록 한다. 또한 생활주제와 관련하여 참관 또는 견학시기를 결정하여 연간 보육계획안에 반영한다.

여덟째, 연간 보육계획안을 부모들에게 배부하여 어린이집 보육계획을 알린다.

연간 보육계획안의 '예'를 제시한다.

〈표 Ⅲ-5〉 연간 보육계획안 (3세반)

<table>
<tr><th>월</th><th>생활주제</th><th>주</th><th>주제</th><th>월</th><th>생활주제</th><th>주</th><th>주제</th></tr>
<tr><td rowspan="4">3</td><td rowspan="4">어린이집과 친구</td><td>2</td><td>나의 마이꿈
어린이집</td><td rowspan="4">9</td><td rowspan="4">교통 기관</td><td>1</td><td>즐거웠던 여름방학/
여러 가지 육상교통기관</td></tr>
<tr><td>3</td><td>즐거운 나의 하루</td><td>2</td><td>고마운 육상교통기관</td></tr>
<tr><td>4</td><td>나의 소중한 친구</td><td>3</td><td>우리가 좋아하는 자전거</td></tr>
<tr><td>5</td><td>친구와 함께 놀아요</td><td>4</td><td>즐거운 교통 생활</td></tr>
<tr><td rowspan="4">4</td><td>봄</td><td>1</td><td>봄을 느껴요</td><td rowspan="5">10</td><td rowspan="3">우리 나라</td><td>1</td><td>우리나라 사람들의 생활</td></tr>
<tr><td rowspan="3">동식물과 자연</td><td>2</td><td>궁금한 동식물</td><td>2</td><td>즐거운 전통놀이</td></tr>
<tr><td>3</td><td>동식물과 우리의 생활</td><td>3</td><td>우리나라 역사와 자랑거리</td></tr>
<tr><td>4</td><td>자연과 더불어 사는 우리</td><td rowspan="2">가을</td><td>4</td><td>풍성한 가을</td></tr>
<tr><td rowspan="5">5</td><td rowspan="5">나와 가족</td><td>1</td><td>나의 몸과 마음</td><td>5</td><td>즐거운 사랑 · 나눔 · 행복 잔치</td></tr>
<tr><td>2</td><td>소중한 나</td><td rowspan="5">11</td><td rowspan="2">생활 도구</td><td>2</td><td>다양한 생활도구</td></tr>
<tr><td>3</td><td>소중한 가족</td><td>3</td><td>생활도구를 움직이는 힘</td></tr>
<tr><td>4</td><td>가족과 함께하는 추억</td><td rowspan="3">환경과 생활</td><td>4</td><td>소중한 물</td></tr>
<tr><td>5</td><td>행복한 우리집</td><td>5</td><td>소중한 흙</td></tr>
<tr><td rowspan="3">6</td><td rowspan="3">우리 동네</td><td>2</td><td>우리 동네의 모습과 특산물</td><td>1</td><td>바람 · 공기와 우리 생활</td></tr>
<tr><td>3</td><td>우리 동네 생활</td><td rowspan="4">12</td><td rowspan="4">겨울</td><td>2</td><td>겨울의 생활</td></tr>
<tr><td>4</td><td>우리 동네의 공공기관</td><td>3</td><td>즐거운 크리스마스</td></tr>
<tr><td rowspan="5">7</td><td rowspan="4">건강과 안전</td><td>5</td><td>즐거운 운동과 휴식</td><td rowspan="2">4</td><td rowspan="2">겨울방학</td></tr>
<tr><td>1</td><td>깨끗한 나와 환경</td></tr>
<tr><td>2</td><td>맛있는 음식과 영양</td><td rowspan="3">2</td><td rowspan="3">형님 반에 가요</td><td rowspan="2">1</td><td rowspan="2">즐거웠던 겨울방학/어린이집
생활을 돌아보아요</td></tr>
<tr><td>3</td><td>안전한 놀이와 생활</td></tr>
<tr><td>여름</td><td>4</td><td>신나는 캠프</td><td>2</td><td>형님 반에 가요</td></tr>
</table>

ㄴ. 월간 보육계획안

월간 보육계획안은 별도로 작성하지 않고 연간 보육계획안에 포함시키거나 주간 보육계획안으로 대체하는 경우가 많으나, 월간 보육계획 중에서 행사 등과 관계되는 중요한 일들을 중심으로 월간 보육계획안을 작성할 수도 있다. 월간 보육계획안은 매월 셋째 주 금요일쯤에 다음 달의 보육계획안을 작성하며, 월말에 가정으로 통지하는 것이 효과적이다. 월간 보육계획안을 가정으로 통지하는 것은 부모들이 가정에서 연계성 있는 지도를 할 수 있고, 미리 그 달의 행사를 알고 준비·협조하도록 하기 위한 것이다. 월간 보육계획안에는 유아의 생일, 견학일, 공휴일 등을 구체적으로 표시하여 놓을 수 있다. 따라서 월간 보육계획안은 학급 간에 공통점과 차이점이 다소 있을 수 있다. 다음은 월간 보육계획안의 한 예로서, 명절이나 행사를 중심으로 계획한 것이다.

〈표 Ⅲ-6〉 월간 보육계획안의 '예'

요일 주	월	화	수	목	금	토
1주	1	2	3	4 소풍 어린이 대공원	5	6
2주	8 어버이날	9	10	11 석가탄신일	12	13
3주	15 생일: 이진수	16	17 참관일	18	19	20
4주	22	23	24	25	26 자체연구수업 나비반	27
5주	29	30 생일: 김희연	31			

ㄷ. 주간 보육계획안

주간 보육계획안은 1주 동안에 이루어지는 모든 보육활동들을 한눈에 조명하여 볼 수 있도록 세부적인 내용까지 포함한 보육계획이다. 교사는 주간 보육계획안을 수립함으로써 다음 주간에 해야 할 모든 활동에 대하여 구체적으로 생각하고 미리 준비할 수 있다. 또, 주간 보육계획안을 보고 요일별로 다양한 활동, 특히 자유선택활동 시간과 집단활동 시간이 균형 있게 배정되어 있는지 쉽게 확인할 수 있다.

다음은 주간 보육계획안을 작성할 때에 고려해야 할 점이다.

- 주간 보육계획안은 매주 금요일 전체 교사회의를 거쳐 작성한다.
- 주간 보육계획안은 연간 보육계획안에 기초하여 작성한다.
- 당해 어린이집 보육활동 지도 자료에서 제시되어 있는 연간 생활주제 및 활동주제를 중심으로 통합적인 주간 보육계획안을 작성하고 실행함으로써 유아의 전인적 발달을 도모한다.
- 주간 보육계획안 작성 시 유아의 특성과 능력, 어린이집 및 지역사회의 요구에 따라 적절한 생활주제를 선정하고 다양한 활동을 골고루 안배한다.
- 주간 보육계획안에는 요일별로 자유선택활동 시간에 각 흥미영역에서 이루어지는 활동들, 하루일과 중에 이루어지는 집단활동들을 구체적으로 명시한다.
- 주간 보육계획안에는 보육활동뿐 아니라, 교사나 보조교사(교직원, 부모 자원자)의 이름과 임무를 구체적으로 적어 놓도록 한다.

주간 보육계획안의 예를 제시하면 다음과 같다.

〈표 Ⅲ-7〉 주간 보육활동계획안의 '예' (4세)

주제		다양한 생활도구				
목표		다양한 생활도구의 종류와 기능에 대해 안다. 다양한 생활도구를 안전하게 사용하는 태도를 갖는다.				
기본생활 습관교육		신호등을 잘 지켜요		교통안전교육	찻길에서 놀지 않아요	
요일		월( )	화( )	수( )	목( )	금( )
소주제		주변의 생활도구 알아보기	편리해진 생활도구	유치원에서 사용하는 생활도구	안전하게 사용해요	생활도구의 변천과정
자유선택활동	언어	생활 속의 ㄱㄴㄷ/글자를 만드는 노트북				
	수 · 조작		생활도구 패턴		지킬 수 있어요	
	쌓기	내 책상을 만들어요				
	역할		부엌놀이를 해요			
	음률		가위 안전송			
	미술		사진기를 만들어요/연필접기			
	과학	편리한 깔때기			드라이버 사용하기	
함께	이야기	도구가 필요해요	점점 편리해져요	여러 가지 가방	아차! 조심해요	생활도구의 발전

하는 활동	나누기					
	☆동화♧ 동시♤ 동극	♧맛있는 소리	☆신기한 요술 냄비	☆요술 연필	☆내가 제일 멋진 도구야	☆먹이를 가져왔어
	음악	무엇이 필요할까요?			주전자	
	미술		생활도구 본뜨기	가방 만들기		
	신체			풍선 놀이		
	게임	힘 센 보자기			안전 장갑 끼고 나르기	
	현장체험					우리 동네 마트 가요
	바깥놀이	받아라 바톤	편리한 도구 찾기	모래놀이 도구 이용하기	뚝딱뚝딱 길을 내자	훌라후프 놀이
	간식	우류/아몬드	우유/멸치	우유	우유/피스타치오	우류/아몬드
	점심식단	친환경클로렐라 잡곡밥 친환경콩나물국 돈육메추라기 장조림 미역줄기게맛살 볶음 배추김치 한입붕어빵	친환경찰보리잡곡밥 오색떡국 국산콩두부조림 실파김무침 배추김치 무농약딸기쥬스	짜장면&작은밥 맑은 미역국 피자군만두 도토리묵상추무침 배추김치	친환경토마코펜밥 한우미역국 계란찜 애호박볶음 배추김치 키위	친환경검정쌀밥 청국장찌개 춘천닭갈비 가지볶음 배추김치 단호박편
	새 노래 무엇이 필요할까요?			동시 맛있는 소리		
	가정과의 연계활동	주르륵 주르륵 비가오는 날 무엇이 무엇이 필요할까요 그건 바로 우산 비를 막아주는 고마운 우산 우산		꼬르륵 꼬르륵 배꼽시계 울린다 송송송송 탁탁탁탁 도마 소리 보글보글 부글부글 냄비 우는 소리 지글지글 자글자글 프라이팬 소리 꿀걱꿀꺽 냠냠쩝쩝 즐거운 식사시간		

ㄹ. 일일 보육계획안

일일 보육계획안은 하루 동안 이루어지는 모든 보육활동을 순서적으로 계획한다. 일일 보육계획안은 주간 보육계획안에 기초하여 수립된다. 일일 보육계획안에는 생활주제, 보육목표, 활동명과 활동에 관한 각종 정보(소요시간, 준비물, 전개방법, 유의사항 등) 및 평가내용을 기록한다.

일일 활동계획 및 운영 시 고려할 점은 다음과 같다.

가. 일일 활동 운영에 영향을 주는 요인들을 고려하여, 일일 생활에 적합한 계획을 세운다. 요인들은 아래 표에 나타난 바와 같이 프로그램의 유형, 인적 · 물적 환경 요인, 활동 시기 등이다.

〈표 Ⅲ-8〉 일일 활동 운영에 영향을 주는 요인

요인	어린이집 현황
수업시간	반일제 프로그램, 시간연장제 프로그램, 종일제 프로그램
인적 환경요인	교사, 보조교사, 교육실습생, 부모 자원자, 요원(관리인, 기사 등)
물적 환경요인	교실(흥미영역 종류, 놀잇감, 교재 · 교구), 강당, 운동장, 화장실
활동시기	학기 초, 학기 중간, 학기 말

나. 일관성이 있어야 한다. 이는 일과에 일정한 패턴이 있음을 의미한다. 예를 들어, 대체로 등원하면 놀이를 하고 정리정돈을 하며, 일정한 장소에 함께 모여 앉아 동화를 듣거나 이야기를 나눈 뒤 간식을 먹고, 다시 함께 모여서 노래를 부르거나 게임을 한 뒤 집으로 가는 등의 활동이 유사하게 반복되는 것이다.

다. 유아의 신체적 욕구나 리듬을 반영해야 한다. 일일 보육활동계획에는 간식, 배변, 휴식 등 유아의 신체적 · 생리적 욕구를 해결하는 시간을 적절하게 계획해야 한다.

라. 유아의 흥미와 요구를 반영한다. 교사는 자신이 세운 계획에 유아들이 따라가도록 하기보다는 유아의 흥미와 요구를 반영할 수 있는 기회를 제공하여 유아의 능동적 참여를 유도해 낼 수 있어야 한다.

마. 활동 간 균형을 맞추어 계획한다. 일과 안에 동적 활동과 정적 활동, 실내활동과 실외활동, 개별활동과 대 · 소집단활동, 교사선택활동과 유아선택활동을 골고루 계획한다.

바. 다양한 유형의 상호작용이 일어날 수 있도록 계획한다. 즉, 교사와 개별 유아의 상호작용, 대 · 소집단 유아와의 상호작용, 유아와 유아 간의 상호작용, 유아와 교구와의 상호작용 등의 기회가 골고루 제시될 수 있어야 한다.

사. 융통성 있게 재구성할 수 있어야 한다. 일일 보육계획안은 주간 보육계획안에 기초하여 작성되나, 유아들의 흥미나 요구, 우발적인 사건 등을 간과해서는 안 된다. 교사는 순발력 있게 그러한 요소들을 반영하여 보육계획을 수정할 수 있어야 한다.

아. 활동계획과 실행에 대한 평가가 계획되어야 한다. 효과적인 일일 보육활동계획은 실행 및 평가를 통하여 완성된다. 교사는 활동의 목표가 어느 정도 성취되었는지,

계획대로 실행되었는지, 차질이 있었다면 무엇 때문인지, 문제점은 무엇인지 등 일일 일과활동에 대한 평가를 유아들과 함께할 수 있다.

일일 보육계획안의 '예'를 제시한다.

〈표 Ⅲ-9〉 일일 보육계획안의 '예' (4세)

일시	6월 4일 금요일	
주제	주말과 휴일을 어떻게 지냈나요?	
목표	1. 주말과 휴일 동안 있었던 이야기를 발표해 본다. 2. 생활 주변의 여러 가지 일에 대해 관심을 갖고 알아본다.	
활동시간 및 활동주제	활동내용	자료
7 :30~09 :00 등원 및 자유선택놀이	• 등원하여 선생님과 친구들에게 인사를 나눈다. • 소지품을 제자리에 바르게 정리한다. • 출석카드의 2일 자리에 월요일 도장을 찍는다. • 자유선택놀이 영역에서 놀이를 한다.	소지품 정리장, 출석카드, 바구니, 요일도장, 스탬프, 스티커, 달력, 자유선택 놀이 영역의 교재, 교구
09 :00~09 :10 애국조회 일과계획 및 놀이계획	• 9시가 되면 놀던 것을 정리하고 모여 앉는다. 　- 오늘의 날짜, 요일, 날씨 알아보기(시제에 맞추어 어제와 내일의 요일도 알아보기) • 애국조회(애국가, 국기에 대한 맹세) • 이번 주의 약속 정하기, 도우미 정하기 • 출석 확인하기 및 새 소식 전하기 • 위인동화 듣기(동화를 듣고 느낌에 대해 이야기를 나눈다) • 오늘의 활동순서 알아보기 　- 새 교구 소개 　- 여러 가지 직업 퍼즐 　- 작업 소개 　- 면봉 그림, 손가락 인형 • 놀이계획(어떤 놀이를 할 것인지 생각해 보고, 계획지에 계획한다)	시계, 달력, 이름카드, 녹음기, 테이프, 그림카드, 동화책, 놀이계획지, 필기도구, 퍼즐, 면봉, 물감, 붓, 종이
09 :10~10 :00 자유선택활동	• 계획지에 계획한 대로 놀이를 한다. • 놀이할 때 영역에 이름을 표시하고 놀이한다. • 여러 영역을 고루 돌면서 놀이한다. • 놀이 중에 자유롭게 화장실에 다녀온다.	흥미영역 이름표, 각 영역 교재·교구, 칫솔, 컵
10 :00~10 :20 정리 · 정돈	• 악기 소리가 나면 정리를 한다. • 정리정돈이 끝나면 놀이 평가를 한다. • 화장실에 다녀온 후 언어영역에 모여 앉는다.	소고, 놀이, 평가지, 필기도구

10 :20~12 :00 이야기 나누기	• 이번 주의 활동주제를 알아본다. -여자와 남자 • 오늘의 이야깃거리를 소개한다(주말에 지낸 이야기 발표). • 내가 알아온 이야깃거리를 발표한다. • 궁금한 것들을 서로 토론해 본다. • 오늘의 이야기를 통해 알게 된 것을 종합한다.	이야깃거리, 융판, 화이트 칠판, 필기도구, 그림자료
12 :00~13 :00 점심시간, 이 닦기	• 식습관을 관찰하고 기분좋게 점심을 먹을 수 있도록 즐거운 분위기를 조성한다. • 양치를 한 후 마무리를 도와준다. • 손을 씻는다.	식단표 참조, 식판, 양치컵. 칫솔, 치약
13 :00~14 :00 조용한 음악 듣기 및 낮잠 자기	• 조용한 음악을 들으며 편안하게 낮잠을 잘 수 있도록 한다. • 낮잠을 안 자는 유아는 개별적으로 조용히 자유놀이를 한다.	이불, 베개, CD(조용한 음악)
14 :00~15 :00 실외자유놀이	• 자유놀이기구를 선택하여 각자 놀도록 한다. • 규칙과 질서를 지키며 놀도록 지도한다.	실외놀이기구
15 :00~17 :00 자유선택활동 및 정리정돈	• 계획지에 계획한 놀이를 한다. • 놀이할 때 영역에 이름을 표시하고 놀이한다. • 여러 영역을 고루 돌면서 놀이한다. • 놀이 중에 자유롭게 화장실에 다녀온다.	흥미영역 이름표, 각 영역 교재, 교구
17 :00~17 :30 평가 및 귀가지도	• 자유선택활동에 대한 평가를 하도록 한다. • 맞벌이 부부 유아에 대한 귀가지도(개별적)	

(3) 편성 시 고려할 점

3~5세 누리과정을 편성함에 있어서 중요한 과제는 유아가 배우고 이해하고 경험하도록 무엇을 도와줄 것인가를 생각해 보는 것이다. 다음에서 조순옥 등(2003)과 고정곤(2003)의 의견을 종합하여 고려할 점을 기술한다.

첫째, 유아에게 발달적으로 의미 있는 내용이어야 한다. 학습내용이 유아의 인지, 정서, 사회, 신체발달에 적합할 뿐만 아니라 특히 유아의 성장·발달에 직결되어야 한다.

둘째, 교수·학습지도 원리를 반드시 고려하여야 한다. 보육과정을 편성함에 있어서 효율적인 보육방법의 기준의 되는 자발성의 원리, 개별화의 원리, 사회화의 원리, 직관의 원리, 통합화의 원리 등 교수·학습지도의 원리가 반드시 종합적으로 고려되어야 한다.

셋째, 유아의 흥미와 관심을 끌 수 있도록 해야 한다. 유아의 관심과 흥미는 의미 있는 학습으로 이끄는 동기를 제공한다. 따라서 보육활동의 근본은 유아의 직접적인 경험, 놀이, 자발적인 활동에 있다.

넷째, 보육목표 구현에 직결된 내용과 방법이어야 한다. 활동실에서 이루어지는 교수·학습활동이 단순히 그 시간에 학습되는 교재의 흥미만을 중심으로 새로운 경험을 제공하거나 주제 활동의 전개만으로 생각한다면 당해 어린이집에서 설정한 보육목표 구현에 직결된 활동이 될 수 없다. 그러므로 보육과정 편성 시 당해 보육기관에서 구현하려고 하는 보육목적이나 보육목표가 구체적으로 반영되어야 한다.

다섯째, 유아의 문화적 배경, 개인적 경험에 근거하고 유아들의 가족 및 지역사회와 통합되어야 한다. 이는 보육활동이 유아 개인의 문화적 배경 및 유아의 가정, 어린이집, 이웃, 유아보육기관의 맥락 안에서 통합되어야 함을 의미한다.

여섯째, 과학적이고 합리적으로 수립되어야 한다. 현장 실정을 고려하여 현장성과 적용 가능성이 있는 계획이어야 한다. 또한 계획들이 교사에 의해서 일률적으로 책상 위에서 입안되거나 전시용, 제출용, 장부용, 실적용으로 입안되어 현장성이 결여되어서는 안 된다.

일곱째, 지역사회 내의 다양한 자원을 조사하여 활용하도록 계획한다. 지역사회 내의 다양한 자원의 활용은 물론, 부모를 자원봉사자로 참여시키는 등 자원 활용의 다양화를 기해야 한다.

여덟째, 계획 수립 절차와 내용이 일관성이 있어야 한다. 일관성이란 질서 있는 상호관련성을 의미한다. 본시 학습활동 목표가 구현되어 자연스럽게 일일, 주간, 월간, 연간 보육목표가 구현될 수 있어야 한다.

아홉째, 교사, 유아, 부모, 지역사회 인사 등이 상호 역동적인 관계 속에서 이들의 의견과 요구를 계획수립에 반영하는 것은 물론 야기되는 문제에 대한 공동 협의가 이루어져 그 결과가 계획수립에 반영되어야 한다.

열째, 교사의 교육적 소양에 기초해야 한다. 교사의 역할, 유아학습심리, 유아발달 특성, 학습 자체에 대한 특성과 원리, 교육에 대한 사회적 요구, 지역사회의 특수성, 학습이론과 교수·학습방법, 학습에 필요한 자료 등 교육에 직·간접적으로 영향을 주는 제 요인이 보육과정 편성 시 반드시 고려되어야 한다.

열한째, 보육활동은 다른 여러 영역 활동과 통합되어야 한다. 예를 들면, 유아들에게 언어를 사용하도록 다른 사람과의 의사소통을 격려하고 미술, 음악, 율동을 통해 아이디어를 표현하도록 격려한다.

3. 보육과정의 운영

각 유아교육기관에서는 전 항의 과정을 통해 편성된 보육과정을 실질적으로 운영하여 당해 유아보육기관에서 설정한 보육목표를 구현하게 된다. 편성된 보육과정을 운영하는 일은 아주 다양하다. 크게는 교수·학습지도, 환경구성, 어린이집운영관리, 보육과정평가 등 유아보육기관에서 매일 이루어지는 모든 보육활동으로 이들을 총망라하여 기술하기란 너무 광범위하여 표준보육과정과 누리과정에 제시된 운영과 교수·학습방법지침을 중심으로 운영 개요만을 기술하기로 한다.

1) 제3차 어린이집 표준보육과정 운영

보건복지부고시 제2013-8호에 따른 제3차 어린이집 표준보육과정해설에서는 표준보육과정의 운영과 교수·학습방법지침을 다음과 같이 제시하고 있다.

(1) 운영지침

① 보육계획(연간, 월간, 주간, 일일계획 등)에 의거하여 운영한다

ㄱ. 표준보육과정은 연간, 월간, 주간, 일일활동에 이르기까지 각 영역별 목표와 내용을 균형 있게 반영하고 체계적으로 작성된 계획안을 중심으로 어린이집의 실정에 맞추어 운영하도록 한다.

ㄴ. 보육계획안에 기초하여 운영할 때 유의할 점은 교사가 일방적으로 진행되지 않도록 하는 것이다. 특히, 영아반 보육계획의 경우, 해당 주제에서 다루어질 내용을 영아들이 자신의 흥미와 발달속도에 맞추어 충분히 반복적으로 경험할 수 있도록 한다.

② 실내·외 환경을 다양한 흥미영역으로 구성하여 운영한다

ㄱ. 교사는 실내·외 공간을 다양한 흥미영역으로 구성하여 영유아의 활동선택권을 확대하고 자발적인 참여를 촉진하도록 한다.

ㄴ. 영아반의 경우는 수유, 낮잠 등 일상생활공간을 우선적으로 확보하도록 하고, 연령이 증가함에 따라, 역할놀이 영역, 쌓기놀이 영역, 수·과학영역, 언어영

역, 미술영역, 음률영역 등 다양한 흥미영역을 설치하도록 한다. 또한 실내뿐만 아니라 실외에도 다양한 흥미영역을 배치하여 매일 다양한 놀이가 진행되도록 한다.

ㄷ. 실내외 공간에 배치된 흥미영역은 영유아의 요구나 계절 및 주제 등에 따라 확장하거나 축소하는 등 계속적으로 재구성해 나가도록 한다.

③ 영유아의 능력과 장애 정도에 따라 조정하여 운영한다

ㄱ. 영유아기는 개인마다 발달적 편차가 매우 크므로 교사는 보육과정 운영 시 영유아의 연령차, 개인차, 개인 내에서 나타나는 발달영역 간의 편차 등도 고려한다. 이를 위해 교사는 보육과정의 보육내용을 참고하여 개별 영유아의 발달수준에 따라 적당히 차별화시켜 적용하도록 한다.

ㄴ. 특히 장애아 통합반 상황에서는 특별한 요구를 가진 영유아를 배려하여 보육환경과 활동자료를 제공하며 특별한 요구에 적합한 보육내용을 구성하고, 장애 영유아 개개인의 특성에 알맞은 교수·학습방법으로 보육과정을 운영한다.

④ 부모와 각 기관의 실정에 따라 부모교육을 실시한다

ㄱ. 부모가 적절한 부모역할 및 영유아의 특성과 상황에 따른 적절한 대처기술을 알고 실천할 수 있도록 부모교육을 실시한다.

ㄴ. 부모교육은 연락장이나 편지, 게시판, 자유로운 대화, 대·소집단 모임, 보육실 참관과 면담, 자원봉사활동, 부모참여수업, 그리고 의사결정참여 등에 이르기까지 다양하게 이루어질 수 있다.

⑤ 가정과 지역사회와의 협력과 참여에 기반하여 운영한다

ㄱ. 가정과의 연계를 위해서는 다양한 직업, 취미 및 특기를 가진 가족구성원을 보육과정운영에 적극 참여하도록 하여 프로그램을 효율적으로 운영한다.

ㄴ. 교사는 어린이집이 위치하고 있는 지역의 문화적·지리적 환경과 특성을 파악하여 보육활동에 적절히 반영하여 역사적 유적지나, 산업시설, 문화시설, 복지기관 및 대학과 같은 지역의 물적·인적 자원을 충분히 활용하여 보육과정을 운영한다.

⑥ 교사 재교육을 통해 어린이집 표준보육과정 운영을 개선한다

ㄱ. 교사는 표준보육과정의 효과적인 운영을 위하여 보육과정의 내용과 운영방법에 대하여 충분하게 숙지하도록 한다.

ㄴ. 보육과정 운영은 교사재교육을 통해 더욱 내실 있는 계획과 운영 및 평가가 이루어질 수 있다. 이를 위해서는 교사협의회, 현장연구, 보육실 관찰, 보육계획안평가 등 어린이집 자체연수가 이루어져야 한다.

(2) 0~2세 교수 · 학습방법 지침

제3차 어린이집 표준보육과정에서 0~2세 영유아 교수 · 학습방법 지침을 다음과 같이 제시하여 6개 영역의 교과지도 방향을 시사하였다.

① 주도적인 놀이를 중심으로 교수–학습 · 활동이 이루어지도록 한다

ㄱ. 영유아는 충분한 시간 동안 자발적이고 적극적으로 놀이에 참여한다.

ㄴ. 교사는 영유아의 다양한 탐색과 자유놀이가 가능하도록 계획하고 실행해야 한다.

② 흥미를 중심으로 활동을 선택하고 지속할 수 있도록 한다

ㄱ. 영유아는 흥미 있는 활동에 적극적인 참여자가 되고 이를 통해 학습이 일어난다.

ㄴ. 교사는 영유아의 개인차를 고려하여, 이에 적합한 다양한 활동을 준비하여야 한다.

③ 생활 속 경험을 소재로 하여 지식, 기술, 바람직한 태도를 기르도록 한다

ㄱ. 영유아는 실제 생활 속의 경험을 통해 영유아가 의미 있는 내용을 습득하도록 한다.

ㄴ. 가정 및 지역사회에서 얻은 영유아의 경험이 적합한 학습경험으로 연계될 수 있도록 한다.

④ 교사와 신뢰감을 형성하고 개별적인 활동이 이루어지도록 한다

ㄱ. 영유아를 존중하는 교사의 상호작용은 언어적 상호작용, 온정적이고 긍정적인

비언어적 상호작용을 포함하며, 집단활동과 개별적인 상호작용을 통해서, 영유아 개인과의 신뢰감을 형성한다.

ㄴ. 영유아의 발달 차이, 기질, 경험내용과 범위, 관심사, 학습능력, 가정문화 등의 개인차를 인정하고, 개별 영유아의 특성에 알맞게 놀이 및 활동 제공과 학습방식을 제공한다.

⑤ 교사, 환경, 또래와 능동적인 상호작용이 이루어지도록 한다

ㄱ. 영유아가 능동적이며 적극적으로 교사, 환경, 또래와 상호작용할 수 있도록 놀이 및 활동, 환경을 지원한다.

ㄴ. 영유아의 이전 경험과 현재 영유아의 발달수준, 사전경험, 발달적 연계성 등을 고려하여 교사가 상호작용에 적용한다.

⑥ 주제를 중심으로 여러 활동이 통합적으로 이루어지도록 한다

ㄱ. 주제중심의 통합은 영유아의 발달과 흥미, 학습에 적합한 주제를 선정한다.

ㄴ. 주제 전개에 따른 전체 계획을 체계화하여 통합적으로 운영한다.

⑦ 만 0~1세 영아, 만 2세 영아는 일상생활 및 개별 활동, 휴식 등이 균형 있게 이루어지도록 한다

ㄱ. 영아의 급·간식, 배변, 씻기 등의 일상생활과 개별 활동, 휴식 등은 영아의 개별적 신체적 욕구를 충분히 고려하여 균형감 있게 배치하도록 한다.

ㄴ. 영아와 함께 하는 모든 놀이 및 활동은 영아의 월령이 낮을수록 개별 리듬에 맞추어 융통성 있게 조절하며, 개별 활동으로 하는 것이 중요하다.

2) 3~5세 누리과정 운영

교육과학기술부고시 제2012-16호, 보건복지부고시 제2012-82호에 따른 3~5세 연령별 누리과정 해설서에서는 운영 및 교수·학습방법 지침을 다음과 같이 제시하고 있다.

(1) 운영지침

① 연간, 월간, 주간, 일일계획에 의거하여 운영한다

ㄱ. 누리과정은 연간, 월간, 주간, 일일활동에 이르기까지 각 영역별 목표와 내용을 균형있게 반영하여 체계적으로 작성된 계획안을 중심으로 운영하도록 한다.

ㄴ. 누리과정운영은 교사주도와 유아주도 활동 간의 균형, 대·소집단과 개별 활동 간의 균형이 이루어지도록 한다. 이를 위해 교사는 누리과정의 활동이 5개 영역 중 한 영역에 치우치지 않도록 계획하고 일과평가, 주별협의, 월중회의 등을 통해 지속적으로 이를 점검한다.

② 실내·외 환경은 다양한 흥미영역으로 구성하여 운영한다

ㄱ. 교사는 다양한 흥미영역을 실내·외에 구성하여 유아의 활동선택권을 확대하고 자발적인 참여를 촉진한다. 흥미영역은 신체운동·건강, 의사소통, 사회관계, 예술경험, 자연탐구 등 누리과정의 5개 영역별 내용을 다양한 활동으로 전개할 수 있도록 구성한다.

ㄴ. 교사는 실내·외 공간의 기능과 위치, 크기를 고려하여 쌓기놀이, 언어, 과학, 수, 음률, 미술, 역할놀이, 모래, 물놀이 등의 다양한 활동이 가능하도록 흥미영역을 구성할 수 있다. 실내뿐만 아니라 실외에도 다양한 흥미영역을 적절하게 배치하고 운영한다.

③ 유아의 능력과 장애정도에 따라 조정하여 운영한다

ㄱ. 유치원이나 어린이집의 실정에 따라 특수반(학급)과 일반반(학급)에서 장애유아의 개별화 교육계획에 기초하여 누리과정을 운영하고 교육·보육활동계획 시 장애유아의 발달수준과 필요에 맞는 적절한 활동자료를 제공한다.

ㄴ. 장애유아는 각기 다른 장애의 특성을 지니고 있으므로 그들의 특별한 요구에 적합한 교육·보육내용을 구성하고 장애유아 개개인의 특성에 알맞은 교수·학습방법으로 누리과정을 운영한다.

ㄷ. 장애유아의 가장 중요한 조력자는 부모이므로 부모가 적절한 역할수행을 할 수 있도록 부모교육을 실시하고 지원한다.

④ 부모와 각 기관의 실정에 따라 부모교육을 실시한다

ㄱ. 부모가 바른 부모역할 및 유아의 특성과 상황에 따른 적절한 대처기술을 알고 실천할 수 있도록 부모교육을 실시한다.

ㄴ. 유치원과 어린이집의 여건과 환경, 학습연령, 부모의 요구 등을 고려하여 부모교육의 내용과 방법을 계획하며, 정상적인 누리과정이 가능한 범위 내에서 하루일과, 교사구성을 고려하여 융통성 있게 실시한다.

ㄷ. 부모교육은 연락장이나 편지, 게시판 안내, 자유로운 대화, 대·소집단 모임, 수업관찰과 만남, 자원봉사활동, 부모참여수업, 그리고 의사결정 참여 등에 이르기까지 다양하게 이루어질 수 있다.

⑤ 가정과 지역사회와의 협력과 참여에 기반하여 이루어진다

ㄱ. 다양한 직업, 취미 및 특기를 가진 가족구성원과 지역사회 인사들을 누리과정 운영에 적극 활용하고, 가정 및 지역사회와의 교류를 통해 프로그램을 효율적으로 운영한다.

ㅁ. 각 기관이 위치하고 있는 지역의 역사나 산업의 특성을 파악하여 교육·보육활동에 적절히 반영하고 역사적 유적지나 산업시설, 문화시설 및 대학과 같은 지역의 물적 자원은 충분히 활용하여 누리과정운영 효과를 높인다. 이를 위해 유치원은 교육청 및 유아교육진흥원, 어린이집은 시·군·구청 및 보육정보센터로부터 운영 전반에 관한 지원을 받는다.

⑥ 교사 재교육을 통하여 누리과정활동이 개선되도록 운영한다

ㄱ. 누리과정의 효율적인 운영을 위해서는 누리과정의 내용과 운영방법에 대한 교사의 충분한 이해가 필수적이다.

ㄴ. 교사재교육은 교사협의회, 현장연구, 수업공개 및 참관 등과 같은 유치원과 어린이집 자체연수가 실시되어야 한다. 이 외에도 유아발달 및 교육·보육에 관한 직무연수(교육) 및 승급교육을 통해 교사의 전문성을 유지하고 향상시켜야 한다.

ㄷ. 시·도교육청, 시·도청, 유아교육진흥원, 보육정보센터나 한국보육진흥원 등은 유치원교사나 보육교사를 대상으로 지역연수 및 워크숍, 인터넷 강의 등 다양한 형태의 교사재교육 프로그램을 운영·제공해야 한다.

(2) 3~5세 교수 · 학습방법 지침

3~5세 연령별 누리과정 해설서(교육과학기술부고시 제2012-16호, 보건복지부고시 제2012-82호)에 제시된 교수 · 학습방법 지침을 다음에서 제시한다.

① 놀이를 중심으로 교수 · 학습활동이 이루어지도록 한다

ㄱ. 놀이를 통해 가르치고 배우는 것이 유아기에 가장 적합한 교수 · 학습방법이 된다.

ㄴ. 교사가 의도하는 교육목표와 내용에 부합하며 유아가 자발적이며 적극적으로 참여할 수 있는 놀이를 계획하고 제공하는 것이 필요하다.

ㄷ. 교사는 유아가 스스로 놀이계획 세우기, 선택, 수행, 평가의 기회를 가질 수 있도록 지도한다.

② 유아의 흥미를 중심으로 활동을 선택하고 지속할 수 있도록 한다

ㄱ. 자신이 흥미 있어 하는 활동이 제공되었을 때, 유아는 그 활동에 마음이 사로잡혀서 관람자가 아니라 적극적인 참여자가 되고 이를 통해 학습이 이루어진다.

ㄴ. 교사는 세심한 관찰을 통해 유아의 관심이나 흥미가 무엇인가를 파악하여 이에 적합한 활동을 제시해야 한다.

ㄷ. 유아의 흥미가 지속적으로 유지되어 학습이 잘 이루어지기 위해서는 여러 활동을 단편적으로 경험하기보다 흥미 있는 활동을 반복하고 자신이 한 경험에 대해 생각할 기회를 제공하는 것이 필요하다.

③ 유아의 생활 속 경험을 소재로 하여 지식, 기능, 태도 및 가치를 습득하도록 한다

ㄱ. 유아가 배워나가는 지식, 기능, 태도 및 가치는 일상생활의 문제를 해결할 수 있는 실제적인 것이다.

ㄴ. 유아가 생활 속에서 하는 경험은 유아에게 가장 가깝고 친숙하며 구체적이고 직접적인 것이다.

ㄷ. 유아의 수많은 일상적 경험을 학습상황으로 이끄는 것은 교사의 교육적 접근이 있을 때 가능하다.

④ 유아와 교사, 유아와 유아, 유아와 환경 간의 능동적인 상호작용이 이루어지도록 한다

ㄱ. 유아는 교사나 또래와 개별적 또는 집단적으로 상호작용을 하면서 새로운 지식과 기능을 습득하고 태도를 형성해간다.

ㄴ. 교사는 교사-유아, 유아-유아, 유아-환경 간의 상호작용을 지원할 때 유아의 연령, 사전경험, 발달수준을 고려해야 한다.

ㄷ. 상호작용의 핵심은 일방적이 아니라 쌍방향적인 것이다.

⑤ 주제를 중심으로 여러 활동이 통합적으로 이루어지도록 한다

ㄱ. 통합은 부분들을 전체에 관련시켜 결합해가는 과정이며, 유아는 자신의 경험들을 통합하여 전인적으로 성장·발달한다.

ㄴ. 주제 중심의 통합은 유아의 흥미와 발달, 학습에 적합한 주제를 선정하여 이를 탐구하는 과정에서 누리과정의 5개 영역과 관련되는 내용들을 통합하여 운영하는 것이다.

ㄷ. 주제를 중심으로 통합적으로 활동들을 운영하기 위하여 교사는 주제 전개에 따른 전체적인 계획을 체계적으로 세워야 한다.

⑥ 실내·외활동, 정적·동적활동, 대·소집단활동 및 개별 활동, 휴식 등이 균형 있게 이루어지도록 한다

ㄱ. 교수·학습활동은 실내활동과 실외활동, 정적활동과 동적활동, 개별 활동과 대·소집단활동, 휴식 등이 고르게 안배되어야 한다.

ㄴ. 개별 활동과 대·소집단활동도 유아의 연령 및 시기 등을 고려하여 고르게 안배되어야 한다.

⑦ 유아의 관심과 흥미, 발달이나 환경 특성 등을 고려하여 개별 유아에게 적합한 방식으로 학습하도록 한다

ㄱ. 교사는 유아의 연령만을 기준으로 교육활동을 계획할 것이 아니라 개별 유아의 특성을 함께 고려하여 활동을 계획하고 교수전략을 사용하는 것이 필요하다.

ㄴ. 장애가 있는 유아의 경우, 교사는 전문가의 도움을 받아 장애상태와 발달에 적합한 교육·보육계획을 세워야 한다.

제 2 장 어린이집 표준보육과정의 이해

어린이집 표준보육과정의 이해에서는 0~2세 어린이집 표준보육과정과 3~5세 누리과정으로 구분하여 기술한다.

1. 0~2세 어린이집 표준보육과정의 이해

0~2세 어린이집 표준보육과정 편성·운영은 보건복지부 제2013-8호에 의한 제3차 어린이집 표준보육과정 해설서를 근거로 하여 개요, 총론, 각론의 순으로 기술하기로 한다.

1) 개요

(1) 고시 배경

우리나라는 1991년 영유아보육법이 제정되어 보육의 법적 토대를 구축하였고 2004년에 개정된 영유아보육법 제29조에 의거하여 표준보육과정 개발 및 보급을 위한 법적근거를 마련하였다. 그 후 2005년 여성가족부가 「표준보육과정」을 연구·개발하고 2006년 11월 10일에 영유아보육법 시행규칙 제30조 관련 표준보육과정령을 개정하였다. 이에 2007년 1월 3일 최초의 「표준보육과정의 구체적 보육내용」(여성가족부고시 제2007-1호)을 고시하기에 이르렀다.

「표준보육과정」이 고시됨에 따라 2007년부터 2세 미만 보육과정, 2세 보육과정, 3~5세 보육과정이 적용되어 왔다. 이후 점차 급변하는 사회의 보육 여건의 변화에 따라 「표준보육과정」에 대한 부분개정의 필요성이 대두되게 되었다. 이를 반영하여 2010년 6월 「표준보육과정 개정안 연구」가 시작되었고 2011년 3월 공청회를 거쳐 고시를 앞두게 되었다. 그런데 2011년 5월 2일 국무총리 주재로 어린이집과 유치원으로 이원화되어 운영되던 「어린이집 표준교육과정」과 「유치원 교육과정」을 통합한 공통과정을 발표하였다.

이에 따라 어린이집 0~5세 영유아의 연속적 경험과 연령 간 발달적 연계를 위하여 「제2차 표준보육과정」 중 「3~5세 연령별 누리과정」의 목표와 내용을 고려하여 0~1세 보육과정, 2세 보육과정을 개정하였다. 이에 2013년 1월에 누리과정을 포함하여 「제3차 어린이집 표준보육과정」을 고시하였다(보건복지부 고시 제2013-8호).

(2) 고시 특성

① 보육대상 영유아에 대한 용어 재정립

보육대상 '영유아'란 '영유아보육법 제2조 1항'에 의거하여 6세 미만의 취학 전 아동을 말한다. 그러므로 '어린이집에 재원하는 0세부터 취학 전까지의 영유아'가 보육대상이다.

② 총론의 정비

총론은 「제2차 표준교육과정」의 총론을 바탕으로 하되, 국가수준의 공통과정으로 「3~5세 연령별 누리과정」을 구성의 틀을 고려하여 0~5세 영유아를 포함하는 표준보육과정으로서의 특성을 제시하였다.

③ 영역별 목표 제시 및 연령별 내용 구성

0~1세와 2세 영아를 위한 목표를 6개 영역별로 제시하고, 목표에 서술된 내용을 간략하고 함축적으로 정리하였다.

「3~5세 보육과정(누리과정 포함)」은 5개 영역별로 목표를 제시하되 0~1세와 2세 보육과정의 목표 제시순서를 통일하도록 하였다.

④ 균형 있는 영유아중심교육

보육과정은 영유아의 주도적인 놀이, 흥미, 주변의 친근한 생활경험을 중심으로 자신에게 의미 있는 지식, 기술, 바람직한 태도, 가치를 형성하는데 중점을 둔다.

⑤ 어린이집 특성을 반영한 일과 편성과 운영

어린이집의 운영시간에 맞추어 「제3차 어린이집 표준보육과정」에 제시된 각 영역의 내용을 균형 있고 통합적으로 편성하며, 영유아의 발달특성 및 개인차, 경험을 고려하여 일상생활을 포함하되 주도적 놀이를 중심으로 운영한다.

⑥ 수준 및 연령별 보육과정 간의 연계성 고려

「제3차 어린이집 표준보육과정」 중 「0~1세 보육과정」은 「2세 보육과정」과 「2세 보육과정」은 3~5세 보육과정(누리과정 포함)과의 연계성에 중점을 두었고, 5세 보육과정은 초등학교 교육과정과의 연계성을 고려하였다.

2) 총론

(1) 표준보육과정의 기초

① 추구하는 인간상

ㄱ. 심신이 건강하고 행복한 사람
ㄴ. 자율적이고 창의적인 사람
ㄷ. 자신과 타인을 존중하고 배려하는 사람
ㄹ. 자연과 우리 문화를 사랑하는 사람
ㅁ. 다양성을 인정하는 민주적인 사람

② 표준보육과정의 기본전제

ㄱ. 영유아는 개별적인 특성을 지닌 고유한 존재이다.
ㄴ. 영유아는 연령에 따라 발달적 특성이 질적으로 다르다.
ㄷ. 영유아는 그 자체로서 존중받아야 하는 존재이다.
ㄹ. 영유아는 직접적으로 경험할 때 의미 있는 지식, 기술 및 바람직한 태도를 형성해 간다.

ㅁ. 영유아는 일상생활이 편안하고 학습과 경험이 놀이중심으로 이루어질 때, 최대의 능력을 발휘한다.

ㅂ. 영유아는 민감하고 반응적인 성인과의 신뢰로운 관계 속에서 최적의 발달을 이룬다.

ㅅ. 영유아가 속한 가정, 지역사회가 함께 협력할 때 영유아에게 가장 긍정적인 영향을 미친다.

③ 구성방향 및 체계

ㄱ. 구성방향

가. 영유아의 발달특성과 개인차를 고려하여 연령 및 수준별로 구성한다.

나. 어린이집에서 편안하고 행복한 일상생활이 되도록 중점을 두어 구성한다.

다. 질서, 배려, 협력 등 기본생활습관과 바른 인성을 기르는 데 중점을 두어 구성한다.

라. 자율성과 창의성을 기르는 데 중점을 두고 전인발달을 이루도록 구성한다.

마. 사람과 자연을 존중하고 우리 문화를 이해하는 데 중점을 두어 구성한다.

ㄴ. 구성체계

가. 어린이집 표준보육과정은 0~1세 보육과정, 2세 보육과정, 3~5세 보육과정으로 구성한다.

나. 어린이집 표준보육과정은 영역, 내용범주, 내용, 세부내용으로 구분하고 내용 간에 연계가 이루어지도록 구성한다.

다. 세부내용이라 함은 0~1세 보육과정, 2세 보육과정에서는 수준별 세부내용을 의미하고, 3~5세 보육과정에서는 연령별 세부내용을 의미한다.

라. 0~1세 보육과정은 기본생활, 신체운동, 의사소통, 사회관계, 예술경험, 자연탐구의 6개 영역을 중심으로 구성한다.

마. 2세 보육과정은 기본생활, 신체운동, 의사소통, 사회관계, 예술경험, 자연탐구의 6개 영역을 중심으로 구성한다.

사. 3~5세 보육과정은 초등학교 교육과정과의 연계성을 고려하여 운영한다.

(2) 목적과 목표

① 목적

영유아의 심신의 건강과 전인적 발달을 도와 행복을 도모하며 민주시민의 기초를 형성하는 것을 목적으로 한다.

② 목표

ㄱ. 0~1세 보육과정

가. 건강하고 안전한 일상생활을 경험한다.
나. 감각 및 기본신체운동능력을 기른다.
다. 말소리를 구분하고 의사소통의 기초를 마련한다.
라. 친숙한 사람과 관계를 형성한다.
마. 아름다움에 관심을 가진다.
바. 보고 듣고 만지면서 주변 환경에 관심을 가진다.

ㄴ. 2세 보육과정

가. 건강하고 안전한 생활습관의 기초를 마련한다.
나. 감각, 신체조절 및 기본운동능력을 기른다.
다. 의사소통능력의 기초를 기른다.
라. 나를 인식하고 다른 사람과 더불어 생활하는 경험을 한다.
마. 아름다움에 관심을 가지고 예술경험을 즐긴다.
바. 주위 환경에 호기심을 갖고 탐색하기를 즐긴다.

3) 각론

(1) 0~1세 보육과정

① 기본생활

ㄱ. 성격

기본생활 영역은 편안한 수면 및 휴식, 수유 및 건강한 식사 등 영아가 생활에 필요한 건강한 일상을 자연스럽게 경험하고 주변의 안전한 상황에서 놀이하는 등 안전한 일상을 경험하도록 하는 영역이다.

ㄴ. 목표

건강하고 안전한 일상생활을 경험한다.

가. 건강하고 편안한 일상생활을 경험한다.
나. 안전한 생활을 경험한다.

ㄷ. 내용 구성

가. 내용범주

내용범주	내용
건강하게 생활하기	• 몸을 깨끗이 하기 • 즐겁게 먹기 • 건강한 일상생활하기
안전하게 생활하기	• 안전하게 지내기 • 위험한 상황에 반응하기

나. 기본생활 영역 내용

<table>
<tr><th>내용범주</th><th>내용</th><th>1수준 세부내용</th><th>2수준 세부내용</th><th>3수준 세부내용</th><th>4수준 세부내용</th></tr>
<tr><td rowspan="10">건강하게 생활하기</td><td rowspan="3">몸을 깨끗이 하기</td><td colspan="4">몸이 깨끗해졌을 때 기분이 좋음을 안다.</td></tr>
<tr><td colspan="4">도움을 받아 손을 씻는다.</td></tr>
<tr><td></td><td colspan="3">도움을 받아 이를 닦는다.</td></tr>
<tr><td rowspan="3">즐겁게 먹기</td><td>편안하게 안겨서 우유(모유)를 먹는다.</td><td>이유식에 적응한다.</td><td>고형식에 적응한다.</td><td>다양한 음식을 먹어 본다.</td></tr>
<tr><td colspan="2"></td><td colspan="2">도구로 음식을 먹어 본다.</td></tr>
<tr><td colspan="4">즐겁게 먹는다.</td></tr>
<tr><td rowspan="4">건강한 일상생활하기</td><td colspan="4">수면을 충분히 취한다.</td></tr>
<tr><td colspan="4">편안하게 쉰다.</td></tr>
<tr><td colspan="4">하루일과에 편안하게 참여한다.</td></tr>
<tr><td colspan="2"></td><td colspan="2">배변의사를 표현한다.</td></tr>
</table>

<table>
<tr><td rowspan="4">안전하게 생활하기</td><td rowspan="3">안전하게 지내기</td><td colspan="3">안전한 상황에서 놀이한다.</td><td>놀잇감을 안전하게 사용한다.</td></tr>
<tr><td colspan="4">안전한 장소에서 놀이한다.</td></tr>
<tr><td colspan="4">차량 승·하차 시 안전장구를 착용한다.</td></tr>
<tr><td>위험한 상황에 반응하기</td><td></td><td>위험하다는 말에 반응을 보인다.</td><td colspan="2">위험하다고 알려주면 주의한다.</td></tr>
</table>

② 신체운동

ㄱ. 성격

신체운동 영역은 출생 후 영아가 자신의 감각적 경험을 통해 신체를 탐색하고 대·소근육을 발달해 가며 0~1세에 적합한 신체운동에 참여하면서 감각능력과 기본적인 신체운동의 기초능력을 기르는 영역이다.

ㄴ. 목표

감각 및 기본 신체운동능력을 기른다.

가. 감각기능을 발달시키고 자신의 신체를 탐색한다.
나. 대·소근육을 조절하고 걷기 등의 능력을 기른다.
다. 규칙적으로 신체활동에 참여한다.

ㄷ. 내용 구성

가. 내용범주

내용범주	내용
감각과 신체 운동하기	• 감각적 자극에 반응하기 • 감각기관으로 탐색하기 • 신체 탐색하기
신체 조절과 기본운동하기	• 신체 균형 잡기 • 대근육 조절하기 • 소근육 조절하기 • 기본운동하기
신체활동에 참여하기	• 몸 움직임 즐기기 • 바깥에서 신체 움직이기 • 기구를 이용하여 신체활동 시도하기

나. 신체활동 영역 내용

<table>
<tr><th>내용범주</th><th>내용</th><th>1수준 세부내용</th><th>2수준 세부내용</th><th>3수준 세부내용</th><th>4수준 세부내용</th></tr>
<tr><td rowspan="5">감각과 신체인식 하기</td><td rowspan="3">감각적 자극에 반응하기</td><td colspan="4">시각, 청각, 촉각, 후각, 미각으로 자극을 느낀다.</td></tr>
<tr><td colspan="4">시각, 청각, 촉각, 후각, 미각으로 자극에 반응한다.</td></tr>
<tr><td></td><td colspan="3">도움을 받아 이를 닦는다.</td></tr>
<tr><td>감각기관으로 탐색하기</td><td colspan="4">감각기관으로 주변 환경을 탐색한다.</td></tr>
<tr><td>신체 탐색하기</td><td>손과 발 등을 바라보며 탐색한다.</td><td colspan="3">주요 신체 부분의 움직임을 탐색하다.</td></tr>
<tr><td rowspan="5">신체 조절과 기본운동 하기</td><td>신체 근육 잡기</td><td>몸의 균형을 잡기 위한 자세를 시도한다.</td><td>붙잡고 서있기 등의 자세를 취한다.</td><td colspan="2">안정되게 서있기 등의 자세를 시도한다.</td></tr>
<tr><td>대근육 조절하기</td><td>뒤집기 등의 몸을 조절하여 위치를 바꾼다.</td><td colspan="3">누웠다 앉기 등의 몸의 움직임을 조절하다.</td></tr>
<tr><td>소근육 조절하기</td><td>보이는 물체에 손을 뻗는다.</td><td colspan="3">눈과 손을 협응하여 소근육을 활용해 본다.</td></tr>
<tr><td rowspan="2">기본 운동하기</td><td>배밀이 등 이동 운동을 시도한다.</td><td>기기, 걷기 등 이동 운동을 시도한다.</td><td colspan="2">걷기 등 이동운동을 시도한다.</td></tr>
<tr><td colspan="2">팔다리 내밀기, 흔들기 등 제자리운동을 한다.</td><td colspan="2">서있기, 앉기 등 제자리 운동을 시도한다.</td></tr>
<tr><td rowspan="3">신체 활동에 참여하기</td><td>몸 움직이기</td><td colspan="2">몸을 활발히 움직인다.</td><td colspan="2">몸의 움직임을 다양하게 시도한다.</td></tr>
<tr><td>바깥에서 신체 움직이기</td><td colspan="2">규칙적으로 바깥환경을 경험한다.</td><td colspan="2">규칙적으로 바깥에서 신체활동을 한다.</td></tr>
<tr><td>기구를 이용하여 신체활동 시도하기</td><td></td><td colspan="3">간단한 기구를 이용하여 신체활동을 시도한다.</td></tr>
</table>

③ 의사소통

ㄱ. 성격

의사소통 영역은 출생 후 첫 울음, 옹알이 등의 소리나 몸짓, 표정과 같은 비언어적 행동을 통해 자신의 감정이나 요구를 타인에게 전달하다가 점차 한 단어와 짧은 문장으로 다른 사람과 소통할 수 있는 기초를 이루는 영역이다.

ㄴ. 목표

말소리를 구분하고 의사소통의 기초를 마련한다.

가. 주변의 소리와 말소리 듣기에 관심을 보인다.
나. 표정, 소리, 몸짓으로 자신의 생각과 느낌을 표현한다.
다. 짧은 그림책이나 친숙한 환경인쇄물에 관심을 가진다.
라. 끼적이기에 관심을 가진다.

ㄷ. 내용 구성

가. 내용범주

내용범주	내용
듣기	• 주변의 소리와 말소리 구분하여 듣기 • 경험과 관련된 말 듣고 알기 • 운율이 있는 말 듣기 • 말하는 사람을 보기
말하기	• 발성과 발음으로 소리내기 • 표정, 몸짓, 말소리로 말하기 • 말할 순서 구별하기
읽기	• 그림책과 환경인쇄물에 관심 가지기
쓰기	• 끼적이기

나. 의사소통 영역 내용

<table>
<tr><th>내용범주</th><th>내용</th><th>1수준 세부내용</th><th>2수준 세부내용</th><th>3수준 세부내용</th><th>4수준 세부내용</th></tr>
<tr><td rowspan="7">듣기</td><td rowspan="3">주변의 소리와 말소리 구분하여 듣기</td><td colspan="3">여러 가지 소리와 말소리 듣기에 흥미를 보인다.</td><td>친숙한 낱말의 발음에 흥미를 보인다.</td></tr>
<tr><td colspan="4">익숙한 목소리를 듣고 그것에 반응한다.</td></tr>
<tr><td colspan="2"></td><td colspan="2">높낮이와 세기 등 말소리의 차이에 반응한다.</td></tr>
<tr><td rowspan="2">경험과 관련된 말 듣고 알기</td><td colspan="4">눈앞에 보이는 경험과 관련된 말에 반응한다.</td></tr>
<tr><td></td><td colspan="3">자신의 이름이 불리면 듣고 반응한다.</td></tr>
<tr><td>운율이 있는 말 듣기</td><td colspan="4">운율이 있는 짧은 말소리를 관심있게 듣는다.</td></tr>
<tr><td>말하는 사람을 보기</td><td colspan="2">말하는 사람의 눈을 바라본다.</td><td colspan="2">말하는 사람의 표정, 몸짓을 관심있게 본다.</td></tr>
</table>

<table>
<tr><th>내용범주</th><th>내용</th><th>1수준 세부내용</th><th>2수준 세부내용</th><th>3수준 세부내용</th><th>4수준 세부내용</th></tr>
<tr><td rowspan="5">말하기</td><td rowspan="3">발성과 발음으로 소리 내기</td><td colspan="2" rowspan="2">여러 가지 소리를 내고 옹알이를 한다.</td><td colspan="2">여러 말소리를 즐겁게 내본다.</td></tr>
<tr><td colspan="2">의미 있는 음절을 내본다.</td></tr>
<tr><td colspan="2">옹알이와 말소리에 대해 말로 반응해 주면 모방하여 소리낸다.</td><td colspan="2">교사의 말을 모방하여 발음한다.</td></tr>
<tr><td>표정, 몸짓, 말소리로 말하기</td><td colspan="2">표정과 소리로 의사표현을 한다.</td><td colspan="2">표정, 몸짓, 말소리로 의사표현을 한다.</td></tr>
<tr><td>말할 순서 구별하기</td><td colspan="4">말할 순서에 따라 표정, 몸짓, 말소리로 반응한다.</td></tr>
<tr><td rowspan="3">읽기</td><td rowspan="3">그림책과 환경인쇄물에 관심 가지기</td><td colspan="4">다양한 감각책을 탐색해 본다.</td></tr>
<tr><td colspan="2"></td><td colspan="2">사물과 주변의 친숙한 환경인쇄물에 관심을 가진다.</td></tr>
<tr><td colspan="4">읽어주는 짧은 그림책에 관심을 가진다.</td></tr>
<tr><td>쓰기</td><td>끼적이기</td><td></td><td colspan="3">끼적이기에 관심을 가진다.</td></tr>
</table>

④ 사회관계

ㄱ. 성격

사회관계 영역은 영아가 자신을 다른 사람과 분리된 존재로 인식하고 스스로 긍정적인 느낌을 가지며, 자신의 감정을 표현하고 다른 사람의 감정을 알며, 주 양육자와 안정된 애착을 형성하고 또래에 관심을 갖고 자기가 소속된 집단이 있다는 것을 알게 됨으로써 다른 사람과 더불어 생활하는 기초를 익히도록 하는 영역이다.

ㄴ. 목표

친숙한 사람과 관계를 형성한다.

가. 자신과 다른 사람을 구별된 존재로 인식한다.
나. 기본정서를 표현하고 다른 사람의 감정에 주의를 기울인다.
다. 안정적인 애착을 형성하고 또래나 교사와 함께 지낸다.

ㄷ. 내용 구성

가. 내용범주

내용범주	내용
나를 알고 존중하기	• 나를 구별하기 • 나의 것 인식하기
나와 다른 사람의 감정 알기	• 나의 감정을 나타내기 • 다른 사람에게 주의 기울이기
더불어 생활하기	• 안정적인 애착 형성하기 • 또래에 관심 갖기 • 자신이 속한 집단 알기 • 사회적 가치를 알기

나. 사회관계 영역 내용

<table>
<tr><th>내용범주</th><th>내용</th><th>1수준 세부내용</th><th>2수준 세부내용</th><th>3수준 세부내용</th><th>4수준 세부내용</th></tr>
<tr><td rowspan="3">나를 알고 존중하기</td><td>나를 구별하기</td><td colspan="3">거울 속의 나에 관심을 가진다.</td><td>거울 속의 나를 알아본다.</td></tr>
<tr><td rowspan="2">나의 것 인식하기</td><td colspan="4">자기이름을 부르는 소리에 반응한다.</td></tr>
<tr><td colspan="3"></td><td>친숙한 자기 물건을 안다.</td></tr>
<tr><td rowspan="2">나와 다른 사람의 감정 알기</td><td>나의 감정을 나타내기</td><td colspan="4">나의 욕구와 감정을 나타낸다.</td></tr>
<tr><td>다른 사람에게 주의 기울이기</td><td colspan="3">다른 사람의 말과 표정, 몸짓에 주의를 기울인다.</td><td>다른 사람이 나타내는 여러 가지 감정에 주의를 기울인다.</td></tr>
<tr><td rowspan="4">더불어 생활하기</td><td rowspan="2">안정적인 애착 형성하기</td><td>양육자와 시선을 맞춘다.</td><td colspan="3">양육자에게 적극적으로 관심과 욕구를 표현한다.</td></tr>
<tr><td colspan="3">주변의 친숙한 사람의 얼굴과 목소리를 인식한다.</td><td>주변의 친숙한 사람에게 애정을 표현한다.</td></tr>
<tr><td>또래에 관심 갖기</td><td colspan="4">다른 영아와 함께 지내는 것을 경험한다.</td></tr>
<tr><td>자신이 속한 집단 알기</td><td colspan="3">담임교사를 구별한다.</td><td>자기 반에서 지내며 안정감을 갖는다.</td></tr>
</table>

	사회적 가치를 알기				친숙한 물건의 자리를 안다.
		만나고 헤어지는 인사를 한다.			

⑤ 예술경험

ㄱ. 성격

예술경험 영역은 영아가 자신의 신체와 주변의 감각자극에 호기심을 가지고 반응하고 다양한 방법으로 표현하기를 즐기며 자연물, 사물, 환경의 아름다움에 관심을 가짐으로써 아름다움을 즐기며 풍부한 정서를 함양하기 위한 영역이다.

ㄴ. 목표

아름다움에 관심을 가진다.

가. 자신의 신체와 주변의 감각자극에 호기심을 가지고 반응한다.
나. 소리와 움직임으로 반응하고 단순한 미술을 경험하며, 모방행동을 즐긴다.
다. 친근한 소리나 노래를 즐겨 듣고, 자연물, 사물, 주변 환경에 관심을 가진다.

ㄷ. 내용 구성

가. 내용범주

내용범주	내용
아름다움 찾아보기	• 예술적 요소에 호기심 가지기
예술적 표현하기	• 리듬있는 소리로 반응하기 • 움직임으로 반응하기 • 단순한 미술 경험하기 • 모방행동 즐기기
예술 감상하기	• 아름다움 경험하기

나. 예술경험 영역 내용

내용범주	내용	1수준 세부내용	2수준 세부내용	3수준 세부내용	4수준 세부내용
아름다움 찾아보기	예술적 요소에 호기심 가지기	주변의 소리와 움직임에 호기심을 가진다.			
		주변 환경에서 색, 모양에 호기심을 가진다.			

<table>
<tr><th>내용범주</th><th>내용</th><th>1수준 세부내용</th><th>2수준 세부내용</th><th>3수준 세부내용</th><th>4수준 세부내용</th></tr>
<tr><td rowspan="6">예술적 표현 하기</td><td rowspan="2">리듬있는 소리로 반응하기</td><td colspan="3">리듬있는 소리에 관심을 가진다.</td><td>노래를 부분적으로 따라 부른다.</td></tr>
<tr><td colspan="3">리듬과 노래에 소리로 반응한다.</td><td>리듬과 음높이에 맞추어 소리를 낸다.</td></tr>
<tr><td rowspan="2">움직임으로 반응하기</td><td colspan="4">손발 흔들기와 몸 움직임으로 반응한다.</td></tr>
<tr><td colspan="3"></td><td>간단한 도구를 활용하여 움직인다.</td></tr>
<tr><td>단순한 미술 경험하기</td><td colspan="3"></td><td>감각적으로 단순한 미술경험을 한다.</td></tr>
<tr><td>모방행동하기</td><td colspan="3">소리나 얼굴표정, 몸 움직임 등을 모방한다.</td><td>단순한 모방행동을 놀이처럼 즐긴다.</td></tr>
<tr><td rowspan="2">예술 감상 하기</td><td rowspan="2">아름다움 경험하기</td><td colspan="3">일상생활에서 반복되는 소리와 노래에 관심을 가진다.</td><td>일상생활에서 리듬을 있는 소리와 노래를 즐겨 듣는다.</td></tr>
<tr><td colspan="4">일상생활에서 자연이나 사물의 아름다움을 경험한다.</td></tr>
</table>

⑥ 자연탐구

ㄱ. 성격

자연탐구 영역은 영아가 보고 듣고, 만지면서 주변 환경에 관심을 가지고, 주변 세계에 대한 탐색을 시도하며, 주변에서 일어나는 수학적 상황을 지각하고 감각과 조작을 통하여 주변 사물과 자연환경에 대해 알아가며 일상생활 속에서 기초 수학적, 과학적 탐구능력과 탐구태도를 기르기 위한 영역이다.

ㄴ. 목표

보고, 듣고 만지면서 주변 환경에 관심을 가진다.

가. 주변 사물에 대한 탐색을 시도한다.
나. 주변에서 일어나는 수학적 상황을 지각한다.
다. 감각과 조작을 통해서 주변 사물과 자연환경에 대해 지각한다.

ㄷ. 내용 구성

가. 내용범주

내용범주	내용
탐구하는 태도 기르기	• 사물에 관심 가지기 • 탐색 시도하기
수학적 탐구하기	• 수량 지각하기 • 주변 공간 탐색하기 • 차이를 지각하기 • 간단한 규칙성 지각하기
과학적 탐구하기	• 물체와 물질 탐색하기 • 주변 동식물에 관심 가지기 • 주변 자연에 관심 가지기 • 생활도구 탐색하기

나. 자연탐구 영역 내용

<table>
<tr><th>내용범주</th><th>내용</th><th>1수준 세부내용</th><th>2수준 세부내용</th><th>3수준 세부내용</th><th>4수준 세부내용</th></tr>
<tr><td rowspan="2">탐구하는 태도 기르기</td><td>사물에 관심 가지기</td><td colspan="4">주변 사물에 관심을 가진다.</td></tr>
<tr><td>탐색 시도하기</td><td>나와 주변 사물을 감각적으로 탐색한다.</td><td colspan="3">주변 사물에 대해 의도적인 탐색을 시도한다.</td></tr>
<tr><td rowspan="3">수학적 탐구하기</td><td>수량 지각하기</td><td></td><td>있고 없는 상황을 지각한다.</td><td>'있다'와 '없다'를 구별한다.</td><td>'한 개'와 '여러 개'를 구별한다.</td></tr>
<tr><td rowspan="2">주변 공간 탐색하기</td><td></td><td colspan="3">도움을 받아 주변의 공간을 탐색한다.</td></tr>
<tr><td colspan="4">주변의 사물 모양을 지각한다.</td></tr>
<tr><td></td><td>차이를 지각하기</td><td colspan="2"></td><td colspan="2">주변 사물의 차이를 지각한다.</td></tr>
<tr><td></td><td>간단한 규칙을 지각하기</td><td colspan="2"></td><td colspan="2">일상과 놀이에서 간단한 규칙성을 경험한다.</td></tr>
<tr><td rowspan="4">과학적 탐구하기</td><td>물체와 물질 탐색하기</td><td colspan="4">일상생활 주변의 몇 가지 친숙한 것들을 양육자와 함께 탐색한다.</td></tr>
<tr><td rowspan="2">주변 동식물에 관심 가지기</td><td></td><td colspan="3">생활 주변의 자연물을 감각으로 느껴본다.</td></tr>
<tr><td></td><td colspan="3">바람. 햇빛, 비 등을 감각적으로 느낀다.</td></tr>
<tr><td>생활도구 탐색하기</td><td colspan="2"></td><td colspan="2">도움을 받아 생활도구를 탐색한다.</td></tr>
</table>

(2) 2세 보육과정

① 기본생활

ㄱ. 성격

기본생활습관 영역은 2세 영아가 조금씩 규칙적이 되어 가는 일과에서 수면과 식사, 배변 등 건강한 일상을 즐겁게 경험하고, 위험한 상황과 위험한 것을 조심하여 어른의 지시에 따라 안전한 생활경험의 기초를 기르기 위한 영역이다.

ㄴ. 목표

건강하고 안전한 생활습관의 기초를 마련한다.

가. 건강한 생활습관의 기초를 경험한다.
나. 안전한 생활습관의 기초를 경험한다.

ㄷ. 내용 구성

가. 내용범주

내용범주	내용
건강하게 생활하기	• 몸을 깨끗이 하기 • 바르게 먹기 • 건강한 일상생활하기 • 질병에 대해 알기
안전하게 생활하기	• 안전하게 놀이하기 • 교통안전 알기 • 위험한 상황 알기

나. 기본생활 영역의 내용

내용범주	내용	1수준 세부내용	2수준 세부내용	3수준 세부내용	4수준 세부내용
건강하게 생활하기	몸을 깨끗이 하기	스스로 손과 몸 씻기를 시도한다.			
		스스로 이 닦기를 시도한다.			
	바르게 먹기	음식을 골고루 먹는다.			
		도구를 사용하여 스스로 먹는다.			
		정해진 자리에서 먹는다.			

내용범주	내용	1수준 세부내용	2수준 세부내용	3수준 세부내용	4수준 세부내용
	건강한 일상생활 하기	일과에 따라 규칙적으로 잠을 청한다.			
		하루일과에 즐겁게 참여한다.			
		정해진 곳에서 배변한다.		화장실에서 배변한다.	
	질병에 대해 알기	질병의 위험을 안다.			
안전하게 생활하기	안전하게 놀이하기	놀이기구나 놀잇감을 안전하게 사용한다.			
		안전한 장소에서 놀이한다.			
	교통안전 알기	교통수단의 위험을 안다.		교통수단의 위험을 알고 조심한다.	
	위험한 상황 알기	위험한 상황과 위험한 것을 안다.		위험한 상황과 위험한 것을 알고 조심한다.	
		위험한 상황 시 어른의 지시에 따른다.			

② 신체운동

ㄱ. 성격

신체운동 영역은 2세 영아가 자신의 신체 움직임을 탐색하고 대·소근육을 조절해 보며 신체활동에 즐겁게 참여하면서 감각 및 신체조절능력과 기본적인 신체운동능력을 기르기 위한 영역이다.

ㄴ. 목표

감각, 신체조절 및 기본운동능력을 기른다.

가. 감각능력을 기르고, 자신의 신체 움직임을 탐색한다.
나. 안정된 자세로 대·소근육을 조절하며 기본운동능력을 기른다.
다. 규칙적으로 신체활동에 참여한다.

ㄷ. 내용 구성

가. 내용범주

내용범주	내용
감각과 신체 인식하기	• 감각능력 기르기 • 감각기관 활용하기 • 신체를 인식하고 움직이기
신체조절과 기본운동하기	• 감각능력 기르기 • 대근육 조절하기 • 소근육 조절하기 • 기본운동하기
신체활동에 참여하기	• 감각능력 기르기 • 바깥에서 신체활동하기 • 기구를 이용하여 신체활용하기

나. 신체운동 영역 내용

<table>
<tr><th>내용범주</th><th>내용</th><th>1수준 세부내용</th><th>2수준 세부내용</th></tr>
<tr><td rowspan="4">감각과
신체 인식하기</td><td>감각능력 기르기</td><td colspan="2">다양한 감각적 차이에 반응한다.</td></tr>
<tr><td>감각기관 활용하기</td><td colspan="2">감각기관으로 주변 환경을 탐색하기</td></tr>
<tr><td rowspan="2">신체를 인식하고
움직이기</td><td colspan="2">신체 각 부분의 명칭을 안다.</td></tr>
<tr><td colspan="2">신체 각 부분의 움직임을 탐색한다.</td></tr>
<tr><td rowspan="5">신체조절과
기본운동하기</td><td>신체 균형 잡기</td><td colspan="2">안정된 자세를 취하려고 시도한다.</td></tr>
<tr><td>대근육 조절하기</td><td colspan="2">팔, 다리, 목, 허리 등의 움직임을 조절한다.</td></tr>
<tr><td>소근육 조절하기</td><td colspan="2">눈과 손을 협응하여 소근육을 조절해 본다.</td></tr>
<tr><td rowspan="2">기본운동하기</td><td colspan="2">걷기, 계단 오르기 등의 이동운동을 한다.</td></tr>
<tr><td colspan="2">제자리에서 몸을 움직여 본다.</td></tr>
<tr><td rowspan="3">신체활동에
참여하기</td><td>신체활동에 참여하기</td><td colspan="2">신체활동에 자발적으로 참여해 본다.</td></tr>
<tr><td>바깥에서
신체활동하기</td><td colspan="2">규칙적으로 바깥에서 신체활동을 한다.</td></tr>
<tr><td>기구를 이용하여
신체활동하기</td><td colspan="2">간단히 기구를 이용하여 신체활동을 한다.</td></tr>
</table>

③ 의사소통

ㄱ. 성격

의사소통 영역은 2세 영아가 기초적인 어휘와 의사소통 체제를 습득한 후에 듣고 말하기의 구어능력이 향상되고 읽고 쓰기에 관심이 증진되어 자신의 느낌, 생각, 경험을 구어와 문어로 표현하는 능력을 기르고 다른 사람과 소통할 수 있는 기초를 이루는 영역이다.

ㄴ. 목표

의사소통능력의 기초를 기른다.

가. 다른 사람의 말과 짧은 이야기 듣는 것을 즐긴다.
나. 자신의 생각과 느낌을 말로 주고받기를 즐긴다.
다. 그림책이나 환경인쇄물에 관심을 가지며 글의 내용에 흥미를 가진다.
라. 글자 형태 끼적이기에 관심을 가진다.

ㄷ. 내용 구성

가. 내용범주

내용범주	내용
듣기	• 말소리 구분하여 듣고 의미 알기 • 짧은 문장 듣고 알기 • 짧은 이야기 듣기 • 말하는 사람 주의 깊게 보기
말하기	• 낱말과 간단한 문장으로 말하기 • 자신이 원하는 것을 말하기 • 상대방을 바라보며 말하기
읽기	• 그림책과 환경인쇄물에 흥미 가지기
쓰기	• 끼적이며 즐기기

나. 의사소통 영역 내용

<table>
<tr><th>내용범주</th><th>내용</th><th>1수준 세부내용</th><th>2수준 세부내용</th></tr>
<tr><td rowspan="6">듣기</td><td rowspan="2">말소리 구분하여 듣고 의미 알기</td><td>친숙한 낱말의 발음에 흥미를 보인다.</td><td>친숙한 낱말의 발음에 관심을 가지고 듣는다.</td></tr>
<tr><td colspan="2">다양한 말소리의 차이를 구별한다.</td></tr>
<tr><td rowspan="2">짧은 이야기 듣고 알기</td><td>낱말을 듣고 친숙한 사물과 사람을 찾아본다.</td><td>일상생활과 관련된 친숙한 낱말을 듣고 뜻을 이해한다.</td></tr>
<tr><td colspan="2">친숙한 짧은 문장을 듣고 반응한다.</td></tr>
<tr><td>짧은 이야기 듣기</td><td colspan="2">짧은 이야기와 노랫말 등을 즐겁게 듣는다.</td></tr>
<tr><td>말하는 사람 주의 깊게 보기</td><td colspan="2">말하는 사람의 표정, 몸짓, 억양 등을 주의 깊게 보고 듣는다.</td></tr>
<tr><td rowspan="6">말하기</td><td rowspan="3">낱말과 간단한 문장으로 말하기</td><td>눈에 보이는 친숙한 사물의 이름을 발음해 본다.</td><td>친숙한 낱말을 발음해 본다.</td></tr>
<tr><td colspan="2">일상생활에서 경험한 새로운 낱말에 관심을 가진다.</td></tr>
<tr><td colspan="2">일상생활의 반복적인 일이나 친숙한 상황을 한두 낱말이나 간단한 문장으로 말해 본다.</td></tr>
<tr><td rowspan="2">자신이 원하는 것을 말하기</td><td colspan="2">표정, 몸짓, 말소리로 의사표현을 한다.</td></tr>
<tr><td>자신이 원하는 것을 한두 낱말로 말해본다.</td><td>자신이 원하는 것을 낱말이나 짧은 문장으로 말해 본다.</td></tr>
<tr><td>상대방을 바라보며 말하기</td><td colspan="2">그림책과 환경인쇄물에 있는 그림과 내용에 관심을 가진다.</td></tr>
<tr><td rowspan="2">읽기</td><td rowspan="2">그림책과 환경인쇄물에 흥미 가지기</td><td colspan="2">친숙한 그림과 환경인쇄물을 보고 읽는 흉내를 내본다.</td></tr>
<tr><td colspan="2">선호하는 그림책을 읽어주면 집중하여 듣는다.</td></tr>
<tr><td rowspan="2">쓰기</td><td rowspan="2">끼적이며 즐기기</td><td colspan="2">의도적으로 끼적인다.</td></tr>
<tr><td colspan="2">자기 이름 끼적이기에 관심을 가진다.</td></tr>
</table>

④ 사회관계

ㄱ. 성격

사회관계 영역은 2세 영아가 자신을 알고 소중히 여기며 자신을 존중하고, 자신과 다른 사람의 감정을 보다 명확히 인식할 수 있으며, 가족, 또래, 자신이 속한 집단의 다른 사람들과 생활해 보는 경험을 통해 기본적인 사회적 가치를 자연스럽게 익히도록 하는 영역이다.

ㄴ. 목표

나를 인식하고 다른 사람과 더불어 생활하는 경험을 한다.

가. 자기존중감을 형성한다.
나. 자신의 감정을 알고 다른 사람의 감정에 반응을 보인다.
다. 가족을 사랑하고 또래, 교사와 즐겁게 지내며 간단한 규칙 등을 지킨다.

ㄷ. 내용 구성

가. 내용범주

내용범주	내용
나를 알고 존중하기	• 나를 구별하기 • 좋아하는 것 해보기
나와 다른 사람의 감정 알기	• 나의 감정을 나타내기 • 다른 사람의 감정에 반응하기
더불어 생활하기	• 내 가족 알기 • 또래와 관계하기 • 자신이 속한 집단 알기 • 사회적 가치를 알기

나. 사회관계 영역 내용

내용범주	내용	1수준 세부내용	2수준 세부내용
나를 알고 존중하기	나를 구별하기	나와 다른 사람의 모습을 구분한다.	
	좋아하는 것 해보기	내가 좋아하는 것을 찾아본다.	
		좋아하는 놀이나 놀잇감을 선택해 본다.	스스로 선택한 놀이나 놀잇감을 즐긴다.
나와 다른 사람의 감정알기	나의 감정을 나타내기	여러 가지 감정을 말과 행동으로 나타낸다.	
	다른 사람의 감정에 반응하기	다른 사람이 나타내는 여러 가지 감정에 반응을 보인다.	
더불어 생활하기	내 가족 알기	내 가족에 애정을 표현한다.	내 가족에게 다른 사람과는 구별된 특별한 감정을 갖는다.
	또래와 관계하기	또래에게 관심을 보인다.	또래의 모습과 행동을 모방한다.
		또래의 이름을 안다.	또래가 있는 곳에서 놀이를 한다.

내용범주	내용	1수준 세부내용	2수준 세부내용
	자신이 속한 집단 알기	자신이 속한 반과 교사를 안다.	자신이 속한 반의 활동에 즐겁게 참여한다.
	사회적 가치를 알기	도움을 받아 물건을 정리한다.	스스로 물건을 정리한다.
		자신 순서를 안다.	순서를 기다린다.
		바른 태도를 인식한다.	
		간단한 약속을 지킨다.	

⑤ 예술경험

ㄱ. 성격

예술경험 영역은 주변 생활에서 예술적 요소를 탐색하고 즐기며 리듬이나 노래, 움직임, 자발적인 미술활동, 모방행동을 자유롭게 시도해 봄으로써 아름다움에 관심을 가지고 예술경험을 즐기기 위한 영역이다.

ㄴ. 목표

아름다움에 관심을 가지고 예술경험을 즐긴다.

가. 주변 생활에서 예술적 요소를 발견하고 흥미롭게 탐색한다.
나. 간단한 리듬이나 노래, 움직임, 자발적인 미술활동을 자유롭게 시도하고 모방이나 상상놀이로 표현한다.
다. 주변의 환경과 자연 및 다양한 표현에서 예술적 요소를 관심 있게 보고 즐긴다.

ㄷ. 내용 구성

가. 내용범주

내용범주	내용
아름다움 찾아보기	• 예술적 요소 탐색하기
예술적 표현하기	• 리듬 있는 소리와 노래로 표현하기 • 움직임으로 표현하기 • 자발적인 미술활동하기 • 모방과 상상놀이하기
예술 감상하기	• 아름다움 즐기기

나. 예술경험 영역 내용

내용범주	내용	1수준 세부내용	2수준 세부내용
아름다움 찾아보기	예술적 요소 탐색하기	주변 환경에서 나는 다양한 소리와 움직임을 탐색한다.	
		주변 환경에서 색, 모양을 탐색한다.	
예술적 표현하기	리듬있는 소리와 노래로 표현하기	친근한 노래를 따라 부른다.	
		신체, 사물, 리듬악기 등을 이용하여 간단한 리듬과 소리를 만든다.	
	움직임으로 표현하기	노래나 리듬에 맞춰 몸으로 표현한다.	
		간단한 도구를 활용하여 몸으로 표현한다.	
	자발적으로 미술 활동하기	자발적으로 그리기, 만들기를 한다.	
		간단한 도구와 미술재료를 다룬다.	
	모방과 상상놀이하기	모방행동을 놀이처럼 즐긴다.	일상생활 경험을 상상놀이로 즐긴다.
예술감상하기	아름다움 즐기기	자연이나 생활의 소리나 움직임, 친근한 음악과 춤을 관심 있게 듣거나 본다.	
		일상생활에서자연과 사물의 아름다움에 관심을 가지고 즐긴다.	
		자신과 또래ㅏ 표현한 노래, 춤, 미술품 등에 관심을 가지고 즐긴다.	

⑥ 자연탐구

ㄱ. 성격

자연탐구 영역은 영아가 호기심을 가지고 다양하게 탐색하기를 즐기며 탐구하는 태도를 가지게 하고, 주변에서 경험하는 수학적 상황과 다양한 탐색을 통하여 주변 사물과 자연환경을 인식하는 능력을 기르기 위한 영역이다.

ㄴ. 목표

주변 환경에 호기심을 갖고 탐색하기를 즐긴다.

가. 호기심을 가지고 주변 세계에 대해 다양하게 탐색한다.
나. 주변에서 경험하는 수학적 상황을 인식한다.
다. 다양한 탐색을 통하여 주변 사물과 자연환경을 인식한다.

ㄷ. 내용 구성

가. 내용범주

내용범주	내용
탐구하는 태도 기르기	• 호기심 가지기 • 반복적 탐색 즐기기
수학적 탐구하기	• 수량 인식하기 • 공간과 도형에 관심 가지기 • 차이에 관심 가지기 • 단순한 규칙성에 관심 가지기 • 구분하기
과학적 탐구하기	• 물체와 물질 탐색하기 • 주변 동식물에 관심가지기 • 자연을 탐색하기 • 생활도구 사용하기

나. 자연탐구 영역 내용

<table>
<tr><th>내용범주</th><th>내용</th><th>1수준 세부내용</th><th>2수준 세부내용</th></tr>
<tr><td rowspan="2">탐구하는 태도기르기</td><td>호기심 가지기</td><td colspan="2">주변 사물과 자연세계에 호기심을 가진다.</td></tr>
<tr><td>반복적 탐색 즐기기</td><td colspan="2">관심있는 사물을 반복하여 주도적으로 탐색하기를 즐긴다.</td></tr>
<tr><td rowspan="7">수학적 탐구하기</td><td rowspan="2">수량 지각하기</td><td colspan="2">많고 적음을 구별한다.</td></tr>
<tr><td>두 개 가량의 수 이름을 말해본다.</td><td>세 개 가량의 구체물을 말하여 세어본다.</td></tr>
<tr><td rowspan="2">공간 도형에 관심가지기</td><td colspan="2">구체물을 일대일로 대응해본다.</td></tr>
<tr><td colspan="2">나를 중심으로 익숙한 위치, 장소를 인식한다.</td></tr>
<tr><td>차이에 관심가지기</td><td colspan="2">주변 사물의 크기(속성의 차이)에 관심을 가진다.</td></tr>
<tr><td>단숙한 규칙성에 관심가지기</td><td colspan="2">주변에서 단순하게 반복되는 규칙성에 관심을 가진다.</td></tr>
<tr><td>구분하기</td><td colspan="2">주변 사물의 같고 다름에 따라 구분한다.</td></tr>
<tr><td rowspan="6">과학적 탐구하기</td><td>물체와 물질 탐색하기</td><td colspan="2">친숙한 물체와 물질을 능동적으로 탐색한다.</td></tr>
<tr><td>주변 동식물에 관심가지기</td><td colspan="2">주변 동식물의 모양, 소리, 움직임에 관심을 가진다.</td></tr>
<tr><td rowspan="2">자연을 탐색하기</td><td colspan="2">돌, 물, 모래 등의 자연물을 탐색한다.</td></tr>
<tr><td colspan="2">날씨를 감각으로 느낀다.</td></tr>
<tr><td rowspan="2">생활도구 사용하기</td><td colspan="2">생활 속에서 간단한 도구에 관심을 가진다.</td></tr>
<tr><td colspan="2">간단한 도구를 사용한다.</td></tr>
</table>

2. 3~5세 누리과정의 이해

누리과정의 편성·운영은 보건복지부고시 제2012-82호, 교육과학기술부고시 제2012-16호에 따른 3~5세 연령별 누리과정을 중심으로 개요, 총론, 각론 순으로 기술한다.

1) 개요

(1) 누리과정의 도입 배경

'누리과정(제도)'은 현재 어린이집과 유치원으로 이원화되어 있는 보육·교육과정을 통하여 유아기 단계부터 보육의 질을 제고하고 생애 초기 출발점 평등을 보장하는데 그 의의가 있으며, 특히, 유아기부터 타인을 배려하고 존중하며 공감하는 역량을 기르기 위한 인성교육을 대폭 강화하고자 하였다. 이러한 '누리과정(제도)'을 도입하게 된 배경은 아래와 같다.

① 영유아 보육·교육비 부담은 저출산을 더욱 심화시키는 요인

② 계층 간에 나타내는 보육·교육비의 큰 차이를 줄이고 모든 유아가 보육·교육의 혜택을 받을 수 있도록 국가가 나서야 할 때라는 인식의 고조

③ 만 5세 유아에 대한 국가적 투자는 국제적 흐름이나 우리나라는 공공부담 비율이 49.7%로 평균의 62%에 지나지 않아 유아 보육·교육에 대한 국가의 공적 투자 확대가 절실함

④ 만 5세 유아에 대한 무상보육·교육은 1997년 이래 유아교육법과 영유아교육법으로 명문화되어 있으나 소득 하위 70% 이하에 일부 금액만 지원하는 실정임

⑤ 영유아기는 인지·정서·사회영역 등의 기초능력이 집중 형성되어야 하며 이 시기의 발달 정도는 개인의 전 생애학습에 대한 태도나 학습능력에 크게 영향을 미치므로 생활 초기단계인 영유아기 보육·교육에 대한 국가 지원이 필요하다는 배경하에 정부는 2011년 5월 2일, 만 5세 보육·교육에 대한 국가의 책임을 강화하는 「만 5세 공통과정」을 현행 보건복지부 소관의 어린이집과 교육부 소관의 유치원 관리체제를 유지하면서 만 5세 유아의 보육과 교육내용을 통합하여 하나의 과정으로 만든다는 것이다. 또한 만 5세 유아 학비·보육비 지원을 전 계층

으로 확대하고 지원단가도 연차적으로 현실화한다는 정책이다.

2) 총론

(1) 구성방향

3~5세 연령별 누리과정의 주요 구성방향은 다음과 같다.

① 질서, 배려, 협력 등 기본생활습관과 바른 인성을 기르는 데 중점을 두어 구성한다.
② 자율성과 창의성을 기르는 데 중점을 두고, 전인발달을 이루도록 구성한다.
③ 사람과 자연을 존중하고 우리 문화를 이해하는 데 중점을 두어 구성한다.
④ 만 3~5세 발달특성을 고려하여 연령별로 구성한다.
⑤ 신체운동·건강, 의사소통, 사회관계, 예술경험, 자연탐구 등의 5개 영역을 중심으로 구성한다.
⑥ 초등학교 교육과정과 3~5세 표준보육과정의 연계성을 고려하여 구성한다.

(2) 목적과 목표

① 목적

누리과정은 만 3~5세 유아의 심신의 건강과 조화로운 발달을 도와 민주시민의 기초를 형성하는 것을 목적으로 한다.

② 목표

ㄱ. 기본운동능력과 건강하고 안전한 생활습관을 기른다(신체운동·건강).
ㄴ. 일상생활에 필요한 의사소통능력과 바른 언어 사용습관을 기른다(의사소통).
ㄷ. 자신을 존중하고 다른 사람과 더불어 생활하는 능력과 태도를 기른다(사회관계).
ㄹ. 아름다움에 관심을 가지고 예술경험을 즐기며, 창의적으로 표현하는 능력을 기른다(예술경험).
ㅁ. 호기심을 가지고 주변 세계를 탐구하여 일상생활에 수학적·과학적으로 생각하는 능력과 태도를 기른다(자연탐구).

3) 각론(교과활동)

3~5세 연령별 누리과정은 신체운동·건강, 의사소통, 사회관계, 예술경험, 자연탐구 등 5개 영역으로 구성되어 있다.

(1) 신체운동·건강

① 성격

신체운동·건강 영역은 유아가 자신의 신체를 긍정적으로 인식하고 신체활동에 즐겁게 참여함으로써 유아기에 필요한 기본운동능력과 기초체력을 기르고, 건강하고 안전한 생활을 실천하는 능력과 태도를 기르기 위한 영역이다.

② 목표

기본운동능력과 건강하고 안전한 생활습관을 기른다.

ㄱ. 감각능력을 기르고 자신의 신체를 긍정적으로 인식한다.
ㄴ. 신체를 조절하고 기본운동능력을 기른다.
ㄷ. 신체활동에 즐겁게 참여한다.
ㄹ. 건강한 생활습관을 기른다.
ㅁ. 안전한 생활습관을 기른다.

③ 내용 구성

신체운동·건강 영역의 내용범주는 '신체 인식하기', '신체 조절과 기본운동하기', '신체운동에 참여하기', '건강하게 생활하기', '안전하게 생활하기'로 이루어져 있으며 이에 따라 내용 및 세부내용으로 구성되어 있다.

내용범주	내용
신체 인식하기	• 감각기능 기르고 활용하기 • 신체를 인식하고 움직이기
신체 조절과 기본운동하기	• 신체 조절하기 • 기본운동하기
신체활동에 참여하기	• 자발적으로 신체활동에 참여하기 • 바깥에서 신체활동하기 • 기구를 이용하여 신체활동하기

내용범주	내용
건강하게 생활하기	• 몸과 주변을 깨끗이 하기 • 바른 식생활하기 • 건강한 일상생활하기 • 질병 예방하기
안전하게 생활하기	• 안전하게 놀이하기 • 교통안전 규칙 지키기 • 비상시 적절히 대처하기

④ 영역별 내용

내용범주	내용	3세	4세	5세 누리과정(부분개정)
신체 인식하기	감각능력 기르고 활용하기	감각적 차이를 경험한다.	감각적 차이를 구분한다.	감각으로 대상이나 사물의 특성과 차이를 구분한다.
	신체를 인식하고 움직이기	감각기관을 인식하고, 활용해본다.	여러 감각기관을 협응하여 활용한다.	여러 감각기관을 협응하여 활용한다.
신체 조절과 기본 운동 하기	신체 조절하기	신체 균형을 유지해 본다.	다양한 자세와 움직임에서 신체 균형을 유지한다.	다양한 자세와 움직임에서 신체 균형을 유지한다.
		공간, 힘, 시간 등의 움직임을 조절해본다.	신체 각 부분을 협응하여 움직임을 조절한다.	신체 각 부분을 협응하여 움직임을 조절한다.
		신체 각 부분의 움직임을 조절해 본다.	신체 각 부분을 협응하여 움직임을 조절한다.	눈과 손을 협응하여 소근육을 조절한다.
		눈과 손을 협응하여 소근육을 조절 해본다.	눈과 손을 협응하여 소근육을 조절해 본다.	눈과 손을 협응하여 소근육을 조절해 본다.
				도구를 활용하여 여러 가지 조작운동을 한다.
	기본 운동하기	걷기, 달리기 등 이동운동을 한다.	걷기, 달리기, 뛰기 등 다양한 이동운동을 한다.	걷기, 달리기, 뛰기 등 다양한 이동운동을 한다.
		제자리에서 몸을 움직여 본다.	제자리에서 몸을 다양하게 움직인다.	제자리에서 몸을 다양하게 움직인다.
신체 활동에 참여 하기	자발적으로 신체활동에 참석하기	신체활동에 자발적으로 참여한다.	신체활동에 자발적이고 지속적으로 참여한다.	신체활동에 자발적이고 지속적으로 참여한다.
		다른 사람과 함께하는 신체활동에 참여한다.	다른 사람과 함께하는 신체활동에 참여한다.	다른 사람과 함께하는 신체활동에 참여한다.

내용범주	내용	3세	4세	5세 누리과정(부분개정)
			자신과 다른 사람의 운동능력의 차이에 관심을 갖는다.	자신과 다른 사람의 운동능력의 차이를 이해한다.
	바깥에서 신체 활동하기	규칙적으로 바깥에서 신체활동을 한다.	규칙적으로 바깥에서 신체활동을 한다.	규칙적으로 바깥에서 신체활동을 한다.
	기구를 이용하여 신체 활동하기	여러 가지 기구를 이용하여 신체활동을 한다.	여러 가지 기구를 이용하여 신체활동을 한다.	여러 가지 기구를 이용하여 신체활동을 한다.
건강하게 생활하기	몸과 주변을 깨끗이 하기	손과 이를 깨끗이 하는 방법을 알고 실천한다.	손과 이를 깨끗이 하는 방법을 알고 실천한다.	스스로 몸을 깨끗이 하는 습관을 기른다.
		주변을 깨끗이 한다.	주변을 깨끗이 하는 습관을 기른다.	주변을 깨끗이 하는 습관을 기른다.
	바른 식생활 하기	음식을 골고루 먹는다.	음식을 골고루 먹는다.	적당량의 음식을 골고루 먹는다.
		몸에 좋은 음식에 관심을 갖는다.	몸에 좋은 음식을 알아본다.	몸에 좋은 음식을 선택할 수 있다.
		바른 태도로 식사한다.	음식을 소중히 여기고 식사예절을 지킨다.	음식을 소중히 여기고 식사예절을 지킨다.
	건강한 일상생활 하기	규칙적으로 잠을 자고, 적당한 휴식을 취한다.	규칙적으로 잠을 자고, 적당한 휴식을 취한다.	규칙적으로 잠을 자고, 적당한 휴식을 취한다.
		하루일과에 즐겁게 참여한다.	하루일과에 즐겁게 참여한다.	하루일과에 즐겁게 참여한다.
		스스로 화장실에서 배변한다.	바른 배변습관을 가진다.	규칙적인 배변습관을 가진다.
	질병 예방하기	질병의 위험을 알고 주의한다.	질병을 예방하는 방법을 알고 실천한다.	질병을 예방하는 방법을 알고 실천한다.
		날씨에 맞게 옷을 입는다.	날씨와 상황에 알맞게 옷을 입는다.	날씨와 상황에 알맞게 옷을 입는다.
안전하게 생활하기	안전하게 놀이하기	놀이기구나 놀잇감, 도구를 안전하게 사용한다.	놀이기구나 놀잇감, 도구를 안전하게 사용한다.	놀이기구나 놀잇감, 도구의 바른 사용법을 알고 안전하게 사용한다.
		안전한 놀이장소를 안다.	안전한 놀이장소를 알고 안전하게 놀이한다.	안전한 놀이장소를 알고 안전하게 놀이한다.
		TV, 인터넷, 통신기기 등을 바르게 사용한다.	TV, 인터넷, 통신기기 등의 위해성을 알고, 바르게 사용한다.	TV, 인터넷, 통신기기 등의 위해성을 알고, 바르게 사용한다.

내용범주	내용	3세	4세	5세 누리과정(부분개정)
	교통안전 규칙 지키기	학대, 성폭력, 실종, 유괴 상황을 알고 도움을 요청한다.	학대, 성폭력, 실종, 유괴 상황 시 도움을 요청하는 방법을 알고 행동한다.	학대, 성폭력, 실종, 유괴 상황 시 도움을 요청하는 방법을 알고 행동한다.
	비상시 적절히 대처하기	재난 및 사고 등 비상시 적절하게 대처하는 방법을 안다.	재난 및 사고 등 비상시 적절하게 대처하는 방법을 알고 행동한다.	재난 및 사고 등 비상시 적절하게 대처하는 방법을 알고 행동한다.

(2) 의사소통

① 성격

의사소통 영역은 언어의 기본 형태인 구어와 문어를 활용하여 나와 다른 사람의 느낌이나 생각, 경험을 상황과 상대방에게 맞게 소통할 수 있는 능력을 기르는 영역이다.

② 목표

일상생활에 필요한 의사소통 능력과 바른 언어사용능력을 기른다.

ㄱ. 다른 사람의 말을 주의 깊게 듣는 태도와 이해하는 능력을 기른다.

ㄴ. 자신의 생각과 느낌을 말하는 능력을 기른다.

ㄷ. 글자와 책에 친숙해지는 경험을 통하여 글자 모양을 인식하고 읽기에 흥미를 가진다.

ㄹ. 말과 글자의 관계를 알고 자신의 생각, 느낌, 경험을 글로 표현하는데 관심을 가진다.

③ 내용 구성

의사소통 영역의 내용범주는 '듣기, 말하기, 읽기, 쓰기'로 이루어져 있으며, 이에 따라 내용 및 세부 내용이 구성되어 있다.

내용범주	내용
듣기	• 낱말과 문장 듣고 이해하기 • 이야기 듣고 이해하기 • 동요 · 동시 · 동화 듣고 이해하기 • 바른 태도로 듣기
말하기	• 낱말과 문장으로 이해하기 • 느낌, 생각, 경험 말하기 • 상황에 맞게 바른 태도로 말하기
읽기	• 읽기에 흥미 가지기 • 책 읽기에 관심 가지기
쓰기	• 쓰기에 관심 가지기 • 쓰기도구 사용하기

④ 영역별 내용

내용범주	내용	3세	4세	5세 누리과정(부분개정)
듣기	낱말과 문장 듣고 이해하기	낱말과 발음에 관심을 가지고 듣는다.	낱말과 발음에 관심을 가지고 듣는다.	낱말의 발음에 관심을 가지고 비슷한 발음을 듣고 구별한다.
		일상생활과 관련된 낱말과 문장을 듣고 뜻을 이해한다.	일상생활과 관련된 낱말과 문장을 듣고 뜻을 이해한다.	다양한 낱말과 문장을 듣고 뜻을 이해한다.
	이야기 듣고 이해하기	다른 사람의 이야기를 관심 있게 듣는다.	다른 사람의 이야기를 듣고 이해한다.	다른 사람의 이야기를 듣고 이해한다.
			이야기를 듣고 궁금한 것에 대해 질문한다.	이야기를 듣고 궁금한 것에 대해 질문한다.
	동요, 동시, 동화 듣고 이해하기	동요, 동시, 동화를 다양한 방법으로 듣고 즐긴다.	동요, 동시, 동화를 다양한 방법으로 듣고 즐긴다.	동요, 동시, 동화를 다양한 방법으로 듣고 이해한다.
			전래동요, 동시, 동화를 듣고 우리말의 재미를 느낀다.	전래동요, 동시, 동화를 듣고 우리말의 재미를 느낀다.
	바른 태도로 듣기	말하는 사람을 바라보며 듣는다.	다른 사람의 이야기를 주의 깊게 듣는다.	다른 사람의 이야기를 끝까지 주의 깊게 듣는다.
말하기	낱말과 문장으로 말하기	친숙한 낱말을 발음해 본다.	친숙한 낱말을 정확하게 발음해 본다.	정확한 발음으로 말한다.
		새로운 낱말에 관심을 가진다.	다양한 낱말을 사용하여 말한다.	다양한 낱말을 사용하여 상황에 맞게 말한다.

내용 범주	내용	3세	4세	5세 누리과정(부분개정)
		일상생활에서 일어나는 일들을 간단한 문장으로 말한다.	일상생활에서 일어나는 일들을 간단한 문장으로 말한다.	일상생활에서 일어나는 말들을 다양한 문장으로 말한다.
	느낌, 생각 경험 말하기	자신의 느낌, 생각, 경험을 말해 본다.	자신의 느낌, 생각, 경험을 말한다.	자신의 느낌, 생각, 경험을 적절한 낱말과 문장으로 말한다.
			주제를 정하여 함께 이야기를 나눈다.	주제를 정하여 함께 이야기를 나눈다.
			이야기를 지어 말한다.	이야기 지어 말하기를 즐긴다.
	상황에 맞게 바른 태도로 말하기		듣는 사람의 생각과 느낌을 고려하여 말한다.	듣는 사람의 생각과 느낌을 고려하여 말한다.
		상대방을 바라보며 말한다.	차례를 지켜 말한다.	때와 장소 대상에 알맞게 말한다.
		바르고 고운 말을 사용한다.	바르고 고운 말을 사용한다.	바르고 고운 말을 사용한다.
읽기	읽기에 흥미 가지기	주변에서 친숙한 글자를 찾아본다.	주변에서 친숙한 글자를 찾아본다.	주변에서 친숙한 글자를 찾아본다.
		읽어 주는 글자의 내용에 관심을 가진다.	읽어주는 글의 내용에 관심을 가진다.	읽어주는 글의 내용에 관심을 가지고 읽어 본다.
	책 읽기에 관심 가지기	책에 흥미를 가진다.	책 보는 것을 즐기고 소중하게 다룬다.	책 보는 것을 즐기고 소중하게 다룬다.
		책의 그림을 단서로 내용을 추측해 본다.	책의 그림을 단서로 내용을 이해한다.	책의 그림을 단서로 내용을 이해한다.
			궁금한 것을 책에서 찾아본다.	궁금한 것을 책에서 찾아본다.
쓰기	쓰기에 관심 가지기	말을 글로 나타내는 것에 관심을 보인다.	말이나 생각을 글로 나타낼 수 있음을 안다.	말이나 생각을 글로 나타낼 수 있음을 안다.
		자기 이름의 글자에 관심을 가진다.	자기 이름을 써본다.	자신의 느낌, 생각, 경험을 글자와 비슷한 형태로 표현한다.
			자신의 느낌, 생각, 경험을 글자와 비슷한 형태로 표현한다.	자신의 느낌, 생각, 경험을 글자와 비슷한 형태로 표현한다.
	쓰기도구 사용하기		쓰기 도구에 관심을 가지고 사용해 본다.	쓰기 도구의 바른 사용법을 알고 사용한다.

(3) 사회관계

① 성격

사회관계 영역은 유아가 진실을 알고 소중하게 여기며 가족, 또래와 함께 원만하게 지내는 방법뿐 아니라 공동체에서 함께 살아가는 방법을 익히고 사회에 관심을 가지며 적응해 나갈 수 있는 기초능력과 인성을 기르기 위한 영역이다.

② 목표

자신을 존중하고 다른 사람과 더불어 생활하는 능력과 태도를 기른다.

ㄱ. 자신을 소중히 여기며 자율성을 기른다.

ㄴ. 자신과 타인의 감정을 알고 자신의 감정을 적절하게 표현하고 조절한다.

ㄷ. 가족과 화목하게 지내며 서로 협력한다.

ㄹ. 친구, 공동체, 구성원들과 서로 돕고, 예의, 규칙 등 사회적 가치를 알고 지킨다.

ㅁ. 우리 동네, 우리나라, 다른 나라에 관심을 가진다.

③ 내용 구성

사회관계 영역 내용의 범주는 '나를 알고 존중하기', '나와 다른 사람의 감정을 알고 조절하기', '가족을 소중히 여기기', '다른 사람과 더불어 생활하기', '사회에 관심 갖기'로 이루어져 있으며, 이에 따른 내용 및 세부내용은 다음과 같다.

내용범주	내용
나를 알고 존중하기	• 나를 알고 소중히 여기기 • 나의 일 스스로 하기
나와 다른 사람의 감정을 알고 조절하기	• 나와 다른 사람의 감정을 알고 표현하기 • 나의 감정 조절하기
가족을 소중히 여기기	• 가족과 화목하게 지내기 • 가족과 협력하기
다른 사람과 더불어 생활하기	• 친구들과 사이좋게 지내기 • 공동체에서 화목하게 지내기 • 사회적 가치를 알고 지내기
사회에 관심 갖기	• 지역사회에 관심을 갖고 이해하기 • 우리나라에 관심 갖고 이해하기 • 세계의 여러 문화에 관심 가지기

④ 영역별 내용

내용범주	내용	3세	4세	5세 누리과정(부분개정)
나를 알고 존중하기	나를 알고, 소중히 여기기	나에 대한 관심을 갖는다.	나에 대해 알아본다.	나에 대해 알아본다.
		나와 다른 사람의 차이에 관심을 갖는다.	나와 다른 사람의 차이점을 알아본다.	나와 다른 사람의 신체적, 사회적, 문화적 차이를 존중한다.
		나를 소중하게 여긴다.	나에 대해 긍정적으로 생각하고 나를 소중하게 여긴다.	나에 대해 긍정적으로 생각하고 나를 소중하게 여긴다.
	나의 일 스스로 하기	내가 할 수 있는 일을 알아본다.	내가 할 수 있는 일을 해본다.	내가 할 수 있는 일을 스스로 한다.
		내가 하고 싶은 일을 선택해 본다.	하고 싶은 일을 계획하고 해본다.	하고 싶은 일을 계획하고 해본다.
나와 다른 사람의 감정 알고 조절하기	나와 다른 사람의 감정 알고 표현하기	자신에게 여러 가지 감정이 있음을 안다.	자신의 감정을 알고 표현한다.	자신의 감정을 알고 표현한다.
		다른 사람의 감정에 관심을 갖는다.	다른 사람의 감정을 안다.	다른 사람의 감정을 알고 공감한다.
	나의 감정 조절하기	자신의 감정을 조절해 본다.	자신의 감정을 조절해 본다.	자신의 감정을 상황에 맞게 조절한다.
가족을 소중히 여기기	가족과 화목하게 지내기	가족의 소중함을 안다.	가족의 소중함을 안다.	가족의 의미와 소중함을 안다.
				가족과 화목하게 지낸다.
	가족과 협력하기	가족구성원을 알아본다.	가족구성원의 역할에 대해 알아본다.	다양한 가족구조에 대해 알아본다.
		가족을 위하여 내가 할 수 있는 일을 알아본다.	가족을 위하여 내가 할 수 있는 일을 알아보고 실천한다.	가족은 서로 도와야 함을 알고 실천한다.
다른 사람과 더불어 생활하기	친구와 사이좋게 지내기	친구와 함께 놀이를 한다.	친구와 협동하며 놀이한다.	친구와 협동하며 놀이한다.
		나와 친구의 의견에 차이가 있음을 안다.	친구와의 갈등을 긍정적인 방법으로 해결한다.	친구와의 갈등을 긍정적인 방법으로 해결한다.
	공동체에서 화목하게 지내기		도움이 필요할 때 다른 사람과 도움을 주고받는다.	다른 사람과 도움을 주고받고, 서로 협력한다.
		교사 및 주변 사람들과 화목하게 지낸다.	교사 및 주변사람들과 화목하게 지낸다.	교사 및 주변 사람과 화목하게 지낸다.

사회에 관심 갖기	지역사회에 관심 갖고 이해하기	우리 동네의 이름을 안다.	우리 동네에 대해 알아본다.	우리 동네에 대해 알아본다.
		우리 동네 사람들에 관심을 가진다.	우리 동네 사람들이 하는 일에 관심을 갖는다.	다양한 직업에 관심을 갖는다.
			물건을 살 때 돈이 필요함을 안다.	자연과 자원을 아끼는 습관을 기른다.
	우리나라에 관심 갖고 이해하기	우리나라를 상징하는 것에 관심을 갖는다.	우리나라를 상징하는 것을 안다.	우리나라의 전통, 역사, 문화에 관심을 갖는다.
		우리나라의 전통놀이와 풍습에 관심을 갖는다.	우리나라의 전통놀이와 풍습에 관심을 갖는다.	우리나라의 전통, 역사, 문화에 관심을 갖는다.
			우리나라에 대해 자부심을 갖는다.	우리나라에 대해 자부심을 갖는다.
	세계의 여러 문화에 관심 가지기		세계 여러 나라에 대해 관심을 갖는다.	세계 여러 나라에 대해 관심을 갖고, 서로 협력해야 함을 안다.
			다양한 인종과 문화에 관심을 갖는다.	다양한 인종과 문화를 알아보고 존중한다.

(4) 예술경험

① 성격

예술경험 영역은 유아가 친근한 주변 환경에서 발생하는 소리, 음악, 움직이나 춤, 모양과 색 등의 미술 요소에서 아름다움을 느끼고, 또래와 교사, 부모, 지역사회의 주민이나 작가가 표현한 예술작품을 가까이 접하면서 이를 탐색하고 창의적으로 표현하는 것을 즐기며 감상하기 위한 영역이다.

② 목표

아름다움에 관심을 가지고 예술경험을 즐기며, 창의력으로 표현하는 능력을 기른다.

ㄱ. 자연과 주변 환경에서 발견한 아름다움과 예술적 요소에 관심을 갖고 탐색한다.

ㄴ. 자신의 생각과 느낌을 음악, 움직임과 춤, 미술, 극놀이를 통해 창의적으로 표현하는 것을 즐긴다.

ㄷ. 자연과 다양한 예술작품을 감상하며 풍부한 감성과 심미적 태도를 기른다.

③ 내용 구성

예술경험 영역의 내용범주는 '아름다움 찾아보기', '예술적 표현하기', '예술 감상하기'로 이루어져 있으며 이에 따라 내용범주 및 내용이 제시되어 있다.

내용범주	내용
아름다움 찾아보기	• 음악적 요소 탐색하기 • 움직임과 춤 요소 탐색하기 • 미술적 요소 탐색하기
예술적 표현하기	• 음악으로 표현하기 • 움직임과 춤으로 표현하기 • 미술활동으로 표현하기 • 극놀이로 표현하기 • 통합적으로 표현하기
예술 감상하기	• 다양한 예술 감상하기 • 전통예술 감상하기

④ 영역별 내용

내용범주	내용	3세	4세	5세 누리과정(부분개정)
아름다움 찾아보기	음악적 요소 탐색하기	다양한 소리, 음악의 셈여림, 빠르기, 리듬 등에 관심을 갖는다.	다양한 소리, 음악의 셈여림, 빠르기, 리듬 등에 관심을 갖는다.	다양한 소리, 악기 등으로 음악의 셈여림, 빠르기, 리듬 등을 탐색한다.
	움직임과 춤 요소 탐색하기	움직임과 춤의 모양, 힘, 빠르기 등에 관심을 갖는다.	움직임과 춤의 모양, 힘, 빠르기 등에 관심을 갖는다.	움직임과 춤의 모양, 힘, 빠르기, 흐름 등을 탐색한다.
	미술적 요소 탐색하기	자연과 사물의 색, 모양, 질감 등에 관심을 갖는다.	자연과 사물의 색, 모양, 질감 등에 관심을 갖는다.	자연과 사물에서 색, 모양, 질감, 공간 등을 탐색한다.
예술적 표현하기	음악으로 표현하기	간단한 노래를 듣고 따라 부른다.	노래로 자신의 생각과 느낌을 표현한다.	노래로 자신의 생각과 느낌을 표현한다.
		전래동요를 즐겨 부른다.	전래동요를 즐겨 부른다.	전래동요를 즐겨 부른다.
		리듬악기로 간단한 리듬을 표현해 본다.	리듬악기를 연주해 본다.	리듬악기를 연주해 본다.
		간단한 리듬과 노래를 즉흥적으로 만들어 본다.	간단한 리듬과 노래를 즉흥적으로 만들어 본다.	리듬과 노래 등을 즉흥적으로 만들어 본다.
	움직임과 춤으로 표현하기	신체를 이용하여 주변의 움직임을 자유롭게 표현한다.	신체를 이용하여 주변의 움직임을 자유롭게 표현한다.	신체를 이용하여 주변의 움직임을 다양하게 표현하며 즐긴다.

내용 범주	내용	3세	4세	5세 누리과정(부분개정)
예술적 표현하기		움직임과 춤으로 자신의 생각과 느낌을 표현한다.	움직임과 춤으로 자신의 생각과 느낌을 표현한다.	움직임과 춤으로 자신의 생각과 느낌을 표현한다.
		도구를 활용하여 다양한 움직임을 표현한다.	도구를 활용하여 다양한 움직임으로 표현한다.	다양한 도구를 활용하여 창의적으로 움직인다.
	미술활동으로 표현하기	다양한 미술활동을 경험해 본다.	다양한 미술활동으로 자신의 생각과 느낌을 표현한다.	다양한 미술활동으로 자신의 생각과 느낌을 표현한다.
			협동적인 미술활동에 참여한다.	협동적인 미술활동에 참여하여 즐긴다.
		미술활동에 필요한 재료와 도구에 관심을 가지고 사용한다.	미술활동에 필요한 재료와 도구를 다양하게 사용한다.	미술활동에 필요한 재료와 도구를 다양하게 사용한다.
	극놀이로 표현하기	일상생활의 경험을 극놀이로 표현한다.	일상생활의 경험이나 간단한 이야기를 극놀이로 표현한다.	경험이나 이야기를 극놀이로 표현한다.
			소품, 배경, 의상 등을 사용하여 협동적으로 극놀이를 한다.	소품, 배경, 의상 등을 사용하여 협동적으로 극놀이를 한다.
	통합적으로 표현하기		음악, 움직임과 춤, 미술, 극놀이 등을 통합하여 표현한다.	음악, 움직임과 춤, 미술, 극놀이 등을 통합하여 표현한다.
		예술활동에 참여하여 표현과정을 즐긴다.	예술활동에 참여하여 표현과정을 즐긴다.	예술활동에 참여하여 창의적으로 표현하는 과정을 즐긴다.
예술 감상하기	다양한 예술 감상하기	디양한 음악, 춤, 미술작품, 극놀이 등을 듣거나 본다.	다양한 음악, 춤, 미술 작품, 극놀이 등을 듣거나 보고 즐긴다.	다양한 음악, 춤, 미술작품, 극놀이 등을 듣거나 보고 즐긴다.
		나와 다른 사람의 예술표현을 소중히 여긴다.	나와 다른 사람의 예술표현을 소중히 여긴다.	나와 다른 사람의 예술표현을 소중히 여긴다.
	전통예술 감상하기	우리나라의 전통예술에 관심을 갖는다.	우리나라의 전통예술에 관심을 갖는다.	우리나라의 전통예술의 관심을 갖고 친숙해진다.

(5) 자연탐구

① 성격

자연탐구 영역은 유아가 자신을 둘러싸고 있는 주변 세계에 대해 호기심을 가지고 궁금한 것을 해소하기 위해 탐구하며 일상생활에서 부딪히는 현상이나 문제해결을 통해 수학적·과학적으로 생각하는 기초능력과 태도를 기르기 위한 영역이다.

② 목표

호기심을 가지고 주변 세계를 탐구하며, 일상생활에서 수학적·과학적으로 생각하는 능력과 태도를 기른다.

ㄱ. 주변의 사물과 자연세계에 대해 알고자 하는 호기심을 가지고 탐구하는 태도를 기른다.

ㄴ. 생활 속의 여러 상황과 문제를 논리·수학적으로 이해하고 해결하기 위한 기초능력을 기른다.

ㄷ. 주변의 관심 있는 사물과 생명체 및 자연현상을 탐구하기 위한 기초능력을 기른다.

③ 내용 구성

자연탐구 영역과 내용범주는 '탐구하는 태도 기르기', '수학적 탐구하기', '과학적 탐구하기'로 이루어져 있으며, 이에 따라 내용범주 및 내용이 제시되어 있다.

내용범주	내용
탐구하는 태도 기르기	•호기심을 유지하고 확장하기 •탐구과정 즐기기 •탐구기술 활용하기
수학적 탐구하기	•수와 연산의 기초개념 알아보기 •공간과 도형의 기초개념 알아보기 •기초적인 측정하기 •규칙성 이해하기 •기초적인 자료수집과 결과 나타내기
과학적 탐구하기	•물체와 물질 알아보기 •생명체와 자연환경 알아보기 •자연현상 알아보기 •간단한 도구와 기계 활용하기

④ 영역별 내용

<table>
<tr><th>내용 범주</th><th>내용</th><th>3세</th><th>4세</th><th>5세 누리과정(부분개정)</th></tr>
<tr><td rowspan="4">탐구하는 태도 기르기</td><td>호기심을 유지하고 확장하기</td><td>주변 사물과 자연세계에 대해 호기심을 갖는다.</td><td>주변사물과 자연세계에 대해 지속적으로 호기심을 갖는다.</td><td>주변 사물과 자연세계에 대해 지속적으로 호기심을 갖고 알고자 한다.</td></tr>
<tr><td rowspan="2">탐구과정 즐기기</td><td>궁금한 점을 알아보는 과정에 흥미를 갖는다.</td><td>궁금한 점을 알아보는 탐구과정에 관심을 가지고 참여한다.</td><td>궁금한 점을 알아보는 탐구과정에 참여하고 즐긴다.</td></tr>
<tr><td></td><td></td><td>탐구과정에서 서로 다른 생각에 관심을 갖는다.</td></tr>
<tr><td>탐구기술 활용하기</td><td></td><td>일상생활의 문제를 해결하는 과정에서 탐색, 관찰 등의 방법을 활용해 본다.</td><td>일상생활의 문제를 해결하는 과정에서 탐색, 관찰, 비교, 예측 등의 탐구기술을 활용해 본다.</td></tr>
<tr><td rowspan="10">수학적 탐구하기</td><td rowspan="4">수와 연산의 기초개념 알아보기</td><td>생활 속에서 수에 관심을 갖는다.</td><td>생활 속에서 사용되는 수의 여러 가지 의미를 안다.</td><td>생활 속에서 사용되는 수의 여러 가지 의미를 안다.</td></tr>
<tr><td>구체물 수량의 많고 적음을 비교한다.</td><td>구체물 수량에서 ‘같다’, ‘더 많다’, ‘더 적다’의 관계를 안다.</td><td>구체물 수량의 부분과 전체 관계를 알아본다.</td></tr>
<tr><td>다섯 개 가량의 구체물을 세어보고 수량에 관심을 갖는다.</td><td>열 개 가량의 구체물을 세어보고 수량을 알아본다.</td><td>스무 개 가량의 구체물을 세어보고 수량을 알아본다.</td></tr>
<tr><td></td><td></td><td>구체물을 가지고 더하고 빼는 경험을 해본다.</td></tr>
<tr><td rowspan="4">공간과 도형의 기초개념 알아보기</td><td>나를 중심으로 앞, 뒤, 옆, 위, 아래를 알아본다.</td><td>위치와 방향을 여러 가지 방향으로 나타내 본다.</td><td>위치와 방향을 여러 가지 방법으로 나타내 본다.</td></tr>
<tr><td></td><td></td><td>여러 방향에서 물체를 보고 그 차이점을 비교해 본다.</td></tr>
<tr><td>물체의 모양에 관심을 갖는다.</td><td>기본 도형의 특성을 인식한다.</td><td>기본 도형의 공통점과 차이점을 알아본다.</td></tr>
<tr><td></td><td>기본 도형을 사용하여 여러 가지 모양을 구성해본다.</td><td>기본 도형을 사용하여 여러 가지 모양을 구성해 본다.</td></tr>
<tr><td rowspan="2">기초적인 측정하기</td><td>두 물체의 길이, 크기를 비교해 본다.</td><td>일상생활에서 길이, 크기, 무게 등을 비교해 본다.</td><td>일상생활에서 길이, 크기, 무게, 들이 등의 속성을 비교하고, 순서를 지어본다.</td></tr>
<tr><td></td><td></td><td>임의 측정단위를 사용하여 길이, 면적, 들이, 무게 등을 재본다.</td></tr>
</table>

내용범주	내용	3세	4세	5세 누리과정(부분개정)
	규칙성 이해하기	생활 주변에서 반복되는 규칙성에 관심을 갖는다.	생활 주변에서 반복되는 규칙성을 알아본다.	생활 주변에서 반복되는 규칙성을 알고 다음에 올 것을 예측해 본다.
			반복되는 규칙성을 인식하고 모방한다.	스스로 규칙성을 만들어 본다.
	기초적인 자료수집과 결과 나타내기		필요한 정보나 자료를 수집한다.	필요한 정보나 자료를 수집한다.
		같은 것끼리 짝을 짓는다.	한 가지 기준으로 자료를 분류해 본다.	한 가지 기준으로 분류한 자료를 다른 기준으로 재분류해 본다.
				그림, 사진, 기호나 숫자를 사용해 그래프로 나타내 본다.
	물체와 물질 알아보기	친숙한 물체와 물질의 특성에 관심을 갖는다.	친숙한 물체와 물질의 특성을 알아본다.	주변의 여러 가지 물체와 물질의 기본 특성을 알아본다.
			물체와 물질을 여러 가지 방법으로 변화시켜 본다.	물체와 물질을 여러 가지 방법으로 변화시켜 본다.
	생명체와 자연환경 알아보기	나의 출생과 성장에 대해 관심을 갖는다.	나의 출생과 성장에 대해 관심을 갖는다.	나와 다른 사람의 출생과 성장에 대해 알아본다.
		주변의 동식물에 관심을 갖는다.	관심 있는 동식물의 특성을 알아본다.	관심 있는 동식물의 특성과 성장과정을 알아본다.
		생명체를 소중히 여기는 마음을 갖는다.	생명체를 소중히 여기는 마음을 갖는다.	생명체를 소중히 여기는 마음을 갖는다.
			생명체가 살기 좋은 환경에 대해 관심을 갖는다.	생명체가 살기 좋은 환경과 녹색환경에 대해 알아본다.
	자연현상 알아보기	돌, 물, 흙 등 자연물에 관심을 갖는다.	돌, 물, 흙 등 자연물의 특성과 변화를 알아본다.	돌, 물, 흙 등 자연물의 특성과 변화를 알아본다.
				낮과 밤, 계절의 변화와 규칙성을 알아본다.
		날씨에 관심을 갖는다.	날씨와 기후 변화에 관심을 갖는다.	날씨와 기후변화 등 자연현상에 대해 관심을 갖는다.
	간단한 도구와 기계 활용하기	생활 속에서 간단한 도구와 기계에 관심을 갖는다.	생활 속에서 간단한 도구와 기계를 활용한다.	생활 속에서 간단한 도구와 기계를 활용한다.
		도구와 기계의 편리함에 관심을 갖는다.	도구와 기계의 편리함에 관심을 갖는다.	변화하는 새로운 도구와 기계에 관심을 갖고 장단점을 안다.

제 3 장

보육프로그램

어린이집의 보육과정프로그램은 제3차 어린이집 표준보육과정, 누리과정을 근간으로 하여 어린이집, 영유아, 학부모의 특성과 요구에 따라 이에 합당한 영유아 보육프로그램을 선정하여 활용할 수 있다. 따라서 어린이집에서 영유아 보육프로그램을 선정하는 데 도움을 줄 수 있도록 중요한 4개의 보육프로그램에 대하여 개요, 이론적 배경, 프로그램의 특성, 교육내용, 교육방법에 대하여 개략적으로 기술하기로 한다.

1. 레지오 에밀리아 접근법

1) 개요

레지오 에밀리아(Rehio Emlia) 접근법은 이탈리아 북쪽에 위치한 인구 13만 명이 살고 있는 레지오 에밀리아에서 지역의 부모와 시민의 의지에 의해 공동 조합 형태로 학교를 설립하면서부터 시작되었다. 2차 세계대전 종료 후 유아기 교육과 탁아의 개념을 혼합하여 공교육화하면서 진보적 교육철학에 바탕을 두고 혁신적이며 독특한 프로그램을 개발하여 교육과정, 교수방법, 학교조직, 환경구성을 구조화시켜 시행하여 뉴스워크지(News Week. 1991. 12월 글)에 세계에서 가장 훌륭한 학교(The best schools in the world)로서 소개되면서부터 세계의 유아교육자로부터 관심을 받고 있다. 레지오 에밀리아 교육은 영유아를 다른 사람들과의 사회적 상호작용관계로부터 동기화되고 학습능력이 있는 복잡한 사회적인 존재로 보는 견해를 가지고 시작하였다.

2) 이론적 배경

레지오 에밀리아 접근법의 이론적 배경을 아동관, 교육철학의 입장에서 고찰해 보기로 한다.

① 아동관(고문숙 외, 2008)

레지오에서는 전인 유아의 이미지에 따라 '행복한 유아', '건강한 유아', '유능한 유아', '사회적 의사소통의 권리와 능력을 가진 유아'를 강조한다. 유아들은 이 세상에 태어날 때부터 적절한 환경이 주어진다면 능동적이며 경험을 이해하고 다른 사람을 배려할 수 있으며 물리적·문화적 환경에 적응할 수 있다. 또한 적절한 환경이 주어진다면 태어날 때부터의 성향이 유지되고 강화될 수 있다. 그리고 유아들이 단순히 욕구를 가진 존재로 보기보다는 권리를 가진 독특한 개체로 본다. 유아는 강하고 풍부한 잠재력을 가지고 있으며 탐구심과 호기심이 많고 학습을 능동적으로 주도할 능력이 있다고 본다(고문숙 외, 2008).

② 교육철학

인간의 존재가치와 미래지향적 목표의식을 가진 부모협동운동으로 시작된 학교의 의미 있는 역사를 중시하고 지역사회가 유아교육에 대한 공동 책임의식을 갖는 사회문화적 맥락 속에서 교육의 3요소인 유아, 교사, 부모 간의 협동, 사회적 관계형성, 의사소통을 강조하는 '상호관계를 통한 교육'의 철학을 갖고 있다. 학습은 가르치는 것이 아니라 전문적 자질을 가진 문화 구성원과 유아의 학습동기와의 호혜적(reciprocal) 상호관계의 결과로서 유아가 적극적으로 구축하는 것이라고 믿는다(전남련 외, 2008).

3) 교육과정의 성격

레지오 에밀리아 접근법의 교육과정은 발현적 교육과정(emergent curriculum)으로 매년 교육과정을 계획하기는 하지만 이것은 하나의 방향을 제시하는 기본 골격만 수립할 뿐 구체적인 교육활동이나 프로젝트의 활동목표는 유아의 학습 진전상황이나 요구 등을 교사가 학습 현장에서 지속적으로 관찰하면서 상황적으로 교육과정이 계획된다.

4) 교육방법

레지오 에밀리아 접근법의 교육방법은 교직원의 협동적 교수, 프로젝트 중심의 학습, 다양한 표상활동, 의사소통을 통한 상호협력교수, 지역사회와 부모의 공동 참여, 기록화의 교육활동 등으로 그 특징을 생각할 수 있다.

(1) 교직원의 협동적 교수

레지오 학교에서 근무하는 교직원은 페다고지스타(Pedagogista), 아뜰리에스타(Ateliersta), 아뜰리에(Atelter), 교사, 요리사, 종일제 보조자, 파트타임 보조자 등으로 교사의 역할에 대하여 설명한다.

① 페다고지스타의 역할(고문숙 외, 2008)

페다고지스타는 4년제 대학에서 교육학이나 심리학 학위를 가진 사람으로 긴 훈련과정을 가져 4~5개의 학교나 센터를 맡아 지원하고 함께 일한다. 각 학교에서 원장이 없으면 페다고지스타의 도움을 받아 교사와 직원들과 상호작용하여 운영된다. 페다고지스타의 역할은 다음과 같다.

ㄱ. 페다고지스타는 4~5개 기관을 담당하며 1주일에 한 번씩 센터의 교직원과 함께 모여서 유치원과 영유아센터의 전반에 관련된 정책이나 문제를 토론한다.

ㄴ. 현직 교사를 지원하고 훈련 담당자로서 교육이론, 교수전략, 건전한 사회적 관계와 의사소통 등의 내용과 유아 관찰, 유아의 말을 듣는 기술, 프로젝트를 기록하는 기술 등에 관한 교육을 한다.

ㄷ. 부모, 교사, 시민 등 모든 성인을 대상으로 워크숍이나 공개 토론회, 공청회 개최자로서의 역할을 한다.

② 아뜰리에스타의 역할(고문숙 외, 2008)

아뜰리에스타는 시각예술을 전공한 사람으로 담당교사와 협력하여 교육과정을 개발하고 유아들의 학습과 창의적인 학습과정을 관찰하고 지원하며 기록 및 전시작업도 한다. 아뜰리에스타의 역할은 다음과 같다.

ㄱ. 대규모로 진행되고 있는 프로젝트나 소규모의 개별 활동이 어떻게 되어가고 있는지 알아보고 교사들과 무엇을 어떻게 유아에게 소개할지, 어떤 일이 일어날

지 의논하고 특정 자료나 기술을 권하기도 한다.

ㄴ. 기록 및 전시작업과 분석자의 역할을 한다. 카메라, 녹음기, 슬라이드, 비디오 카메라 등의 도구를 이용하여 유아들의 상징적 표상을 기록하고 프로젝트 과정을 기록하며 전시하는 데 참여한다.

③ 아뜰리에의 역할(전남련 외, 2008)

다양한 재료가 준비되어 있고 유치원의 모든 어린이와 성인이 사용하는 스튜디오(studio) 또는 워크숍(workshop)으로 아뜰리에의 두 가지 기능은 다음과 같다.

ㄱ. 어린이들이 칠하기, 그리기, 진흙으로 만들기 같은 모든 종류의 상징적 언어의 기술을 완성해 가는 장소를 제공한다.

ㄴ. 아뜰리에의 중요한 기능은 기록을 위한 도구, 즉 카메라, 녹음기, 슬라이드, 투사기, 타자기, 비디오카메라, 복사기 등을 준비하여 기록하고 이해하고 토론하고 경험을 적절히 기록할 수 있는 장소를 제공하는 일을 한다.

④ 교사의 역할(전남련 외, 2008)

ㄱ. 어린이의 언어, 인지, 사회, 신체, 정서발달 촉진자

ㄴ. 학급 운영자

ㄷ. 환경 구성자

ㄹ. 양육과 지도자

ㅁ. 부모, 동료, 행정가, 대중과의 의사소통자

ㅂ. 전문가로서의 성장 추구자

ㅅ. 공립유아교육을 보호하기 위한 정치적 활동 참여자

ㅇ. 교육과정 계획, 전문가로서의 교육, 교사의 발달을 위해 매일 학급에서 실시하는 활동에 대한 체계적인 연구자

(2) 프로젝트 중심의 교수

유아들은 주로 소집단 프로젝트 활동을 통해 한 달 이상의 장기간 프로젝트에 4~5명의 영유아가 소그룹으로 작업을 하면서 영유아들이 흥미로워 하는 내용에 신체적, 정신적으로 몰입하면서 프로젝트 활동에 참여하게 된다. 영유아들이 소집단 프로젝트 활동을 통해 주제를 탐색할 때는 다양한 교수매체를 활용, 표상, 재표상, 다양하게 표

상하는 상징화 주기를 거치면서 스스로 토의하고, 상징을 발명, 창안하여 의사소통함으로써 의미를 구축, 재구축 학습한다(전남련 외 2008).

(3) 다상징적 교수법

다상징적 교수법은 다양한 표상활동을 통한 교수로서 레지오에서는 다양한 표상을 학습수단으로 활용한다. 표상활동이란 심상과 같은 뜻으로 쓰여진다. 생각해 떠오르는 것으로 감각적이고 구체적인 성격을 지닌 이른바 관념이라는 것 중에서 감각적인 것이다. 개인에 따라서 생각을 떠오르게 하는 데에는 대개, 시각형, 청각형, 운동형, 혼합형이 있다. 그것은 생각이 떠오르게 할 때에는 눈앞에 어리는 것을 그리느냐, 그렇지 않으면 들려오는 소리를 생각하느냐 혹은 그 대상이 움직이는 것을 그리느냐 또는 이것도 아니고 저것도 아닌 따라서 그런 것이 그때그때 혼합되어 나타나느냐에 기준을 둔 분류이다. 그런데 레지오에서는 학습하기 위해서 그리기를 강조한다. 다시 말하면 그림을 그리도록 하여 사고를 가시화시켜 자신의 사고를 고찰·재고찰하고 반영적 사고를 하도록 격려한다(고문숙 외, 2008).

(4) 지역사회, 부모와 교사의 공동 참여

지역사회는 레지오에 다음과 같이 협력한다.

① 지역사회에서 자료나 정보를 얻고 전문가의 도움을 청한다.

② 르미다는 레지오시의 각종 교육 및 사회활동기관의 활동을 지원하기 위해 세워진 기관, 즉 재활용센터로서 레지오 학교의 아뜰리에에 전시된 각종 자료는 르미다에서 구입할 수 있다.

③ 지역사회의 박물관, 공장, 공공기관, 동물원, 식물원뿐만 아니라 동네의 자동차 정비소, 철물점, 꽃집, 병원 등과도 유아들의 견학이나 자원인사로서의 협력을 구한다(이대균 외, 2008).

④ 유아들이 지역사회에서 살아가기 위한 기술, 성향, 지식 등을 지역사회 속에서 다양한 활동을 통해 획득할 수 있다.

(5) 기록화의 교육적 활용

레지오 교사들이 많이 활용하는 기록화는 유아들의 사고를 기록하여 그 사고를 재구성하는 지원의 한 방법으로 사용되는데 그 매체는 사진, 비디오, 그림, 녹음기, 구성물, 포스트잇, 아동의 작품을 모아놓은 폴더, 일과기록, 펜과 메모지, 카메라, 사진 복사기, 컴퓨터, 스캐너, 멀티미디어, 컴퓨터시스템 등 다양한 도구를 활용한다. 교사는 프로젝트 전개과정에서 이런 매체로 유아 자신들의 사고를 재방문함으로써(re-visting) 반영적 사고를 한다(전남련 외, 2008).

(6) 의사소통을 통한 상호협력교수

레지오에서의 상호협력은 성인과 유아 간의 협력, 교사 간의 협력, 장학사 간의 협력, 학교와 부모 간의 협력, 학교 자문위원회 위원들과 부모들 간의 협력 그리고 프로젝트 활동을 통해 유아, 교사, 재료, 환경 간의 다양한 협력 등으로 나타난다. 상호협력이란 유아와 교육자의 힘과 자원을 공유하며 모든 참여자들이 함께 공동의 계획과 실천과정에 참여하는 것이다. 작업의 분담을 통한 단순협동이 아니라 아이디어와 책임을 공유하는 협력, 의견의 일방적 제시 및 보고가 아니라 지식의 공동 탐구자로서의 교육자의 역할 등을 중요시한다.

5) 물리적 환경구성

레지오의 물리적 환경 중 피아자(Piazza), 아뜰리에, 교실의 특성에 대해 알아본다.

(1) 피아자(Piazza) : 유아들이 공동으로 활용하는 만남의 장소로서 가게놀이, 극놀이 영역, 소규모 노천극장을 비롯하여 유아를 위한 놀잇감이 정비되어 있다.

(2) 아뜰리에 : 아뜰리에는 프로젝트 관련활동이나 각종 활동에 사용할 수 있는 다양한 미술 재료나 자원 등이 구비되어 있다. 또한 유아들이 작업한 프로젝트나 경험에 대한 기록을 배치하고 있으며 교사의 연구공간으로 이용된다.

(3) 교실 : 레지오 교실은 따뜻함과 친밀감을 주는 집과 같은 분위기를 주며 교실에는 다양한 재료가 갖추어진 선반, 개인 소지품을 보관할 수 있는 플라스틱 사물함, 의자, 테이블, 전신거울, 극놀이 영역, 책, 게임 종류, 편지함, 라이트테이블, 미니 아뜰리에 등이 있다.

2. 프로젝트 접근법

1) 개요

(1) 개념

프로젝트 접근법이란 교사의 안내하에 유아들이 유아들의 세계에서 흥미와 관심이 있는 특정 주제를 찾아 유아 학급에서 개별 또는 소집단 유아들이 공동으로 장기적, 능동적, 주도적, 심층적으로 탐구하는 유목적적 교육활동, 교육형태, 주제중심 탐구학습을 말한다.

(2) 역사

프로젝트 접근법은 1830년대 코벳(Cobbet)에 의한 교육방법에서 그 기원을 찾을 수 있으나 현대적인 의미는 듀이(Dewey)의 진보주의사상, 생활중심, 유아중심 교육철학에 기초를 둔 실험학교에서 기원을 찾을 수 있다. 그 후 듀이의 프로젝트에 의한 학습활동은 콜롬비아 대학교에서 1920년대에 킬패트릭(Kilpatrick)이 현대의 유아교육 상황에 맞게 재조직되어 오늘에 이르렀다.

(3) 유아교육과 프로젝트 접근법

프로젝트에 의한 학습활동이 아동들의 흥미와 호기심을 자극할 뿐만 아니라 과거에 문제시되었던 프로젝트에 의한 학습활동이 유아의 학문적, 인지적, 정서적 발달에 나쁜 영향을 준다는 증거가 없어 유아교육 분야에서는 프로젝트 접근법이 현장 적용 의지가 더욱 확산되어 가고 있었으며 프로젝트 접근법은 오늘날 유아교육의 핵심원리인 통합교육(Intergrated learning)으로 발전시켰다.

2) 이론적 배경

(1) 아동관

프로젝트 접근법에서 아동은 학습과정에 능동적이고 자발적으로 참여하는 존재이다. 인간의 본성에 대한 긍정적인 관점을 지닌 듀이와 피아제는 아동을 다양한 활동을 능동적으로 수행할 수 있는 존재로 여겼으며 학습은 성인이 쏟아 붓고 아동이 흡수하는 것과 같이 수동적으로 이루어지는 것이 아니라 학습과정에 아동의 능동적이고 자발적인 참여가 있을 때 진정한 교육이 될 수 있다고 보았다.

(2) 이론적 기초를 제공한 학자

프로젝트 접근법의 이론을 제공한 학자는 듀이(Dewey), 피아제(Piaget), 비고츠키(Vygotsky) 등이다.

① 듀이(Dewey)

프로젝트 접근법: 아동중심교육, 통합교육

ㄱ. 아동중심교육: 듀이는 아동은 활동을 능동적으로 수행할 수 있는 존재로 보았으며, 교육이란 경험의 끊임없는 재구성으로 미숙한 경험을 지적인 기술과 습관으로 갖춘 경험으로 발전시키는 것으로 보았다(고문숙 외, 2008).

ㄴ. 통합교육: 페스탈로찌와 프뢰벨이 제안한 '자연에 따른 학습방법'을 주장하여 'Quincy System'이라는 새로운 교육방법을 구안하여 1996년에 세운 자신의 실험학교에서 적용하였는데 이것이 바로 프로젝트 형식을 취하는 워크숍과 유사한 것으로 읽고, 쓰고, 문장을 구성하고 사고하는 방법을 동시에 통합학습하도록 한 새로운 시도로서 당시 교육과정 구성 및 학습방법에 대한 새로운 이정표 역할을 하였다(전남련 외, 2008).

② 피아제(Piaget)

프로젝트 접근법: 아동 간 상호작용을 통한 문제해결

ㄱ. 아동 간 상호작용을 통한 문제해결: 피아제는 아동을 성인과는 다른 나름의 권리와 이해를 지니고 인지적 갈등에 직면했을 때 새로운 지식을 구성해 나가는 존재로 보았으며, 아동의 지적 발달은 인지적 갈등을 해결하기 위한 상호작용을 통해 이루어진다고 보았다(고문숙 외, 2008).

③ 비고츠키(Vygotsky)

프로젝트 접근법: 공동 협력학습 과정 중시

ㄱ. 공동 협력학습 과정 중시 : 비고츠키에 따르면 학습이란 사회적 맥락에서 이루어지는 것으로 근접 발달지역에서의 아동은 학습자가 다른 사람과의 사회적 상호작용을 통해서 인지발달을 자극할 때 가능하다. 따라서 아동들이 공동 목표를 달성하기 위해 협력할 때 상호작용이 효과적으로 이루어질 수 있으며, 또한 인지발달을 촉진할 수 있다고 주장한다(고문숙 외, 2008).

3) 목적

학습목표는 아래와 같이 4가지 영역으로 대별된다.

① 지식의 획득

ㄱ. 사회적, 물리적, 논리·수학적 지식
ㄴ. 아이디어, 개념, 사실
ㄷ. 정보, 이야기, 전설, 동화, 노래 등

② 기술의 획득

ㄱ. 읽기, 쓰기, 세기, 자르기
ㄴ. 그리기, 구성하기, 순서 지키기, 친구 사귀기, 의사소통하기 등

③ 성향의 발달

ㄱ. 협동하기
ㄴ. 자발적이고 지속적인 몰입과 흥미 가지기
ㄷ. 관대함
ㄹ. 문제해결하기 등

④ 정서의 발달

자존감, 소속감, 자신감, 만족감 등이며 학습목표는 주변 세계에 대해 더 폭넓은 이해를 돕기 위해 영유아의 이러한 지식, 기술, 성향, 감정을 모두 발달시키는 데 있다(이대균 외, 2008).

4) 특성

프로젝트 접근법에 대하여 총체적으로 이해하기 위해서는 프로젝트 접근법에 대한 특성을 살펴보는 일로서 다음에서 이에 대해 기술한다.

(1) 아동중심교육

프로젝트 접근법은 아동중심교육으로 아동중심교육이 되기 위해서는 유아를 존중, 신뢰하고 학습은 흥미에 기초해야 하며 학습이 개별화되어야 하고 학습활동은 융통적이며 모든 활동에서 선택권이 유아에게 부여되어야 하는데 프로젝트 접근법에서는

첫째, 주제의 선택에서부터 전 활동에 이르기까지 아동의 자율성과 탐구력을 존중한다.

둘째, 아동이 개별 혹은 집단적으로 자신들의 관심과 흥미에 따라 원하는 주제를 선택하여 활동한다.

셋째, 아동의 개별성을 존중하면서 아동의 발달특성에 민감하게 하는 등 아동중심교육을 지향한다.

(2) 부모, 교사, 지역사회와의 협력

프로젝트 접근법에서는 프로젝트가 성공적으로 이루어지기 위해서는 교사와 부모, 지역사회와의 협력이 필수적이다. 프로젝트가 원래 유아의 일상생활 속에서 선택하게 되므로 가정과 지역사회와 밀접한 관계를 맺기 마련이다. 또한 지역사회에는 인적, 물적 자원이 많아 유아들이 현장견학을 하거나 자원 인사를 초청하여 학습의 효율성을 제고시킨다. 전시와 발표에 가족과 이웃을 초대하여 그들에게도 프로젝트의 전개과정을 설명하고 의견을 나누며 아이디어와 지식을 공유한다.

(3) 발현적 교육과정

프로젝트 접근법에서는 발현적 교육과정(emergent curriculum)으로 조직되어 교육과정을 계획하기는 하지만 이것은 하나의 방향을 제시하는 기본적인 골격만 수립할 뿐 구체적인 교육활동이나 프로젝트의 활동목표는 유아의 학습 전개 상황이나 요구에 따라 상황적으로 교육과정이 융통성 있게 편성된다. 즉 매일의 활동 속에서 아동이 제시하

는 새로운 아이디어와 흥미와 요구를 반영하여 발현적, 유동적, 상황적, 현장적으로 교육과정이 편성된다.

(4) 통합교육

통합교육은 유·초등교육의 본질이며 대세이다. 프로젝트 접근법에서도 아동이 선택한 주제에 대하여 깊이 있게 탐구하는 과정에서 다양한 영역의 활동이 통합되어 이루어진다. 통합은 아동으로 하여금 학습에 대한 통일된 관점을 갖게 하는 교육과정 경험들의 수평적 관계로 어릴수록 학습내용과 방법이 유기적으로 관련되어 있을 때 효과적으로 학습할 수 있다(고문숙 외, 2008).

(5) 다양한 탐구단계, 탐구방법 적용

프로젝트 접근법에서는 영유아, 교사, 학부모 모두가 연구자의 자세로 토의, 현장조사, 문헌조사, 자원인사의 초청 활용 등 탐구적인 방법을 활용한다. 또한 학습활동 단계에서도 준비단계, 시작단계, 전개단계, 마무리단계 등의 4단계에 걸쳐 매우 조직적으로 운영한다.

(6) 사고의 교류와 상호작용 격려

프로젝트 접근법에서는 공동의 문제를 해결하는 과정에서 교사와 유아, 유아와 유아, 유아와 교구 간의 다양한 지적 상호작용, 사고의 교류를 통해 각자의 생각을 상호보완하여 공동의 사고를 유도하며 협력학습으로 이끈다. 이러한 관계를 바탕으로 하기 때문에 프로젝트 접근법의 지도교사는 유아학습에서 조정자, 촉진자, 안내자, 조력자, 공동 학습자의 역할을 한다.

(7) 다양한 표상활동

프로젝트 접근법에서도 다양한 표상활동, 즉 그리기, 기록하기, 극 꾸미기, 책 만들기 등을 실시한다. 또한 표상활동을 통해 생산한 탐구결과를 전시하거나 발표하여 유아, 교사, 학부모가 탐구결과를 공유하며 이를 기초로 또 다른 프로젝트 활동으로 발전시킨다.

(8) 주제중심학습

프로젝트 접근법에서는 유아들의 일상생활 주변에서 유아들에게 관심과 흥미 있는 주제를 선정하여 학습을 진행시키는 주제중심학습으로 이끌어 간다.

(9) 연속적 학습

어린이집에서 학습된 어떤 개념은 연령이 높아지면서 또는 초등학교로 올라가면서 그 개념이 심화·확대되어 학습이 이루어진다. 프로젝트 접근법에서의 학습도 아동은 자신의 호기심과 흥미가 지속하는 한 시공간의 제약 없이 발전적인 프로젝트 활동이 지속된다. 특정 주제에 대하여 관심을 가지고 활동에 몰입하는 동안 새로운 정보를 획득하게 되고 새로운 흥미가 이어져 지속적인 심화학습을 가능하게 한다(고문숙 외, 2008).

5) 교수 · 학습과정

프로젝트 접근법은 주제를 선정하는 준비단계, 시작단계(계획 및 도입), 전개단계, 마무리단계의 4단계로 진행된다. 이를 표로 나타내면 다음과 같다.

〈표 Ⅲ-10〉 프로젝트 접근법의 단계

단계	주요활동
1. 준비단계	1) 주제선정 2) 브레인스토밍(brainstorming) 3) 유목화 4) 주제망때기 5) 학습활동 예상안 작성 6) 자원목록 만들기 7) 환경구성 8) 자원협력
2. 1단계: 시작단계 (계획 및 도입)	1) 유아의 전경험표현 2) 교사와 유아의 공동주제망 작성 3) 질문거리 찾기
3. 2단계: 전개단계 (탐색과 표상활동)	1) 현장견학 전 활동 2) 교사와 유아의 공동주제망 작성 3) 현장견학 후 활동 4) 전문가 방문
4. 3단계: 마무리단계 (전시와 평가)	1) 마무리

3. 몬테소리 프로그램

1) 개요

(1) 역사

몬테소리는 이탈리아의 교육부장관이었던 구이도 바셀리로부터 부탁을 받아 로마에서 정신지체아 교사들을 교육하면서 교육방법과 교구를 개발하였다. 몬테소리는 1907년 로마의 산로렌조 지역 공동 주택에 50~60여 명의 2~7세 6개월 된 아동들을 위한 '어린이집'을 설립하여 양친이 일하러 간 사이 어린이들을 보호하고 교육하는 종일반 보육으로 아동들의 연령수준에 적합한 건강, 신체, 도덕발달을 꾀하였다. 그 후 2차 세계대전(1939. 9. 1~1945. 8. 15)이 발발하면서 몬테소리 교수법의 보급이 많은 역경에 처하게 되었다가 1947년 이탈리아 해방과 함께 정부의 초청으로 몬테소리 학교를 다시 설립하였고 1950년에는 노르웨이, 스웨덴으로 강연을 다녀온 후 교사양성에 힘썼다. 그녀는 1952년 5월 6일 네덜란드 느르드벡안제에서 82세의 생애를 마감하였다.

(2) 개념

아동을 주변 환경으로부터 꾸준히 정보를 수집하며 독자적으로 탐색하고 학습하는 존재로 간주하고 체계적인 시스템으로 갖추어진 상품화된 몬테소리 교구를 활용해 교육목표를 정상화(normalization)에 두고 교육내용은 일상생활연습, 감각교수, 언어교육, 수학교육, 문화교육 등 5개 영역으로 구성된다.

2) 이론적 배경

몬테소리 교수법의 이론적 배경으로서는 몬테소리의 유아관과 발달관, 그리고 몬테소리의 교육이론에 대하여 검토해 보기로 한다.

(1) 유아관과 발달관

유아는 선천적으로 스스로 자신의 잠재능력을 계발해 나갈 수 있는 존재이며 유아 자신이 스스로 접촉을 통해 학습해 나가는 능동적인 존재로 본다. 그렇기 때문에 유아는 자신이 가지는 내면의 발달단계에 따라 학습이 이루어지며 성장과 발달에 개인차가 있다. 따라서 어린이의 자발적인 활동을 존중해야 하며 교사는 어린이의 정신을 존중하고 활동을 관찰하고 도움을 제공해야 한다(전남련 외, 2008).

(2) 교육이론

몬테소리 교수법은 다음과 같은 4가지 교육이론을 근간으로 한다.

① 흡수정신(absorbent mind)

흡수정신은 영유아가 놓인 환경 속에서 환경과 상호작용하면서 사물과 의식을 흡수하는 작용을 말한다. 따라서 교사는 영유아들을 민감하게 관찰하면서 영유아에게 최적한 환경을 조성해 주는 일이 영유아의 교육을 위해서 절대적인 역할이다.

② 민감기(sensitive period)

민감기란 영유아가 성장하는 과정에서 환경과 상호작용하면서 특정한 행동과 기술을 쉽게 습득하는 시기로 이는 환경에 의해 가장 큰 영향을 받는 결정적 시기(critical period)이다. 민감기가 나타나는 시기는 0~6세 사이로 각 영유아마다 민감기가 나타나는 시기가 다르고 연령에 따라 나타나는 행동도 다르다(전남련 외, 2006). 그러므로 영유아는 특정한 행동과 기술을 특정한 시기에 보다 민감하게 쉽게 받아들이게 된다.

③ 준비된 환경(prepared environment)

영유아는 전 항에서 밝힌 바와 같이 주변의 환경이 긍정적이든 부정적이든 간에 환경과 상호작용하면서 행동과 기술을 흡수한다고 밝혔다. 따라서 교사나 부모는 영유아를 부단히 관찰하면서 영유아들에게 최적의 환경을 조성해 주는 역할이 중요하다.

④ 자동교육(auto education)

몬테소리는 영유아는 영유아가 준비된 환경 속에서 영유아가 선택한 몬테소리 교구를 활용하여 능동적으로 놀이를 하면서 자연적으로 학습을 이끌어가는 독립된 인격체로서의 주체적인 학습자로 보았다. 따라서 영유아들의 자동교육에 의해 배우는 부분이 많다는 것을 이해하고 영유아들의 주체적인 활동을 강조하는 아동중심교육으로 전환되어야 함을 강조한다.

3) 특성

몬테소리 교육의 특성을 3가지 관점에서 기술해 보기로 한다.

(1) 혼합연령 편성

몬테소리 학급은 2세부터 6세까지의 다양한 연령의 영유아로 편성되어 체격, 능력 면에서 이질적으로 편성되어 편차가 큰 집단으로 영유아들 간에 상호작용이 활발하게 이루어지며 상호협력학습이 활발하게 이루어져 학습의 효율성을 제고시킬 수 있다.

(2) 고차원적 교구 활용

몬테소리 교육에서는 감각훈련을 위한 교구와 학습을 위한 교구로 대별할 수 있는데 감각 교구로는 분홍 탑, 갈색 계단, 빨강 막대, 원통 블록(꼭지원기둥), 후각병, 중량판(무게판), 색판, 소리상자, 음감벨, 헝겊(옷감), 온도감각병 등이 있고 학습교구로서는 쓰기와 읽기를 위한 교구로 열 개의 기하학적 형태의 삽화(철판 도형)와 색연필, 모래판 글자, 아동 글자, 명령카드(지시카드) 등이 있고, 수학을 위한 교구로서 수막대, 모래판 숫자, 은구슬(금비즈) 등이 있다.

(3) 아동중심의 교육철학

몬테소리 교육은 아동이 능동적, 주체적으로 학습하는 독립된 인격체로 본다. 따라서 흡수정신, 민감기, 준비된 환경, 자동교육 등 아동중심교육의 기본원리를 교육의 근간으로 삼고 있다.

4) 교육내용

몬테소리 교육내용은 일상생활훈련, 감각훈련, 수학교육, 언어교육, 문화교육 등 5개 영역이다.

① 일상생활훈련 : 일상생활훈련은 영유아들에게 독립심과 올바른 인성을 배양하여 기본적인 생활태도 및 습관형성에 목적을 두고 있다. 일상생활훈련 내용은 옮기기, 스웨터 입기와 벗기, 스웨터 걸기, 깔개 말기, 의생활, 문 열고 닫기, 악수하

기와 같은 일상생활을 영위하는 데 필수적으로 수행해야 하는 내용들이다.

② 감각교육: 감각교육은 5감각, 즉 시각, 촉각, 청각, 미각, 후각 등의 감각기능을 발달시키기 위한 내용으로 영유아의 5관을 통하여 다양한 감각을 경험시키도록 되어 있다.

③ 언어교육: 언어교육에는 노래하기, 질문하기, 게임, 보고 말하기, 경험에 대해 이야기하기, 사진이나 활동을 이야기하기 등의 음성언어 교육과 모래종이 글자, 움직이는 자·모음, 음성사물상자, 음성카드, 표음문자, 어려운 단어 분류하며 읽기, 단어기능, 읽기분석, 받아쓰기 등 읽기와 쓰기 위주의 문자언어교육이 주로 이루어진다.

④ 수학교육: 수학교육의 목적은 추상력, 상상력, 판단력을 기르기 위하여 생활경험을 통하여 수와 양을 논리적으로 학습할 수 있도록 구안되어 있다. 수학교육에서는 주요 내용은 수의 소개, 십진법, 1~19세기, 11~99세기, 분수, 기하학 등이다.

⑤ 문화교육: 문화교육은 인간이 살아가는 데 필요한 생활방식을 이해하고 영유아가 성인의 생활모습을 시험적으로 실천해 보는 기회를 제공한다. 문화교육의 내용으로는 지리, 역사, 생물, 미술, 과학, 음악 등 6개 영역으로 되어 있다.

5) 교수 · 학습방법

몬테소리 교수·학습방법은 몬테소리 교구를 통한 작업으로 이루어지는데 작업은 3가지 차원에서 이루어진다(이대균 외, 2008).

첫째, 교구를 통하여 영유아 스스로 배우는 자동교육에 의해 학습한다. 몬테소리 교구는 영유아 자신이 활용하며 잘못된 점을 스스로 고치도록 고안되어 있다.

둘째, 교사는 영유아를 능동적인 학습자로 인정하며 관찰자, 보호자, 촉진자로서의 도움을 준다. 교사는 영유아에게 시범을 보일 때 다음의 3단계 교수법을 사용한다.

- 1단계: 사물과 명칭을 일치시키는 단계
- 2단계: 명칭에 해당되는 사물을 지적해 보고 인지하는 단계
- 3단계: 사물의 명칭을 기억시키고 발음해 보는 단계

셋째, 2.5세부터 6세까지 혼합연령으로 학급을 구성하여 나이 많은 유아는 어린 영유아의 모델이 되고 나이 어린 영유아는 다른 영유아들이 작업하는 것을 관찰하고 배

울 수 있도록 한다.

또한 몬테소리 교수법에서는 교사가 영유아들을 가르치고 이끌어가는 면보다는 영유아가 준비된 환경 속에서 몬테소리 교구를 선택하여 능동적으로 놀이를 할 때 영유아의 놀이가 더욱 활성화될 수 있도록 관찰, 촉진, 격려의 역할을 한다.

- 관찰자로서의 역할: 영유아가 교구를 선택하여 작업을 하는 가운데 교구 사용의 정확성, 작업의 집중도 등에 대해 세심하게 관찰하고 적절한 지도를 한다.
- 촉진자로서의 역할: 영유아가 선택한 교구에 대한 사용법을 정확히 시범을 보여 교구 사용방법의 정확성을 기하여 학습의 효율성을 제고시킨다. 교사는 영유아 활동에서 개입은 최소화시켜야 한다.
- 격려자로서의 역할: 영유아가 교구를 가지고 작업하는 중에 심리적 안정감을 갖고 몰입할 수 있도록 순시하면서 격려한다.

4. 발도르프 프로그램

1) 개요

(1) 개념

독일이 제1차 세계대전에서 패전한 후 정치, 사회, 경제적으로 어려움에 부딪혔을 때 개혁교육자인 슈타이저(Steiner)가 전인적인 인간, 자아실현을 할 수 있는 자유로운 인간 육성을 위하여 슈타이너의 독특한 인지학(anthroposphie)적 인간 이해에 기반을 두고 세워진 유치원의 교육내용과 방법으로 발도르프 프로그램 또는 발도르프 접근법으로 불린다. 유치원은 독자적으로 존재하는 것이 아니고 발도르프 학교 테두리 안에 있다.

2) 이론적 배경

발도르프 프로그램의 이론적 배경은 인지학이라는 독특한 사상체계이다. 인지학이라는 용어의 어원은 인간(anthtopos)과 지혜(sophis)의 합성어이다. 즉, 우리가 현재 존재하고 있는 이 세상만을 바라보는 인간이 아니라 상위세계, 즉 정신세계를 바라보고 생활하는 인간이 지니고 있는 지혜를 의미한다(고문숙 외, 2008). 슈타이너의 인지학을 바탕으로 하는 교육철학은 인간발달론과 기질론이다.

(1) 인간발달론

슈타이너의 인간발달론에 따르면 인간은 유아기에서 청년기에 이르기까지 7년의 리듬 속에서 이루어지며 제1기는 출생에서 7세, 제2기는 7세에서 14세, 제3기는 14세에서 21세까지로 보며 이에 따라 발도르프 학교는 유치원 교육(3~6세), 1~8학년 교육(7~14세), 9~13학년 교육(14세 이후)으로 구분하였다.

〈표 Ⅲ-11〉 발달단계별 특성 및 교육방법

1.첫 번째 7년기 (유아기)	출생~ 7세	물리적 신체의 탄생	1. 발달단계 •0~3세: 기는 연령에서 자아의식이 깨는 반항기로의 발달 •3~5세: 상상과 즉흥적인 놀이 조형 •5~7세: 생각한 그림과 계획된 놀이 2. 통합적인 존재: 신체, 영혼, 정신적 요소의 미분리 3. 뇌의 완성, 가슴뼈의 둥근 모양, 생체 기관, 발바닥의 들어간 부분 완성, 영구치가 생김	1. 말이나 개념이 아닌 5감의 반응이나 온몸에 의한 모방과 본보기로 학습 2. 유아가 모방할 수 있는 적절한 환경 조성: 교사들의 완전한 본보기 3. 도덕적인 훈계나 논리적인 가르침은 금물 4. 주위 사람들과의 강한 신뢰감 쌓기 5. 읽기, 쓰기, 셈하기 지도는 금지
2.두 번째 7년기 (아동기)	7~ 14세	생명체의 탄생	1. 생명체의 출현: 기억, 습관, 기질, 성향을 관장 2. 예술에 대한 감각의 눈을 뜸: 특히 음악에 대한 감각 3. 신체, 영혼, 정신의 통합적 발달	머리가 아니라 가슴과 관련된 교육, 감정과 관련된 교육 •추상적 개념이나 논리 형태의 학습 불가 •상상력을 통해 세상을 인식하고 이해 •동화, 그리기 활동 강조 •교사의 권위 존중, 자연스러운 존경심 갖기 •교사연임제: 교육의 안정성, 계속성 유지
3.세 번째 7년기 (사춘기)	14~ 21세	감정체의 출현	1. 감정체의 출현: 사고력을 관장 2. 신체, 영혼, 정신의 세 요소가 정교하게 분리되어 발달 3. 뇌의 전두엽 부분 발달: 추상적 사고력 발달 4. 세계와 인간에 대한 깊은 인식 욕구 실현	•개인의 관심과 취미를 발달시키는 능력과 인식 문제에서 독립적인 판단을 중시 •논리적이고 학문적인 과목 학습: 심층적으로 학문적 생활태도 형성 •상상력과 권위에 기초하여 교육

(2) 기질론

발도르프 학교에서 유아들을 가르치는 데 기본적으로 이해하기 위해서는 기질론에 대한 이해가 전제되어야 한다. 슈타이너는 인간이 태어나기 이전의 정신세계에서 가져온 것과 부모로부터 물려받은 유전적인 요소의 중간 단계에 해당하는 것이 기질이며 이 기질은 인간을 구성하는 네 가지 구성체인 물질체, 에테르체, 아스트랄체, 자아체의 혼합방식에 따라 인간의 기질이 담즙질, 다혈질, 점액질, 우울질 등의 4가지 유형으로 분류하고 각 기질에 따른 교육적 처방이 달라야 한다고 하였다.

〈표 Ⅲ-12〉 **기질별 특성 및 교육방법**

기질별	특성	교육방법
1. 다혈질인	• 소양인의 특징과 유사 • 성격이 급하고 충동적, 감동적, 기분이 유동적, 천진난만, 낙천적, 강한 호기심(장점) • 침착성 결여, 지속력 부족(단점)	• 올바른 이야기와 운동량이 주어져야 함
2. 담즙질인	• 소양인의 특성과 유사 • 능동적인 리듬체제, 강하고 뜨겁고 격한 기분, 목표를 향한 강한 의지, 지구력, 지도력, 불평이 없음(장점) • 타인에 대한 인정 결여, 횡포, 복수심, 공격성이 많음(단점)	• 흥미를 유발할 수 있는 인상적인 활동 부여 • 담즙질인 기질의 일부는 소모하도록 지도
3. 우울질인	• 태음인의 특성과 유사 • 감상적, 자아중심적, 소심성, 강한 충성심, 성실, 풍부한 감정(장점) • 사소한 일에 신경을 안 씀, 주위 사람을 어둡게 함(단점)	• 다른 사람의 고통스러운 경험을 알게 함 • 흥미를 유발하거나 칭찬하는 교육방법을 지양
4. 점액질인	• 소음인의 특성과 유사 • 기분이 안정적이며 침착함, 외부와 조화적이나 무관심하고 자기 일에 집착, 화를 잘 안 내며 안정적임(장점) • 유머가 없고 힘든 일을 기피하는 게으름뱅이형, 매사에 냉소적, 방관적임(단점)	• 다른 사람에게 관심을 갖도록 지도 • 점액질 유형의 행위 부과

출처: 전남련 외(2008)의 자료를 재정리함

3) 특성

발도르프 교육의 특성은 다음과 같다.

(1) 자연친화적 교육

발도르프 유치원 교육은 자연친화적인 교육으로 자연과의 실제적인 접촉을 중요하게 생각하여 실외놀이나 산책, 화단 가꾸기 등이 일과 구성에 포함되며 자연소재로 만든 놀잇감으로 영유아의 상상력을 발달시키며 삶을 위하여 배워야 하는 것을 계획하여 활동한다. 문명의 이기인 컴퓨터, TV 등이 없으며 미끄럼틀, 그네 등의 인공적인 놀이기구가 없고 자연물이나 나무로 수작업하여 만든 실생활용품의 모형들이 있다(이대균 외, 2008).

(2) 혼합연령 구성

발도르프 유치원은 혼합연령집단으로 학급이 구성된다. 혼합연령집단은 나이 어린 유아는 나이가 많은 유아들로부터 학습의 조력을 받을 기회가 제공될 뿐만 아니라 발도르프 프로그램의 교육방법에서 강조하는 모방과 본보기가 되어 학습의 효율성을 높임은 물론 유아들 간에 형제자매 관계가 맺어져 우애, 협동, 공경 등의 사회적 관계형성에 도움이 된다.

(3) 학급담임 연임제

발도르프 학교에서는 교사연임제를 채택하고 있다. 유치원의 경우 3~5세 동안은 3년간, 1학년에서부터 8학년의 경우는 8년간을 같은 교사가 담당하는 연임제를 채택하여 각 학급을 교사가 전적으로 책임지도 함으로써 교사의 권위가 최대한 존중된다. 교사연임제를 채택함으로써 교사의 권위가 존중되고 유아 개개인의 특수성과 유아의 발달과정을 소상하게 이해하고 유아의 특성에 따른 개별지도를 함으로써 학습의 효율성을 제고시킬 수 있다.

(4) 직업의식교육

발도르프 프로그램에서는 다양한 형태의 체험을 함으로써 장차 각자가 서 있는 자리에서 다양한 직업세계를 이해할 수 있고, 다른 사람에게 배려할 수 있는 인간을 기르기 위한 직업의식교육을 한다. 즉 1학년부터 간단한 뜨개질, 책 제본, 목공, 농사짓고 가꾸는 일, 밀랍양초 만들기, 빵 만들기 등 학교나 지역에 따라 다르긴 하지만 실용과목을 부여하고 있다.

4) 교육내용

발도르프 프로그램의 교육내용은 다음과 같다.

(1) 예술교육

발도르프 학교에서는 통합적인 존재로서의 인간의 형성은 예술적인 심성을 통하여 가능하며, 인간과 사물과 자연의 본질에 대한 참된 이해로 접근할 수 있다고 보고 학생들은 누구나 한 가지씩 악기를 배우고 합창을 하고 그림을 즐기는 등 음악과 그림을 포함한 모든 예술교육을 중요시한다(고문숙 외, 2008).

(2) 실용교육

실용교육은 학교와 지역에 따라 다르고 직접적인 직업교육은 아니지만 실제 일상생활에서 활용할 수 있는 실용적인 교과목을 통한 실용교육을 실시한다. 실용적인 교과목을 들면 간단한 뜨개질, 책 제본하기, 목공, 농사짓고 가꾸는 일, 밀랍양초 만들기, 빵 만들기, 놋쇠 그릇 만들기, 바이올린 만들기, 용접하기, 옷 만들기 등이다.

(3) 극놀이

발도르프 유치원에서는 교사의 지도하에 이야기와 극놀이가 매일 이루어진다. 한 주제에 대한 이야기를 일주일 내내 반복한다. 그렇게 함으로써 공동 체험과 공동 행동이 가능해지고 언어 촉진도 이루어진다.

(4) 그리기

그림 그리기는 유아들의 내적 표현이며, 색깔의 본질적인 체험이므로 주제를 주지 않고 교사가 모범을 보이면서 그림을 그린다. 선을 사용하기보다는 면으로 형태가 드러나는 그림을 그려서 유아들로 하여금 생동감 있는 그림을 경험하도록 한다(전남련 외, 2008).

(5) 라이겐

리듬활동의 하나로 시나 동화, 노래를 가지고 신체적인 움직임으로 표현하는 것이다. 의미있는 신체적 움직임은 치료적 효과가 있으며 이후 수학, 기하학, 교육에 필요한 기초능력도 발달시킬 수 있다(전남련 외, 2008).

(6) 오이리드미

발도르프 학교에서 가르치는 과목 중 가장 독특한 것이면서 리듬과 반복의 특징을 보여주는 것이 오이리드미이다. 이것은 독창적인 동작예술로 한 마디로 말하면 인간의 몸을 통해서 소리를 보여주는 말이요, 노래다. 오이드리미를 통해서 경쟁보다는 협동을 개인과 전체와의 조화를 자연스럽게 유아들의 몸과 마음에 스며들게 한다(전남련 외, 2008).

(7) 동화 및 이야기 들려주기와 인형극

유아들에게 상상력의 발달과 안정감, 반복의 즐거움을 주기 위해 2~4주 동안 같은 시간에 같은 동화를 들려준다. 그림 없이 이야기로만 들려주어서 주어진 그림에 의해 상상력이 제한되지 않도록 한다. 인형극을 보여줄 때도 상상력을 최대한 일깨워 주는 데 주안점을 두고 있다(전남련 외, 2008).

5) 교육방법

발도르프 프로그램의 교육방법을 소개하면 다음과 같다.

(1) 발달특성을 고려한 교육

발도르프 프로그램에서는 발달단계와 기질론에 근거하여 유아들을 지도하고 있다. 발달단계는 첫 번째 7년기(아동기)에는 생명체의 탄생시기로 모방과 본보기로 학습이 이루어지고, 또한 기질에는 4가지 유형이 있는데 다혈질인은 올바른 이야기와 운동량이 주어져야 하고, 답즙질인은 흥미를 유발할 수 있는 인상적인 활동을 부여하고, 우울질인은 다른 사람의 고통스러운 경험을 알게 하며, 점액질인은 다른 사람에게 관심을 갖도록 지도하는 등 기질별 특성에 따른 교육을 전개해야 한다.

(2) 에포크 수업(주의집중수업)

에포크 수업이란 주의집중수업이라고 하는데 에포크 수업은 날마다 아침 8시부터 10시까지 2시간 정도 담임에 의해서 8학년까지 계속되며 9학년부터는 전문교과 담당 교사가 가르친다.

(3) 모방과 본보기

유아들은 외부의 세계에 대해 세상의 모든 것을 여과 없이 온몸으로 받아들이는 것이다. 따라서 교육은 유아들의 지적 능력을 촉진시켜 주는 것이 아니라 유아들이 본보기를 할 수 있는 적절한 주위 환경을 만들어 주는 것이 필요하다(고문숙 외, 2008).

(4) 상호교류적 학습

유아와 교사 사이에는 상호교류학습이 이루어진다. 발도르프 프로그램에서는 영유아를 교육의 대상으로만 보지 않고 만남의 대상으로 여겨 영유아들에게 지도하고 지시하고 요구하는 것이 아니라 영유아 자신의 의지로 자유로운 놀이를 하도록 권장한다. 그리고 교사와 유아는 서로 영향을 주는 상호교류적인 만남으로 상호교류적 학습이 이루어진다. 슈타이너는 '교육이란 언제나 교육자 자신이 영유아에게서 배울 때에 참된 교육이 이루어진다.'고 말했다. 이러한 만남이 선행되어야 교육이 이루어진다. 만남이 교육에 선행한다(전남련 외, 2008).

(5) 잠재능력을 경험하는 교육

영유아가 신체를 움직이면서 자신의 내면에 잠재되어 있는 여러 가지 느낌이나 생각을 표현하게 됨으로써 외부의 자신과 내부의 자신이 하나의 조화를 이루게 되는 것이다. 영유아의 창의적 사고를 위한 리듬, 모방, 본보기 등을 교육원리로 활용하여 영유아들의 내면세계를 표현하도록 함으로써 영유아에게 잠재되어 있는 능력을 스스로 경험하도록 하고 있다(이대균 외, 2008).

(6) 감각경험중시교육

발도르프 프로그램에서 영유아를 위한 학습내용은 예술활동과 감각활동으로 이루어지는데 이것은 머리가 아니라 가슴과 관련된 교육, 감정과 관련된 교육을 해야 한다고 한다. 그리하여 발도르프 유치원에서는 인공적인 것보다는 자연물로 이루어진 놀잇감을 제공하고 영유아에게 적합한 자연물과 환경을 제공한다.

(7) 상상력 발달을 중시하는 교육

발도르프 프로그램은 상상력을 키우는 교육에 주력한다. 또한 상상력을 기르기 위한 놀잇감과 환경을 제공하는데 구조화된 장난감 대신 나뭇가지, 나무토막, 조개껍데기, 돌 등 자연물을 제공하고 동화도 그림 없이 들려주어 동화내용을 상상하도록 한다.

(8) 리듬과 반복을 중시하는 교육

발도르프 프로그램에서는 항상 리듬과 반복되는 교육을 통하여 영유아들에게 정서적인 안정감을 주는데 주력한다. 따라서 유치원의 기본적인 생활을 반복과 리듬이 형성되도록 한다. 리듬생활은 크게는 연간 리듬생활, 월간 리듬생활, 주간 리듬생활로부터 시작하여 하루 리듬생활계획을 세워 실천한다. 하루의 리듬생활은 날숨과 들숨이 반복되는 활동으로 이루어진다.

제 IV 부

보육환경구성 및 운영관리

이제까지 부모를 비롯한 조부모, 형제들로부터 총애와 보살핌을 독점하고 살아온 유아들이 이기적이며 자기중심적인 동료 유아들과 구조적이며 가정에서는 전혀 보지 못한 딱딱한 시설과 설비로 가득한 유아교육기관에서 만난다는 것은 아주 큰 변화로서 일부 유아들은 심한 트라우마도 겪을 수 있다. 따라서 가정과 같이 포근하고 따뜻한 느낌을 주면서도 영유아들의 학습활동에 긍정적으로 영향을 주는 보육환경을 구성하는 일이 아주 중요하다.

또한 영유아보육의 질을 도모하기 위해 기관 내에서 관리해야 할 업무가 많다. 그 중 중요한 업무가 영유아의 효율적인 교수 · 학습지도를 지원하는 간접적인 업무로서 시설, 사무, 문서관리 등을 들 수 있다. 따라서 제IV부 제1장에서는 유아보육기관에서 유아교육활동지도를 하는데 필수적인 시설로서 흥미영역 설비, 공간구성 그리고 제2장에서는 시설, 사무, 문서관리 방안에 대하여 기술하기로 한다.

제1장

보육환경구성

활동실은 유아들이 하루의 거의 대부분을 보내는 장소이며 가정과 같은 곳이다. 그러므로 활동실의 시설 및 설비는 단순히 물리적 존재가 아니라 유아들의 성장·발달에 끊임없이 영향을 주는 환경이다. 뿐만 아니라 당해 유아보육기관의 보육과정 운영에 직접적으로 활용하는 교재·교구를 확보하고 있어 유아학습활동을 효율적으로 운영할 수 있도록 도와주며 당해 유아보육기관의 보육의 질적 수준을 가름해 준다. 본 장에서는 보육환경의 이해, 0~2세, 3~5세 유아를 위한 흥미영역 설비방안과 활동실 실내공간 구성요령에 대하여 기술한다.

1. 보육환경에 대한 이해

1) 개념

듀이(1897)는 '교육은 인간의 성장·발달을 조장하기 위하여 선정, 제공된 교육 환경이다'라고 하였고, 정원식(1989)은 '교육 환경이란 개인에게 교육적으로 긍정적인 영향을 미치는 외적 조건 및 자극의 개별적 또는 종합적인 구조의 작용을 의미한다'고 하였다. 그리고 윤형모(1997)는 '학습 환경은 학습활동 또는 행동이 행해지고 있는 환경', 그리고 Bloom(1964)은 '환경이란 개인에게 부딪치는 조건, 힘 및 외적 자극이다'라고 하였다. 이와 같은 여러 학자들의 견해를 종합하여 필자는 '환경구성은 인간에게 어떤 행동을 유발하게 하며 인간의 여러 특성을 형성하게 하는 힘을 가지고 다양한 기능을 수행하게 하는 교육적 여건을 조성하는 활동'이라고 보고 있다.

2) 교육적 기능

학급 환경을 '살아 있는 존재', '영향력을 미치는 존재', '분위기를 조성하는 존재'라고 말한다(황응연, 1994). 학급 환경은 학습자의 성장과 발달, 인격 형성에 직접적인 영향을 미친다. 따라서 학급 환경은 학생들에게 계속적인 영향과 자극을 주므로 긍정적인 영향을 미칠 수 있는 학급 환경을 조성해 주는 일은 대단히 중요하다. 학급 환경이 갖는 교육적 의의를 생각해 보기로 하자.

(1) 각종 학습 교구와 자료가 정비되어 있어 학생들의 인지적 성장을 돕는 교수적 기능을 갖는다.

(2) 학생들의 각종 학습물이 누가적으로 보존 관리됨으로써 학생들의 현재 발달수준과 발달과정을 이해시킬 수 있다.

(3) 교사와 학생, 학생과 학생 간의 상호작용(interaction)을 통하여 인간관계 기술을 체득시킬 수 있다.

(4) 학급 환경구성에 학생들이 직접 참여함으로써 집단소속감과 책임감을 신장시킬 수 있다.

(5) 학습 결과물을 동시에 전시함으로써 학생 상호 간의 장·단점을 이해할 수 있고 상호 간에 선의의 경쟁심을 유발하여 학습활동을 더욱 촉진시킬 수 있다.

(6) 각종 코너 활동을 통하여 여가를 선용하고 개개 학생들이 가지고 있는 잠재능력을 계발시킬 수 있다.

(7) 분단 학습, 코너 학습, 각종 생활 조직 생활을 통하여 협동의 중요성과 협동의 기법을 체득시킬 수 있다.

(8) 학급 내에서 간단한 사육, 재배 활동을 통하여 동·식물에 대한 관찰능력을 배양하고 변화과정을 이해시킬 수 있다.

(9) 학급 사회는 작은 소집단 사회로서 사회성, 준법성 배양을 통해 민주시민의식을 형성시킬 수 있다.

(10) 정서적이고 생동감 있는 분위기 조성을 통하여 학생들에게 안정성 있는 정서감을 배양시킬 수 있다.

3) 원리

환경은 단순히 교실을 아름답게 꾸미는 미화적 사고가 아니라 생동하는 유아들의 성장·발달에 부단히 작용하는, 즉 정신적인 영향력을 주는 데 의미가 있다. 따라서 학급의 환경을 정비함에 있어서는 교육적 가치와 기능적 가치를 발휘할 수 있도록 이에 관한 원리를 적용하여 구성해야 할 것이다. 윤형모(1997)가 제시한 학급 환경구성의 원리를 좀 더 구체적으로 정리하면 다음과 같다.

(1) 역동성의 원리: 생활의 장과 행동의 장으로서 환경구성은 역동적이어야 한다. 왜냐하면 유아 개개인과 환경과의 상호작용으로 이루어지는 행동이 사람됨(personality)을 형성하는 모체가 되기 때문이다.

(2) 균형성의 원리: 문화적·사회적·물리적 조건의 복합체인 교실 환경은 다종 다양한 요소들을 조화시키고 균형화하여 전인으로 발달할 수 있는 환경을 구성해야 한다.

(3) 유용성의 원리: 모든 환경은 실제적으로 유아들의 활동에 유용해야 한다. 그것은 유아활동에 직접적으로 필요한 각종 재료를 갖추어야 한다는 의미이다.

(4) 건강성의 원리: 환경의 물리적 조건은 우선 위생적이어야 하며, 동시에 유아들의 심신의 건강을 조장하는 것이라야 한다.

(5) 심미성의 원리: 환경은 그 속에서 덕성을 조장할 수 있어야 한다. 유아들의 보다 나은 취미와 감상력을 발달시킬 수 있어야 하며, 또한 창의성을 발휘시킬 수 있어야 한다.

(6) 입체성의 원리: 환경구성은 평면적인 것만으로 이루어지는 것이 아니다. 구성된 환경이 입체적이고 다양해서 활용하기에 편리해야 한다.

(7) 협동성의 원리: 환경구성은 유아와 유아, 유아와 교사가 협동하여 구성하는 것이어야 한다. 협동이 아니고서는 주관에 흐르기 쉽고 공동 사회의 책임의식을 길러 줄 수 없기 때문이다.

(8) 능률성의 원리: 학습 동기 유발의 수단, 문제해결 등이 능률적으로 이루어지며, 특정 영역에 대한 편향성도 없어야 한다.

(9) 안전성의 원리: 환경은 유아들의 발달단계를 참작하여 모든 면에서 안전 제일주의로 구성되어야 한다.

2. 영아반(0~2세) 실내 · 외 흥미영역 설치

쾌적한 보육공간과 적절한 놀잇감이 갖추어진 보육실을 정비하는 것은 당해 보육기관의 보육의 질을 가름한다고 보아야 한다. 이와 같은 영아의 욕구를 충족시켜 주기 위하여 보육실에는 흥미영역을 설치하게 된다. 흥미영역은 영아의 학습시설이고 교재 · 교구이며 학습활동 내용이다. 흥미영역 설치방안을 제3차 어린이집 표준보육과정 교사용 지침서를 중심으로 기술하기로 한다(제3차 어린이집 표준교육과정 교사용 지도서, 2014).

1) 0~1세 영아를 위한 흥미영역 설치

0~1세 영아를 위한 흥미영역은 실내에는 일상생활영역과 실내 흥미영역을, 실외에는 실외 흥미영역을 구성한다.

(1) 일상생활영역

〈표 Ⅳ-1〉 일상생활영역

일상생활 영역별	구성방향	놀잇감 및 교재 · 교구	유의점
1. 개인 사물함	• 영아의 겉옷, 여벌복, 기저귀 가방, 개인소지품이나 일과 중 만든 물건을 정리 보관 • 가능한 보육실 내 또는 입구 가까운 곳에 수첩 비치: 교사와 부모의 의사소통	• 서랍장이나 사물함 • 영아 개인의 사진이 부착된 이름표 • 수첩 및 통신문	• 영아의 이름과 사진을 부착 • 선반으로 대체할 수 있음 • 아래쪽에 바구니 설비
2. 휴식영역	• 조용한 곳에 아늑함과 부드러움을 느낄 수 있는 공간 • 교사가 관찰하기 쉬운 곳 • 영아가 자유롭게 이용할 수 있는 휴식공간 설비 • 인형이나 애착물을 비치 • 모빌을 설치하거나 음악을 제공할 수 있는 카세트 비치	• 부드러운 느낌이 나는 베개와 담요 • 폭신한 의자나 가구, 바닥깔개, 드리우는 천(캐노피) • 헝겊그림책, 인형	• 놀이공간 중 의사소통을 위한 영역을 이용할 수 있음 • 너무 폭신한 바닥깔개나 침구류 사용금지 • 낮잠 자는 시간 차이에 따른 개별지도

일상생활 영역별	구성방향	놀잇감 및 교재 · 교구	유의점
3. 수유영역	• 0~1세 영아의 발달특성을 고려하여 위생적이며 편안한 수유 및 식사를 위한 공간 확보 -예) 성인에게 안기어 수유하는 상태에서 우유병 혼자 잡고 마시기 • 소독된 우유병과 젖꼭지를 충분히 확보 • 영아의 이유식과 식사를 위한 보육실에 낮은 책상 비치	• 냉장고, 수유준비 테이블, 우유병과 젖꼭지 소독을 위한 도구 • 폭신한 의자나 베개 • 낮은 책상이나 영아용 식사 테이블	• 우유는 냉장고에, 분유는 건조하고 서늘한 곳에 보관 • 식탁에 앉아 혼자 먹기 가능한 경우에는 낮은 책상에서 소집단으로 식사하기 지도
4. 기저귀갈이 영역	• 영아의 언어발달을 촉진하기 위한 교사와의 언어적 상호작용 기회의 확대 • 영아의 휴식공간 가까이에 따뜻한 공간으로 설비 • 영아 눕히기에 적당한 크기, 청소하기 쉬운 마감재를 사용한 매트 사용 • 폐기용 비닐과 휴지통 준비 • 수납장이나 선반을 비치 • 영아를 위한 화장실을 안전하게 구성, 수건, 물비누 비치 • 변기의 청결 유지, 배변훈련	• 매트, 기저귀, 물휴지, 파우더, 일회용 장갑, 폐기용 비닐, 휴지통 • 수납장이나 선반 • 거울, 모빌 • 영아용 변기(영아용 변기뚜껑) 또는 이동식 변기, 개수대 • 휴지, 물비누, 수건(종이수건)	• 음식 준비하는 곳에서 떨어진 곳에 배치 • 기저귀 가는 동안 영아가 탐색할 수 있도록 거울이나 모빌 설비 • 화장실, 청소용품, 소독제 보관의 안정성 고려

(2) 놀이영역

〈표 Ⅳ-2〉 놀이영역

일상생활 영역별	구성방향	놀잇감 및 교재 · 교구	유의점
1. 신체영역	• 일상생활을 통해 자연스럽게 다양한 대근육 활동을 할 수 있는 환경으로 구성 • 영아의 움직임 발달을 고려한 안전하면서도 도전적인 환경 제공 • 오르고, 내리고, 타고, 밀고, 뛰고, 길 수 있는 시설과 설비	• 잡고 걸을 수 있도록 벽을 따라 설치된 봉 • 잡고, 서로 밀고 걸을 수 있는 바퀴 달린 장난감 • 실내의 미끄럼틀, 그네, 흔들말, 세발자전거나 붕붕차 • 낮은 계단과 경사로 건너뛰거나 통과하는 장애물 • 영아용 침대에서 사용 가능한 놀이기구 • 스펀지 블록, 공 등	• 공간구성에서 안정성 배려

일상생활 영역별	구성방향	놀잇감 및 교재 · 교구	유의점
2. 언어영역	• 출입구, 화장실, 피아노 등과 떨어진 곳: 조용하고 밝은 곳 • 교사와 언어적 상호작용이 가능한 곳 • 교사와 함께 책을 읽을 만한 공간 확보 • 감각책, 그림책, 인형, 그림, 사진 자료 비치: 언어적 상호작용 도모 • 영아와 교사에게 편안한 느낌을 경험하는 아늑한 분위기를 느끼는 공간으로 구성	• 낮은 소파나 푹신한 등받이 쿠션, 방석, 책상이나 상자 • 단순한 그림책, 감각적 그림책, 스펀지 책, 헝겊책 등 영아용 그림책 • 손 인형, 그림이나 사진, 끄적거릴 도구 • 모형 전화기나 카세트	• 책꽂이는 책의 앞면을 볼 수 있도록 정리 • 책이나 자료 사용 후 영아가 정리하는 습관 갖기 지도 • 자연 조명이 잘 되는 밝은 곳, 아늑한 분위기를 위해 적절한 조명
3. 감각 및 탐색 영역	• 풍성한 감각적 경험을 형성할 수 있도록 다양한 재질과 형태의 놀잇감을 제공 • 영아의 발달에 맞추어 놀잇감의 종류를 선별 제공 • 누워 있는 영아-모빌, 딸랑이 비치 • 앉거나 이동하는 영아-쌓기 상자, 통 안에 모양 맞추어 넣기, 작동에 따라 소리 나는 놀잇감 비치 • 손과 눈의 협응과 소근육 발달-소근육 조작 경험을 시킬 수 있는 기구비치	• 모빌, 딸랑이, 손에 쥘 수 있는 놀잇감, 오뚝이 • 건드리면 다양한 소리가 나는 장난감, 앙자바 블록, 누르면 작동하는 놀잇감 • 다양한 질감의 인형, 여러 가지 재질과 크기의 공 • 모양 블록, 모양 끼우기 통, 고무나 플라스틱 재질의 고리끼우기 등	• 밝은 색상, 대비가 분명한 것, 단순한 디자인, 두드러지는 특징이 있는 것, 사람 얼굴 모양을 갖춘 놀잇감 비치 • 모든 자료의 청결성, 안정성 고려 • 삼킬 수 있는 작은 기구나 자료 제거
4. 역할 및 쌓기 영역	• 초보적 수준의 역할놀이를 통한 자기표현 기회 제공 • 가상놀이나 역할놀이를 할 수 있는 놀잇감 제공 • 영아의 창의적 표현을 북돋울 수 있는 공간 준비 • 다양한 재질과 크기의 쌓기 놀잇감 준비	• 다양한 인형(인형놀이를 위한 인형, 봉제인형) • 밀고 당기는 놀잇감(쇼핑용 손수레, 유모차, 자동차) • 부엌용품, 청소용품 등의 역할놀잇감 • 다양한 크기, 색, 모양의 쌓기놀잇감 • 쌓기놀이에 함께 할 수 있는 모형 자동차 및 인형	• 영아가 삼킬 수 있는 작은 자료 제거 • 제공하는 자료의 청결성, 안정성 고려

언어영역

탐색영역

쌓기영역

역할영역

음률영역

미술영역

[그림 Ⅳ-1] 놀이영역(만 1세)

(3) 실외 흥미영역

0~1세 영아는 신체조절능력이 미숙하여 다른 연령에 비해 바깥놀이가 자유롭지 못하다. 그러나 바깥놀이터는 영아가 날씨의 변화와 자연현상을 감각적으로 경험할 수

있는 공간이며, 0~1세 영아가 직접 참여하지 않더라도 다른 연령의 영유아들의 놀이를 관찰할 수 있는 흥미로운 공간이다.

실외환경은 동적인 영역과 정적인 영역을 구분하여 배치한다. 동적인 영역에서는 걷기 전 영아를 위한 유모차나 걷기 시작한 경우에는 붕붕차 등 영아의 발달수준에 맞추어 바깥놀이를 위한 놀잇감도 준비한다. 영아는 교사와 함께 미끄럼틀과 그네, 시소 등의 놀잇감을 경험할 수 있다. 정적인 영역에서는 휴식하기나 물놀이, 모래놀이 등을 할 수 있도록 실외 흥미영역을 구성한다.

2) 2세 영아를 위한 흥미영역 설치

2세 영아를 위한 흥미영역은 실내에 일상생활영역과 실내 흥미영역을, 실외에 실외 흥미영역을 구성한다.

(1) 일상생활영역

〈표 Ⅳ-3〉 일상생활영역

일상생활 영역별	구성방향	놀잇감 및 교재·교구	유의점
1. 개인 사물함	• 영아의 여벌옷, 비품 등 개인용품을 보관, 정리하기 위하여 설치 • 보육실 내 또는 입구 가까운 곳에 설비하여 물품 정리가 용이하게 함 • 사물함이나 개인서랍에 영아의 이름과 사진 부착 • 부모와의 의사소통을 위한 수첩 비치	• 서랍장이나 사물함 • 영아 개인의 사진이 부착된 이름표 • 영아 부모와의 소통을 위한 수첩 및 통신문	• 영아 스스로 옷을 입고 벗고 정리할 수 있도록 지도 • 자기 것에 대한 소유감을 갖도록 지도 • 영아가 쉽게 이용할 수 있도록 설비
2. 휴식영역	• 조용한 곳에 아늑함과 부드러움을 느낄 수 있도록 구성 • 다른 활동영역과는 분리된 조용하고 편안한 휴식공간으로 구성 • 교사가 쉽게 영아를 늘 관찰할 수 있는 곳에 설치 • 영아가 선호하는 인형이나 애착물 비치	• 부드러운 느낌의 베개 및 담요 • 폭신한 의자나 가구, 바닥깔개, 드리우는 천(캐노피) • 헝겊 그림책, 인형	• 휴식공간을 별도로 마련하기 힘든 경우에는 의사소통을 위한 영역을 이용하여 휴식을 취함
3. 간식 및 식사 영역	• 간식 및 식사시간-교사와 또래 간의 의사소통, 상호작용의 기회 제공 • 안전하고 쉽게 닦을 수 있는 재질의 바닥과 도구를 준비 • 보육실 내 낮은 책상 배치-영아의 식사와	• 낮은 책상 • 물휴지 • 행주	• 또래 영아가 소집단으로 함께 식사할 수 있는 식사 공간 확보 • 낮은 조리대와 급식대 비치-자율배식

일상생활 영역별	구성방향	놀잇감 및 교재·교구	유의점
	간식 • 간식과 식사를 위한 책상은 놀이 공간에서 떨어진 곳에 배치 • 간식 전후에는 물휴지나 행주로 책상을 닦음		
4. 기저귀갈이 영역	• 영아를 위한 화장실은 안전하게 구성 • 바닥에 미끄럼 방지처리 • 수건, 물비누 비치-손 씻기 • 화장실에서 변기 사용하는 방법, 세면대에서 손 씻는 순서와 방법들을 사진이나 그림으로 안내-자조기술 배양 • 유아용 변기 비치, 아동용 변기 • 성인용 변기의 경우, 유아용 변기 뚜껑 올려놓기	• 영아용 변기(영아용 변기뚜껑) 또는 이동식 변기, 개수대 • 휴지, 물비누, 수건(종이수건), 휴지통 • 변기사용 방법, 손 씻는 순서와 방법 등에 대한 사진이나 그림	• 영아가 접근하기 쉽게 구성 • 집과 같은 느낌-조명, 큰 거울 비치 • 냄새제거를 위한 환기시설-대·소변의 실수대비 • 청소용품, 소독제는 영아에 대한 안전성 고려

(2) 실내 흥미영역

〈표 Ⅳ-4〉 실내 흥미영역

일상생활 영역별	구성방향	놀잇감 및 교재·교구	유의점
1. 신체영역	• 움직임에 대한 욕구가 강한 시기 • 대근육활동 영역 설치-신체의 움직임이 민첩함, 신체활동을 즐김 • 오르고, 내리고, 타고, 밀고, 뛰고, 길 수 있는 시설 준비 • 보육실 내에 다른 활동에 방해되지 않게 대근육활동 기구 비치	• 실내 미끄럼틀, 종합놀이대 • 이동식 목마, 자동차, 끌차 • 공, 후프, 볼풀 놀이대 • 낮은 계단과 경사로, 건너 뛰거나 통과하는 장애물	• 바깥놀이가 어려운 날에는 실내에서 대근육활동을 포함한 신체활동을 할 수 있도록 보육실 공간 이용
2. 언어영역	• 말하고, 듣고, 읽고, 쓰는 의사소통의 기회를 충분히 경험할 수 있도록 공간과 놀잇감 배치 • 교사, 또래와의 언어적 상호작용 경험 제공 • 교사가 책을 읽어줄 수 있는 공간 확보 • 그림책, 사진책, 포스터, 동시판, 노래판, 팸플릿, 전단지, 메뉴판을 준비하여 문자와 친해질 수 있도록 돕기 • 벽면에 칠판을 걸고 전지를 붙여 주고 분필, 크레파스, 색연필, 사인펜을 비치하여 끄적거리기 활동 격려 • 카세트와 녹음기, 마이크 설비하여 말하기와 듣기 경험 확장	• 낮은 소파나 폭신한 등받이 쿠션, 방석, 책장 • 다양한 주제의 그림책, 사진책 • 포스터, 동시판, 노래판, 팸플릿, 전단지, 메뉴판 • 칠판이나 전지 및 끄적거릴 도구(분필, 크레파스, 색연필, 사인펜 등) • 녹음기, 마이크, 카세트	• 책꽂이는 책의 앞면을 볼 수 있도록 정리 • 책이나 자료 사용 후 제자리에 정돈하도록 시설 비치 • 자연 조명이 잘되는 곳, 적절한 조명할 수 있는 곳에 설치 • 언어영역을 잘 꾸며 휴식영역으로 사용할 수 있음

일상생활 영역별	구성방향	놀잇감 및 교재·교구	유의점
3. 감각 및 탐색 영역	• 손의 소근육 발달이 정교해지는 시기-다양한 조작놀이 제공 • 자연물, 소형 블록, 구슬 꿰기 등 영아가 정교하게 손을 이용할 수 있는 경험 제공 • 퍼즐이나 분류활동을 돕는 자료 제공 • 낮은 교구대에 바구니나 쟁반에 놀이기구를 담아둠 • 실내에서 기를 수 있는 동물(거북이, 달팽이, 토끼 등)이나 식물, 주변의 다양한 자연물을 관찰할 수 있는 공간확보	• 여러 가지 조작 놀잇감(소형 블록, 구슬 꿰기 놀잇감, 레고 등) • 퍼즐 및 분류 놀잇감 • 실내에서 키울 수 있는 동식물, 돋보기 • 교구대와 바구니, 쟁반	• 놀잇감은 영아의 눈높이에 맞추어 비치 • 영아가 삼킬 우려가 있는 작은 놀잇감 사용 금지 • 자료를 보관하는 교구대 바닥에 놀잇감의 사진 부착-유아가 정리하기가 편리 함
4. 역할 및 쌓기 영역	• 가족과 관련된 역할놀이 선호-가족놀이, 아기놀이를 위한 놀잇감 제공 • 친구 배려, 놀잇감 공유 능력 부족-분쟁의 소지 사전 예방-충분한 양의 쌓기놀잇감 준비	• 다양한 인형(인형놀이를 위한 인형, 봉제인형) • 밀고 당기는 놀잇감(쇼핑용 손수레, 유모차, 자동차) • 부엌용품, 청소용품의 역할놀잇감 • 크기가 너무 작지 않은 다양한 재질과 크기의 블록 • 동물, 자동차, 사람 등의 소품	
5. 미술영역	• 세면대나 출입구가 가까운 곳에 배치-활동적이며 물이 필요 • 끄적거리고, 찢고, 오리고, 자르고, 붙이기 활동 격려-탐색능력, 대근육 및 소근육 조절능력, 협응력 배양 • 표현활동 격려-평면적 조형활동(그리기, 찍기), 입체적 조형활동(꾸미기, 붙이기, 판화) • 명화나 아름다움을 감상할 수 있는 공간 확보, 사진은 영아 눈높이에 맞춰 게점	• 다양한 크기와 모양의 종이, 색종이, 그릴 수 있는 재료 • 끄적거릴 수 있는 도구(크레파스, 색연필 등) • 물감, 붓 • 사진이 많은 잡지책, 모루, 수수깡, 빈 과자상자나 봉투 • 안전가위, 풀, 접착용 테이프 • 명화, 아름다운 그림이나 사진 • 밀가루 반죽, 풀 물감, 찍기놀이 도장, 스티커	• 삼킬 염려가 있는 작은 자료 비치 금지 • 책상 위나 바닥에 비닐 등의 깔개 깔기 • 제공 자료의 위생, 안전성 고려 • 미끄러지지 않게 준비-물, 물감에 의한 미끄러움
6. 음률영역	• 영아는 자신의 요구에 따라 악기를 이용하여 소리를 내보며 음악을 통해 자신의 감정을 표현하는 경험을 갖게 함 • 여러 가지 음악을 들으면서 그 속에 담긴 감정을 느껴 볼 수 있게 함	• 카세트나 녹음기 • 리듬, 악기(북, 트라이앵글, 마라카스, 탬버린, 캐스터네츠 등)	• 예술적인 경험을 할 수 있도록 여러 가지 매개체(악기, 음악테이프, 리본, 스카프, 의상 등)을 준비 • 벽에 큰 거울 비치-움직임 관찰

언어영역

탐색영역

쌓기영역

역할영역

음률영역

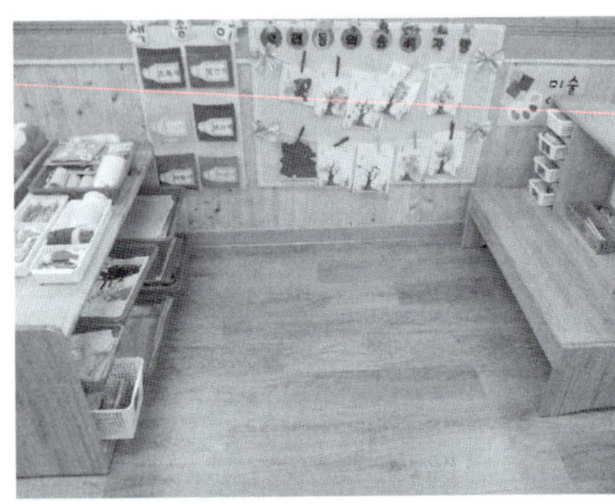

미술영역

[그림 Ⅳ-2] 실내 흥미영역(만 2세)

(3) 실외 흥미영역

바깥놀이터는 영아가 날씨의 변화와 자연현상을 감각적으로 경험할 수 있는 공간이다. 영아를 위한 실외환경은 영아의 신체 크기에 적합한 공간을 확보하고, 발달단계에 따른 지각력과 개별 활동을 고려하여 구성한다. 영아가 다양한 바닥 소재와 흥미로운 시야, 소리, 냄새 등을 경험할 수 있도록 배려한다.

실외환경은 동적인 영역과 정적인 영역을 구분하여 배치한다.

동적인 영역에서는 바퀴달린 놀잇감이나 세발자전거 등을 이용하기 위한 단단한 바닥재 공간이 필요하며 미끄럼틀과 그네, 시소 등의 놀잇감을 배치해도 좋다.

정적인 영역에서는 휴식을 위한 공간과 더불어 영아가 만지고 탐구할 수 있도록 잔디, 모래, 돌, 흙, 물 등의 탐색공간을 포함하여 환경을 구성할 수 있다. 놀잇감 보관을 위한 보관창고가 필요할 수도 있다. 외부 차량이나 사람들로부터 영아를 보호할 수 있도록 배려하고, 안전을 위해 놀이상황을 교사가 한눈에 파악하고 필요시에 도울 수 있도록 공간을 구성한다.

3. 유아반(3~5세) 실내 · 외 흥미영역 설치

보건복지부는 어린이집에서 어떠한 유형의 보육과정을 운영하든 간에 흥미영역을 설치 · 운영하도록 하고 있다. 다시 말해 어린이집의 보육활동은 흥미영역을 중심으로 이루어짐으로써 영유아보육의 질은 흥미영역 설치 · 운영 여하에 달려있다 해도 과언이 아니다.

어린이집의 보육실은 영유아가 하루 생활 중 대부분의 시간을 보내는 공간이다. 단순히 물리적인 존재가 아니라 영유아의 신체 및 정서 발달에 영향을 주기 때문에 안정감을 느낄 수 있도록 가정과 같이 아늑하게 꾸며야 한다.

3~5세 유아 보육실 구성은 흥미영역 설치, 실내공간 구성, 교재 · 교구 자료실 설치 등이 주 내용인데, 그 중 실내 · 외 흥미영역 구성과 실내공간 구성요령에 대하여 기술하기로 한다.

1) 실내 흥미영역 설치

본 절에서는 흥미영역별 교재 · 교구기준, 흥미영역 설치방침, 흥미영역 설치요령의 순서로 기술한다.

(1) 흥미영역별 교재 · 교구 기준

흥미영역을 설치하기 위해서는 흥미영역별 교재·교구기준을 이해해야 한다. 흥미영역별 교재·교구 기준은 다음과 같다.

〈표 Ⅳ-5〉 흥미영역별 교재 · 교구 기준

영역	교재 · 교구 종목	규격	소요 기준	비고	
				필수	권장
1. 쌓기	① 유니트 블록 (Unit Block)		급당 1	○	
	② 공간 블록 (Hollow Block)		급당 1	○	
	③ 쌓기 블록	2종(우레탄블록, 종이벽돌, 탑블록, 헝겊블록 등) 1조	급당 1		○
	④ 쌓기놀이용 소품	5종(교통신호표지, 주유소, 사람, 동물, 모형, 수레, 지게, 미니카, 끌차, 운전대 등) 1조	급당 1	○	
	⑤ 조작놀이용 소품	5종(소형 끼우기 블록류) 1조	급당 1		○
2. 역할	① 의상	5종(우리나라 전통의상, 경찰, 군인, 간호사, 요리사, 각 나라의 전통의상, 소방관 등) 1조	원당 2	○	
	② 놀이에 필요한 소품	5종(민속소품, 소방호스, 마이크, 카메라, 가발, 옷장, 화장대, 다리미, 식탁 등) 1조, 병원놀이 세트, 인형, 유모차 등	원당 2	○	
	③ 일상 주방용품 모형	3종(가스레인지, 믹서, 싱크대, 냉장고, 저울, 전통찻잔, 장기판, 각종그릇 등) 1조	급당 1	○	
3. 조형	① 이젤	유아용	급당 1		○
	② 그리기 재료	5종(물감, 먹물, 파스텔, 유성매직, 마블링, 붓, 사인펜 등) 1조	급당 1	○	
	③ 만들기와 꾸미기 재료	만들기에 필요한 다양한 재료(빈용기, 핑킹가위, 구멍뚫는 도구, 펀치, 스테이플러, 여러 종류의 종이, 헝겊, 스카치테이프, 풀, 색모래, 찰흙 등)	급당 1	○	
4. 언어	① 테이프(녹음테이프, 비디오테이프)	10종(자연의 소리, 민요, 전래동요, 효과음, 동시, 동화, 동물소리 등) 1조	원당 1	○	
	② 융판과 융판자료		급당 1	○	
	③ 인형류	2종(손가락인형, 손인형, 테이블인형, 막대인형 등) 1조	급당 1	○	
	④ 인형극틀		원당 1		○
	⑤ 동화책	3질 이상(질)	급당 1	○	
	⑥ 그림 백과사전	동식물(질)	원당 1		○

영역	교재 · 교구 종목	규격	소요 기준	비고	
				필수	권장
	⑦ 카드 세트	10종 이상	급당 1		○
	⑧ 게임자료	세트	급당 10	○	
	⑨ 퍼즐	세트	급당 10	○	
5. 수학	① 퍼즐	종	급당 10	○	
	② 게임자료	세트(분류, 비교, 서열, 공간 개념 형성자료)	급당 10	○	
	③ 수놀이자료	종(수개념 형성자료)	급당 10	○	
6. 과학	① 실험 및 관찰 도구	세트	원당 2	○	
	② 측정도구	세트(무게, 질량, 부피, 크기 등)	급당 1	○	
	③ 요리도구	가열기구, 조리기구, 주방기구 등	원당 1	○	
	④ 감각상자	2종(무게, 소리, 촉감, 후각상자 등)	급당 1	○	
	⑤ 동식물 표본	1종 이상	원당 1		○
	⑥ 동물사육	사육용 기구 포함	원당 1		○
	⑦ 식물재배	재배용 기구 포함	원당 1		○
7. 음률	① 전통악기	5종(소고, 장고, 북, 꽹과리, 징, 피리 등)	원당 1	○	
	② 리듬악기	5종(탬버린, 캐스터네츠, 마라카스, 리듬막대, 트라이앵글, 우드블록, 방울 등)	급당 1	○	
	③ 가락악기	2종(실로폰, 멜로디언, 리코더, 크로마하프, 기타 등)	급당 1	○	
	④ 피아노	오르간이나 전자피아노 대처 가능	급당 1	○	
	⑤ 신체표현 소품	리본, 스카프, 줄 등	원당 20	○	
8. 물놀이	① 물놀이도구	5종(양동이, 물뿌리개, 호스, 투명용기, 깔대기, 인형 등) 1조	원당 1	○	
9. 모래 놀이	①모래놀이도구	5종(트럭, 삽, 채, 계량컵, 밀대, 여러 가지 모양틀 등) 1조	원당 1	○	
10. 목공 놀이	① 목공놀이도구	세트(망치, 톱, 쟈키, 나사, 못 등) 1조	원당 1	○	
	② 테이블		원당 1	○	
11. 대근육	① 유니바	10개 1조	원당 1	○	
	② 매트		원당 2		○
	③ 평균대		원당 1	○	
	④ 놀이기구	5종(공, 줄넘기, 후프, 굴렁쇠, 줄 등) 1조	원당 1	○	

영역	교재 · 교구 종목	규격	소요 기준	비고	
				필수	권장
	⑤ 대근육게임 자료	생활주제와 관련	원당 5	○	
	⑥ 전통놀이 자료	5종(윷, 연, 투호, 팽이, 제기, 살바, 자치기 등) 1조	원당 1	○	
12. 교통	① 유아용 자동차	• 위험성이 없는 것	원당 3		○
	② 유아용 자전거	• 실내, 실외용	원당 3	○	
	③ 모형신호등		원당 1	○	
	④ 교통표지판		원당 1	○	

(2) 실내 흥미영역 설비방침

실내 흥미영역은 다음과 같은 사항을 고려하여 설치하여야 한다.

① 분리대, 이동식 교구 정리장, 책꽂이, 책상, 의자 등을 사용하여 흥미영역을 분리 구성하되 수시로 변화시킨다.

② 정적 활동영역과 동적 활동영역이 서로 떨어져 있도록 배치한다.

③ 기능적으로 분리 배치하여 활동이 편리하도록 한다.

④ 활동내용에 따라 관련 활동영역에 인접하여 배치한다.

⑤ 교육내용과 계절, 유아의 흥미에 따라 수시로 변형이 가능하도록 구성한다.

⑥ 교사가 유아활동상황을 한눈에 관찰할 수 있도록 개방적으로 구성한다.

⑦ 물, 전기가 필요한 활동영역 배치에 신경을 쓴다.

⑧ 주제와 유아 발달단계에 따라 해당 활동영역의 교재와 교구를 수시로 첨가하거나 교체하여 정비한다.

⑨ 유아의 연령이 어리거나 교실이 비좁을 때는, 합칠 수 있는 영역은 병합 정비한다.

(3) 실내 흥미영역의 설치

실내 흥미영역별 설치요령은 다음 표와 같다.

〈표 Ⅳ-6〉 실내 흥미영역별 설치요령

실내 흥미 영역별	설치요령
1. 언어활동 영역	1) 책읽기, 이야기 듣기, 말하기, 글씨 쓰기 등을 할 수 있게 시설과 자료를 설비함 2) 햇볕이 잘 들어 밝고 소음이 없는 곳에 설치함 3) 카펫을 깔아 주고 쿠션을 만들어 책을 볼 수 있는 아늑한 분위기를 조성함 4) 주제에 맞게 책꽂이의 책을 수시로 교체함 5) 손인형, 손가락인형, 막대인형, 그림자인형으로 인형극을 하고, 녹음테이프를 넣어 헤드폰을 쓴 채 동화를 들을 수 있게 설비함 6) 고무자석, 그림자료를 붙여가며 이야기를 꾸밀 수 있게 설비함 7) 듣기책상에는 카세트와 조작 순서도, CD와 테이프를 함께 제시함
2. 수학활동 영역	1) 수의 기초개념, 시·공간개념, 그래프활동, 무게재기, 길이재기, 비교, 분류, 서열화 등의 수학적 활동에 전념할 수 있는 조용한 공간에 설비함
3. 과학활동 영역	1) 관찰, 실험, 측정도구 및 기타 과학 교구 위주로 설비함 2) 여러 가지 꽃씨나 채소류, 농작물의 싹을 틔우고 물을 주고 재배하면서 관찰할 수 있는 시설·기구 설비 4) 과학적 정보 습득을 위한 도서 정비함 5) 주제에 따라 과학 실험을 할 수 있는 다양한 자료 준비함 6) 수학활동지, 관찰일지, 과학활동 기록지를 모을 수 있는 수·과학 파일 비치함 7) 동물사육, 곤충사육시설은 실내에 최대한 설비하고 어려운 경우, 실외 흥미영역에 설비함 8) 화분에 다양한 식물을 재배할 수 있도록 창쪽에 시설을 설비함
4. 쌓기활동 영역	1) 교실 중앙에 설비하여 다른 영역과 연계가 잘 이루어지도록 함 2) 교실의 구조에 따라 블록에 의한 소음을 피하기 위해 교실 코너나 출입문 옆에 설치할 수 있음 3) 여러 가지 블록들을 이용하여 구성물을 만들 때 소음을 제거하기 위해 카펫이나 매트 깔기 4) 주제에 따라 함께 사용할 수 있는 소품도 그때그때 제시함 5) 유아가 제작한 작품을 전시할 수 있는 공간을 확보함 6) 주제에 따라 교사가 만든 소품을 제시할 수 있는 공간을 확보함
5. 역할활동 영역	1) 조형영역, 블록영역과 이웃되게 배치하나 과학, 수학, 조작 영역과는 멀리 떨어져야 함 2) 일상생활 역할놀이이기 때문에 유아에게 알맞은 크기의 가구, 싱크대, 테이블, 의자, 거울을 비치하고 주제에 따라 필요한 소품을 낮은 선반에 비치함 3) 안락한 분위기가 조성될 수 있도록 천장에 캐노피를 달아 주고 침대나 침대 대용의 쿠션, 이불, 베개를 배치함 4) 다양한 역할놀이를 할 수 있는 충분한 공간을 확보함
6. 조작활동 영역	1) 조용한 놀이가 이루어지는 정적 영역이므로 과학영역에 인접하여 설치함 2) 바닥에 카펫을 깔아 낮은 책상에 앉아서 활동하도록 함 3) 플라스틱 바구니를 준비하여 조작놀이자료를 구분하여 담아 놓고 바구니가 교구장에 넉넉히 들어갈 수 있을 만큼 커야 함

실내 흥미 영역별	설치요령
7. 음률활동 영역	1) 유아가 편안하게 생각에 따라 움직일 수 있는 공간 확보 2) 소음을 줄일 수 있게 바닥에 카펫 깔기 3) 조용한 활동이 이루어지는 영역을 옆에 설치(쌓기영역) 4) 다양한 악기를 정비하되 일시에 전부 제시하지 않고 필요에 따라 하나씩 더 첨가함 5) 입으로 부는 악기는 알코올로 소독함 6) 카세트 조작기술은 안내문으로 제시함 7) 감상 후 느낌을 기록할 수 있는 그리기, 쓰기, 도구를 정비함 8) 신체를 표현할 수 있는 도구나 소품을 비치함
8. 조형활동 영역	1) 물이 있는 세면대 근처에 설치하고 역할영역과 인접해도 좋음 2) 작업용 책상과 의자, 이젤 등을 설치해 두어야 함 3) 밀가루 반죽, 손가락 그림을 그릴 수 있게 책상용 비닐 커버, 유아용 작업복을 준비함 4) 입체작품, 평면작품, 종이 접기 작품을 전시 혹은 게첨할 수 있는 공간을 확보함 5) 재료수납용 재료상을 준비함 6) 색종이 접기 책상은 별로도 준비함 7) 작품 미완성 시 보관할 바구니를 준비함 8) 작품 전시 후 느낌을 쓰거나 그릴 수 있는 필기용구를 준비함

언어영역

수활동영역

과학활동영역

쌓기활동영역

역할활동영역

조작활동영역

음률활동영역

조형활동영역

[그림 Ⅳ-3] 실내 흥미영역

2) 실외 흥미영역 설치

실외 흥미영역은 놀이터, 실외 놀이터, 운동장, 실외 놀이장 등 여러 가지 명칭으로 불리고 있으나, 일반적으로 실외 놀이터라는 용어가 가장 많이 사용되고 있다. 어린이집은 흥미영역 설치를 의무화하고 있기 때문에 실내에 설치할 수 없는 흥미영역은 실외에 설치하여 유아교육의 효율성을 제고시킬 수 있도록 실외 흥미영역 설치에도 관심을 가져야 한다.

(1) 실외 흥미영역 설치방침

① 실외 흥미영역은 실내 흥미영역을 발전적으로 이어 실내에 설치할 수 없는 교구와 기구를 중심으로 설치한다.

② 실외 흥미영역은 대근육 놀이기구뿐만 아니라 공간의 위치와 넓이를 고려하여 각 흥미영역별로 다양한 교구와 기구를 설치한다.
③ 실외 흥미영역은 다양한 활동성 외에 심미적인 즐거움을 주어 지루하지 않게 설치한다.
④ 실외 흥미영역은 다양한 활동성이 강조되기 때문에 안전성을 고려하여 설치한다.
⑤ 실외 흥미영역은 고가의 다양한 기구와 교구가 필요하므로 연차계획을 세워 점차적으로 확보해 나가야 한다.
⑥ 실외 흥미영역에서는 유아의 자유분방한 신체활동이 이루어지므로 안전시설 정비가 겸비되어야 한다.

〈표 Ⅳ-7〉 실내 흥미영역 설치요령 및 시설 · 기구

실외흥미 영역별	설치요령	설치시설 및 기구
1. 개방영역	1) 아무것도 없는 넓은 공간 한쪽에 모래놀이 기구, 잔디밭을 설치함 2) 전 공간을 사토 후 모래놀이 영역, 잔디밭을 조성함	① 잔디밭 ② 모래장 ③ 기타
2. 그늘영역	1) 다양한 크기의 관목 및 포도덩굴 등의 휴식공간, 동화 듣기, 극화놀이를 할 수 있는 모래, 물놀이 시설을 설치함 2) 관목 · 포도덩굴, 등나무 묘목을 심어 가꿈	① 관목, 포도덩굴 재배 ② 모래놀이 기구 ③ 물놀이 기구 ④ 극화놀이 기구 ⑤ 기타
3. 지붕영역	1) 비 오는 날에는 사용 가능한 목공놀이대, 그림 그리기, 과학실험, 소꿉놀이, 구성 놀이대를 설치함 2) 건물에 연결통로를 만들고 실외활동과 연결된 영역별 활동을 실외에서 자유롭게 할 수 있게 함	① 정자 ② 움집 ③ 커다란 나무 ④ 목공놀이대 ⑤ 기타
4. 흙영역	1) 진흙놀이나 땅따먹기놀이, 다양한 흙놀이를 할 수 있도록 설치함 2) 땅을 팔 수 있는 작은 삽이나 곡괭이를 비치함	① 작은 삽 ② 곡괭이 ③ 깔개 ④ 기타
5. 모래놀이 영역	1) 여러 가지 모래놀이 도구를 비치함 2) 1년에 한 번씩 모래를 소독하고 다양한 놀이기구를 비치함	① 모래밭 ② 모래놀이 도구(체류, 삽류, 땅파기도구, 모양 만들기 도구, 측량기기, 물뿌리개), 모형 보조자료(손수레, 자동차류, 동물류, 사람

실외흥미 영역별	설치요령	설치시설 및 기구
		류 등) ③ 기타
6. 물놀이영역	1) 물놀이 도구를 비치함 2) 바닥은 딱딱하고 물기가 빨리 마르게 설치하고 놀이기구를 비치함	① 물놀이 시설 ② 물놀이 도구(양동이, 호스, 물 뿌리개, 주전자, 물레방아 등) ③ 물놀이 정리함 ④ 연못 ⑤ 기타
7. 자연생태 영역	1) 식물재배장, 샘, 울타리, 화단, 덤불, 정원을 설치함 2) 텃밭에서 식물재배를 할 수 있도록 설치함	① 식물 재배장(수경재배, 화분, 식물재배 등) ② 기타
8. 동물사육 영역	1) 식물・동물 사육, 울타리, 화단이 정비된 정원을 설비함	① 동물 사육장(토끼장, 새장, 닭장 등)
9. 목공놀이 영역	1) 목공놀이 소도구를 설치함 2) 나무와 연장을 사용하는 데 편리하도록 공간을 넓게 구성하고 놀이 소도구를 구입 비치함	① 목공놀이대 ② 목공놀이 정리함 ③ 목공놀이 도구(톱, 나사, 자, 망치, 못, 판자, 거친 모래종이, 조임쇠, 드라이버, 스티로폼, 코르크, 꺾쇠, 못그릇 등) ④ 기타
10. 대근육 운동영역	1) 대근육에 필요한 고정놀이 기구를 설치함 2) 눈에 띄기 쉽고 감독이 용이한 장소에 시소, 그네, 평균 오름대를 설치함	① 미끄럼틀 ② 그네 ③ 구름다리 ④ 터널 ⑤ 흔들 사다리 ⑥ 망 오름대 ⑦ 정글짐 ⑧ 밧줄타기 ⑨ 기타
11. 창작 놀이기구 보관 영역	1) 이동식 놀이기구 및 놀이기구 부대시설의 안전한 관리	① 이동식 놀이기구 및 놀이기구 부대시설을 보관할 창고 ② 놀이기구 수리기구 및 훼손방지를 위한 각종 화학약품

개방영역

그늘영역

지붕영역

흙영역

모래놀이영역

물놀이영역

자연생태영역

목공놀이영역

동물사육영역

대근육운동영역

창작 놀이기구 보관 영역

[그림 Ⅳ-4] 실외 흥미영역

4. 공간구성

공간구성이라 함은 활동실 내 시설·설비, 교재·교구, 비품이 배치된 공간을 제외한 모든 공간, 주로 벽면과 천장에 이르는 빈 공간을 어떻게 환경구성하느냐에 대한 관심을 말한다.

어린이집 활동실은 흥미영역을 중심으로 교재·교구 그리고 각 흥미영역에 따른 환경 구성물이 요소요소에 전시 또는 게첨되어 있어 벽면, 천장 공간 그리고 활동실의 구조에 따라 또 다른 공간이 확보되어 있어 이러한 공간을 어떻게 구성하느냐에 따라 유아의 학습 효율성과 교실이 아늑하고 부드러운 정서적 분위기를 조성하여 지적이고 탐구적이면서도 정서적인 품성을 도야할 수 있다.

1) 원리

(1) 교실공간의 환경은 하나하나가 유아 학습의 효율성을 제고시키는 데 도움이 되어야 한다.

(2) 교실공간의 환경은 아늑하고 부드럽고 아름다우며 정서감을 배양할 수 있게 구성되어야 한다.

2) 구성의 실제

교실공간의 기본적인 환경구성물로서 출석카드판, 게시판(알림판), 요일·날짜·날씨판, 생일판, 역할안내판, 관찰시설물, 유리창 작품, 매달 것 등에 걸쳐 설비 및 활용 요령에 대하여 기술한다.

(1) 출석카드판

① 제작요령

ㄱ. 40cm × 60cm의 베니어판에 흰 종이를 붙이고 사진과 이름이 쓰인 주머니를 유아 수만큼 제작한 다음 베니어판에 일정한 규격을 유지하여 부착시킨다.

ㄴ. 출석카드판은 출입구 안쪽에 고정시킨 후, 그 앞에는 낮은 책상을 놓는다.

ㄷ. 출석카드를 제작하여 출석카드판 앞 책상 위의 상자에 놓아둔다. 출석카드는 출석카드 주머니에 들어갈 수 있는 크기로 단단한 골판지를 잘라 사진과 이름을 써 넣어 코팅 처리한다.

② 활용요령

등원하면서 자기 출석카드를 찾아 자기 출석주머니에 넣어 둔다.

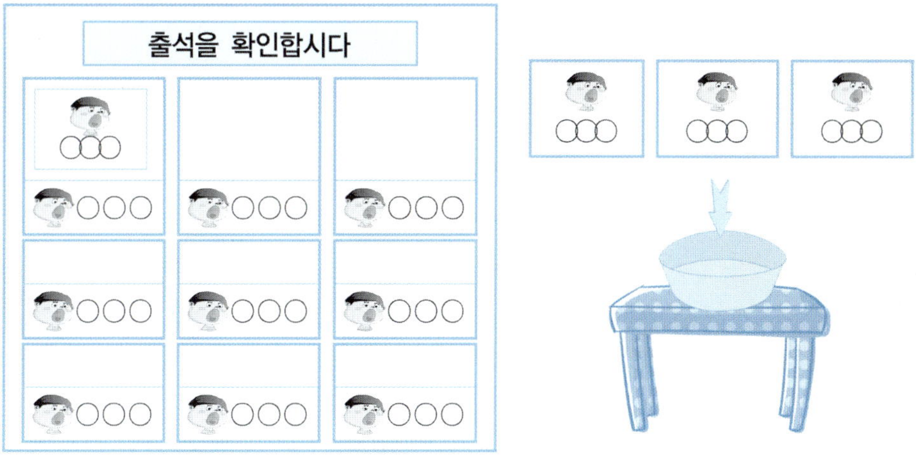

[그림 Ⅳ-5] 출석카드판

(2) 게시판(일림판)

유아용 게시판(우리들)과 부모용 게시판(일람판)으로 나누어 제작 활용한다.

① 제작요령

50cm × 80cm 베니어판 위에 왼쪽과 같이 부직포를 붙이거나, 오른쪽과 같이 가는 철사에 집게를 매달아, 다음과 같이 제작하여 출입구 옆 벽이나 복도에 부착시킨다.

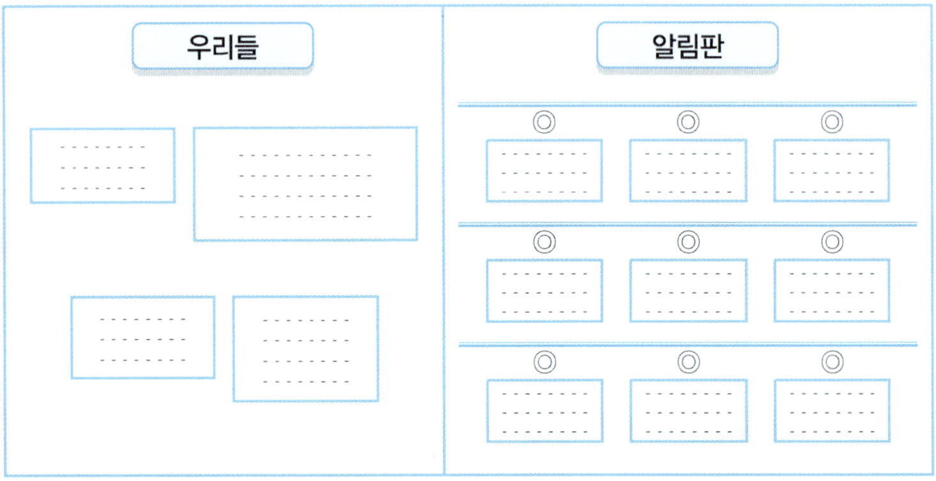

(유아용) (부모용)

[그림 Ⅳ-6] 게시판

② 활용요령

ㄱ. 우리들: 주제와 관련된 사실이나 그림을 색지로 배지를 붙인 자료, 동화책을 읽고 난 느낌, 친구에게 보내는 편지, 우리 집 이야기, 생일을 맞는 유아 이름 등 다양하게 제작하여 곤충핀으로 꽂아 고정시키거나 집게에 물려둔다.

ㄴ. 알림판: 어린이집 행사, 견학협조 안내, 유아활동, 부모활동, 부모교육안내, 주간학습안내, 학습활동에 따라 부모가 준비해 주어야 할 일, 도우미 활동 안내 등을 곤충핀으로 꽂아 고정하거나 집게에 물려둔다.

[그림 Ⅳ-7] 유아를 위한 게시판

[그림 Ⅳ-8] 부모를 위한 게시판

(3) 요일 · 날짜 · 날씨판

① 제작요령

ㄱ. 날짜, 날씨판을 자석판이나 융판으로 제작하고, 자석으로 된 숫자나 날씨카드를 제작하거나, 부직포 또는 사포지로 숫자나 날씨카드를 제작한다.

ㄴ. 날짜, 날씨판을 벽에 걸어두고 바로 밑 책상에 날짜카드와 날씨카드를 놓아둔다.

② 활용요령

날짜와 날씨기록 역할 담당 유아가 아침에 등원하면서, 해당 날짜와 날씨카드를 찾아 해당란에 꽂아놓게 한다.

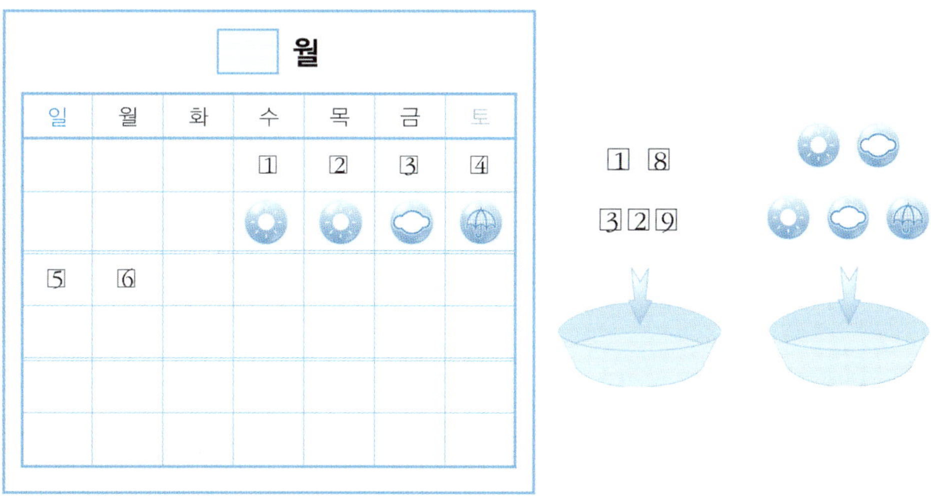

[그림 Ⅳ-9] 요일 · 날짜 · 날씨판

(4) 생일판

① 제작요령

ㄱ. 다음과 같이 베니어판에 생일 달력을 제작하여 걸어둔다.

ㄴ. 유아의 이름과 사진이 붙은 카드를 생일판 밑에 놓아둔다.

3월

2011년

일	월	화	수	목	금	토
		1	2	3	4	5
6	7	8	9	10	11	12

[그림 Ⅳ-10] 생일판

② 활용요령

해당 날짜에 생일을 맞은 유아의 사진을 걸어둔다.

(5) 역할 안내판

① 제작요령

ㄱ. 글자카드를 넣을 수 있는 봉투카드를 제작하여 다음에 역할명과 역할을 나타내는 그림을 그린다.

ㄴ. 봉투카드를 제작하여 베니어판에 부착시켜 벽에 걸어둔다.

ㄷ. 수량은 역할수 대로 한다. 예를 들면 새 먹이 주는 유아, 달팽이 먹이 주는 유아, 화분 물 주는 유아, 붕어 먹이 주는 유아, 날씨카드 바꾸는 유아 등을 들 수 있다.

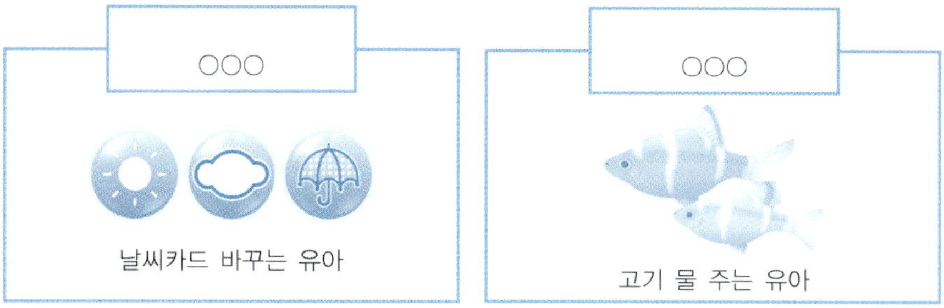

[그림 Ⅳ-11] 역할 안내판

② 활용요령

ㄱ. 역할을 안내받은 유아는 자기 역할을 충실히 수행하도록 한다.

ㄴ. 각 역할에 대한 수행방법을 사전에 철저하게 주지시킨다.

(6) 관찰시설물

① 설비 및 활용요령

ㄱ. 식물재배 : 싹 틔우기와 재배가 용이한 식물을 선택하여 3월 하순경에 씨를 뿌린다. 주로 덩굴을 감고 올라가는 식물이 유아들에게 더욱 효과적이다. 용기는 흙이 좀 많이 담기는 꽃 박스를 이용한다. 거름흙을 구입하여 일반 밭흙을 섞어서 써도 좋다. 그리고 식물 이름과 모양, 씨 뿌린 날짜, 관찰해야 될 내용을 색지를 이용하여 제작한 뒤 코팅하여 꽂는다. 관찰일지는 모양을 그림으로 그리고 간단한 글로 나타낸다.

ㄴ. 관상용 식물화분재배 : 대부분의 교사는 교실에 관상용 화분만을 진열하려고 한다. 이보다 더 중요한 것은 관상용 식물화분재배이다. 씨앗이 싹트고 자라서 꽃을 피우고 열매를 맺는 '식물의 자람'을 관찰하고자 할 때 학습자료로 활용할 수 있다. 특히 도시 유아들에게 농작물이나 우리나라의 야생초를 심어 가꾸는 것이 더욱 교육적이다.

- 무 : 3월에 큰 무를 심어두면 잎이 나고 꽃대가 올라와 4・5월에 무꽃이 핀다.
- 할미꽃 : 할미꽃을 재배하면서 유아들에게 할미꽃 전설을 이야기해 준다.
- 덩굴식물 : 수세미, 오이, 콩, 나팔꽃 등을 심으면 5~7월에 보리가 핀다.

(7) 유리창 작품

① 제작 및 활용요령

활동실이 넓은 것 같지만 흥미영역별로 교재·교구 및 자료 등을 배치하고 나면 공간이 너무 부족하다. 이럴 땐 유리창도 교실환경 구성 공간으로 활용할 수 있다. 매달 것을 만들어 걸거나 모둠별로 분담해 꾸미기 활동을 할 수 있다. 특히 유리창은 투명하므로 이것을 이용한 독특한 환경을 구성할 수 있다.

- 나팔꽃: 색종이를 접어서 나팔꽃을 만들고 한지를 말아서 줄기를 만든다.
- 가로수: 색 한지를 찢어 붙인다. 접착은 딱풀로 한다.
- 매달아 키우기: 그늘진 넝쿨을 매달아 키우면서 관찰시킨다.

(8) 매달 것

유아들이 제작한 작품에는 매달 것이 더러 있다. 그러나 활동실에는 작품을 매달 수 있는 설비가 없다. 따라서 학년 초에 간단히 매달 작품 게시대를 설치해 두면 일년 동안 편리하게 활용할 수 있다.

① 우산살 이용: 천장에 못을 하나 박아 노끈으로 내렸다 올렸다 할 수 있게 장치한다.
② 대들보 이용: 접착 테이프로 붙인다.
③ 나뭇가지 이용: 나뭇가지 끝에 지점토를 붙여두면 그것만으로도 아름답다.

제 2 장

시설 · 설비관리

유아보육기관의 시설·설비는 대체적으로 실내 시설·설비와 실외 시설·설비의 두 유형으로 구분된다. 실내 시설·설비는 주로 활동실을 비롯한 건물 내부에 설치된 것으로 유아교육활동에 직접적으로 활용되고 실외 시설·설비는 실내 시설·설비로서는 성취할 수 없는 교육적 성과를 거양하기 위하여 실외에 설치하며 이런 실외 시설·설비는 실내 시설·설비와 연계적이며 연속적으로 설치된다. 또한 유아보육기관의 시설·설비는 광범위한 분야로서 본 장에서는 유아보육교사가 기본적으로 알아야 할 기본시설·설비와 환경설비, 시설·설비의 법적기준에 한정하여 기술하기로 한다.

1. 기본시설 · 설비

기본시설·설비란 어떠한 유형의 유아보육기관이든 간에 필수적으로 설치해야 하는 시설·설비로서 다음에서 유아용 시설·설비와 성인용 시설·설비로 구분하여 기술하기로 한다. 유아용과 성인용으로 구분하는 기준은 당초 시설·설비를 할 때 유아와 성인 중 주로 누구를 위해 설비하고 현재 누가 더 많이 활용하느냐에 따른 것이다.

1) 유아용 시설 · 설비

유아용 시설에서는 출입구 및 현관, 활동실(보통교실), 유희실, 교사실, 낮잠 또는 휴식을 위한 방, 양호실, 화장실, 주방(조리실), 자료실(교구실) 등에 걸쳐 기술하기로 한다.

(1) 출입구 및 현관

출입구와 현관은 당해 유아보육기관을 방문하는 사람들이 처음 접하는 장소로 기관의 첫인상을 좌우하며 또한 하루의 일과 중에는 유아와 부모 그리고 교사가 처음으로 만나 교사는 유아를 맞이하며 또한 학부모는 유아를 교사에게 인계하는 장소가 되는 등 다양한 교육적 의의를 지닌다. 따라서 유아보육기관의 출입구와 현관은 다음과 같은 조건을 갖추어야 한다.

① 현관은 처음에 기관을 방문하는 방문객에게 기관에 대한 개략적 이해를 도울 수 있도록 기관의 연혁, 교육방침, 주요행사 등을 안내할 수 있도록 기관현황판을 설치한다.

② 학부모나 유아들에게 교육활동진행에 따른 안내사항을 게첨한다.

③ 교사가 유아들의 건강을 확인하고 학부모로부터 유아에 대한 정보를 입수할 수 있는 학부모와의 간단한 상담장소가 되어야 한다.

④ 현관에는 신발장과 실내화, 우천 시 우산꽂이를 설비한다.

⑤ 많은 사람이 동시에 출입하므로 문과 바닥은 안전관리에 유념한다(투명하고 단단한 유리, 잘 미끄러지지 않는 바닥).

⑥ 활동실과 가까우며 현관에서 활동실과 실외가 보여야 한다.

⑦ 신체장애아도 출입이 가능하도록 계단이 없는 경사로여야 한다.

(2) 활동실(보육실)

활동실(보육실)은 유아보육기관에서 유아들의 학습과 생활의 공간으로 하루 생활의 대부분을 보내는 장소로 가장 핵심이 되는 중요 공간이다.

① 면적

면적은 유치원의 경우 '고등학교 이하 각급학교 설립운영 규정' 제3조 제2항 관련 [별표] 1에 규정된 바 있으나 일반적으로 유아 1인당 $3.5m^2$(1평) 정도 확보해야 한다.

② 창문

유아들의 시력을 보호하기 위하여 커튼이나 블라인드를 설치하여 채광의 강도를 조절한다.

③ 방위

활동실의 방향은 서쪽보다는 남쪽이나 동쪽이 더 좋다. 북쪽은 냉방시설이 되어 있지 않은 더운 나라에서 선호한다.

④ 소음방지

소음은 학습이나 생활에서 저해로운 요소이다. 커튼, 깔개, 방음벽, 천장의 재료, 이중 창, 칸막이, 이동 비품이나 기구에 대한 고무끼우기 등으로 소음을 최소화시킨다.

⑤ 바닥

ㄱ. 위생적이고 청소하기 용이하고 소음을 줄여주고 따뜻한 느낌을 주는 재료로 설비한다.

ㄴ. 활동하기 편리하고 안전사고를 예방할 수 있도록 습기가 없고 탄력성이 있는 재료를 사용한다.

ㄷ. 질감이 좋은 나무나 양탄자, 탄력성이 있는 비닐이나 리놀륨 혹은 고무나 플라스틱 타일을 깔기도 한다.

⑥ 천장

천장은 소음을 줄여주고 높이에 따라 여러 가지 비품을 배열할 수 있어 심미적 즐거움을 주어야 한다.

ㄱ. 활동실의 천장은 그 범위 내에서 부분에 따라 높이를 다르게 한다. 천장의 높이에 따라 여러 가지 비품이나 기구를 배열하고 구성하는데 좋다.

ㄴ. 천장의 높이가 너무 낮으면 교사의 키가 너무 크게 보여 유아들에게 위압감을 주고 너무 높으면 허전하고 서늘한 느낌을 준다.

⑦ 벽면

벽면은 소음제거 그리고 다양한 자료의 게첨 · 전시를 통해 정서적 심미감과 학습 · 생활 지도의 효율성을 제고시키는 역할을 한다.

ㄱ. 벽면이 많으면 소음을 줄여주는 장점이 있으나 벽면 구성의 다양성을 제한하는 단점이 있어 가급적 고정된 내 · 외 벽면은 적은 것이 좋다.

ㄴ. 실내의 벽면은 소음을 줄이기 위하여 벽면에 방음 재료를 사용하고 외부벽면에

는 실내의 통풍, 환기, 난방, 채광, 소음 등을 고려해야 한다.

ㄷ. 벽면의 색상을 다양하게 하여 심미감과 안정감을 도모한다.

⑧ 문

문은 실외에서 이루어지는 활동을 관찰하고 실내의 조명을 조절할 수 있고 또 출입문은 실내와 실외를 연결해준다.

ㄱ. 창문은 유아들이 밖을 내다 볼 수 있게 충분히 낮아야 하고 직사광선이나 명암을 조절할 수 있게 불투명한 유리로 한다.

ㄴ. 출입문은 쉽게 여닫을 수 있게 가볍고 안전해야 한다.

ㄷ. 출입문은 밖으로 열리게 해야 하며 자동으로 잠기거나 안팎으로 열리도록 하는 것을 피한다.

(3) 유희실

유희실은 동적인 놀이나 대집단 활동에 그리고 눈이 오거나 우천 시 유원장을 대신하여 활용되는 공간이다.

① 눈이 오거나 비가 올 때 유원장의 역할을 하므로 다양한 체육기구를 설비한다.

② 유희실 가까운 곳에 화장실, 손 씻는 곳, 물 마시는 곳 및 놀이기구를 수납할 수 있는 공간이 있어야 한다.

③ 유희실 바닥은 탄력성이 좋고 소음이 없으며 청소하기 쉬운 재질로 꾸민다.

④ 많은 유아보육기관에서 바닥에 카펫을 까는 경우가 많은데 세균이 번식할 우려가 있으니 설치하지 않거나 설치하는 경우, 병균이 발생하지 않도록 소독과 청소를 자주한다.

(4) 낮잠 또는 휴식을 위한 방

낮잠 또는 휴식은 유아 건강을 위해 필수적인 활동이다. 특히 종일반 운영이 보편화됨에 따라 이런 공간을 필히 확보해야 한다.

① 낮잠을 잘 수 있는 별도의 공간을 확보하는 것이 좋다.

여기에는 매트나 담요 등이 한 곳에 준비되어 교사의 번거로운 노력을 줄일 수 있고 가정과 같은 안락감을 줄 수 있다.

② 낮잠을 위한 별도의 공간 확보가 어려운 경우에는 활동실에 낮잠을 위한 공간을 함께 마련하거나 바로 옆 반일반 활동실을 낮잠실로 이용할 수도 있다.
③ 낮잠실은 커튼을 설치하여 햇볕을 차단하거나 조명의 밝기, 수면에 알맞은 온도를 조절할 수 있다.
④ 어린 영아들이 낮잠을 잘 때 수면 중 질식, 침대에서 떨어지는 사고를 예방해야 한다.
⑤ 낮잠에서 깬 유아는 옆 활동실에서 자기활동을 하도록 지도한다.

(5) 화장실

화장실은 유아들이 배변과 씻기를 하는 공간으로 배변습관과 청결습관을 동시에 배울 수 있는 공간이다.

① 화장실은 모든 활동실에서 접근이 편리한 곳에 두어 유아 혼자서 출입이 가능하도록 한다.
② 화장실 바닥은 청결, 보건위생에 주력하고 미끄럼방지시설을 하거나 출입문턱을 없애서 안전관리에 유념한다.
③ 화장실 창문은 환기시설을 하여 통풍과 채광이 잘되도록 하고 남아용, 여아용으로 구분할 필요가 없다.
④ 화장실은 낮은 칸막이를 설치하고 안에서 문이 잠기기 않도록 장치해야 한다.
⑤ 변기의 수는 유아 8~10명에 1개꼴로 하며 크기는 유아용이어야 한다.
⑥ 세면대의 수는 유아 8~10명에 1개꼴로 하며 그 높이는 유아의 키에 맞아야 한다.
⑦ 세면대 물은 더운물과 찬물을 사용할 수 있게 하고 적당한 높이에 거울과 수건을 걸어둔다.

(6) 주방(조리실)

다양한 영양식을 급식하여 유아들의 신체 · 건강관리에 주력해야 한다.

① 주방은 밝고 통풍이 잘되고 청결하며 환기가 잘 되어야 하고 유아의 놀이영역과 떨어져 있어야 한다.
② 주방에는 전열기, 냉장고, 냉 · 온수시설, 싱크대, 조리대, 식자재 보관시설, 조리기구, 식기류 등을 준비한다.

③ 조리사들은 위생복이나 앞치마, 모자를 착용하여 요리, 배식 시 청결을 유지한다.

(7) 양호실

유아들이 예기치 않은 발병의 경우, 안정시키고 휴식을 하며 간단한 처방을 위한 시설이다.

① 양호실에는 몇 개의 침대와 간단한 구급약품, 유아놀이기구를 준비한다.
② 양호실은 활동실에 인접하여 완전히 격리되지 않으며 조용하고 아늑한 분위기를 주어야 한다.
③ 양호실에는 별도의 화장실을 설비한다.

(8) 자료실(교구실)

유아는 교구와의 상호작용을 통하여 학습이 이루어진다. 교구 없이 언어에만 의존하는 유아학습은 생각할 수 없다. 따라서 유아교육활동에 필요한 교재·교구를 비롯한 여러 가지 자료들을 체계적으로 보관하고 활용해야 한다.

① 자료를 보관할 때는 주제별, 영역별, 날짜별, 사용빈도별로 체계적으로 분류하여 보관한다.
② 교구대장과 교구활용대장을 비치 활용한다.
③ 교구나 학습자료를 보관하는 보관장은 이동이 가능하도록 바퀴가 달린 것이 좋다.

2) 성인용 시설·설비

성인용 시설·설비에는 사무실, 부모대기실, 휴게실, 교사실, 관찰실 등이 있다. 이에 대하여 다음에서 자세히 기술하도록 한다.

(1) 사무실

사무실은 시설운영에 필요한 행정사무를 처리하는 곳이다.

① 공간이 좁은 경우에는 사무실과 교사실을 병용하기도 한다.
② 사무실에는 사무처리에 필요한 책상, 서류상, 컴퓨터, 복사기, 기타 사무용 비품 등을 설비한다.

③ 사무실에는 자녀들의 업무관계로 학부모들이 많이 찾게 되므로 좌석 및 음료수를 늘 준비시킨다.

(2) 교사실

교사실은 활동실 다음으로 교사들이 많이 머물면서 유아지도에 따른 모든 업무를 처리하는 공간이다.

① 교사실은 유아지도를 위한 수업계획, 교구제작, 교사회의 및 연수를 하는 공간으로 이를 위한 컴퓨터, 서류장, 책상, 의자, 사무용비품, 작업대, 회의용 탁자를 늘 비치한다.

② 장금장치가 있는 교사 개인소지품 보관상, 사물함, 옷장, 옷걸이 등을 설비한다.

③ 교사 휴식을 위한 편안한 소파와 음료수를 마시는데 필요한 기구와 재료를 준비한다.

(3) 부모대기실

유아보육기관에는 학부모들을 비롯하여 유아보육기관에 다양한 용무가 있어 오는 방문객이 많다. 이들이 업무를 보기 전에 편안히 안전하게 대기할 수 있는 공간으로 교사와 학부모 사이에 이루어지는 유아지도에 관한 이야기를 자연스럽게 청취할 수 있어 청취한 정보를 자기자녀 지도를 위한 상담자료로 사용할 수 있어 더욱 좋다.

① 학부모나 방문객이 간단한 차나 음료수를 마실 수 있도록 개수대, 소파, 전화를 설치해 둔다.

② 기관 홍보용 자료나 유아교육에 관련된 도서를 비치해 두고 벽에는 유아활동 자료 등을 게첨해 주어 기관과 유아 이해를 돕도록 한다.

③ 독립된 하나의 공간으로 유아들이 놀이공간으로 들어가는 통로상에 설치한다.

④ 기관의 진입부나 사무실, 교사실과 연결되도록 하고 모든 부모들이 쉽게 이용할 수 있도록 한다.

(4) 유아관찰실

학부모들이 유아들의 실내외 활동상황을 관찰하여 자녀의 성장·발달을 확인하고 지도계획을 수립하는데 필요한 다양한 정보를 얻을 수 있다.

① 유아들의 학습활동을 관찰하고 기록할 수 있도록 일방경(oneway glass)과 책상, 걸상을 비치한다.
② 유아관찰실은 아늑하고 조용하며 교사와 상담, 부모접대실로도 사용할 수 있다.
③ 유아의 작품과 부모교육자료를 비치해 둔다.
④ 실·내외 활동을 모두 관찰할 수 있는 장소에 설치한다.

(5) 휴게실

휴게실은 교직원의 휴식과 부모상담을 위해 설치된다. 따라서 성인들이 편안히 쉴 수 있는 안락의자, 방석, 탁자, 간단한 음료를 접대할 수 있는 설비를 한다.

2. 환경설비

환경설비에서는 조명·채광·소음, 창문, 바닥, 교실의 벽, 냉·난방 및 환기, 흡음제에 국한하여 기술하기로 한다. 일부는 전 항 기본시설·설비에서 언급된 바 있으나 이는 시설과 설비가 완전히 떼어서 생각할 수 없는 성격이기 때문이다.

1) 채광, 조명, 소음

(1) 채광

채광이란 창이나 문을 통해 햇빛을 받아들이는 것, 즉 햇빛의 효과를 말하는 것으로 햇빛은 자연광이다. 활동실에는 자연광을 충분히 받아 활동실내 조명도를 유지하여 환하게 하기 위함이다.

① 채광에 영향을 주는 요인은 창문의 넓이, 높이, 채광문의 유무, 태양의 고도 등에 좌우된다. 따라서 자연 채광을 충분히 받기 위해서는 창 가까이에 햇빛을 차단하는 장치를 제거하고 벽에 창을 내어 햇빛을 받을 수 있는 면적을 넓힌다.
② 창문의 면적은 바닥면의 1/5, 창틀의 높이는 24인치로 유아들이 밖을 내다보기 쉽게 하는 것이 중요하다.

(2) 조명

조명이란 각종 광원을 이용하여 어떤 목적을 가지고 특정의 장소를 밝게 하는 행위나 기능으로 야간이나 어두운 곳에서 환경을 밝게 하기 위하여 활용한다. 따라서 자연채광만으로 밝기가 충분하지 못하면 인공조명 설비를 통하여 밝기를 조절해야 한다.

① 날씨가 흐리거나 비오는 날을 위하여 활동실내에 반드시 조명시설을 해야 한다.
② 천장은 빛의 70%를 반사하고 벽면 빛의 50%를 반사할 수 있도록 무광택이고 밝은 색으로 처리한다.
③ 조명 시 유아들의 시력보호와 활동에 집중력이 훼손되지 않도록 유의한다.

(3) 소음

소음은 불규칙하게 뒤섞여 불쾌하고 시끄러운 소리로서 이를 방치하기 위한 적절한 소음방지 처리를 해야 한다.

① 바닥에 카펫이나 비닐륨을 깐다.
② 벽면과 천장에 방음재료를 이용한다.
③ 책상, 의자, 기구용의 소음을 줄이기 위해 다리에 고무나 헝겊을 부착한다.
④ 식탁이나 책상에 보자기를 씌운다.
⑤ 주방에 소음을 줄이기 위해 문을 단다 등이다(임재택, 1998).

2) 창문

모든 건물에서 창문은 필수적인 설비로서 창문의 기능은 채광, 환기, 방음, 온도조절 기능을 하므로 이들 기능을 충족시켜 줄 수 있도록 설비하여야 한다. 그리고 유리 파손으로 인한 안전사고에 대해서도 배려하여야 한다.

(1) 채광

채광만을 생각한다면 창문을 많이 달면 좋으나 방음, 온도조절, 미관, 벽의 견고성 등을 고려해야 되므로 무조건 창을 많이 낼 수도 없다. 다만, 교실의 크기에 따라 창문의 크기를 고려해야 한다.

(2) 환기

환기를 위하여 실외놀이시설과 인접한 벽은 가능한 한 남향으로 그리고 전면에는 창을 내는 것이 좋다.

(3) 방음 및 온도조절

① 이중창으로 하며 창문의 면적은 바닥면적의 1/5 내지 1/4 정도가 적절하다.
② 높이는 유아가 바닥에 서서 밖을 내다보기에 편한 높이로서 영아반은 50~60cm, 유아반은 60~70cm가 적절하다.

(4) 안전

① 유리창이 쉽게 파손되지 않게 특수유리를 사용한다.
② 창이 너무 투명하고 너무 넓고 낮게 설치되면 파손의 위험이 있다.
③ 창턱은 벽면에서 너무 튀어나오지 않아야 한다.

3) 바닥

바닥은 유아들이 유아보육기관에 있는 동안에는 취침 시간만을 제외하고는 늘 발로 딛고 다니므로, 특히 탄성, 견고성, 안전성, 관리, 방음 등에 신경을 써야 한다.

(1) 탄성이 있어 유아들이 넘어지거나 미끄러져도 다치지 않게 질감이 좋은 나무나 양탄자를 깔거나 탄력성이 있는 비닐이나 리놀륨 혹은 고무나 플라스틱타일을 깐다.
(2) 바닥에 카펫을 까는 경우 안정되고 소음처리에 좋으나 위생처리에 신경을 써야 한다.
(3) 유아들이 활동하기에 편리하고 안전사고를 예방할 수 있도록 습기가 없으면서 탄력성이 있는 재질을 사용한다.
(4) 흥미영역에 따라 블록활동, 책보기, 듣기영역에는 카펫, 물감이나 물이 쏟아질 우려가 있는 영역은 바닥 등 다양하게 설비한다.

4) 교실의 벽

교실의 벽이 많으면 소음, 방열처리에 도움을 주나 상대적으로 벽면의 환경 구성에 장애를 준다.

(1) 벽면에는 흡음재를 사용하여 말소리가 울리지 않게 한다.

(2) 벽에는 게시판을 유아 눈높이에 설치하여 유아가 제작한 작품이나 학습안내 자료를 유아들이 직접 붙이고 뗄 수 있는 표면재료를 활용한다.

(3) 카세트나 컴퓨터 등을 활동실 어느 곳에서든지 사용할 수 있도록 전원을 교실 벽의 여러 곳에 설치하고 콘센트는 반드시 덮개를 덮어 안전에 유의한다.

(4) 벽면의 색상을 고려하여 심미감과 안정감을 갖도록 한다.

5) 냉 · 난방

사람이 살아가는데는 적절한 온도가 유지되어야 한다. 따라서 적절한 온도 유지가 어려운 야외를 제외하고 모든 시설 내에서는 냉·온방 기구를 통하여 생활하는데 최적한 온도를 유지해주고 있다. 따라서 활동실내에서 냉·온방 시설은 필수적으로 설비해야 한다.

(1) 적절한 실내온도는 20~22℃를 유지하는 것이 좋고 여름철에는 28℃ 내외가 좋으며 습도는 50~65%를 유지해야 한다.

(2) 과학활동 영역이나 일정한 장소에 온도계와 습도계를 설치해 두는 것이 좋다.

(3) 유아보육기관에서 난방은 중앙집중식 난방이 바람직하다.

(4) 활동실 바닥은 바닥에 난방용 파이프를 묻어놓은 패널 히팅(Panel heating)으로 하는 것이 좋고 냉방을 위하여 에어컨이나 선풍기를 준비한다.

3. 시설 · 설비의 법적기준

전 항에서 밝힌 바와 같이 시설·설비가 갖는 기능은 아주 다양하고 막중하므로 모든 유아보육기관에서는 유아교육활동에 필요한 기본이 되는 표준으로 시설·설비의 법적기준을 제시하여 최소한 설비를 의무화하고 있다. 다음에서 어린이집의 시설·설비 기준과 유치원의 시설·설비 기준에 대하여 기술하기로 한다.

1) 어린이집의 시설·설비 기준

어린이집 시설·설비 기준은 '영유아보육법 시행규칙' 제9조와 관련한 [별표 1]에 명시되어 있는데 그 내용을 요약하면 다음과 같다.

〈표 Ⅳ-8〉 어린이집의 시설·설비 기준

구분	시설기준
1. 어린이집의 입지조건	• 보육수요·보건·위생·급수·안전·교통·환경 및 교통편의 • 위험 시설로부터 50m 이상 떨어진 곳 • 건축법 시행령 별표1 준수
2. 어린이집의 규모	• 국공립 어린이집: 상시 영유아 11명 이상 • 직장어린이집: 상시 영유아 5명 이상 • 사회복지법의 어린이집, 법인·단체 등 어린이집 및 민간어린이집: 상시 영유아 21명 이상 • 협동어린이집: 상시 영유아 11명 이상 ※ 정원은 총 300명 초과할 수 없음
3. 어린이집 구조 및 설비기준	• 일반기준 1) 보육실 (1) 해당층 4면의 80% 이상이 지상에 노출 (2) 해당층 주 출입구의 하단이 지표로부터 1m 이내인 층에 설치 (3) 영유아 1명당 2.64제곱미터 이상의 공간확보 (4) 흥미영역에 필요한 교재·교구 확보 (5) 환기·채광, 조명, 온도 및 습도의 유지·관리 2) 조리실 (1) 채광, 기계환기시설, 방충망 설치 (2) 위생적인 취사 및 조리 3) 목욕실 (1) 난방, 미끄럼방지장치, 샤워·세면 설비, 냉온수 온도조절 (2) 보육실과 인접한 공간 4) 화장실 (1) 바닥은 미끄럼 방지 장치 (2) 냉온수 조정 및 고정 (3) 수세식 유아용변기 5) 놀이터 (1) 영유아 1명당 3.5m^2 이상 규모의 야외놀이터 설치 (2) 모래 밭

구분	시설기준
	6) 급배수 시설 (1) 저수조 경유하지 않고 직접 수도꼭지에 연결 공급 (2) 배수 설비 7) 비상재해 대비시설 (1) 비상구설치, 비상구 유도등 (2) 양방향 피난가능 8) 폐쇄회로 텔레비전 (1) '개인정보보호법시행령' 제3조 제1호에 따른 장치 (2) 상시 지속적 촬영 (3) 조작기능, 녹음기능 보유 (4) 고해상도(HD : High Definition)급 이상 (5) 60이상 저장용량 (6) 폐쇄회로 설치안내판 설치 9) 그 밖의 시설 (1) 비상 약품 및 간이의료기비치 (2) 고무 패킹 완충장치 설치 (3) 온열기 사용시 보호장치 설치 (4) 각종 기구모서리 보호장치 • 장애인 12명 이상 보육하는 장애인 전문 어린이집은 '장애인 · 노인 · 임산부 등의 편의 증진보장에 관한 법률'에서 정한 시설 및 설비외 시설 1) 어린이집의 시설은 장애아 1명당 7.83m^2 이상, 보육실은 장애인 1명당 6.6m^2 이상 확보 2) 문턱 없는 통로 3) 출입구는 비상재해 시 대피가능 4) 옥외 피난계단의 유효폭은 0.9m 이상 5) 휠체어에 앉은 유아가 문의 손잡이 잡기 가능 6) 계단외 엘리베이터 또는 기울기 1/12 이하 • 장애아 3명 이상 보육하는 장애아 통합어린이집 1) 엘리베이터 설치 1/12기울기 경사로 1곳 설치 2) 비상재해 시 대피가능 3) 복도 문 화장실 휠체어 출입가능 4) 옥외 피난 계단의 유료폭은 0.9m 이상

2) 유치원의 시설 · 설비 기준

유치원의 시설 · 설비 기준은 '고등학교 이하 각급학교 설립운영 규정'에 다음 표와 같이 제시하고 있다.

〈표 Ⅳ-9〉 유치원 시설 · 설비 기준

구분	기준
교사	원아수 40명 이하 $5Nm^2$ 원아수 41명 이상 $80+3Nm^2$
교사용대지	건축관련법령의 건패율 및 용적률에 관한 규정에 따라 산출한 면적
체육장	원아수 40명 이하 $160m^2$ 원아수 40명 이상 $120+Nm^2$
교지	교사용대지와 체육장면적을 합한 용지로서 교사의 안전, 방음, 환기, 채광, 소방, 폐수 및 학생의 통학에 지장이 없는 곳
교구	교구의 종목 및 기준은 시 · 도교육감이 정하여 고시
급수 · 온수 공급시설	수질검사결과 위생상 무해하고 온수를 공급할 수 있는 시설을 갖추어야 한다.

3) 시설 · 설비 시 고려할 점

시설 · 설비가 교육적 기능을 제대로 발휘하여 당해 유아보육기관이 노리는 보육목표를 구현시키기 위해서는 시설 · 설비가 합리적으로 설치 · 운영되어야 한다. 따라서 다음에서 합리적인 시설 · 설비를 위해 고려할 점에 대하여 기술해 보기로 한다.

(1) 유아중심성

유아보육기관의 모든 시설이나 설비를 유아들이 활용하는 것을 전제로 해서 이루어져야 한다. 따라서 유아들의 발달수준, 흥미와 요구 등을 고려하여 그들의 심미감, 미적감각, 호기심을 자극할 수 있어야 한다.

(2) 안전성

유아보육기관의 모든 시설이나 설비는 유아는 물론, 소속직원 그리고 내방자들의 안전을 보장할 수 있도록 구조, 재질, 유해물질 등 안전을 해치는 모든 요인을 예방, 방지, 차단할 수 있어야 한다.

(3) 경제성

대부분의 유아교육기관이 재정상 어려움을 겪는 상황에서 경제성에 대한 고려는 필수적이다. 시설·설비에 비용이 적게 들어야 한다. 또한 각 유아보육기관에서는 예산투자의 우선순위를 정하고 우선순위에 따라 예산을 집행함은 물론 최소의 경비 투자를 통하여 최대의 효과를 거양하도록 시설·설비 투자의 경제성을 고려해야 한다.

(4) 융통성

시설·설비를 설치할 때는 융통성 있게 활용할 수 있도록 설치한다. 예를 들면, 활동실 공간을 어떤 때는 넓게, 어떤 때는 좁게 활용할 수 있도록 활동실 내 각종 비품의 이동이 용이하게 할 수도 있고 흥미영역의 수도 조정하여 운영하는 등 시설·설비가 고정적이 아니고 상황에 따라 변화될 수 있는 융통성이 있어야 한다.

(5) 효율성

시설·설비 활용의 효율성을 극대화할 수 있도록 시설·설비의 특성에 따라 적절한 장소에 설치하고 또한 시설·설비의 구조도 시설·설비가 기대하고 목표에 접근할 수 있도록 설계·제작되어야 한다.

(6) 심미감

유아보육기관 내의 시설·설비가 유아들의 정서에 미치는 영향은 아주 크다. 일차적으로 적절한 채색으로 시각적 유인성이 있어야 하고 아름다워야 한다.

(7) 유목적성

유아보육기관 내의 모든 시설과 설비는 하나하나가 뚜렷한 목적을 가지고 설치·설비되어야 한다. 어떤 시설이나 설비의 목적이 뚜렷하지 못하면 활용성이 낮아 방치하거나 결국에는 철거 또는 파기하게 된다. 예를 들면, 실외유원장이 좁아 놀이기구가 많지 않은데도 놀이기구를 보관하기 위한 실외창고를 크게 건립하는 경우도 이에 속한다.

(8) 다목적성

하나의 시설이나 설비는 여러 가지 목적으로 사용될 수 있도록 설계되고 제작되어야 한다. 실외유원장에 설치된 원두막은 그늘이 생겨 휴식공간이지만 그 안에서 점토놀이나 목공놀이 공간으로 활용할 수도 있고 융판의 뒷면에 윷놀이판을 붙여 윷놀이를 즐길 수도 있다.

(9) 적절성

유아보육기관 내의 모든 시설이나 설비는 당초 시설이나 설비가 기대하는 효과를 극대화할 수 있도록 시설・설비가 적절해야 한다.

그 중 유아보육기관 위치의 적절성은 제일 중요하다. 여러 종류의 시설이나 설비는 상황에 따라 철거, 보수, 개폐할 수 있으나 유아보육기관의 위치는 그러하지 못하다. 행정상의 편의, 비용, 통학, 위험개소, 지역사회・학부모・유아의 기대나 요구 등을 다각도로 분석하여 선정해야 한다.

(10) 변화성

활동실은 상황에 따라 쉽게 변화가 이루어질 수 있도록 시설・설비가 고려되어야 한다.

활동실내의 비품에 바퀴를 달아 쉽게 이동시켜 활동공간을 좁게 또는 넓게 변화시킬 수도 있고 흥미영역 수의 통합을 통하여 활동실 공간에 변화를 줄 수도 있다. 다양한 '변화'는 유아들의 생각, 학습방법, 유아 간의 상호작용의 질을 변화시킨다.

사무 및 문서관리

제 3 장

1. 사무관리

1) 사무의 개념

사무는 본래 유아들의 보육활동에 직·간접적으로 영향을 준다. 사무는 하나하나가 독자적인 목적이 있는 것은 아니지만 효과적인 학급경영을 위한 준비이며 과정이고 수단이다. 따라서 이와 같은 학급사무는 유아지도에서 필수적이다. 이상과 같은 기능을 중심으로 학급사무란 '일반적으로 학급 내에서 유아지도를 위하여 기대되는 제반 활동을 수행하는 과정에서 수반되는 제반기록과 장부의 작성 및 보관에 관한 문서위주의 업무'를 말한다.

2) 사무내용

유아교육기관의 교사는 유아들을 직접 지도하는 교수활동 외에 유아들을 효율적으로 지도하기 위해 처리해야 하는 사무가 많다. 여기에는 기관 사무와 학급 사무의 두 종류가 있는데 사무의 주기성에 따르면 매일 할 일, 매주 할 일, 매학기 할 일, 매학년에 할 일이 있다. 10개 유아교육기관의 교사 30명을 통해 수집한 유아교육기관에서 이루어지는 사무내용과 학급 사무내용을 정리해 보면 다음 표와 같다.

〈표 Ⅳ-10〉 기관 · 학급 사무의 종류

구분	순	분류	내용
학급 사무	1	표 부류의 기록 정리 사무	생활기록부, 출석부, 신체검사부, 구강검사부, 생활통지부
	2	보고류의 통계 처리 사무	출석 월말 통계 자료, 신체검사 통계 자료
	3	학습지도에 관한 사무	교(보)육과정 계획, 연간 계획, 월간 계획, 주간 계획, 일간 계획
	4	조사 · 검사 · 관찰에 관한 사무	유아 조사, 가정 조사, 환경 조사, 지역 조사, 체질 · 체격 검사, 성격검사, 흥미 검사, 지능 검사, 소시오그램, 유아 관찰기록, 일일 관찰기록, 사례 연구, 학급 경영안, 학급일지, 가정통신
유치원 사무	5	유치원 경영 일반에 관한 사무	가정통신사무, 유치원 어린이활동 사무, 학예활동 · 경영활동에 관한 사무, 직원협의회 사무, 부모회 운영사무
	6	유치원 비품 · 교구 관리 · 보관에 관한 사무	유치원 문고 사무, 교실 비품 관리 사무, 운동 용구, 청소 용구, 시청각 교구 학습 자료, 게시 전시품, 책상, 보건 시설, 정서 순화 시설 등 사무
	7	유치원 사무 분담에 의한 사무	교무 분장에 의한 사무, 지역사회와의 연계에 관한 사무
	8	교사 연구에 관한 사무	교육 연구, 연구 발표, 수업 연구, 유치원 사무 분장에 의한 활동 연구 사무

위 표에서 보는 바와 같이 유치원과 어린이집에서 공통적으로 시행하는 사무, 일부 유치원에서만 시행하는 사무 또는 일부 어린이집에서만 시행하는 사무 등 아주 다양하다. 따라서 각 유치원과 어린이집에서는 각 유아교육기관의 성격, 학급 교사 수 등을 고려하여 위에 제시된 기관 및 학급 사무 중에서 시급하고 필수적인 사무를 우선적으로 취사 선택하여 시행하여야 한다.

3) 학급 사무 관리

학급에서 교사가 처리해야 할 사무는 위에 열거된 바와 같이 많은데 여기에서는 대부분의 유아교육기관에서 시행하고 있는 생활기록부에 한해 활용요령을 기술하기로 한다.

(1) 생활기록부 작성 활용

① 생활기록부의 개념 및 성격

생활기록부는 유아교육법 제14조, 영유아보육법 제29조의2항에 의거 모든 유아교육기관에서 작성 비치해야 되는 법정장부로서 유아들이 유아교육기관에서 수학하는 동안 인적사항, 학적사항, 성장과 발달상황, 출결상황 등을 종합적으로 평정·관리한 유아지도를 위한 기초적 정보문서이다. 또한 관계법에서는 영유아의 생활지도 및 초등학교와의 연계지도에 활용하도록 하고 있다. 생활기록부의 성격은 법정 장부로서의 측면, 기능적인 측면, 기록의 기능으로서의 측면 등 세 가지 측면으로 나누어 볼 수 있다.

첫째, 법정 장부로서의 생활기록부는 반드시 기록해야 하는 공식문서인 동시에, 기록하도록 되어 있는 사항은 반드시 기록해야 하는 강제성을 띠고 있다. 또 생활기록부 서식의 개정 및 수정은 서식 제정 절차 규정에 의해 시행하도록 되어 있으며, 그 절차 또한 용이하지 않아 개정 및 수정에 있어 엄격성을 지니고 있다.

둘째, 기능적 측면에서의 생활기록부는 학생(원아)에 대한 교수-학습활동 참고 자료로 활용됨과 동시에 학생(원아)의 발달상황에 대한 증명으로서의 기능을 가진다.

셋째, 생활기록부는 학교(유치원)에서 이루어지고 있는 대부분의 학생(원아)활동 결과를 기록하여 학생(원아)을 총체적으로 이해하는 데 도움을 주는 기록으로서의 기능을 가진다.

② 어린이집 생활기록부 활용

ㄱ. 어린이집 생활기록부 내용 및 기재

다음에서 어린이집 생활기록부 작성원칙과 생활기록의 양식을 제시한다.

가. 어린이집 생활기록부 작성원칙

1. 현황

1) 아동의 이름은 한글로 기재한다.
2) 성별은 남, 여 중 해당되는 곳에 ○표로 표시한다.
3) 생년월일은 주민등록등본상과 일치한 일자로 기재한다.
4) 주소는 입소 당시의 주소와 변경된 주소를 차례로 기재한다.
5) '보호자'란에는 부, 모가 있을 경우, 양자 모두 기재한다.
6) '기타'란에는 부, 모 이외의 가족사항을 기입한다.
7) 보육료 감면 혜택이 있는 경우 해당되는 곳에 ○표로 표시한다.
   (1) 원아의 성명은 호적상의 기록과 일치해야 하며 생년월일은 주민등록등본과 일치하여야 한다.
   (2) 주소란에는 입소 당시의 주소를 연필로 기재하였다가 졸업당시의 주소를 흑색으로 기재하도록 한다.
   (3) 부모성명은 호적상의 부모성명을 한글로 기재한다. 입소 전 부모사망은 성명란에 '사망'으로 기재하며, 재학중 부모사망은 좌상우하로 적선삭제한다.
   (4) 부모의 이름 및 직업 근무지는 상세히 기재한다.

2. 생활습관, 원아의 평상시 생활습관

1) 수면, 배변, 식사, 성격, 기타를 상세히 기록한다.

3. 전염병 예방 점검

1) 전염병 예방접종 시 종류에 따라 회기란에 접종시기를 기록한다.
2) 추가접종 시 종류에 따라 접종시기를 기록한다.

4. 병명기록

1) 병명란에는 병명을 기록한다.
2) 입소 전에 발병하였는지 입소 후에 발명하였는지를 기록한 후, 질병의 정도를 상세히 기록한다.

5. 성장에 관한 기록

1) 18개월 미만의 아동은 2개월마다 신장과 몸무게를 측정하여 측정시기를 기록한다.
2) 18개월 이상의 아동은 6개월마다 신장과 몸무게를 측정하여 측정시기를 기록한다.

나. 생활기록부 양식

〈표 Ⅳ-11〉 생활기록부(영아)

㉠ 인적사항 (전면)

<table>
<tr><th colspan="3">어린이집명</th><td colspan="6"></td></tr>
<tr><td rowspan="4">아동</td><td colspan="2">이 름</td><td colspan="2">(한글)
(한자)</td><td>성 별</td><td>남.여</td><td rowspan="4"></td></tr>
<tr><td colspan="2">생년월일</td><td colspan="2"></td><td>입·퇴소일</td><td>입소
퇴소</td></tr>
<tr><td colspan="2">주 소</td><td colspan="4"></td></tr>
<tr><td colspan="2">전화번호</td><td colspan="2"></td><td>혈액형</td><td></td></tr>
<tr><td rowspan="7">보호자</td><td colspan="2">아동과의 관 계</td><td>부</td><td>모</td><td>형제(자매)</td><td colspan="2">기 타</td></tr>
<tr><td colspan="2">이 름</td><td></td><td></td><td></td><td colspan="2"></td></tr>
<tr><td colspan="2">직 업</td><td></td><td></td><td></td><td colspan="2"></td></tr>
<tr><td colspan="2">근 무 지
(전화번호)</td><td></td><td></td><td></td><td colspan="2"></td></tr>
<tr><td rowspan="3">근무시간</td><td>평 일</td><td></td><td></td><td></td><td colspan="2"></td></tr>
<tr><td>토요일</td><td></td><td></td><td></td><td colspan="2"></td></tr>
<tr><td>일요일</td><td></td><td></td><td></td><td colspan="2"></td></tr>
<tr><td colspan="3">데려오고, 데려가는 사람</td><td colspan="5">(성명 : 관계 :) (성명 : 관계 :)</td></tr>
</table>

※ 비고 : 보호자란 중 부모가 있을 경우 양자 모두 기재

㉡ 기본생활습관 및 발달 상황 (이면)

영역 \ 연령		0세	1세	2세
기본생활습관 및 활동발달	수 면			
	배 변			
	식 사			
	기본생활			
	신체운동			
	사회관계			
	의사소통			
	자연탐구			
	예술경험			

〈표 Ⅳ-12〉 생활기록부 양식(유아)

㉠ 인적사항 (전면)

<table>
<tr><td colspan="2">어린이집명</td><td colspan="6"></td></tr>
<tr><td rowspan="4">아동</td><td>이 름</td><td colspan="2">(한글)
(한자)</td><td>성 별</td><td>남 · 여</td><td colspan="2" rowspan="4">사진
(3X4)</td></tr>
<tr><td>생년월일</td><td colspan="2"></td><td>입. 퇴소일</td><td></td></tr>
<tr><td>주 소</td><td colspan="4"></td></tr>
<tr><td>전화번호</td><td colspan="2"></td><td>혈액형</td><td></td></tr>
<tr><td rowspan="7">보호자</td><td colspan="2">아동과의 관 계</td><td>부</td><td>모</td><td>형제 (자매)</td><td colspan="2">기 타</td></tr>
<tr><td colspan="2">이 름</td><td></td><td></td><td></td><td colspan="2"></td></tr>
<tr><td colspan="2">직 업</td><td></td><td></td><td></td><td colspan="2"></td></tr>
<tr><td colspan="2">근 무 지
(전화번호)</td><td></td><td></td><td></td><td colspan="2"></td></tr>
<tr><td rowspan="3">근무
시간</td><td>평일</td><td></td><td></td><td></td><td colspan="2"></td></tr>
<tr><td>토요일</td><td></td><td></td><td></td><td colspan="2"></td></tr>
<tr><td>일요일</td><td></td><td></td><td></td><td colspan="2"></td></tr>
<tr><td colspan="2">데려오고,
데려가는 사람</td><td colspan="6">(성명 : 관계 :) (성명 : 관계 :)</td></tr>
</table>

※ 비고 : 보호자란 중 부 · 모가 있을 경우 양자 모두 기재

㉡ 출결상황

구분 \ 연령	3세	4세	5세
보육일수			
결석일수			
의 견			

ⓒ **영유아 표준예방접종** (이면)

대상전염병	백신종류 및 방법	접종차수	접종일자	접종기관
디프테리아, 파상풍, 백일해	DTaP	5차(추가)		
폴리오	IPV	4차(추가)		
홍역, 유행성 이하선염, 풍진	MMR	2차		
일본뇌염	JEV(사백신)	3차		
		4차(추가)		
인플루엔자	Flu	매년 접종		
장티푸스	주사용	고위험군에 한함		
기타 임시예방접종 등		명칭 기재		
		명칭 기재		

ⓔ **신체발달상황**

구분 \ 연령	3세	4세	5세
신 장(㎝)			
몸 무 게(㎏)			
의 견			
특이사항			

ⓜ **활동발달상황**

영역별 \ 연령	3세	4세	5세
기본생활습관			
신체운동 · 건강			
의사소통			
사회관계			
예술경험			
자연탐구			
종합 의견			

ㄴ. 활동발달상황(어린이집), 유아행동발달상황(유치원) 기입요령

생활기록부 내의 어린이집의 활동발달상황과 유치원의 행동발달상황은 유아들이 유아교육기관에 입원한 후 유아교육기관에서 제공하는 다양한 유아교육프로그램의 영향으로 유아들이 성장·발달한 행동으로 신체운동·건강, 사회관계, 예술경험, 의사소통, 자연탐구, 종합발달상황 기록의 '예'를 제시한다.

가. 신체운동·건강

㉠ 활동적인 놀이 후에는 적절히 휴식을 취하고 사고나 위험에 처했을 때에 적절한 방법으로 대처함

㉡ 도구를 다양하게 활용하여 몸을 율동적으로 움직이는 활동에 참여하며 활동적인 놀이 후에 휴식을 취할 수 있음

㉢ 손과 이를 깨끗이 하는 습관이 잘 형성되어 있으며 계절과 상황에 맞게 스스로 옷을 입을 수 있음

㉣ 적당한 양의 음식을 골고루 잘 먹고 음식물을 소중히 여기나 날씨 상황에 따라 알맞게 옷을 입는 데에는 어려움을 느낌

㉤ 다양한 놀이기구를 능숙하게 잘 다루며 동료유아들과 협동적인 놀이를 즐김

㉥ 공간을 이용하여 자신의 움직임을 조절할 수 있으나 소근육 활동의 경험이 필요함

나. 사회관계

㉠ 자기가 활동한 것에 만족하며 긍정적인 자아개념이 형성되어 있음

㉡ 물건을 잘 간수하고 아껴 쓰며 정직하게 말하고 동료유아들의 행동을 잘 이해함

㉢ 하루일과를 알고 계획을 세워 활동하고 무엇이나 잘할 수 있다는 자신감을 가지고 있으며 정직하게 말하고 행동함

㉣ 어른에 대한 예절이 바르고 차례를 잘 지키며 새로운 일에 적극적으로 참여하여 활동함

㉤ 마음대로 하면 안 되는 것이 무엇인지 알고 행동하며 다른 사람과의 약속을 잘 지킴

㉥ 정해진 곳에 쓰레기를 분리하여 버릴 줄 알며 자기중심적인 생각과 행동이 점차 개선되어 가고 있음

다. 예술경험

㉠ 한두 가지 소재를 이용하여 소리를 만들기 시작하였으며 동화·동시를 듣고 그림으로 표현하기를 좋아함

㉡ 다양한 도구로 그림 그리는 것에 관심이 많고 노래를 즐겨 부르며 자유롭게 몸을 움직여 보려고 노력함

㉢ 전래동요 듣기 및 리듬악기 활동을 매우 즐기나 자연이나 사물을 감상해 보는 경험이 필요함

㉣ 우리 가락에 관심이 많으며 극놀이 활동에 적극적으로 참여하나 여러 가지 도구를 사용하여 그림으로 표현하는 활동을 어려워함

㉤ 좋아하는 노랫말을 반복해 부르고 다양한 조형 작품에 관심을 가지나 동화·동시를 듣고 그림으로 표현해 보는 경험이 요구됨

㉥ 우리나라의 전통예술에 관심이 많고 자연이나 주위 환경의 소리를 듣고 구별해 보려고 하며 교사의 권유가 있어야 꾸미기 활동에 참여함

㉦ 극화하기를 즐기며 리듬악기로 리듬을 만들려고 노력하나 자연이나 주위 환경에서 나는 소리에 무관심함

㉧ 경험한 것을 그림으로 표현하는 활동에 적극적이나 전통음악에 친숙해질 수 있는 경험이 요구됨

라. 의사소통

㉠ 그림, 글자 등 다양한 형태를 이용하여 자신의 생각을 잘 표현하나 질문에 대하여 바르게 대답하지 못함

㉡ 책에 관심을 가지고 책 보기를 즐기나 듣는 사람을 바라보며 말하는 태도가 필요함

㉢ 그림책의 글자에 관심을 가지고 책 보기를 즐기며 말할 차례를 지켜 바른 태도로 말하나 가끔 주제에서 벗어난 이야기를 할 때도 있음

㉣ 읽어 주는 글에 관심을 가지고 그림 그리기나 긁적거리기로 자신의 생각을 표현하게 되었으며 주변에서 친숙한 글자를 찾고 즐거워함

㉤ 궁금한 것을 알기 위해 책을 찾아보며 읽어 준 글의 내용에 대해 서로 이야기를 나누는 데 주도적인 역할을 함

㉥ 이야기를 듣고 궁금한 것에 대하여 묻고 여러 가지 낱말과 문장을 적절히

활용하며 말할 수 있음

마. 자연탐구

㉠ 새로운 상황에 대하여 스스로 질문하고 알아보며 가끔 남과 다른 독특한 생각을 제시하기도 함

㉡ 크기와 모양이 다른 사물을 순서대로 놓을 수 있으며 물체의 반쪽을 보고 전체를 알 수 있음

㉢ 일상생활 경험과 관련된 시간의 흐름을 대체로 알고 있으며 사물을 준거에 따라 비교할 수 있음

㉣ 다양한 모양을 이용해 여러 가지 형태를 구성하며 일상생활에서 친숙한 자료를 모아 정리하고 분류할 수 있음

㉤ 날씨와 계절의 변화에 관심을 보이며 물체가 움직이는 이유에 호기심을 갖고 관찰함

㉥ 눈으로 볼 수 없거나 형체가 없는 물체에도 관심이 있으며 측정과 관련된 용어의 뜻을 이해하고 사물을 비교할 수 있음

바. 종합발달상황

㉠ 자신에 대해 긍정적으로 생각하고 친구들과 사이좋게 지내며 일을 스스로 계획하고 완성함

㉡ 시작한 활동에 열중하여 끝까지 마무리를 잘하며 다른 사람이 하는 말을 귀담아 들음

㉢ 감각기관의 협응이 잘되며 노래를 즐겨 부르고 표현활동에 있어 흥미를 갖고 참여하며 발표도 잘함

㉣ 자연현상과 변화에 대한 호기심이 많으며 자기 의사를 바르게 표현하고 온순하며 친절함

㉤ 조용하고 차분한 성격으로 다른 사람을 잘 배려하며 그림 그리기를 즐김

㉥ 솔직하고 양보를 잘하며 그리기와 만들기에 창의성이 엿보이나 정리·정돈하는 태도가 아쉬움

2. 문서관리

1) 개념

문서는 행정기관 또는 공무원이 직무상 작성한 서류를 말한다.

2) 문서의 기안

(1) 기안의 의의: 기관의 의사를 결정하기 위하여 문안을 작성하는 것을 말한다.
① 기안 용지를 사용하는 일반 기안, 일괄 기안, 공동 기안
② 기안 용지를 사용하지 않는 수정 기안, 서식에 의한 처리 등이 있음

(2) 기안자: 직급에 관계없이 사무 관리 규정 제5조의 규정에 의하여 분장 받은 업무에 대하여 그 업무를 담당하는 자

(3) 기안의 형식
① 문서의 기안은 전자 문서로 함을 원칙으로 하며, 업무의 성격, 기타 특별한 사정이 있는 경우에는 종이 문서로 기안한다.
② 기안 용지의 종류
ㄱ. 일반 기안 용지: 대내·외 문서와 내부 결재 문서
ㄴ. 일반 간이 서식: 내부 결재 문서
ㄷ. 관계 서식이 따로 있는 경우, 그 서식 사용
③ 일반 간이 서식은 보고서·계획서·검토서 등 내부 결재 문서에 한하며 시행문으로 변환하여 시행할 수 없다.
④ 시행을 전제로 한 문서는 반드시 일반 기안 용지를 사용하여야 한다.
⑤ 위 서식 외에 특별한 결재 절차를 사용하기 위한 기안 서식이 필요한 경우에는 서식을 따로 정하여 사용할 수 있다.

3) 발의자 및 보고자 표시

(1) 기안문의 결재란에는 기안하도록 지시한 자 또는 지시자가 없는 경우 스스로 입안한 자는 ★표시를, 결재 시 결재권자에게 보고하는 자는 ◉표시를 한다.
* 발의자와 보고자가 동일인인 경우에는 ★, ◉를 함께 표시

(2) 표시 생략 가능 문서
① 검토 및 결정이 필요 없는 문서
② 제 증명 발급, 회의록, 기타 단순 사실을 기록한 문서
③ 일상적·반복적인 업무로서 경미한 사항에 관한 문서
④ 표시 위치는 직위 또는 직급의 앞 또는 위
⑤ 전자 문서의 결재 등 결재권자에게 직접 보고하지 않은 경우에는 보고자 표시를 생략한다.

4) 문서의 결재

(1) 결재(좁은 의미)는 법령의 규정에 의하여 소관 사항에 대한 기관의 의사를 결정할 권한을 가진 자(주로 행정기관의 장)가 그 의사를 결정하는 행위를 말한다.
(2) 전결은 행정기관의 장으로부터 사무의 내용에 따라 결재권을 위임받은 자가 행하는 결재를 말하며, 그 위임 전결사항은 당해 기관의 장이 훈령(임의 전결 규정 또는 지방자치단체의 규칙)으로 정한다.
(3) 대결은 결재권자가 휴가, 출장, 기타의 사유로 결재권자의 사정에 의하여 결재를 할 수 없을 때에 그 직무를 대리하는 자가 행하는 결재를 말한다.

5) 문서 처리

문서의 처리는 문서의 접수, 기안 및 시행, 결재, 발송, 문서 통제의 전 과정을 의미한다. 이러한 과정은 소정의 양식과 절차에 의하여 이루어진다. 문서 처리의 원칙에는 즉일 처리의 원칙, 책임 처리의 원칙, 적법성의 원칙 등이 있다.

6) 문서작성의 기본원칙

(1) 문안: 문서는 한글로 작성하되, 쉽고 간명하게 표현하고, 뜻을 정확하게 전달하기 위하여 필요한 경우에는 괄호 안에 한자 그 밖의 외국어를 넣어 쓸 수 있음
(2) 숫자: 아라비아 숫자로 쓴다.
(3) 날짜: 숫자로 표기하되 연·월·일의 글자 생략(예: 2017. 2. 15)
(4) 시간: 시·분표기는 24시각제에 따라 숫자로 하되, 시·분의 글자는 생략하고

그 사이에 쌍점(:)을 찍어 구분한다(예: 오후 3시 20분 → 15:20).

(5) 금액: 문서 및 유가증권에 금액을 표시하는 때에는 아라비아 숫자로 쓰되, 숫자 다음에 괄호를 하고 한글로 기재한다(예: 금 15,790원(금일만오천칠백구십원)).

7) 문서기안의 예

문서를 기안할 때는 다음과 같은 기안문서에 의하여 작성한다.

OOOO 어린이집

수신자: 내부결재
(경유)
제 목

제10회 어버이 체육대회 개최

제10회 어버이 체육대회를 아래와 같이 개최하겠습니다.

1. 목적
   - 부모님과 자녀들 간의 유대 강화
   - 부모님의 건강 증진

2. 일시 : 2017년 5월 10일 10:00~13:00 (3시간)

3. 본원 운동장

4. 내용
   달리기 외 13종

5. 세부 계획은 별첨자료를 참고하기 바람

첨부 : 1. 제10회 어버이 체육대회 개최계획. 1부. 끝

협조자 : 전 직원
시 행: OOOO어린이집-( ) 접수 ( )
우 573-390 전라북도 군산시 지곡동 4길 30번지/ http://www.ksjigok.es.kr
전화/ 전송 063-461-7186 / /

8) 기타

(1) 용지의 여백

문서의 편철 및 관리상의 필요에 의하여 용지에 일정한 여백을 둔다.

① 위로부터 3cm

② 왼쪽으로부터 2cm

③ 오른쪽으로부터 1.5cm

④ 아래로부터 1.5cm

(2) 좋은 문서란

① 정확 · 간결 · 명료하며

② 알기 쉽게 표현되어

③ 상대방이 쉽게 이해할 수 있도록 작성된 것

* 문서의 작성, 전달, 보존 등 연속되는 문서관리에 있어서의 올바른 절차의 준수는 당해 기관의 대외적인 신뢰와 품위를 높인다.

(3) 공문서의 일반적 표기법

① 한글 사용(필요한 경우 한자, 외국어를 괄호 안에 병기)

② 숫자: 아라비아

③ 날짜: 2017. 6. 8(토). *2017. 06. 08(×)

④ 시분: 15:20, 14:05(24시각제) *오후 3시 20분(×)

⑤ 금액: 금15,790원(금일만오천칠백구십원)

※ 부적절한 예

• 인원: 이십명 ⇒ 20명

• 일시: 2017년 10월 24일(화). 12시 30분 ⇒ 2017. 10. 24(화). 12:30

제 V 부

보육평가

유아보육기관에서 보육활동을 전개한 후 보육활동에 대한 평가를 실시하여 보육의 성과를 확인하고 평가결과 확인된 문제점에 대한 대책을 강구하는 것은 유아보육활동에서 반드시 거쳐야 하는 과정이다.

유아보육평가는 보육의 성과가 단기적으로 나타나지 않고 특히, 유아평가는 유아를 대상으로 하여 이루어진다는 점에서 유아는 언어표현력의 부족, 평가과정에서 야기될 우려가 있는 평가상의 윤리성 등 많은 과제가 노출되기도 하여 평가과정에서 신중을 기해야 한다.

제Ⅴ부 제1장에서는 보육평가로서 유아보육기관에서 필수적으로 실시해야 되는 유아평가, 누리과정평가, 일일 일과활동평가방법 등에 대하여 생각해 보기로 한다.

또한 제2장에서는 국가적 차원에서 보육서비스에 대한 효과적인 질 관리 시스템을 마련하고 부모들이 합리적으로 어린이집을 선택할 수 있도록 정보를 제공하기 위해 실시하는 어린이집평가인증제의 실시방법과 요령에 대하여 기술하기로 한다.

제1장

보육과정 평가

유아보육기관에서 유아보육목표를 설정하고 설정된 유아보육목표 구현을 위해 보육과정을 편성하고 편성된 보육과정을 운영하여 종국적으로는 당해 유아보육기관의 보육목표의 구현 여부를 확인하는 유아보육평가가 이루어지기 마련이다. 이와 같은 유아보육평가는 보육목표 도달도의 확인뿐만 아니라 차후 시행되는 보육과정 편성을 위한 기초자료를 확보하는 데에도 의의가 있다.

따라서 제1장에서는 이상에서 밝힌 유아보육목표 구현을 위하여 보육과정 평가에 관련하여 보육과정 평가의 이해, 유아평가, 누리과정 평가, 일일 일과평가 등 4개 영역에 걸쳐 평가방법을 기술하기로 한다.

1. 보육과정 평가의 이해

합리적인 보육과정 평가를 실시하기 위해서는 보육과정 평가에 대한 성격을 먼저 이해해야 한다.

따라서 제1부에서는 보육과정 평가의 개념・필요성, 유형 및 내용, 어린이집 표준보육과정과 누리과정의 평가지침의 순으로 기술한다.

1) 개념, 필요성

(1) 개념

보육과정 평가란 '유아보육목표의 도달(목표와 결과의 일치도)을 확인해 보는 과정'이고 넓은 의미에서는 '유아보육에 관한 의사결정을 목적으로 교육활동의 가치와 효과를 결정하는 과정'으로 정의한다.

(2) 필요성

보육과정 평가의 필요성은 다음과 같다.

첫째, 유아의 보육목적과 목표의 달성도를 확인한다.

둘째, 유아의 전반적인 생활지도를 위한 기초자료를 수집한다.

셋째, 어린이집의 보육활동에 대한 효율성을 점검하고 반성자료로 활용한다.

넷째, 보육의 질 향상을 위한 유아보육기관 및 학급경영 활동 전반에 관한 자료를 수집·분석하는 데 활용한다.

2) 유형 및 내용

(1) 유아 평가 : 유아의 종합적인 발달상황과 누리과정 5개 영역 목표에 대한 도달도를 평가한다.

(2) 누리과정 평가 : 누리과정의 편성 및 운영상황에 대하여 평가한다.

(3) 1일 일과 평가 : 1일 일과활동의 효율성을 확인하기 위해 평가한다.

3) 평가지침

각 어린이집에서 보육과정의 평가방향을 바르게 정립하기 위해서는 제3차 어린이집 표준보육과정, 누리과정의 평가지침을 잘 이해해야 한다.

제3차 어린이집 표준보육과정 평가지침

가. 운영평가

1) 어린이집 표준보육과정의 목표와 내용에 근거하여 보육내용이 적절히 편성·운영되는지 평가한다.
2) 어린이집 표준보육과정의 운영내용 및 활동이 영유아의 발달수준과 흥미, 요구에 적합한지 평가한다.
3) 영유아의 발달수준, 흥미, 요구에 적합한 경험 및 학습을 촉진할 수 있는 다양한 활동과 교수·학습 방법이 계획되고 통합적으로 운영되는지 평가한다.
4) 일과 운영 및 보육활동 구성 시 놀이활동과 일상생활활동의 양과 내용이 영아 및 유아 각 연령의 발달에 적합하게 계획되고 운영되지는 평가한다.
5) 만 0~1세아, 만 2세아는 집단활동보다 개별적인 상호작용과 교수법을 중심으로 상호작용이 진행되는지를 평가한다.
6) 어린이집 표준보육과정 운영평가 결과를 수시로 반영하여 보육과정 운영계획을 수정·보완하거나 다음 연도의 계획수립 및 운영에 반영하는지 평가한다.

나. 영유아평가

1) 어린이집 표준보육과정의 목표와 내용에 근거하여 영유아의 특성과 변화 정도를 평가한다.
2) 지식, 기술, 태도 등을 평가한다.
3) 일상생활과 보육활동 전반에 걸쳐 평가한다.
4) 관찰, 활동결과물 분석, 부모면담 등 다양한 방법을 사용하여 종합적으로 평가하고, 그 결과를 기록한다.
5) 평가결과는 영유아에 대한 이해와 어린이집 표준보육과정 운영 개선 및 부모면담자료로 활용한다.

누리과정 평가지침

가. 누리과정 운영평가

1) 운영내용이 누리과정의 목표와 내용에 근거하여 평가·운영되었는지 평가한다.
2) 운영내용 및 활동이 유아의 발달수준과 흥미·요구에 적합한지를 평가한다.
3) 교수·학습방법이 유아의 흥미와 활동의 특성에 적합한지를 평가한다.
4) 운영내용이 유아의 발달특성과 활동의 주제, 내용 및 효율성 등을 고려하여 구성되었는지를 평가한다.
5) 계획안 분석, 수업참관 및 모니터링, 평가척도 등 다양한 방법을 활용하여 평가한다.
6) 운영평가의 결과를 반영하여 운영계획을 수정·보완 하거나 이후 누리과정 편성·운영에 활용한다.

나. 유아평가

1) 누리과정 목표의 내용에 근거하여 유아의 특성과 변화 정도를 평가한다.
2) 유아의 지식, 기능, 태도를 포함하여 평가한다.
3) 유아의 일상생활과 누리과정 활동 전반에 걸쳐 평가한다.
4) 관찰, 활동결과물 분석, 부모면담 등 다양한 방법을 사용하여 종합적으로 평가하고, 그 결과를 기록한다.
5) 유아평과 결과는 유아에 대한 이해와 누리과정 운영 개선 및 부모 면담자료로 활용할 수 있다.

2. 유아평가

1) 개념

유아보육과정 5개 영역 목표에 대한 도달도를 학급 또는 개인별로 확인해 보는 과정 또는 유아보육지도의 효율성을 제고시키기 위한 보육적 의사결정을 목적으로 당해 유아보육기관에서 전개한 전반적인 유아보육활동에 대한 가치와 효과를 평가하는 활동이다.

2) 목적

(1) 유아 개개인의 전인적인 성장과 발달상황을 이해한다.
(2) 유아지도에 필요한 기초적인 자료를 제공한다.
(3) 부모에게 자녀지도에 필요한 정보와 자료를 제공한다.
(4) 교사의 유아지도 방법 개선 자료로 활용한다.
(5) 유아에 대한 학습동기유발 자료로 활용한다.
(6) 각종 유아보육 관련 장부의 기록자료로 활용한다.

3) 평가방법

유아 평가방법은 다양하나 일반적으로 어린이집에서 보편적으로 활용하는 평가방법은 다음과 같다.

(1) 활동상황의 관찰을 통한 평가

① 일화기록법

일상생활이나 학습장면에서 일어나는 여러 가지 행동사례를 가능한 한 상세하게 기록하는 방법이다.

일화기록에서 특히 유의하여야 할 점은 다음과 같다.

ㄱ. 사건을 구체적으로 기록해야 한다. 유아가 한 말을 사실대로 인용하고 행동을 그대로 기록하여야 한다.

ㄴ. 유아의 말이나 행동에 대한 관찰자의 판단이나 반응을 적어서는 안 된다.

ㄷ. 적절한 자료를 얻기 전에 성급한 해석을 하지 말아야 한다.

② 체크리스트법

유아의 각 활동에의 참가태도, 자세, 관심과 실천사항 등을 교사가 미리 체크리스트를 만들고 이에 따라 체크할 수 있다.

③ 평정척도법

관찰하고자 하는 특성이나 행동을 일정한 기준에 따라 평정하는 것으로 관찰기록이나 평가에 있어 제한을 받지 않으므로 가장 일반적으로 사용되는 평가도구 중 하나이다.

(2) 설문지를 활용한 평가

질문을 만들어서 배열한 설문지를 준비하고 그 회답을 기입해서 제출받는 방법으로 설문이 모호하지 않도록 유의하고 명확한 답을 얻을 수 있도록 하는 것이 좋다.

① 유아의식조사: 유아의 의식을 설문지를 통하여 조사한다.

② 유아의 자가평가: 유아 자신의 평소 활동상황, 태도 등을 되돌아보고 반성한 다음 유아자신이 기록하게 함으로써 유아의 내면적 경향을 알아낼 수 있는 방법이다.

③ 유아 상호평가: 유아가 지향해야 할 행동과 태도의 기준을 열거해 놓고 그 기준에 눈에 띄게 접근되었다고 생각되는 유아를 가려내게 하는 방법이다.

(3) 유아의 기록 · 작품을 통한 평가

① 활동기록 분석법 : 유아의 활동계획과 기록을 분석하여 평가하는 방법으로 대집단, 중집단, 소집단별로 활동과제를 제시하고 활동과제 처리상황을 관찰하여 그 결과를 분석하는 방법이다.

② 개인기록 분석법 : 유아 개개인에게 각 활동에 있어서 사전에 자신이 할 일의 계획을 세우게 하고 그것을 각 개인별 누가 기록하여 활동이 끝난 후 또는 과정 중에 개인의 기록 등을 수합해서 평가 · 분석하는 방법이다.

③ 작문 일기 분석법 : 유아 개개인의 생각, 감정, 느낌이 잘 표현된 작문이나 일기를 분석 · 평가하는 방법이다. 특히 견학활동, 현장학습 등 어린이집 행사를 실시한 후에 작문이나 일기를 쓰도록 한다.

④ 교사협의를 통한 평가 : 유아 개개인에 대해서 여러 교사가 관찰한 결과를 전달받아 담임교사가 최종적으로 종합 판단해서 평가한다. 여러 교사의 협의와 협조 아래 다각적인 측면에서 자료를 숙지하고 정보를 교환한다면 유아의 행동을 보다 총체적이고 객관적으로 평가하는 데 도움이 된다.

⑤ 포트폴리오를 통한 평가 : 포트폴리오(portfolio)를 통한 평가란 유아 자신이 만든 작품을 지속적으로 모아둔 작품집을 이용한 평가방식이다.

⑥ 실험 · 실습법 : 유아들에게 어떤 과제를 제시하고 유아들로 하여금 직접 실험 · 실습을 하게 한 후 그 결과를 제출받거나 활동 중에 평가하는 방법이다.

⑦ 찬반토론법 : 사회적으로나 개인적으로 서로 다른 의견을 제시할 수 있는 주제를 가지고(예 : 우리가 활동실에서 마음대로 뛰어다닌다면) 개인별로 토론을 시키고 그 과정에서 평가한다.

4) 평가내용

유아 평가내용은 2가지 측면에서 생각할 수 있다.

첫째, 유아들이 전인적으로 지, 덕, 체 면에서 어떻게 성장 · 발달하였는가?를 알아보는 것으로 유아들의 성장 · 발달상황을 종합적으로 평가하는 경우이다.

둘째, 어린이집의 보육활동에서 누리과정이 차지하는 비중이 제일 크다. 따라서 보육과정 내 누리과정 5개 영역(0-2세 영아는 6개 영역)별로 평가하는 경우로서 다음에서 이에 대하여 자세히 설명한다.

(1) 보육목표 구현상황 평가(전인적 성장 · 발달 상황평가)

전인적 성장·발달 면의 평가관점이나 내용을 선정한다는 것은 꽤 어려운 일이다. 그래서 일반적으로 당해 유아보육기관 보육목표의 구현상황을 종합적으로 평가하는 것이 일반적이다.

그 예를 들면 다음과 같다.

〈표 V-1〉 보육목표 구현 평가내용의 '예'

〈보육목표 1〉 1. 예의 바르고 진취적인 어린이 육성	1) 인사를 잘한다.	① 교사와 친구들에게 늘 인사하는가?	관찰법
	2) 용의가 단정하다.	② 청결, 용의에 늘 신경을 쓰는가?	관찰법
	3) 규칙을 잘 지킨다.	③ 놀이, 학습, 교통규칙을 잘 지키는가?	관찰법
	4) 학습태도가 바르다.	④ 학습력이 있고 학습태도가 바른가?	관찰법
	5) 미래지향적이다.	⑤ 자기 미래의 꿈을 당당히 발표할 수 있는가?	발표
	6) 지도성이 강하다.	⑥ 친구들과 잘 어울리며 각종 소그룹을 잘 이끌어 가는가?	관찰법

(2) 누리과정 5개 영역별 평가

전 절에 밝힌 유아에 대한 전인적 성장·발달에 대한 평가가 당해 유아보육기관의 보육목표 도달상황평가에 초점을 맞춘 것이라면 누리과정 5개 영역별 평가는 누리과정의 5개 영역, 즉 신체건강·운동, 사회관계, 의사소통, 예술경험, 자연탐구 등의 영역별 지도내용에 대한 평가내용으로 누리과정 5개 영역에 대한 평가내용을 구체화시키기 위해서는 5개 영역(0-2세 영아는 6개 영역)별 지도내용을 근거하여 평가내용을 선정해야 한다.

제일 먼저 누리과정 5개 영역별 평가핵심내용을 아래와 같은 요령으로 선정한 후 선정된 영역별 평가핵심내용에 대하여 평가한다.

〈표 V-2〉 5개 영역별 핵심평가내용의 '예'

영역 / 연령	신체운동 · 건강	의사소통	사회관계	예술경험	자연탐구
3세	• 신체 조절하기 • 바른 식생활 하기	• 쓰기에 관심 가지기 • 느낌, 생각, 경험 말하기	• 사회적 가치를 알고 지키기	• 움직임과 춤으로 표현하기 • 미술활동으로 표현하기	• 생명체와 자연환경 알아보기 • 수와 연산의 기초 개념 알아보기

영역 연령	신체운동 · 건강	의사소통	사회관계	예술경험	자연탐구
4세	• 기본 운동하기 • 기구를 이용하여 신체활동 하기	• 쓰기에 관심 가지기 • 느낌, 생각, 경험 말하기	• 친구와 사이 좋게 지내기	• 미술활동으로 표현하기	• 탐구과정 즐기기 • 수와 연산의 기초개념 알아보기
5세	• 신체를 인식하고 움직이기 • 쓰기에 관심 가지기	• 나를 알고 존중하기 • 다른 사람과 더불어 생활하기	• 바른 태도로 듣기 • 쓰기에 관심 가지기	• 미술적 요소 탐색하기 • 미술활동으로 표현하기	• 공간과 도형의 기초개념 알아보기 • 생명체와 자연환경 알아보기 • 탐구과정 즐기기

5) 유아평가의 실제

어린이집에서 합리적인 유아평가를 실시하기 위해서 일반적으로 활용하는 방법으로 활동상황의 관찰을 통한 평가, 질문지를 활용한 평가, 유아의 기록 · 작품을 통한 평가, 교사협의를 통한 평가, 포트폴리오를 통한 평가, 실험 · 실습법, 찬 · 반토론법이 있는데 다음에서 유아 누리과정 5개 영역에 대해 일반적으로 많이 활용되고 있는 평가방법을 기술해 본다.

(1) 포트폴리오 평가

포트폴리오란 하나 또는 여러 영역에서 유아들의 노력 · 발전 또는 성과를 보여주는 특별한 목적을 위해 모아진 유아들의 학습활동에 대한 체계적인 관찰기록과 학습활동의 결과물을 정해진 준거에 따라서 교사와 유아가 협력하여 평가하는 방법이다.

① 평가영역

신체운동 · 건강, 의사소통, 사회관계, 예술표현, 자연탐구 등 전 영역의 평가가 가능하다.

② 평가절차

포트폴리오 평가는 개별화된 방법이므로 모든 유아교육기관과 유아에게 동일하게 적용할 수 있는 정형화된 평가절차를 제시하기는 어려우나 일반적으로 다음과 같은 절차를 밟아 시행할 수 있다.

ㄱ. 기준의 설정

제1단계로 할 일은 포트폴리오를 만드는 목적이 무엇인지를 분명하게 결정하고 그 목적이 달성되었는지의 여부를 알 수 있는 기준을 설정한다. 그 예를 다음에서 제시한다.

〈표 V-3〉 연령별 기준의 '예'

		4세	5세
신체운동·건강	대근육 발달	• 발은 번갈아가며 계단을 내려올 수 있다. • 30cm의 높이에서 뛰어내릴 수 있다. • 상대방에게 공을 던지고 받을 수 있다.	• 음악리듬에 맞추어 몸을 움직일 수 있다. • 50cm의 높이에서 뛰어 내릴 수 있다. • 공을 던지고, 잡고, 치는 행동을 능숙하게 할 수 있다. • 미끄럼타기, 그네타기 등을 능숙하게 할 수 있다.
	소근육 발달	• 단순한 형태를 잘라서 풀로 붙일 수 있다. • 주어진 글자나 숫자 꼴을 본뜰 수 있다. • 가위로 직선과 곡선을 자를 수 있다. • 블록이나 레고를 갖고 간단한 모형을 만들 수 있다.	• 색종이로 비행기나 배 모양을 접으려고 한다. • 숫자를 글자를 보고 따라 쓸 수 있다. • 잡지에서 자신이 원하는 그림을 자를 수 있다. • 마분지의 구멍을 통과하여 털실을 뀔 수 있다.

기준 설정요령은 다음과 같다.

가. 내용은 누리과정 5개 영역별 지도내용에서 선정한다.

나. 기준을 설정할 때는 유아의 발달수준을 충분히 고려한다.

ㄴ. 작업표본 수집

작업표본은 포트폴리오의 핵심으로 활동의 결과물로 유아들이 쓴 글, 그림, 읽은 책의 목록, 수학활동자료, 과학활동자료, 사진, 유아들이 이야기한 것을 받아 적은 것, 친구들과 협동작업한 것, 유아들의 노래나 이야기를 녹음한 것 등을 들 수 있다. 포트폴리오 자료를 수집할 때는 유아의 성취도를 확인할 수 있는 핵심평가항목과 유아의 개성을 알 수 있는 개별화 항목으로 나누어 수집한다.

〈표 Ⅴ-4〉 핵심평가항목 선정의 '예'

영역	핵심평가항목의 '예'	수집활동의 '예'
신체운동 · 건강	① 대 · 소근육활동에 대한 기록 ② 기본적인 생활습관에 대한 기록	• 실외활동 관찰기록 • 소근육활동 결과물 • 생활습관 관찰기록
사회관계	① 그림이나 대화를 통해 자신, 가족, 지역, 사회의 특징이나 역할을 인식한 기록 ② 사회적 성숙도를 나타내 주는 자료	• 역할놀이 사진자료 • 가족과 이웃에 관한 활동자료 • 자유선택활동 기록지
언어표현	① 자신의 생각을 나타내는 쓰기 견본 ② 이야기를 듣고 이해하며 표현해 본 기록	• 도서계획표 • 글자가 2에 가까운 모양으로 나타낸 자료 • 유아의 이야기 녹음자료
예술표현	① 예술을 통해 느낌이나 이야기를 표현해 보려는 노력 ② 다른 사람들과 예술을 공유하는 노력	• 동작으로 표현하기의 자료 • 자신의 느낌을 나타낸 작품이나 활동자료 • 재료나 작품에 대한 유아의 생각에 관한 자료
자연탐구	① 수학적 문제해결을 위한 전략 사용하기 ② 과학적 세계에 대한 질문이나 생각에 대한 기록	• 수학활동한 자료나 사진 • 관찰기록표 • 요리활동 결과표 • 자료의 수집 · 분석에 사용한 차트나 그래프

작업표본 수집요령은 다음과 같다.

가. 1년에 3회 정도로 나누어 수집계획을 세운다.

나. 자료를 정기적으로 점검하고 수집한다.

다. 작업이 진행해질 때의 배경과 맥락을 적도록 한다.

라. 유아와의 토론을 거치는 과정이 있으면 더욱 좋다.

마. 작업표본 외에 유아의 학습일지기록, 교사의 관찰자료 및 논평자료도 포함시킨다.

바. 자료보관함을 개인별로 준비하고 시간에 따른 개별 유아에 대한 다양한 평가자료를 수집한다.

사. 각 어린이집에서는 학기 말에 신학년도의 유아평가를 위해여 포트폴리오 수집계획은 세워두어야 한다.

5개 영역별 평가를 위한 작업표본 수집계획의 '예'를 제시한다.

〈표 V-5〉 포트폴리오 수집 연간 계획의 '예'

영역	신체운동 · 건강	사회관계	예술경험	의사소통	자연탐구
내용	• 교통안전규칙 지키기 • 기본 운동하기	• 나와 다른 사람의 감정 알고 조절하기 • 친구와 사이좋게 지내기	• 움직임과 춤으로 표현하기 • 다양한 예술 감상하기	• 느낌, 생각, 경험, 말하기 • 쓰기에 관심 가지기	• 자연현황 알아보기 • 수와 연산의 기초개념 알아보기
3월			자유화 그리기		간식 수 세어보기
4월	신호등의 의미를 알기			주말 지낸 이야기 발표하기	
5월		놀이 관찰		내 이름 찾기	
6월	지시어에 맞게 움직이기				희망텃밭 관찰하기
7월			자유화 그리기		
9월	신호등 안전하게 건너기			주말 지낸 이야기 발표하기	간식 수 세어보기
10월		놀이관찰		내 이름에 들어간 글자 찾기	
11월	자유롭게 움직이기		자유화 그리기		
12월					희망텃밭 관찰하기

ㄷ. **조직**

전 항을 통해 수집된 자료를 평가하기 위해 조직하는 과정이다.

조직할 때는 다음과 같은 요령으로 한다.

가. 조직의 기준을 정한다.

나. 모든 자료에 날짜를 적어 놓는다.

다. 작품 자체보다 그 작품이 나온 사회적 맥락이나 작업의 진행과정, 평가 대상자의 의도 및 판단 등을 간략하게 기록한다.

라. 내용물을 놓을 장소를 준비하며 늘 조직하여 보관한다.

ㄹ. **평가**

평가에서 고려할 사항은

가. 포트폴리오에 포함된 양이 너무 많기 때문에 유아에 대한 평가에 앞서 자료를 편집하고 요약하는 과정이 필요하다.

나. 포트폴리오 요약은 학 한기 혹은 한 해 동안 포트폴리오에 수집된 많은 정보를 요약하여 서술문으로 작성한다.

다. 포트폴리오 요약을 통해 유아교사는 포트폴리오 내용을 체계적으로 살펴보게 되고 유아들의 성취와 발달을 기준에 비추어 보면서 방대한 포트폴리오를 평가한다.

라. 특히 유아가 가지고 있는 독특한 특성이 보이는지, 도움을 필요로 하는 부분이 있는지 그리고 발달단계에 비추어 지나치게 뒤떨어진 부분이 있는지 등을 차례로 평가한다.

ㅁ. **요약서 정리**

평가결과를 아래 요령으로 요약 정리한다,

포트폴리오 요약서

유아이름 :

- **전체 발달에 대한 의견**

- **5개 영역별 발달에 대한 의견**
  1. 신체운동·건강 영역
  2. 의사소통 영역
  3. 사회관계 영역
  4. 예술경험 영역
  5. 자연탐구 영역

(2) 유아 작품 분석

유아 작품 분석은 유아들의 작품이나 학습결과물에 담긴 독창적인 생각이 무엇인가를 알아보기 위한 평가방법으로 유아와 교사의 언어적 상호작용을 통해 유아 스스로 학습결과를 자연스럽게 평가하여 학습능력을 신장시키는데 활용한다.

① 평가영역 : 언어소통, 예술경험역영의 평가가 가능함

② 평가방법

<table>
<tr><td colspan="7">☆색종이로 로켓을 접어 붙이고 우주공간을 꾸며 보세요.</td></tr>
<tr><td colspan="7">월 일 요일 반 이름</td></tr>
<tr><td colspan="7"></td></tr>
<tr><td colspan="2" rowspan="2">구분</td><td rowspan="2">평가 내용</td><td colspan="3">수준</td><td rowspan="7">활동한 후 느낌을 표시해요.</td></tr>
<tr><td>잘함</td><td>보통</td><td>노력</td></tr>
<tr><td rowspan="4">평가 관점</td><td rowspan="2">언어 소통</td><td>종이접기 순서에 따라 접기를 빠르게 할 수 있나요?</td><td></td><td></td><td></td></tr>
<tr><td>종이접기를 이용하여 다양한 생각을 표현하였나요?</td><td></td><td></td><td></td></tr>
<tr><td rowspan="2">예술 경험</td><td>자기 생각을 모두 말할 수 있나요?</td><td></td><td></td><td></td></tr>
<tr><td>자기 생각을 조리 있게 말할 수 있나요?</td><td></td><td></td><td></td></tr>
</table>

(3) 평정척도법

평정척도법은 질문지법의 한 유형이다. 질문지는 응답의 형식에 따라 개방식 질문과 폐쇄형 질문으로 나뉠 수 있다. 개방식 질문은 응답자에게 선택의 범주는 제시해주지 않고 자유롭게 응답하도록 하는 형태의 질문이다. 그리고 폐쇄형 질문은 평가자가 제시하는 몇 개의 반응 범주(보기 또는 예) 중에서 응답을 선택하거나 서열을 매기도록 만든 문항 형식이다, 폐쇄형 질문에는 응답하는 방식에 따라 ① 개방식 질문형식, ② 찬부형식, ③ 선다형식, ④ 평정척도 형식, ⑤ 순위 형식 등 다섯 가지 유형이 있다. 그 중 평정청도법은 응답자가 가진 의견이나 태도를 조사하고자 할 때 응답자의 생각을 사전에 정해진 척도에 따라 평정하여 척도치 중의 하나를 선택하도록 하는 형식이다.

① 평가영역

신체운동・건강, 의사소통, 사회관계, 예술경험, 자연탐구 등 전 영역의 평가가 가능하다.

② 평가방법

ㄱ. 전 절에서 밝힌 바와 같이 5개 영역별 평가핵심내용을 중심으로 평가관점을 선정한다.

ㄴ. 평가관점에 따라 평가척도(잘함, 보통, 부족)를 정한다.

ㄷ. 위 과정을 통해 5개 영역별 행동발달 평정척도표를 작성한다.

ㄹ. 5개 영역별 행동발달 평정척도표에 따라 1년에 2회 정도 유아 개인별로 평정한다.

③ 평가의 '예'

5개 영역별행동발달 평가척도표는 신체운동·건강, 의사소통, 사회관계, 예술경험, 자연탐구영역의 행동발달 상황을 척도표 한 장에 일목요연하게 평가할 수 있어 많이 사용하는 방법이다.

평정척도표를 작성할 때 다음 사항이 고려되어야 한다.

ㄱ. 전 절 (2) 5개 영역별 평가내용 중에서 가급적 선정한다.

ㄴ. 행동 특성을 잡아 구체적으로 제시한다.

5개 영역별 행동발달 평정척도표의 '예'를 제시한다.

〈표 Ⅴ-6〉 **5개 영역별 행동발달 평정척도표의 '예'**

- 관찰유아: • 생년월일: (남,여)
- 관 찰 자: • 관 찰 일:

영역	평가관점	1학기말			2학기말		
		잘함	보통	부족	잘함	보통	부족
신체운동건강영역	제시된 조건에 따라 몸을 다양하게 움직일 수 있다.						
	옷을 혼자 입고 벗을 수 있다.						
	젓가락을 자연스럽게 사용할 수 있다.						
	음식을 골고루 먹는다.						
	놀잇감, 도구, 시설을 안전하게 사용한다.						
사회관계영역	친구들에게 자기 감정이나 의사를 적절히 표현한다.						
	자기가 하는 일에 자신감을 보인다.						
	자기가 시작한 일을 끝마친다.						

영역	평가관점	1학기말			2학기말		
		잘함	보통	부족	잘함	보통	부족
	친구와 잘 어울린다.						
	놀이에 주도적 역할을 한다.						
	문제상황이 생겼을 때 말로 해결한다.						
	놀이나 작업을 할 때 협동을 잘 한다.						
	공동으로 사용하는 물건을 소중히 다루고 아낀다.						
예술 경험 영역	작업에 활용할 수 있는 재료와 도구를 스스로 찾는다.						
	여러 가지 재료를 이용하여 다양한 방법으로 표현한다.						
	노래를 다양한 방법으로 부를 수 있다.						
	신체를 이용하여 주변의 여러 가지 모양과 움직임을 창의적으로 표현한다,						
	예술작품에 대한 생각과 느낌을 적절히 표현한다.						
의사 소통 영역	말하는 사람이 이야기를 주의 깊게 듣는다.						
	말소리를 정확하게 듣고, 변별할 수 있다.						
	분명한 발음으로 말한다.						
	여러 사람 앞에서 자신의 생각이나 경험, 느낌을 분명히 이야기할 수 있다.						
	문장을 구성하여 이야기할 수 있다.						
	혼자서 글자를 읽을 수 있다.						
	어른의 도움 없이 혼자 문장을 쓴다.						
자연 탐구 영역	사물을 주의 깊게 본다.						
	여러 개의 사물을 한 가지 준거에 따라 순서대로 놓을 수 있다.						
	두 집합의 사물을 1:1로 짝지어 보고 수의 크기를 안다.						
	시간과 관련된 용어(어제, 내일, 전에, 후에, 방금..)를 적절히 사용한다.						
	문제상황이 생겼을 때, 창의적으로 해결한다.						
	주변의 사물, 사건에 대해 새로운 생각을 한다.						

(4) 자유선택활동 평가

자유선택활동이 어린이집에서 강조해야 되는 이유는

첫째, 유아 자신이 자기의 흥미와 취향에 맞는 자유선택영역을 선택하여 활동함으

로써 즐거운 마음으로 학습활동에 참여하며 개별화학습이 가능하고

둘째, 각 영역에 대한 주도적인 선택권이 주어져 어려서부터 자기 행동에 대해 책임을 지는 민주시민의식을 배양시켜 준다는 점이다.

① 평가영역

신체운동·건강, 의사소통, 사회관계, 예술경험, 자연탐구 등 전 영역의 평가가 가능하다.

② 평가방법

평가방법에는 유아 자기평가와 교사평가로 나뉠 수 있다.

ㄱ. 유아 자기평가 : 유아 자기평가는 매일 유아 자신이 선택하여 활동한 자유선택놀이 영역에서 활동 후의 느낌을 3단계로 구분하여 표시한다.

ㄴ. 교사평가 : 교사는 유아 자유선택놀이활동을 관찰하거나 유아 자유선택놀이 활동과정에서 유아와의 상호작용을 하면서 관찰한 사항이나 인지한 결과를 누가적으로 기록하여 일정한 기간이 지난 후에 종합분석하여 결과를 각종 유아지도에 활용한다,

과학영역에서 유아와 교사의 상호작용을 통한 평가의 '예'

- 교사가 유아와 이야기를 하거나 유아 상호 간에 이루어지는 대화를 통하여 언어소통 영역의 발달상황을 체크한다,
- 과학영역 활동 중에 유아들 간에 서로 나누고 협동하고 예의를 지키는 모습을 관찰하여 사회관계영역의 발달상황을 체크한다.
- 과학영역 내의 각종 놀이기구를 가지고 활동하는 모습이나 제작·조립과정을 관찰하거나 교사의 언어적 상호작용을 통하여 자연탐구영역의 발달상황을 체크한다.
- 과학영역 내의 각종 놀이기구 활용 시 안전의식을 확인하여 신체건강·운동영역의 발달상황을 체크한다.

위와 같은 요령으로 자유선택놀이의 모든 영역에서 신체운동·건강, 의사소통, 사회관계, 예술경험, 자연탐구 등 5개 영역에 걸쳐 종합적으로 평가하는 방법을 강구한다. 다음에서 자유선택활동 계획 및 평가에 따른 참고자료를 제시한다.

자료 1_ 자유선택활동 계획 및 평가

자유선택활동 계획 및 평가(유아용)

▣ 반 ▣ 이름 : 평가 : ☺😐☹

요일 영역	월		화		수		목		금		비고
언어영역											
수 · 조작영역											
조형놀이											
쌓기영역											
역할영역											
과학영역											
음률영역											
주간누계											
평가 관련 교사와의 상호작용											

자료 2_자유선택활동 개인별 누가기록표(교사용)

자유선택활동 개인별 누가기록표(교사용)

이 름 :

놀이영역 월 주	언어	조작	미술	쌓기	역할	수과학	음률	종합 평가
3월 3주								
3월 4주								
4월 1주								
4월 2주								
4월 3주								
4월 4주								
5월 1주								
1학기 계								

6) 평가결과의 활용

(1) 부모에게 자녀에 대한 이해자료로 제공

유아보육활동에 대한 평가결과를 부모에게 통보함으로써 부모는 유아에 대한 이해 수준을 보다 높이고 가정에서도 유아의 능력에 맞는 지도를 하도록 돕는다. 특히 부모와 상담시에는 이제까지 실시한 각종 평가결과 분석자료를 제시하면서 유아지도를 위한 다양한 정보를 제공한다.

(2) 유아교육 관련장부 기재를 위한 정보 및 자료 제공

대표적인 유아교육 관련장부에는 생활기록부가 있다. 생활기록부 6개 영역(3~5세 영아는 5개 영역)의 발달상황과 유아종합발달상황을 기재하도록 되어 있는데 여기에 기재할 수 있는 정보나 자료를 제공한다. 또한 현재는 어린이집에 생활통지표를 활용하지 않고 있으나 보육과 교육은 동시에 운영하므로 부모에게 유아발달상황을 통지하는 생활통지표를 사용할 때 여기에도 기재할 수 있는 정보나 자료를 제공할 수 있다.

생활기록부의 영유아 발달상황 기록양식은 다음과 같다.

〈표 Ⅴ-7〉 생활기록부의 영아발달생활(0~2세 영아)

연령 / 영역	0세	1세	2세
기본생활			
신체운동			
의사소통			
사회관계			
예술경험			
자연탐구			
종합발달상황			

〈표 Ⅴ-8〉 생활기록부의 유아발달상황(3~5세 유아)

성명 :	5 유아발달상황		
연령 / 영역별	만 3세	만 4세	만 5세
신체운동 · 건강			
의사소통			
사회관계			
예술경험			
자연탐구			
종합발달상황			

7) 평가결과의 정리요령

다양한 방법과 도구를 활용하여 유아평가를 실시한 후 평가결과가 합리적으로 정리되어야 부모에게 이해자료로 제공하거나 유아교육 관련장부에 기재할 수 있는 정보나 자료로 활용할 수 있다. 평가결과를 종합적으로 진술하는 기록의 '예'는 제Ⅳ부 제3장 330~332쪽을 참고하기 바란다.

3. 누리과정 평가

누리과정 운영은 어린이집의 교육활동 중 가장 핵심적인 보육활동으로 당해 어린이집의 보육목표를 구현하는 데 가장 중요한 활동영역이다.

따라서 누리과정의 합리적이며 체계적인 편성과 운영은 당해 어린이집 보육의 성패 여부를 가름한다.

다음에서 누리과정 평가의 개념, 목적, 준거, 평가의 실제 순으로 기술한다.

1) 개념

누리과정 평가는 당해 어린이집에서 시행하는 다양한 평가유형 중에서 가장 중요시 된다.

어린이집에서 시행하는 평가유형은 대체적으로 유아평가, 누리과정 평가, 어린이집 평가, 교사평가, 부모평가 등 다양하며 위에서 밝힌 평가유형들이 현장에서 실제 시행 과정에서 평가내용상으로 볼 때 일부 내용은 중복되고 있으나 여러 가지 제약상 그 중 몇 개의 평가유형만을 선정하여 시행한다면 반드시 누리과정 평가는 최우선적으로 시행해야 한다.

따라서 누리과정 평가의 성격을 확실히 규정하기가 어려운 상황이나 일반적으로 누리과정 평가란 '국가수준의 보육과정을 기초로 당해 어린이집의 실정과 수준에 맞게 보육과정을 합리적인 절차와 방법으로 편성하고 운영이 이루어지는가에 대한 종합적인 평가'라고 볼 수 있다.

2) 목적

(1) 어린이집의 보육과정이 국가수준에서 요구하는 누리과정의 핵심목표와 지도내용 그리고 강조점의 반영 여부를 확인하기 위하여
(2) 유아보육기관에서 설정한 모든 경영목표가 구현될 수 있는 누리과정 계획수립의 타당성을 검토하기 위하여
(3) 어린이집이 안고 있는 모든 객관적인 상황이나 과제가 옳게 반영되었는가를 확인하기 위하여
(4) 계획과 실천 사이에 괴리현상은 없었는지 검토하기 위하여
(5) 누리과정 내용을 충분히 검토하여 당해 어린이집의 보육목표 구현에 합당하게 보육과정을 편성 · 운영하고 있는지 확인하기 위하여
(6) 양적 측정에 만족하지 않고 보육과정 편성 · 운영에 대한 좋은 아이디어를 얻을 수 있도록 검토 · 확인하기 위하여

3) 준거

평가준거는 보육의 방향을 결정해 주는 중요한 역할을 한다. 따라서 합리적인 평가준거를 개발하는 일은 어린이집 보육의 정상화를 위하여 대단히 중요한 일이다.

누리과정 평가안을 만들 때 필히 반영해야 하는 평가내용의 일'예'를 들면 다음과 같다.

〈표 V-9〉 누리과정 평가내용의 준거의 '예'

평가영역	평가내용
1. 상위보육과정 편성·운영지침 분석	• 국가수준의 보육과정 • 지역수준의 보육과정(지금은 설정되어 있지 않음)
2. 기초 실태조사	• 국가의 보육정책 • 지역사회의 실태 • 학부모의 요구 • 지역 과제 • 어린이집의 실태, 과제
3. 어린이집 보육과정 편성 방향 설정	• 어린이집 보육과정 편성·운영 지침 설정 및 지침의 타당성
4. 보육목표, 보육중점의 설정	• 보육목표 설정의 타당성 • 보육목표 구현과 보육과정 운영의 관련성, 일관성
5. 보육과정 편성 및 운영	• 5개 영역별 목표설정의 타당성 • 실태조사 결과의 반영도
6. 보육계획	• 5개 영역별 목표의 통합적 지도 • 연간, 월간, 주간 계획의 수립과정 및 내용의 일관성
7. 실내·외 환경	• 실내·외 환경 설비 및 쾌적성 • 실내·외 시설·기구의 다양성, 안정성
8. 교수·학습과정	• 놀이중심교육 • 개별화교육 • 흥미중심교육
9. 교육자료	• 질적, 양적 우수성 • 유아 발달수준에의 적합성 • 자료 활용의 간편성 • 보관의 용이성 및 보관상태
10. 평가활동	• 평가방법 내용의 타당성 • 평가자료 보관의 합리성 • 다양한 평가도구 및 방법의 적용
11. 일과계획	• 1일 일과활동내용의 다양성 • 1일 일과활동내용의 실현 가능성 • 1일 일과활동내용의 유아에 대한 유익성 • 5개 영역 목표 구현 접근성

누리과정 평가는 위 표에 제시된 내용을 중심으로 구체적인 평가지를 구성하여 평가하여야 한다.

4) 평가 작성 및 평가 시행

누리과정 평가지는 전 항 누리과정 평가내용의 준거에 제시된 평가내용을 근거로 평가지로 작성하여 영역별로 당해 어린이집 교사들이 분담하여 평가하거나 인근 어린이집 교사들 간에 상호 교환하여 평가를 시행할 수도 있다.

누리과정 평가지의 '예'를 제시한다.

〈표 V-10〉 누리과정 평가지의 '예'

평가영역	평가내용	평가			의견
		3	2	1	
상위 보육 과정 및 편성 지침의 분석	1. 국가수준의 보육과정에 대한 충분한 연수가 이루어졌는가?				
	2. 각 시·도 보육과정 편성 운영지침을 숙지하고 내용을 검토했는가?				
	3. 본시 보육의 강조점, 보육과정 편성운영의 방향을 이해하고 있는가?				
기초실태 조사	1. 국가 및 시·도 수준의 중점과제와 본원의 현안을 소화시켜 방향을 수립하였는가?				
	2. 각종 조사에 사용된 자료는 어린이집 보육과정 수립에 충분히 활용하고 있는가?				
	3. 원생의 실태 파악이 정확히 이루어지고 있는가?				
	4. 지역의 각종 실태 파악이 정확히 이루어지고 있는가?				
	5. 학부모의 요구를 정확히 인지하고 있는가?				
	6. 어린이집의 시설·설비를 보육과정 편성운영에 반영하고 있는가?				
어린이집 보육과정 편성방향 설정	1. 주제 및 활동주제의 목표는 적절하게 설정되어 있는가?				
	2. 목표도달을 위한 발달수준별 내용 선정 및 지도는 적절하였는가?				
	3. 어린이집의 실정, 지역사회의 특수성, 학부모의 요구에 맞는 내용이었는가?				
	4. 기본생활습관 형성을 위한 지도내용은 적절하였는가?				
	5. 환경보전 및 근검절약 생활과 관련된 내용의 지도는 적절하였는가?				
	6. 각 영역이 독립적으로 운영되지 않고 상호 관련된 영역이 통합적으로 운영되었는가?				

평가영역	평가내용	평가			의견
		3	2	1	
	7. 동적인 활동과 정적인 활동, 실내활동과 실외활동, 개별활동과 집단활동, 유아 주도활동과 교사 주도활동 등이 균형있게 이루어졌는가?				
	8. 교육환경 및 교육자료는 활동주제와 연계성, 개인차, 심미성, 공간구성의 적절성 등을 고려하여 구성되어 있는가?				
	9. 교육자료는 활동주제에 합당하고 개인차에 알맞게 주어졌는가?				
보육목표 보육중점	1. 보육목표는 추구하는 인간성을 구현하는 데 합당한가?				
	2. 국가수준의 보육과정 및 본 시·도의 보육과정 편성운영 지침을 참고하여 보육목표가 설정되어 있는가?				
	3. 영역별 보육중점은 지역의 특수성이나 어린이집의 역점 운영내용이 정확하게 포함되어져 있는가?				
보육과정 편성 및 운영	1. 기초조사, 실태를 분석하여 추출된 시사점이 반영되어 있는가?				
	2. 영역별 목표설정의 상세화가 이루어졌는가?				
	3. 영역별 교육내용의 조정이 이루어졌는가?				
	4. 연간 수업일수 및 수업시수 책정이 계획적이고 무리 없이 이행될 수 있도록 작성되었는가?				
	5. 보육평가 계획은 치밀하며 보육활동이 추구하는 인간상 구현을 위해 바람직한 방향으로 수립 실천되고 있는가?				
	6. 교육자료 활용계획이 현실적이고 학습에 도움을 주는 방향으로 계획, 운영되는가?				

4. 일일 일과활동평가

1) 개념

일일 일과활동평가란 당해보호기관의 일일 일과로 편성된 여러 가지 활동에 대한 지도의 효율성을 확인하기 위한 활동과정 중심의 평가이다.

2) 목적

일일 일과에 편성된 여러 가지 활동의 전개방식에 대한 효율성과 문제점을 찾아 일일 일과활동 전개방법을 개선하여 일과운영방법의 효율성을 도모하고 보육의 질을 제고시키기 위함이다.

3) 평가방법

하루일과는 이야기 나누기, 동화 듣기, 노래 부르기, 게임, 휴식, 귀가 지도, 동작활동, 동시, 관찰활동, 동극, 작업, 요리 등 다양하다. 이러한 활동들이 효율적으로 운영되기 위해서는 활동이 종료된 후에 적절한 평가를 실시하여 다음 활동 시 평가결과를 반영하여야 한다. 다음에서 각 활동별로 평가방법을 제시한다.

(1) 이야기 나누기

이야기 나누기 시간에는 일상생활에서 경험했던 일에서부터 주제와 관련된 활동, 또는 교사가 전하고 싶은 개념이나 설명이 필요한 내용들이 다루어질 수 있다. 이야기 나누기 시작에 이루어지는 활동은 다음과 같다.

① 정보 전달하기
② 유아의 경험 발표하기(예: 봄나들이, 견학, 극기훈련 등)
③ 교실 내의 주요 사항 해결하기(예: 새로운 규칙 설정하기, 하루일과 계획하기 등)
④ 주제 선정과 주제 전개를 위한 질문목록과 조사방법 토의
⑤ 주제에 따른 실물, 그림자료 제시

⑥ 특정 주제에 대한 토의
⑦ 자유선택활동이나 일과 운영을 위한 계획 수립
⑧ 자유선택활동 시간의 활동결과 발표 및 평가 등이 이루어진다.

이야기 나누기 활동에 대한 평가는 다음과 같이 이루어져야 한다.

〈표 Ⅴ-11〉 이야기 나누기 평가표

평가관점	평가세항	평점		
		상	중	하
이야기 선정	• 주제와 연관되는가? • 유아들의 경험과 연계되는가? • 유아들의 발달에 적합한가?			
대형	• 유아들이 앉은 대형이 이야기 나누기에 적절한가? (예 : 반은 바닥, 반은 의자) • 유아들을 자신이 원하는 자리에 자율적으로 앉게 하는가? • 유아들의 주의집중을 위해 주변의 교구나 물건을 정리하는가?			
매체	• 그림, 사진, 실물 등의 자료를 사용하는가? • 수수께끼, 동화, 자료 설명, 경험 회상 등의 도입방법을 사용하는가?			
이야기 지도 과정	• 유아들의 다양한 반응을 유도하기 위해 적절한 질문을 하는가? • 유아들의 질문에 대답을 해주는가? (예 : 종합/확장/정보 제공/수정 등) • 유아들의 부적절한 반응이나 행동을 긍정적인 방법으로 조성하는가? • 유아들의 적절한 반응에 대하여 격려 혹은 칭찬을 하는가? • 유아들(과반수 이상)을 이야기 나누기에 적극 참여시키는가?			
소요 시간	• 유아의 수준에 따라 시설을 적절히 배정하는가? • 이야기 나누기 시간에 나온 내용을 종합 정리하는가?			
마무리	• 이야기 나누기 시간을 마무리하고 다음 활동이 무엇인지 알려주는가?			

(2) 게임

게임은 내용에 따라 대집단 또는 소집단으로 이루어지며 편게임은 다음의 단계를 밟아 실시한다.

① 1단계 : 유아들을 두 편으로 나누어 앉게 한다.
② 2단계 : 각 팀의 이름을 정한다.
③ 3단계 : 각 팀의 인원수를 확인한다.
④ 4단계 : 게임의 규칙을 정한다.
⑤ 5단계 : 게임의 시범을 보인다.
⑥ 6단계 : 게임을 진행한다.
⑦ 7단계 : 게임을 평가한다.

게임에 대한 평가는 다음과 같이 이루어진다.

〈표 Ⅴ-12〉 **게임 평가표**

평가관점	평가세항	평점		
		상	중	하
게임 설정	• 생활주제와 연계되는가? • 유아 발달에 적합한가? • 교육적 가치가 있는가?			
환경	• 게임을 할 수 있는 공간이 충분한가? • 게임을 진행하기에 안전한 공간인가?			
매체	• 게임에 필요한 자료가 준비되었는가? • 게임하기에 적절한 대형으로 앉았는가? • 편게임인 경우, 인원수를 확인하는가?			
게임 지도 과정	• 게임방법을 소개하는가? • 게임규칙을 정하는가? • 시범을 보여주는가? • 속도, 규칙지키기, 관전태도를 모두 고려하여 결과를 제시하는가? • 유아들이 흥미에 따라 게임을 반복하거나 중단하는가?			
마무리	• 유아들과 함께 게임에 대해 평가하는가? • 게임이 끝났음을 알리고 다음 활동을 소개하는가?			

(3) 동시

동시는 일반적으로 다음과 같은 과정을 밟아 지도한다.

① 동시를 들려준다.

② 느낌에 대한 이야기를 나눈다.

③ 유아들은 교사가 (자료를 사용하여) 들려주는 동시를 주의 깊게 듣도록 한다.

④ 유아들은 원하는 부분을 읊어 보고 나머지는 교사가 읊어 본다.

⑤ 유아들과 교사가 바꾸어서 읊어 본다.

⑥ 전체를 함께 읊어 본다.

위 순으로 지도한 후에 동시에 대한 평가는 다음과 같이 이루어져야 한다.

〈표 V-13〉 **동시 평가표**

평가관점	평가세항	평점		
		상	중	하
동시설정	• 생활주와 연계되었는가? • 유아의 발달에 적합한가? (예: 움직임에 대한 묘사나 독특한 운율이 있음)			
매체	• 적절한 매체(예: 그림, 손 인형, 실물, 사진 등)를 사용하는가? • 배경음악을 사용하는가?			
사전활동	• 사전활동(관찰, 야외 학습 등)을 실시하는가? • 도입을 하는가? • 교사 혼자 낭송해 주는가? • 유아들이 느낌을 말해 보게 하는가?			
동시지도과정	• 지은이/제목을 이야기해 주는가? • 교사와 유아가 나누어 낭송해 보는가? • 유아끼리 또는 혼자 낭송하게 하는가? • 교사와 유아가 함께 낭송해 보는가? • 제목을 지어 보는가?			
마무리 사후활동	• 동시 시간이 끝났음을 알리고 다음 활동을 소개하는가? • 사후활동(그림, 동작으로 표현하기 등)을 실시하는가?			

(4) 동극

동극은 교사가 들려주는 동화의 내용을 중심으로 극화해 보는 활동으로 유아보육에서 많이 활동되는 방법이다. 특히 등장인물들의 행동이 단순하면서 문장이 반복되어 극적인 즐거움을 줄 수 있는 것이 좋고, 교사는 유아들에게 동화를 들려주고 등장인물의 대사나 동작을 표현해 보도록 한다. 배역은 유아 스스로 정하도록 유도하고 유아의 적극성 정도, 언어표현능력을 고려하여 수줍어하거나 평소에 표현을 잘하지 않는 유아는 대사나 동작이 적은 역을 맡도록 하고 동극을 마친 후 유아들과 함께 평가해야 한다.

동극에 대한 평가는 다음과 같이 이루어진다.

〈표 Ⅴ-14〉 **동극 평가표**

평가관점	평가세항	평점		
		상	중	하
동극설정	• 대사는 짧고 반복되는가? • 유아가 등장인물을 동일시할 수 있는가? • 전개과정이 뚜렷한가?			
대본의 적절성	• 절정(클라이맥스)이 있는가? • 설명 부분이 삭제되었는가? • 간접화법을 직접화법으로 바꾸었는가? • 대사가 짧고 반복되는가?			
동극 지도 과정	• 동화를 들려주는가? • 동화 회상 시간을 갖는가? • 동극의 배경이 되는 무대를 유아와 함께 꾸미는가? • 배역을 선정하는가? • 배역을 소개하는가? • 등장인물이 기다리는 자리를 확보해 놓았는가?			
마무리	• 평가시간을 갖는가? • 재공연을 하는가? • 동극이 끝났음을 알리고 다음 활동을 소개하는가?			

(5) 동화

유아들은 재미있고 신나는 이야기를 좋아한다. 특히 일선 어린이집에서는 동화책이나 특별한 보조자료 없이 교사의 음성만으로 이야기를 들려주는 동화구연하기를 많이 활용한다. 동화구연하기에 적절한 동화로는 단순하면서도 유아들에게 친숙하고 주인공과 함께 쉽게 동화할 수 있으며 이야기가 단순하면서도 리드미컬한 어휘가 많은 것이 좋다.

① 동화의 내용이 진행 중인 활동주제와 일치해야 한다.
② 유아에게 들려줄 동화를 사전에 점검해야 한다.
③ 동화활동 전후에 이야기를 들려주는 것이 좋다.
④ 집단 구성을 고려한다.
⑤ 내용은 20분 이상이 초과되어서는 안 된다.

동화활동에 대한 평가는 다음과 같이 이루어져야 한다.

〈표 V-15〉 **동화평가표**

평가관점	평가세항	평점		
		상	중	하
동화 설정	• 생활주제와 연계되는가? • 주제가 교육적인가? • 내용과 주제가 흥미있는가? • 내용과 그림이 문학적으로 가치가 있는가?			
대형	• 유아들이 앉은 대형이 이야기 나누기에 적절한가? (예 : 반은 바닥, 반은 의자) • 유아들은 자신이 원하는 자리에 자율적으로 앉는가? • 유아들의 주의 집중을 위해 주변의 물건이 정리되어 있는가?			
매체	• 전달 매체가 적절한가?			
동화 구연	• 내용은 완전히 이해했는가? • 시선은 적절한가? • 발음은 정확한가? • 속도는 적절한가? • 등장인물의 성격에 따른 성대모사가 적절한가?			
동화 지도 과정	• 동기 유발을 하는가? • 동화의 제목을 들려주는가? • 동화의 제목을 들려주고 내용을 추측하게 하는가? • 동화의 내용을 회상하게 하는가?			
마무리	• 동화 시간이 끝났음을 알리고 다음 활동을 소개하는가?			

(6) 새 노래 지도

유아들은 노래 부르기를 즐겨하고 쉽게 익힌다. 심지어 텔레비전에서 방송되는 상업 방송 노래까지도 거의 익히고 있어서 이에 대한 비판도 적잖게 대두되고 있다. 특히 유아들은 기존의 노래곡을 부르기보다 새 노래 배우기를 더욱 즐긴다. 새 노래를 지도할 때는 단계적인 과정을 밟아서 따뜻한 분위기 속에서 지도되어야 한다. 짧은 시간에 지도하려고 무리하게 반복하면 오히려 유아들은 싫증나게 한다.

새 노래 지도에 대한 평가는 다음과 같이 이루어져야 한다.

〈표 Ⅴ-16〉 **새 노래 지도 평가표**

평가관점	평가세항	평점		
		상	중	하
노래 선정	• 생활주제와 연계되는가? • 유아들의 경험과 연계되는가? • 노래의 음역이 유아에게 적절한가? • 노래의 길이가 유아에게 적절한가? • 노래의 가사와 리듬이 반복적인가?			
대형	• 유아들이 앉은 대형이 노래 부르기에 적절한가? (예 : 반은 바닥, 반은 의자) • 유아들이 자신이 원하는 자리에 자율적으로 앉는가? • 유아들의 주의 집중을 위해 주변의 교구나 물건이 정리되어 있는가?			
매체	• 그림, 손 인형, 융판자료 등의 적절한 자료를 사용하는가?			
노래 지도 과정	• 도입(노랫말 소개)이 있는가? • 교사가 정확한 음으로 노래를 불러주는가? • '라라라' 등으로 멜로디만 다 함께 부르는가? • 교사와 유아가 노래의 일부분씩 나누어 부르는가? • 노래 전체를 다 함께 부르는가? • 확정(가사 바꾸어 부르기)해서 부르는가?			
마무리	• 노래 시간에 대한 평가를 하는가? • 노래 시간이 끝났음을 알리고 다음 활동을 소개하는가?			

(7) 요리

요리는 유아들이 매우 좋아하는 활동이며, 유아들은 요리하기를 통해 많은 개념과 사실을 학습한다.

특히 유아들이 요리재료 준비부터 전 과정에 참여하게 하여 유아들에게 과학적인 개념, 또래와의 협동, 질서, 규칙, 만족감, 성취감을 갖도록 지도해야 한다.

요리에 대한 평가는 다음과 같이 이루어져야 한다.

〈표 V-17〉 요리 평가표

평가관점	평가세항	평점		
		상	중	하
요리활동의 선정	• 생활주제와 연계되는가? • 유아들의 발달에 적절한가? • 교육적으로 가치가 있는가? • 유아의 영양과 건강을 고려하였는가?			
환경 및 도구	• 환경 및 도구 공간이 충분한가? • 물이 가까운 곳에 있는가? • 전기가 가까운 곳에 있는가? • 안전을 고려하였는가? • 도구가 유아의 수준에 적절한가?			
요리의 순서도	• 요리 순서도가 있는가? • 필요한 양이 정확하게 기재되어 있는가? • 요리과정이 구체적으로 명시되어 있는가?			
집단의 크기	• 개별 또는 소집단으로 실시하는가?			
요리활동의 지도과정	• 사전활동(이야기, 동화)을 제공하는가? • 손을 씻도록 지도하는가? • 앞치마를 입도록 지도하는가? • 준비된 자료를 탐색해 보는 시간을 주는가? • 요리의 순서를 익히는 시간을 주는가? • 유아가 주도적으로 요리를 하도록 허용하는가? • 요리한 것을 그릇에 담도록 지도하는가? • 정리할 시간을 주는가? • 앞치마를 벗고 손을 씻도록 지도하는가? • 요리한 음식을 먹어 볼 기회를 제공하는가?			
마무리	• 요리활동에 대한 평가를 하는가? • 요리활동이 끝났음을 알리고 다음 활동을 소개하는가?			

제 2 장 어린이집평가인증

보육기관이 기하급수적으로 증가하고 학부모의 자녀에 대한 시설보육이 보편화됨에 따라 학부모들로 하여금 안전한 보육과 질 높은 보육서비스를 제공받음은 물론 자녀들의 보육기관 선택에 관한 정보를 제공해야 할 필요가 있다. 이를 위해 영유아보육법 제30조(어린이집평가인증)에 의해 보육서비스의 질적 수준을 향상시키기 위하여 어린이집 평가인증을 실시하는 바 이에 대한 절차와 방법에 대하여 알아보기로 한다.

1. 어린이집평가인증제도에 대한 이해

1) 개념

영유아보육법 제30조(어린이집평가인증)에 의거 보육서비스의 질적 수준을 향상시키기 위하여 어린이집의 보육과정 및 상호작용, 보육환경 및 운영관리, 건강 · 안전, 교직원 등 영유아보육에 필수적인 평가지표에 의거 객관적으로 평가를 실시하여 일정수준에 도달한 보육시설에 대하여 국가가 인증을 부여하는 제도이다.

2) 법적근거

영유아보육법 제30조(어린이집평가) 보건복지부장관은 보육서비스의 질적 수준을 향상시키기 위하여 어린이집에 대한 평가인증을 실시하고 업무는 공공기관 또는 민간기관, 단체 등에 위탁하여 실시할 수 있는 법률적 근거에 의하여 영유아보육법 시행규칙

제31조(평가인증의 실시), 제32조의1(평가인증수수료), 제32조의2(평가 인증의 취소), 제32조의3(평가인증의 유효기간), 제32조의4(평가인증의 결과공표) 등 시행규칙에 의거 시행된다.

3) 기본방향

보육서비스에 대한 효과적인 질 관리 시스템을 마련하고 학부모들이 합리적으로 어린이집을 선택할 수 있도록 정보를 제공한다.

4) 효과

평가인증제도의 목적을 유아, 학부모, 어린이집, 국가의 측면에서 기술해 본다.

(1) 유아

질 좋은 보육서비스를 받아 바람직한 성장·발달을 도모할 수 있다.

(2) 학부모

마음 놓고 자녀보육을 위탁하고 영유아보육시설을 선택할 수 있는 정보를 제공받는다.

(3) 어린이집

어린이집 운영상의 과제와 문제점에 대하여 신뢰할 수 있는 기관으로부터 객관적으로 제시받아 이의 개선을 통한 어린이집의 질적 수준을 제고시키고 이를 통하여 영유아들의 바람직한 성장·발달 도모는 물론 교직원의 전문성을 계발할 수 있다.

(4) 국가

국가전체 보육의 질을 보편화시키고 다양한 보육정책을 수립하여 보육시설을 효율적으로 지원하고 관리하는 체제가 구축된다.

5) 사업개요

(1) 대상어린이집 : 「영유아보육법」에 따라 설치한 모든 종일제 어린이집(방과후 전

담어린이집 제외)

(2) 평가지표 : 보육과정 및 상호작용, 보육환경 및 운영관리, 건강 · 안전, 교직원 4개 영역 21지표, 123개 단위의 통합지표로 단일화

(3) 인증과정 : 4단계(신청, 자체점검 및 기본사항확인, 현장평가, 종합평가)

(4) 수수료

① 신규인증 · 재인증 참여 수수료 45만원(100인 이상), 30만원(40인 이상), 25만원(39인 이하)

② 재참여 수수료 45만원(100인 이상), 30만원(40인 이상), 25만원(39인 이하)

③ 확인방문 수수료 20~60만원(어린이집 규모 또는 확인방문 사유별 구분 적용)

(5) 위탁 수행기관 : 한국보육진흥원

2. 어린이집평가인증제도 운영의 실제

1) 인증 운영체계 및 과정

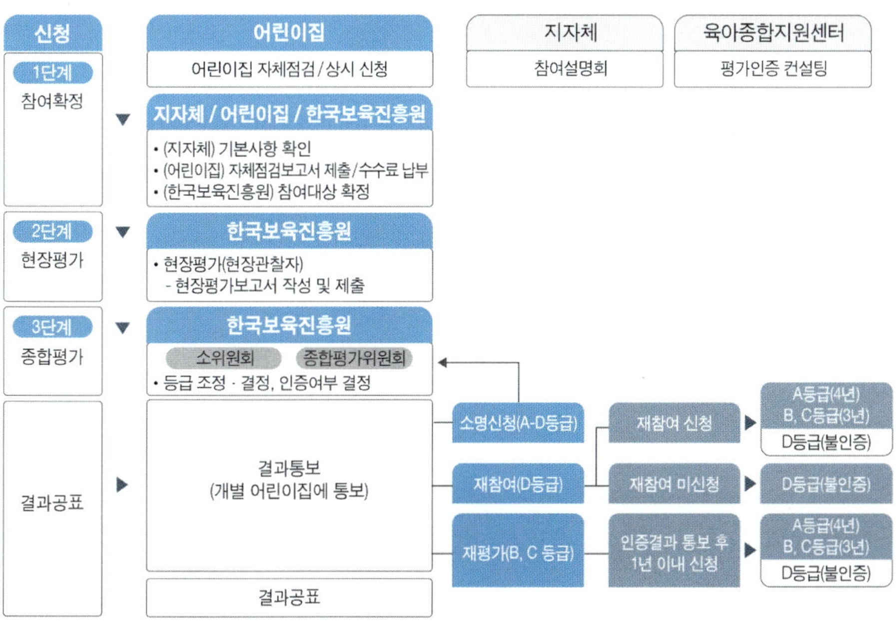

출처 : 보건복지부 · 한국보육진흥원(2018). 2018 제3차 어린이집 평가인증 안내(통합지표)

[그림 V-1] 어린이집평가인증 운영체제

2) 추진절차 및 방법

위의 단계에 따른 절차와 방법에 대하여 자세히 기술하기로 한다.

(1) 신청단계

① 신청대상 어린이집

ㄱ. 신규인증

영유아보육법 제12조 및 제13조, 제14조에 의하여 설치된 국·공립 어린이집, 사회복지법인 어린이집, 법인·단체 등 어린이집, 직장 어린이집, 가정 어린이집, 부모협동 어린이집, 민간 어린이집(방과후 전담 어린이집 제외)으로서 현재 미인증 상태인 어린이집

ㄴ. 재인증

현재 인증을 유지하고 있는 어린이집으로서 인증 유효기간 만료시점이 도래한 어린이집

② 신청방법

ㄱ. 시기 : 연초 접수 개시일로부터 상시가능

ㄴ. 진행 : 기수별 모집

ㄷ. 방법 : 평가인증 참여를 원하는 어린이집(신규인증, 재인증)은 어린이집지원시스템에서 원하는 기수(신규인증) 또는 정해진 기수·시기(재인증)에 대해 신청

(2) 1단계 : 참여확정

① 참여확정 자격(아래 요건 중 어느 하나라도 충족하지 못할 경우 참여 확정 대상에서 제외)

ㄱ. 평가인증 참여확정 마감일 기준으로 행정처분(영유아보육법 제45조 및 제45조의2, 동법 제46조, 동법 제47조, 동법 제48조)이 종료된 어린이집, 동법 제40조 제2호 및 제3호의 반환명령을 이행 완료한 어린이집에 한함

ㄴ. 지자체의 기본사항확인 결과 필수항목을 모두 준수한 어린이집

ㄷ. 자체점검을 완료한 후 자체점검보고서를 작성·제출하고 참여수수료를 납부한 어린이집

ㄹ. 기수별 모집정원 범위 내에서 신청을 완료한 어린이집 중 상기 기본사항 확인 관련 요건을 충족한 경우 자체점검보고서 제출 및 참여수수료를 납부하면 참여대상으로 확정

② 진행일정

ㄱ. 신규인증 및 재인증

가. 신규인증 및 재인증 신청을 마친 어린이집은 신청 기수의 참여확정월이 도래하면 아래 절차와 같이 기본사항 확인, 자체점검보고서 제출 및 참여수수료 납부를 완료하여야 함

나. 시·군·구는 기수별 참여확정월이 도래하면 해당 기수에 신청한 어린이집의 기본사항(필수항목 및 기본 항목) 준수여부에 대해 확인한 후, 그 결과를 정해진 기한 내에 시·도 및 한국보육진흥원에 통보하고 필수항목이 미준수된 어린이집에 대해서는 참여확정대상에서 제외됨을 안내

다. 한국보육진흥원은 시·군·구로부터 제출받은 기본사항 확인 결과를 확인한 후, 필수항목을 준수한 어린이집에 대해 자체점검보고서 제출 및 참여수수료 납부를 안내

라. 어린이집 자체점검보고서를 제출하고 참여수수료를 납부할 경우 평가인증 참여대상 어린이집으로 확정

③ 참여수수료

ㄱ. 평가인증을 신청하는 어린이집은 영유아보육법 제30조 및 동법 시행규칙 제32조에 따라 보건복지부장관이 결정·고시한 참여수수료를 납부

- 참여수수료 : 45만원(정원 100인 이상), 30만원(정원 40인 이상), 25만원(정원 39인 이하)

ㄴ. 환불

- 평가인증 과정 중 부득이하게 참여를 중단하는 어린이집의 참여수수료는 다음과 같이 환불

참여확정 마감일까지	현장관찰자 파견 전	현장관찰자 파견 후
90%	50%	0%

④ 참여확정 업무 흐름도

단계	주체	내용
신청단계 (상시)	어린이집	• 상시 자체점검 • 상시 신청
참여 확정	한국보육진흥원	• 기본사항 확인 대상, 방법 및 일정 안내 (시·도, 시·군·구 대상)
	시·도, 시·군·구	• 기본사항 확인 및 결과 입력
	한국보육진흥원	• 기본사항결과확인 • 자체점검보고서 제출 및 참여수수료 납부 안내 (필수항목 준수 어린이집 대상)
	어린이집	• 자체점검보고서 제출 및 참여수수료 납부
	한국보육진흥원	• 참여대상 어린이집 확정

[그림 V-2] 참여확정업무 흐름도

(3) 2단계 : 현장평가

① 현장관찰자 파견

ㄱ. 현장관찰자는 참여확정된 어린이집을 방문하여 평가인증 지표에 따라 어린이집의 질적 수준에 대한 현장평가 실시

ㄴ. 어린이집 1개소당 2인(정원 99인 이하 어린이집) 또는 3인(정원 100인 이상 어린이집)의 현장관찰자가 방문하여 1일간 관찰 실시

ㄷ. 한국보육진흥원은 참여확정된 어린이집에 1주간의 현장평가 주간을 지정하여 통보하며, 해당 주간 중 현장평가일을 정하여 사전 고지없이 관찰자를 어린이집에 파견

② 현장평가 실시

ㄱ. 현장관찰자의 어린이집 도착 예정시간은 08:30~09:30이며, 관찰종료 예정시간은 16:30~17:30

ㄴ. 현장관찰일에는 미임용 보육교직원을 확인하며, 타 어린이집에 임용 중인 보육교직원(원장 포함)은 관찰대상 어린이집에 근무 또는 지원활동 불가

ㄷ. 현장관찰자는 관찰어린이집의 보육교직원 및 영유아 재원상황, 어린이집에서 제시한 하루일과표와 실내외 배치도를 확인하여 관찰 시작

ㄹ. 현장관찰자는 관찰자 1인당 1개반씩 무작위로 선정된 보육실을 중심으로 어린이집의 실내외 전체를 관찰

ㅁ. 현장관찰은 하루일과 전반에 걸쳐 관찰, 문서검토, 면담 등의 방법을 통해 진행

③ 현장평가 후 상호확인

현장평가 종료 전 어린이집의 원장과 현장관찰자는 평가인증에 영향을 미치는 항목에 대해 상호 확인한 후 '현장관찰 상호확인서'에 서명

(4) 3단계: 종합평가

① 종합평가위원회 구성

ㄱ. 학계전문가, 현장전문가, 보육담당공무원으로 구성

ㄴ. 심의위원의 위촉시간은 1년을 원칙으로 하되, 재위촉 가능

② 종합평가 진행

ㄱ. 종합평가는 소위원회와 종합평가위원회에서 진행

ㄴ. 자체점검보고서, 기본사항확인서, 현장평가보고서 등을 개별 검토한 후, 종합평가기준에 맞추어 최종 등급 결정

ㄷ. 검토한 결과를 토대로 어린이집의 질적 개선 방향을 제시하는 평가결과서를 작성

③ 종합평가 절차

1단계 소위원회	➡ 소위원회에서 종합평가 기준에 맞추어 등급 및 인증여부를 결정하고, 평가결과에 영향을 미치는 사안 등에 대해 심의하여 종합평가위원회에 안건 상정 ➡ 기본사항 확인 결과, 현장평가 결과 및 확인사항 ☑ 〈종합평가 필수확인 항목〉인 아래 사항 중 하나 이상 해당 되면 "불인증" 결정 ▶ 참여 어린이집 또는 시 · 군 · 구에서 통보한 「참여변동사항」 중 어느 하나라도 해당될 경우 ▶ 평가인증 진행 일정을 준수하지 않은 경우 ▶ 평가인증과 관련하여 허위 사실이 발견된 경우 ▶ 현장평가 시 발견한 어린이집 운영기준 개선 필요사항이 종합평가 전일까지 개선되지 않은 경우 ▶ 현장평가일의 현원 · 출석기준을 충족하지 못하여 현장평가가 진행되지 않은 경우 ▶ 필수항목 미준수 사례가 발견된 경우
2단계 종합평가 위원회	➡ 종합평가위원회에서 심의 후 최종등급 및 인증여부를 확정

※ 각 기수별로 종합평가 종료부터 결과통보 전까지 '종합평가 필수확인 항목' 해당 여부 재확인

※ 참여확정 마감일로부터 직전 1년 이내에 발생한 기본항목의 중대한 법 위반사항은 종합평가 시 차하위 등급으로 조정하여 결과 반영

출처 : 보건복지부 · 한국보육진흥원(2018). 2018 제3차 어린이집 평가인증 안내(통합지표)

④ 인증결정

ㄱ. 현장평가 결과를 바탕으로 참여확정 마감일로부터 1년 이내 중대한 법 위반사항이 발생한 경우 종합평가 시 차하위 등급으로 조정

ㄴ. A, B, C등급은 인증이며, B, C등급은 1년 이내 1회에 한하여 재평가 신청이 가능

ㄷ. D등급은 불인증이며 재참여 신청 가능(인증결과통보월의 말일까지 재참여 신청 및 수수료 납부, 재참여 시에는 인증결정 유보됨

⑤ 인증유효기간

ㄱ. 인증결과가 발표된 달의 15일부터 3년간 인증유효(A등급은 1년 연장)

ㄴ. 어린이집의 대표자가 변경된 경우: 대표자 변경 전까지 인증유효

ㄷ. 어린이집 운영을 6개월 초과하여 중단하거나 폐지하는 경우: 어린이집 휴지신고 후 6개월이 되는 날 또는 폐지신고일 전까지 인증유효

⑥ 인증유효기간 종료 절차 및 지자체 업무

ㄱ. 시·군·구는 인증 어린이집에 인증유효기간 종료 사유가 발생한 경우 7일 이내에 발생 사실 및 관련 서류를 첨부하여 시·도에 통보

ㄴ. 한국보육진흥원은 시·군·구로부터 통보받은 사항 확인 후 인증유효기간 종료 처리 및 관련 조치(해당 어린이집에 인증유효기간 종료 결과 안내)

ㄷ. 시·군·구는 인증유효기간 종료된 어린이집의 인증서 및 인증현판을 인증유효기간종료 사실을 통보받은 즉시 회수·폐기

| 인증유효기간 종료 절차 업무흐름도 |

업무주체	주요업무	상세내용
어린이집	-	• 인증유효기간 종료 사유 발생
시·도 및 시·군·구	인증유효기간 종료 사유 발생 통보	• 인증유효기간 종료 사유 확인 후 한국보육진흥원에 통보
한국보육진흥원	인증유효기간 종료 처리 및 관련 조치	• 인증유효기간 종료 사유 확인 후 처리 • 해당 시·도에 인증유효기간 종료 처리 결과 안내 및 인증서·현판 회수 협조 요청
어린이집 / 시·도 및 시·군·구	인증유효기간 종료 사후처리 협조	• 인증서 및 인증현판 회수

※ 대표자 변경 및 어린이집 운영을 6개월을 초과하여 중단하거나 폐지하는 경우만 시·도에 통보

⑦ 인증서, 현판 발급

ㄱ. 보건복지부(한국보육진흥원)는 평가인증을 통과한 어린이집에 대하여 보건복지부장관명의의 인증서 및 인증현판을 배부

⑧ 참여변동사항 확인

ㄱ. 인증 참여중인 어린이집에서 참여확정 마감일 이후 아래 사항 중 어느 하나 이상 발생할 경우, 해당 어린이집 및 시·군·구에서는 보건복지부(한국보육진흥원)에 변동사항 발생사실을 통보

가. 행정처분(영유아보육법 제40조 제2호 및 제3호, 제45호, 제45조의2, 제46조, 제47조 및 제48조)을 받은 경우

나. 평가인증 참여 전후에 어린이집에서 발생한 성폭력, 아동학대, 운영 부조리 등으로 인하여 대표자 및 보육교직원이 고발 또는 고소되거나 수사, 재판 계류 중에 있는 경우

다. 어린이집의 소재지가 변경된 경우

라. 정원·운영형태가 변경된 경우(40인 이상 ↔ 39인 이하, 40인 이상·39인 이하 ↔ 장애아전문과 같이 지표의 유형이 상호 변경되는 경우에 한함)

마. 어린이집의 대표자가 변경된 경우

바. 어린이집이 휴지 또는 폐지된 경우

ㄴ. 어린이집 또는 시·군·구에서 통보한 상기 변동사항에 대해 심의 과정 중 "심의 필수 확인 항목" 단계에서 확인한다.

가. 변동사항 중 어느 하나 이상 해당될 경우 "불인증"

⑨ 참여변동사항 통보 지자체 및 어린이집 업무

ㄱ. 시·도 또는 시·군·구

가. 시·도 또는 시·군·구는 참여변동사항 발생 사실을 확인하고 관련서류를 첨부하여 한국보육진흥원에 통보

ㄴ. 참여 어린이집

가. 참여확정 마감일 이후(재인증의 경우 참여확정월 이후(기본사항 확인시작일))~결과발표 전에 참여변동사항이 발생한 어린이집은 한국보육진흥원에서 보낸 업무연락 및 결과발표 전 설문지를 통해 참여변동 사항을 한국보육진흥원에 통보

ㄷ. 한국보육진흥원은 통보받은 참여변동사항에 대해 심의 시 '심의 필수항목 확인' 단계에서 반영

3) 평가인증 어린이집 사후관리

(1) 연차별 자체점검

① 연차별 자체점검 및 보고서 제출

ㄱ. 평가인증 어린이집은 인증기간 동안 자체점검위원회를 구성하고 연차별 자체

점검보고서를 작성하여 매년 1회 정해진 기간 내에 어린이집지원 시스템으로 제출

ㄴ. 연차별 자체점검 및 보고서 제출은 상·하반기로 나누어 관리

인증발표 시기	1 ~ 6월	7 ~ 12월
연차별 자체점검 및 보고서 제출	상반기 (익년 5.1. ~ 6.15.)	하반기 (익년 11.1. ~ 12.15.)

ㄷ. 연차별 자체점검보고서를 기한 내 제출하지 않는 어린이집에 대해서는 확인방문을 실시하여 인증유지 여부를 결정

(2) 원장 및 교직원 변동에 따른 사후관리

① 평가인증 어린이집 신임 원장 교육

평가인증 어린이집의 원장이 교체된 경우(이를 신임 원장이라 칭함), 신임 원장은 한국보육진흥원에서 실시하는 신임 원장 교육을 반드시 이수하여야 함

② 평가인증 관련 보육교직원 교육 정보 제공

한국보육진흥원은 어린이집 보육교직원의 잦은 이직 등 보육현장의 특성을 고려하여 평가인증지표 관련 지식과 정보를 교육(온라인포함) 등을 통해 제공

(3) 확인점검

① 목적 : 인증 수준의 보육의 질 유지 여부를 확인하기 위한 점검 실시

② 내용 : 통합지표 전체 영역과 필수항목, 어린이집 운영기준결과활용 : 확인점검한 결과 일정 기준 이상일 경우에는 인증유효기간을 연장해주며, 이하일 경우 자체 개선 기회를 부여하여 품질이 지속적으로 유지될 수 있도록 지원

ㄱ. 최초 확인점검 결과 A등급이면서 필수항목이 미준수 이거나 운영기준 개선이 필요한 사항이 발생한 경우, 어린이집 등급이 B, C, 등급인 경우 자체개선

ㄴ. 최초 확인점검 결과 D등급이거나 필수항목이 미준수 또는 확인점검이 진행되지 않을 경우 자체 개선 후 일정 기간 이후 재확인점검을 실시

다만, 필수항목 미준수의 경우 재확인점검을 진행하지 않고 지자체가 확인하여

개선결과를 통보하는 것으로 갈음

(4) 인증이 취소되는 경우

① 거짓 또는 부정한 방법으로 평가인증을 받은 경우
② 대표자 또는 원장이 영유아보육법을 위반하여 금고 이상의 형을 선고받고 그 형이 확정된 경우
③ 인증 후 영유아보육법 관련 행정처분을 받은 경우
④ 대표자, 원장 또는 보육직원이 「아동복지법」 또는 「아동·청소년의 성보호에 관한 법률」을 위반하는 경우
⑤ 인증 후 주요 품질변동요인이 발생하거나 사후관리 절차를 준수하지 않는 경우, 확인방문 실시 절차에 따라 평가를 실시한 결과, 인증기준에 적합하지 않은 경우

4) 통합지표 구성체계

통합지표 구성체계에서는 기본사항과 어린이집 규모 및 유형별 평가지표에 대하여 기술한다.

3 건강 안전

평가영역

3-1 실내외 공간의 청결 및 안전

평가지표

3-1-4 안전시설 및 설비를 비상시 효율적으로 사용할 수 있도록 관리하고 있다.

1 비상사태를 대비한 안전시설(비상계단, 영유아용 미끄럼대, 비상구, 비상대피로 등)은 비상시 원활히 대피할 수 있도록 관리되고 있다.

2 비상사태를 대비한 설비(피난구 유도등, 소화기, 가스누설 경보기 등)는 비상시 제대로 작동하도록 관리되고 있다.

평가방법	관찰	충족여부	□ Y	□ N

✔ 2개의 평가기준(1~2)을 충족해야 Y로 평정

평가항목

평가요소		평가방법	결과
3-1-1-①	실내외 공간을 청결하게 유지한다.	관찰	□Y □N
3-1-1-②	실내외 놀잇감을 청결하게 유지한다.	관찰, 면담	□Y □N
3-1-1-③	개별 침구를 청결하게 유지한다.	관찰	□Y □N
3-1-1-④	환기를 자주하여 실내 공기를 쾌적하게 유지한다.	관찰, 기록	□Y □N
3-1-1-⑤	실내 공간의 온도, 습도, 채광, 조명을 적정하게 유지한다.	관찰	□Y □N
충족여부	□ Y □ N	합 계	총 개

평가요소

항목 평정기준

✔ 5개 평가요소 중 4개 이상을 충족해야 Y로 평정

출처 : 보건복지부 · 한국보육진흥원(2018). 2018 제3차 어린이집 평가인증 안내(통합지표)

(1) 기본사항 확인

① 필수항목 : 9항목

〈표 V-18〉 기본사항 확인(필수항목 9항목)

항 목	평 정	평정기준
총 정원 준수	준수	어린이집의 현원이 총 정원 이내인 경우
	미준수	어린이집의 현원이 총 정원을 초과한 경우
예·결산서 및 회계서류 구비	준수	예산서와 결산서 및 회계서류가 구비되어 있는 경우 * 영유아보육법 시행규칙 제23조 [별표8] 참조
	미준수	예산서 또는 결산서가 없는 경우 회계서류가 전혀 없는 경우
안전사고에 대한 보험(상해, 화재, 배상보험) 가입	준수	모든 영유아에 대한 상해보험과 어린이집에 대한 화재 및 배상보험에 가입되어 있는 경우
	미준수	영유아 상해보험에 가입되지 않은 경우 화재보험 또는 배상보험에 가입되지 않은 경우
영유아보육법 관련 행정처분 등	준수	참여확정 마감일까지 아래 행정처분이 종료되거나, 과징금 납부 또는 보조금 반환명령이 이행 완료될 예정인 경우 - 영유아보육법 제40조의 제2호, 제3호 - 영유아보육법 제45조, 제45조의2 - 영유아보육법 제46조 - 영유아보육법 제47조 - 영유아보육법 제48조
	미준수	참여확정 마감일까지 아래 행정처분이 종료되지 않거나, 과징금 납부 또는 보조금 반환명령이 이행될 수 없는 경우 - 영유아보육법 제40조의 제2호, 제3호 - 영유아보육법 제45조, 제45조의2 - 영유아보육법 제46조 - 영유아보육법 제47조 - 영유아보육법 제48조
어린이집의 설치기준	준수	어린이집 내 영유아용 화장실, 목욕실, 조리실, 폐쇄회로 텔레비전이 설치되어 있는 경우 * 폐쇄회로 텔레비전의 경우 보호자 전원이 서면으로 동의하여 시·군·구청장에게 설치하지 않을 것으로 신고하거나, 네트워크 카메라를 설치한 경우 설치 면제 * 영유아보육법 시행규칙 제9조 [별표 1] 참조

항 목	평 정	평정기준
	미준수	어린이집 내 영유아용 화장실, 목욕실, 조리실, 폐쇄회로 텔레비전이 설치되어 있지 않은 경우, 인가공간을 무단으로 전용하는 경우 * 영유아보육법시행규칙 제9조 [별표 1] 참조
보육실의 설치기준	준수	인가정원 대비 보육실의 면적이 설치기준을 충족한 경우 * 영유아보육법 시행규칙 제9조 [별표 1] 참조 * 기존어린이집(2005. 1. 29 이전 실시 신고된 어린이집)은 구법 적용
	미준수	인가정원 대비 보육실의 면적이 설치기준 미만인 경우, 인가공간을 무단 전용하는 경우 * 영유아보육법 시행규칙 제9조 [별표 1] 참조
보육교직원 배치 기준	준수	보육교직원 배치기준 중 일반기준을 모두 충족한 경우 * 영유아보육법 시행규칙 제10조 [별표 2] 참조
	미준수	보육교직원 배치기준 중 일반기준을 충족하지 못한 경우 * 영유아보육법 시행규칙 제10조 [별표 2] 참조
보육교직원의 정기 건강검진	준수	모든 보육교직원에 대하여 연 1회 건강검진을 실시한 경우 * 해당년도 (또는 전년도) 기록 검토
	미준수	건강검진에서 누락된 보육교직원이 있는 경우
비상대피시설 설치	준수	비상시 각 층별로 양방향 대피가 가능한 대피시설을 구비한 경우 - 어린이집이 1층, 2층 이상인 경우 모두 포함 * 보육사업안내의 비상재해 대비시설 설치기준에 맞게 설치하였는지 확인
	미준수	비상시 각 층별로 양방향 대피가 가능한 대피시설을 구비하지 않은 경우 - 어린이집 1층, 2층 이상인 경우 모두 포함 * 보육사업안내의 비상재해 대비시설 설치기준에 맞게 설치하였는지 확인

② 기본항목

〈표 V-19〉 기본사항 확인(기본항목)

구분	확인내용	결과반영
운영정지*	영유아보육법 제45조제1항제1호에 따라 3백만원 이상 보조금을 거짓이나 그 밖의 부정한 방법으로 교부받거나 유용하여 6개월 이상의 운영정지 행정처분을 받은 경우	종합평가 시 차하위 등급 부여
	영유아보육법 제45조제1항제2호에 따라 3백만원 이상 비용 또는 보조금 반환명령을 받고 반환하지 않는 경우	
	영유아보육법 제45조제1항제3호에 따라 제44조에 따른 시정 또는 변경명령을 위반하여 6개월 이상의 운영정지 행정처분을 받은 경우	
	영유아보육법 제45조제1항제4호에 따라 운영정지 이상의 행정처분을 받은 경우	
	영유아보육법 제45조제1항제5호에 따라 6개월 이상의 운영정지 행정처분을 받은 경우	
과징금 처분*	영유아보육법 제45조의2에 따라 제45조제1항제1호 · 제2호 · 제3호 · 제5호의 6개월 이상의 운영정지 행정처분에 갈음한 과징금을 부과 받은 경우	
	영유아보육법 제45조의2에 따라 제45조제1항제4호의 운영정지 이상의 행정처분에 갈음한 과징금을 부과 받은 경우	
보조금 반환명령*	영유아보육법 제40조제2호 또는 제3호에 따라 3백만원 이상 보조금의 반환명령을 받은 경우	
원장 자격정지 또는 자격취소*	영유아보육법 제46조에 따른 자격정지 6개월 이상인 경우	
	영유아보육법 제48조에 따른 자격취소	
보육교사 자격정지 또는 자격취소*	영유아보육법 제47조에 따른 자격정지 6개월 이상인 경우	
	영유아보육법 제48조에 따른 자격취소	
식품위생법 위반*	식품위생법 제94조제1항제1호 또는 제2호, 제95조제1호 또는 제4호, 제97조제1호 또는 제2호를 위반하여 징역 또는 벌금형을 받은 경우	
아동복지법 등 위반*	아동복지법 제17조를 위반하거나, 아동 · 청소년의 성보호에 관한 법률 제2조제2호의 아동 · 청소년대상 성범죄 또는 제2조제3호의 아동 · 청소년대상 성폭력범죄를 저지른 경우	

* 참여확정 마감일로부터 직전 1년 이내에 위의 기본항목 위반사항이 발생한 경우 종합평가 시 차하위 등급으로 조정

출처 : 보건복지부 · 한국보육진흥원(2018). 2018 제3차 어린이집 평가인증 안내(통합지표)

(2) 평가방법

통합지표 평가방법 : 관찰, 면담, 기록 확인

관찰
- 보육환경, 보육과정, 상호작용 등에 대한 관찰을 진행함
- 등원에서 하원까지 일과 동안 이루어짐

면담
- 원장과 교사 등을 대상으로 면담을 진행함
- 평가인증지표(항목 · 요소)에 관한 실행 여부 및 관련 내용을 확인함

기록
- 평가인증지표(항목 · 요소)에서 실행 여부 및 내용 확인을 위해 요구되는 관련 기록을 확인함

기록 관련 확인 기간

- 보육일지 : 현장평가월 이전 1개월부터
- 그 외의 기록 : 현장평가월 이전 3개월부터

※ 단, 1년 단위로 확인이 이루어지는 지표의 경우 전년도 기록을 확인할 수 있음

출처 : 한국보육진흥원(2018). 2018 제3차 어린이집 평가인증 안내(통합지표)

〈표 V-20〉 **평가영역 및 평가항목 수**

평가영역(항목수)	평가지표	평가항목수
보육과정 및 상호작용 (31)	1-1. 보육 계획 수립 및 실행	4
	1-2. 일과 운영	5
	1-3. 교수-학습방법 및 놀이지원	6
	1-4. 교사-영유아 상호작용	6
	1-5. 영유아 간 상호작용 시 교사 역할	4
	1-6. 평가	4
	1-7. 일상생활	2
보육환경 및 운영관리 (19)	2-1. 실내 공간 구성	5
	2-2. 실외 공간 구성	3
	2-3. 기관 운영	4
	2-4. 가정 및 지역사회와의 연계	5
	2-5. 어린이집 이용 보장	2

건강 · 안전 (15)	3-1. 실내외 공간의 청결 및 안전	4
	3-2. 급 · 간식	3
	3-3. 건강 증진을 위한 교육 및 관리	3
	3-4. 등 · 하원의 안전	2
	3-5. 안전교육 및 사고 대책	3
교직원 (14)	4-1. 원장의 리더십	4
	4-2. 교직원의 근무환경	3
	4-3. 교직원의 처우와 복지	3
	4-4. 교직원의 전문성 제고	4

출처 : 보건복지부 · 한국보육진흥원(2018). 2018 제3차 어린이집 평가인증 안내(통합지표)

참고문헌

강란혜(2007). **신 보육학개론**. 창지사.

건영어린이집(2001). **유아인성교육**. 양서원.

경희대학교 병설어린이집(1997). **어린이집통합교육프로그램**. 양서원.

고문숙 외(2008). **보육과정**. 양서원.

고정곤(2002). **초등학교 교육의 이해**. 양서원.

고정곤(2003). **유・초등 연계교육의 이론과 실제**. 양서원.

고정곤(2004). **교육과정 및 교육평가**. 양서원.

고정곤(2004). **한국 유・초등학교의 오늘과 내일**. 양서원.

고정곤(2016). **보육교사론**. 양서원.

공인숙 외(2005). **보육학개론**. 교육과학사.

교육과학기술부(2009). **교육과정 해설**. 미래앤컬처그룹.

교육과학기술부(2013). 3~5세 연령별누리과정. 교사용지도서. 한국시각장애인협회.

교육과학기술부(2013). 3~5세 연령별누리과정. 해설서. 한국시각장애인협회.

교육과학기술부(2013). 3세 누리과정. 교사용지도서(11권). 한국시각장애인협회.

교육과학기술부(2013). 4세 누리과정. 교사용지도서(11권). 한국시각장애인협회.

교육과학기술부(2013). 5세 누리과정. 교사용지도서(11권). 한국시각장애인협회.

교육과학기술부(2013). 어린이집 교육과정. 한국시각 장애인연합회.

군산우리별유치원(2017). 교육과정운영계획.

권대도 외(2008). **보육학개론**. 양서원.

권영례(2001). **교수・학습의 이해**. 양서원.

김상림 외(2013). **보육과정**. 양서원.

김영옥 외(2003). **유아사회교육의 통합적 운영**. 창지사.

김영희(1996). 기질 및 아동의 적응과의 관계. **아동학회지, 17**(2).

김인숙(2000). 원만한 대인관계 형성을 위한 감정조절 프로그램의 구안적용. 한국교원총연합회. 전국교원연구대회 1등급 수상작.

김정원 외(2006). **보육학개론**. 창민사.

나정 외(2002). **영국의 유아교육과 보호정책**. 양서원.

나정(1997). **유아교육과 초등교육의 연계방안연구**. 한국교육개발원.

노영희(1996). **어린이집 교육과 초등교육**. 정민사.

문경선(1997). 가정과 유아교육기관의 질이 유아의 사회적 능력에 미치는 영향. 한국교원대학교 대학원 석사학위논문.

민성혜(2015). **보육교사론**. 양서원.

박선해 외(2015). **보육교사론**. 공동체.

박선희 외(1998). **유아를 위한 문학활동**. 정민사.

박인옥 외(2013). **보육과정**. 정민사.

박혜지 외(1989). 유아교사의 전문성에 관한 연구. 이화여자대학교 대학원 석사학위논문.

반운경(1980). 유아교육교수방법에 따른 효율성에 관한 연구. 이화여자대학교 대학원 석사학위 논문. 미간행.

보건복지부(2014). 제3차 어린이집 표준보육과정 교사용지침서. 한국시각장애인연합회.

보건복지부(2014). 제3차 어린이집 표준보육과정 해설서. 한국시각장애인연합회.

보건복지부 · 한국보육진흥원(2018). 2018 제3차 어린이집 평가인증 안내(통합지표)

서영숙 외(2004). **영유아보육론**. 양서원.

서원대부속어린이집(1992). **어린이집의 환경교육**. 장백문화사.

성영해(1994). **아동사회학**. 문음사.

송명자(1995). **발달심리학**. 학지사.

신연식(1994). **유아교육론**. 형설출판사.

유가효 외(2000). **보육학개론**. 동문사.

유구종 외(2007). **보육학개론**. 공동체.

이경옥(2001). 지역사회환경과 유아사회화 특성분석. 우석대학교 교육대학원 석사학위논문.

이경희(2000). **아동발달과 양육**. 형설출판사.

이규환(1961). **교육사회학원론**. 적성교육출판사.

이대균 외(1999). **유아생활지도**. 양서원.

이대균 외(2008). **보육과정**. 양서원.

이래경(2001). 유아의 TV시청과 친사회성에 관한 조사연구. 천안대학교 사회복지대학원 석사학위논문.

이소희(2007). **보육학개론**. 양서원.

이숙재(1983). 유아의 상상놀이와 제변 인간의 관계 연구. 연세대학교 대학원 박사학위논문.

이숙재(1985). 어린이의 놀이터와 놀이행동에 관한 질적연구. **아동학회, 14**(1).

이영석 외(1985). **유아를 위한 교수매체**. 양서원.

이영자(1986). **교사를 위한 교수매체**. 교문사.

이영자(1995). **유아를 위한 교수매체**. 양서원.

이은화 외(2003). **유아사회교육**. 양서원.

임미혜 외(2013). **보육과정**. 양서원.
장선철(1989). **유아사회교육**. 동문사.
장선철(1993). **유아사회교육**. 동문사.
전남련(2006). **보육실습의 이론과 실제**. 양서원.
전라북도교육청(2001). **유아모 교육자료**. 신아문예사.
전라북도교육청(2001). **기본 생활 습관 지도**. 널바다출판사.
전라북도교육청(2002). **부모교육자료**. 공익출판사.
전라북도교육청(2003). **우리들은 1학년**. 공익출판사.
전라북도교육청(2013). **전라북도 유치원 교육과정 편성·운영지침**. 공익사.
전예화(2003). **유아사회교육**. 양서원.
조복희 외(1997). **인간발달**. 교문사.
조성연 외(2004). **영유아보육론**. 학지사.
조순옥 외(2003). **유아사회교육**. 창지사.
주관희 외(2002). **유아사회교육**. 동문사.
차경수 외(1998). **유아사회교육**. 학문사.
차경수(1998). **사회과 교육**. 하우동설.
천은영 외(2014). **보육학개론**. 정민사.
최국남 외(2002). **유아사회교육**. 창시자.
최애경(2010). **영유아교육과정**. 양서원.
최혜순(1993). **유아사회교육의 이론과 실제**. 학문사.
한국교육개발원(1993). **어린이집용 민주시민교육 교육프로그램**. 대한교과서주식회사.
한국유아교육학회(1997). **유아교육시전(용어 편)**. 한국사전연구사.
한순옥(2001). **방과 후 자아존중프로그램**. 양서원.
행동과학연구소(1984). **부모교육**. 국정교과서주식회사.
행동과학연구소(1984). **사회성발달영역**. 국정교사서주식회사.
허혜경(2002). 체험활동중심의 유·초 연계 교육을 통한 기본 생활 습관 형성방안. 한국교원총연합회. 전국교육연구대회 1등급 수상작.
홍순준(2013). **영유아 교육과정**. 양서원.
홍용희 역(2003). **어린이집들의 사회적 능력배양(교사의 역할)**. 양서원.

Caldwell, B.(1991). Educare : new product, new Future. *Developmental and Behavioral Pediatrics, 12*(3), 199-205.
Howes, C., & Hamilton, C. B.(1992). Children's relationships with care givers : Mothers and

12(3), 199-205.

Howes, C., & Hamilton, C. B.(1992). Children's relationships with care givers : Mothers and child care teachers. *Child Development, 63*.

Kohlberg, L.(1966). A cognitive-developmental analysis of children's sex role concepts and attitudes. In E. E. MacCovy(Ed.), *The davelopment of sex differences.* Stanford, CA: Stanford Univ. Press.

Michaelis, J. U.(1980). *Social studies for children : A guide to basic instruction*(7th ed.). NJ : Prentice-Hall. Inc.

Moss, P.(1997). **세계의 영유아보육**. (이영 외 역). 서울: 서울여자대학교 출판부.

Moore, B. S., & Rosenham, D. L.(1973). Arrect and altruism. *Developmental Psychology, 8*.

Seefeldt, C.(1984). *Social studies for the pres chool-primary child*(2nd ed.). A Bell & Howell.

Willer, B.(1990). *Reaching the Fill cost of quality in early childhood Prorams*. Washington, DC: NAEYC.

저/자/소/개

▪ 고정곤

원광대학교 대학원 교육학석사
전라북도 교육청 교직과장·교육과장
군산 서해초등학교장, 서해대학교 겸임교수
서울시교육청 유아교육위원
〈저서〉 보육과정, 유아사회교육, 유아교과교육론, 보육교사론 외 다수

▪ 김중기

호서대학교 대학원 유아교육학박사
현, 국제대학교 아동보육과 교수, 평생교육원원장

▪ 박연희

원광대학교대학원 사회복지학박사
현, 조선이공대학교 사회복지학과 교수
〈저서〉 사회복지개론, 사회복지법제론 외 다수

▪ 양은경

경희대학교 아동가족학과 박사 과정
현, 수원여자대학교 아동보육과 겸임교수
〈저서〉 영유아교수방법론 외 다수

▪ 이영희

원광대학교 교육대학원 교육학석사
원광대학교 대학원 문학박사
현, 서해대학교 유아교육과 교수
〈저서〉 보육학개론, 아동미술, 놀이지도, 유아미술교육 외 다수

▪ 이우언

계명대학교 심리학과 박사과정 수료
현, 수성대학교 사회복지과 교수
〈저서〉 영유아발달, 정신건강론 외 다수

▪ 장지현

건국대학교 대학원 교육학석사
안양대학교 대학원 교육학 박사과정 수료
현, 경인여자대학교 아동건강보육과 초빙교수
〈저서〉 영유아를 위한 현장실천중심의 보육과정, 예비교사가 알아야 할 보육실습의 이론과 실제 외 다수

보육학개론

1판 1쇄 인쇄 — 2019년 1월 28일
1판 1쇄 발행 — 2019년 1월 30일

저　　자 - 고정곤 · 김중기 · 박연희 · 양은경 · 이영희 · 이우언 · 장지현

발 행 인 - 강철원
발 행 처 - 양성원
주　　소 - 경기도 파주시 검산로 173번길 29-20
전　　화 - 031-946-3861(代)
팩　　스 - 031-946-3864
이 메 일 - tnwpub@naver.com
홈페이지 - tnwpub.co.kr
출판등록 - 2015년 8월 31일 제 2015-000211 호

ISBN 979-11-6126-164-5

정가 20,000원